인물 중심의
복음서 연구

인물 중심의 복음서 연구

2025년 6월 20일 처음 펴냄

지은이   김득중
펴낸이   김영호
펴낸곳   도서출판 동연
등록   제1-1383호(1992년 6월 12일)
주소   서울시 마포구 월드컵로 163-3
전화/팩스   02-335-2630 / 02-335-2640
이메일   yh4321@gmail.com
인스타그램   instagram.com/dongyeon_press
블로그   blog.naver.com/dongyeonpress/

ISBN 978-89-6447-096-1 93230

인물 중심의
복음서 연구

김득중 지음

동연

복음서란 '예수 그리스도에 의한 위대한 구원의 드라마'라고 말할 수 있습니다. 이 드라마에는 많은 사람이 등장합니다. 주연급 인물과 조연급 인물들이 있는가 하면, 엑스트라급의 인물들도 많습니다. 유대인과 이방인이 있는가 하면 남자와 여자들도 있습니다. 이름 있는 유명 인사가 있는가 하면 이름 없는 무명 인사, 이름과 신분을 아예 감춘 인사들도 있습니다. 여러 번 많이 등장하는 인물이나 한두 번 잠깐 등장하는 인물이나 모두 이 구원 드라마 안에서는 필요한 나름의 역할을 합니다. 또한 성서에 그 이름과 모습을 드러낸다는 사실만으로도 모두가 다 중요한 인물입니다.

이 책에서는 네 권의 정경 복음서와 누가복음의 속편인 사도행전에 등장하는 주요 인물들을 중심으로 그들이 각각 초대교회의 형성과 발전에 어떤 역할과 공헌을 했는지 밝혀볼 것입니다. 각 인물들의 독특한 사상과 그들의 역할이 무엇인지 좀 더 잘 이해하려면 비슷한 다른 인물들과 대비해 공통점과 차이점이 무엇인지 각각 살펴보는 것이 도움이 됩니다. 차이점들을 제대로 이해하는 일은 무엇보다도 각 인물들의 독특성을 이해하는 데 도움이 될 뿐만 아니라, 초대교회 신앙의 다양성을 이해하는 데도 큰 도움이 될 것입니다. 또한 사람들의 관심을 제대로 받지 못한 이름 없는 인물들 가운데서도, 특히 초대교회 발전에 나름 중요한 역할과 공헌을 했다고 생각되는 사람들, 그래서 기억할 만한 가치가 있다고 여겨지는 인물들의 이야기도 관심을 갖고 다루어보겠습니다. 복음서에 등장하는 주요 인물들 하나하나에 대해 좀 더 잘 이해하는 길이 복음서 전체 드라마에 대한 폭넓은 이해를 얻는 데도 큰 도움이 될 것이라고 기대합니다.

저는 한평생 복음서를 연구하며 가르쳤습니다. 지금은 은퇴했지만 책으로나마 성서 연구에 관심 있는 독자들과 신앙적이며 신학적인 대화를 이어갈 수 있다는 것은 참 행복한 일이고 감사한 일입니다. 또한 각별히 감사한 이를 언급해야겠습니다. 이 책이 나오기까지는 연구를 계속하며 집필할 수 있도록 곁에서 끊임없이 격려하며 출판비까지 지원해준 친구, 경복 중고교 6년과 서울문리대 4년을 함께 보낸 10년 동창생인 '영인화학' 이순길 대표가 있어서 가능했습니다. 여기서 그에게 다시 한번 감사의 마음을 전합니다.

2025년 3월
인왕산 기슭 홍제동 서재에서
감신대학교 명예교수 **김득중**

세례 요한과 예수

세례 요한은 누구인가? 이렇게 물으면 대부분의 기독교인들은 '예수의 선구자' 혹은 '예수의 길을 예비하러 온 선지자'라고 대답할 것이다. 그리고 세례 요한이 그런 사람이라는 걸 어떻게 알게 되었느냐고 묻는다면 대체로 '복음서 기록을 통해서', 즉 '복음서를 기록한 저자들이 그렇게 전해주고 있기 때문'이라고 대답할 것이다. 그런데 이미 잘 알려져 있는 바와 같이 복음서 저자들은 모두 예수를 메시아로 믿으면서 예수를 메시아로 증거하려는 목적을 가지고 복음서를 기록한 사람들이다 (cf. 요 20:31). 그렇다면 '세례 요한이 예수의 선구자요, 그의 길을 예비하러 온 선지자'라는 복음서의 기록들은 모두 예수를 믿는 제자들의 관점, 즉 예수를 세례 요한보다 더 높이 숭상하는 기독교 신앙의 관점을 대변하는 것은 아닐까? 이런 기록들은 세례 요한의 관점 혹은 세례 요한 제자들의 관점과 아주 다를 수도 있지 않을까? 이러한 질문과 함께 복음서 저자들이 예수를 전하며 믿게 하려는 복음서를 기록하면서 예외 없이 세례 요한의 이야기에서 시작하는 이유는 도대체 무엇인지, 또한 세례 요한은 실제로 어떤 인물이었는지 그리고 세례 요한과 예수의 관계는 과연 어떤 것이었는지 살펴보자.

1. 세례 요한 종파는 독립적으로 존재했다

예수께서 활동하던 당시나 예수께서 죽은 이후에 예수를 믿고 따르던 제자들이 이른바 '예수 운동Jesus movement' 혹은 '예수 종파Jesus sect'를 형성하면서 유대교와는 다른 새로운 종교 운동 형태로 발전해가던 시기에, 팔레스틴 유대 땅 안에는 상이한 종류의 종교 운동들이 많이 나타났다. 무엇보다도 로마의 정치적인 학대 밑에서 여러 형태의 메시아 운동이 나타났는데 그중에 이미 잘 알려진 종교적 운동으로는 사두개파와 바리새파, 열심당, 에세네파 혹은 쿰란 종파 등을 들 수 있다. 그러나 이런 종교 운동들 이외에도 그 당시 세례 요한을 메시아로 믿고 따르는 제자들의 무리, 곧 세례 요한의 제자 그룹the Baptist group 혹은 세례 요한 종파the Baptist sect도 있었다는 사실을 기억할 필요가 있다.[1]

그렇다면 정말로 세례 요한의 제자 그룹 혹은 세례 요한 종파가 실제로 존재했는가? 하는 의문을 일단 제기해볼 수 있다. 하지만 예수의 제자들이 기록한 복음서들 여러 곳에서 세례 요한 제자 그룹의 존재에

---

[1] 신약성서, 특히 복음서와 사도행전 이외에 세례 요한에 관한 기록들은 주로 요세푸스의 *Antiqities* 18:116-119 등에서도 많이 찾아볼 수 있다.

대한 분명한 증거를 쉽게 찾아볼 수 있다. 예수의 제자들이 논쟁하며 경쟁하던 상대방에 대해 언급한 것들이기에 그 진술의 역사적 신빙성은 거의 의심할 여지가 없다. 예를 들면 다음과 같다.

"요한의 제자들과 바리새파 사람들은 금식하고 있었습니다. 그래서 사람들이 예수께 와서 물었습니다. 요한의 제자들과 바리새파 사람들은 금식하는데 당신의 제자는 왜 금식하지 않습니까?"(막 2:18).
"주님, 요한이 그의 제자들에게 기도를 가르쳐준 것처럼 저희에게도 기도를 가르쳐 주옵소서"(눅 11:1).
"요한이 그리스도의 하신 일을 듣고 자기 제자들을 보내 당신이 오실 그분입니까?"(마 11:2).

이 밖에도 '요한의 제자들'에 대한 언급은 신약성서의 여러 곳(막 6:29; 요 1:35, 3:26; 행 19:1 이하 등)에서 쉽게 찾아볼 수 있다.

이런 본문 증거들 몇 개만 보더라도 우리는 초대교회 당시 세례 요한을 따르던 '요한의 제자들' 그룹이 있었다는 사실을 부인할 수 없다. 물론 그들과 함께 예수를 따르던 '예수의 제자들'의 그룹도 있었다. 그런데 한 가지 흥미 있는 점, 그래서 주목해야 할 점은 요한의 제자들 가운데서 예수의 제자로 전향한 사람들도 있었다는 사실이다. 요한복음 1장을 보면, 세례 요한은 자기 제자 두 사람과 같이 서 있다가 마침 예수가 지나가는 것을 보고 "보라, 하나님의 어린 양이로다"(요 1:35)라고 말한다. 그 소리를 듣고 곁에 있던 "요한의 두 제자들"이 예수를 따라가 그날을 예수와 함께 보냈는데, 그 두 제자 중 하나가 시몬 베드로의 형제 '안드레'(요 1:40)였다고 기록되어 있다. 예수의 열두 제자 중

한 사람이요 베드로의 형제인 안드레가 처음에는 '세례 요한의 제자'였
는데 나중에 '예수의 제자'로 돌아섰다는 이야기인 셈이다. 이런 경우
는 아마도 안드레 한 사람만이 아니었을 것이다.

예수 자신이 공생애 사역에 나서기 전에 요단 강에서 다른 사람들과
함께 세례 요한에게 세례를 받았다는 사실을 두고도, 예수도 처음에는
요한의 제자로 시작했다고 주장하는 학자들도 있다. 놀랍게도 세례 요
한의 제자 그룹은 신약성서 시대에 팔레스틴 유대 땅 안에만 존재했던
것이 아니다. 이미 팔레스틴을 넘어 소아시아 지역에까지 퍼져나갔고,
그래서 그런 곳들에서도 세례 요한의 제자들이 활동하고 있었다는 사
실이 사도행전의 기록에서도 확인된다. 즉 사도행전 18장 24-28절을
보면, 유대인으로서 알렉산드리아 태생이었던 아볼로라는 사람이 에
베소에서 등장하는데, 그는 "(세례)요한의 세례밖에는 모르는 사람"이
었다고 소개된다. 그뿐만 아니라 사도행전 19장 1-7절을 보면 바울이
전도 여행 중에 에베소에 가서 열두 명가량의 신도 혹은 제자를 만났는
데, 그들은 아직 성령의 세례를 받지 않은 사람들로 "오직 세례 요한의
세례만 받은 사람들"이었다. 그래서 바울이 그들에게 "요한이 회개의
세례를 베풀며 백성에게 말하되 내 뒤에 오시는 이를 믿으라 하였으니
예수라"(행 19:4) 하고 예수를 전하면서 그들에게 다시 "예수의 이름으
로" 세례를 주어 성령을 받게 했다는 이야기가 나온다. 이 제자들이 세
례 요한의 제자들이었다는 점 그리고 그들이 이미 바울에 앞서 소아시
아의 에베소에까지 진출하여 활동하고 있었다는 점에 대해 의심할 여
지는 없다.

그뿐만 아니라 세례 요한 제자들의 그룹이 별도로 존재했다는 증거
는 외경 문서들, 특히 클레멘트의 〈Recognitions〉에서도 많이 나온

다. 예를 들어 〈Recognitions〉 54장을 보면 여러 종파, 곧 사두개파와 사마리아파, 서기관과 바리새파에 대한 목록이 나오고, 이어서 "요한의 제자들 중 몇 사람이 백성들로부터 자신들을 분리하여 자기들의 선생을 그리스도라고 선포하였다"라는 기록이 나온다. 또한, 세례 요한이 그리스도보다 더 위대하다고 주장하면서 세례 요한에게 영광을 돌리는 세례 요한 제자들이 있었다는 것을 언급한다.[2] 이런 증거들 때문에 슈나켄부르크Schnackenburg는 "2세기 초에 요한의 제자들이 그들의 선생을 메시아로 공경했다는 것은 이제 역사적으로(클레멘트 위서Pseudo-Clementine의 문서들로) 증명될 수 있다"라고 말하기도 했다.[3]

그러나 문제는 세례 요한 제자 그룹이 존재하고 있었다는 것만이 중요한 것이 아니다. 우리가 더 주목해야 할 사실은 그들이 예수의 제자들과 더불어 각각 세례 요한과 예수를 두고 누가 정말 메시아인가라는 문제를 놓고 서로 경쟁적으로 논쟁을 벌였다는 점이다. 외경 문서인 클레멘트의 〈Recognitions〉 I.60에는 세례 요한의 제자들과 예수의 제자들 간에 세례 요한과 예수 중 누가 더 위대하며, 누가 정말로 그리스도인가 하는 문제를 두고 논쟁을 벌이는 다음과 같은 장면이 소개된다. 요한의 제자 중 하나가 "요한이 그리스도이지 예수는 아니다"라고, 더군다나 예수 자신이 요한을 가리켜 모든 사람과 모든 예언자보다 더 위대한 인물이라고 선언했다고 주장한다(정경 복음서 중에도 여자가 낳은 자 중 세례 요한이 가장 큰 자라는 예수의 말도 소개된 바 있다). 그렇기 때문에 만일 요한이 모든 예언자보다 더 위대한 인물이라면 그가 모세나 예수

---

2   Cf. C. H. H. Scobie, *John the Baptist* (London: SCM Press, 1964), p. 195.

3   R. Schnackenburg, *The Gospel According to St. John* (New York: Seabury 1980), vol. I. p. 168.

보다도 더 위대하다고, 그리고 만일 그가 모든 사람 중에서 가장 위대
한 사람이라면 그가 그리스도인 것이 틀림없다고 주장한다. 그런데 이
런 주장에 대해서 예수의 열두 제자 중 한 사람인 가나안 사람 시몬이
다음과 같이 대답한다: "요한이 정말로 모든 예언자와 또한 여인이 낳
은 모든 사람보다 위대하기는 하지만 인자(=예수)보다 더 위대하지는
않다. 따라서 예수가 그리스도이고 요한은 오직 한 사람의 선지자일
뿐이다." 이러한 논쟁에 관한 기록들은 초기 기독교 시절에 예수의 제
자들과 세례 요한의 제자들 사이에 각각 자기들의 선생이 그리스도라
고 주장하면서 서로 논쟁을 벌였던 상황을 잘 증거해준다.

2. 세례 요한의 인기도와 영향력은 실제로 매우 컸다

물론 복음서들을 보면 예수께서 공생애 활동을 시작하셨을 때 수많은
백성이 예수께로 몰려들었다(cf. 막 3:7; 마 4:25). 그의 말씀을 듣기 위해
서(막 4:1; 마 5:1) 혹은 병을 고치기 위해서(막 2:2; 6:54) 수많은 무리가
예수를 따라다녔다. 예수가 유대 종교 지도자들을 비유로 공격했을 때,
그들이 "이 비유가 자기들을 가리켜 말씀하심인 줄 알고 잡고자 하였지
만 무리를 두려워하여 예수를 두고 갈"(막 12:12) 정도로 예수는 수많은
무리의 지지를 받았다. 이 모든 것이 다 예수의 대중적인 인기를 말해
주는 증거들이다.

　그런데 복음서를 보면 세례 요한이 광야에 나타나 회개와 하나님 나
라를 전파할 때도 많은 무리가 전국에서 그에게 몰려들었다: "예루살
렘과 온 유대와 요단강 사방에서 다 그에게 나아왔고"(마 3:5), "많은

바리새파 사람늘과 사두개파 사람들까지 세례를 받으러 나왔으며"(마 3:7), "백성들이 다 세례를 받았다"(눅 3:22). 복음서를 기록하던 예수의 제자들조차도 세례 요한의 이런 대중적인 인기를 그대로 전할 정도로 세례 요한의 영향력은 막강했다. 헤롯은 자기 동생의 아내를 취한 것을 비난한 세례 요한을 죽이고자 했지만 헤롯조차도 "민중이 저를 선지자로 여기므로 민중을 두려워해서"(마 14:5) 겁을 내기도 했을 정도였다. 예수가 이런 세례 요한을 가리켜 "예언자보다 더 훌륭한 사람"(마 11:9)이라며 "여자가 낳은 자 중에 세례 요한보다 큰 이가 없다"(마 11:11)라고 높이 평가했던 것만 보더라도 세례 요한은 당시 결코 쉽게 무시할 수 없는 비범한 인물이었다.

더구나 마가복음 저자는 그의 복음서 서두에서 예수가 갈릴리에서 공생애 활동을 시작한 때가 바로 "요한이 잡힌 후에"(막 1:14)라고 말하는데,[4] 이것을 두고 하워드 키이Haward Kee는 다음과 같이 말한다: "예수와 세례 요한 간에 직접적으로 경쟁하던 시기가 있었고, 따라서 세례 요한이 옥에 갇힘으로써(요 3:24) 더 이상 두 사람 간에 경쟁적 갈등이 없게 될 때까지 예수가 공생애 활동에서 물러나 있었다고(요 4:4) 가정하는 것이 옳을 것이다."[5] 아마도 세례 요한이 활발하게 활동하던 시기

---

[4] 누가복음에서도 예수가 갈릴리 여러 회당에서 가르치기 시작한 때(눅 4:14-30), 광야에서 사탄에게 시험을 받은 때(눅 4:1-13) 그리고 백성들과 함께 세례를 받는 때(눅 3:21-22)가 모두 세례 요한이 분봉 왕 헤롯에 의해 옥게 간힌(눅 3:18-20) 이후였다. 그러나 요한복음 3:24에 따르면, 예수의 공생애 사역이 세례 요한이 옥에 갇히기 이전이었다는 기록도 나온다. 이 기록이 요한복음에 나오는 것은 아마도 예수가 세례 요한의 위세 때문에 그의 투옥 이후에나 공생애 사역에 나서게 되었다는 오해를 불식하려고 나중에 의도적으로 언급한 것이라 여겨진다.

[5] Howard Kee, *Jesus in History: An Approach at the Study of the Gospels* (New York: Harcourt, Brace & Would Inc., 1970), p. 196.

에는 예수가 세례 요한의 명성과 인기 때문에 새로운 공생애 사역을 시작하기 어려운 상황이었을 것이라고 추측할 수 있다. 그런데 당시 백성들에게 인기가 많던 지도자였던 세례 요한이 헤롯 왕에 의해 체포되어 옥에 갇힌 일이 오히려 예수에게는 드디어 공생애 활동에 나설 수 있는 기회가 되었던 듯하다. 이런 기록들을 통해서 우리는 당시 세례 요한이 '세례자baptist'로서 혹은 '선지자prophet'로서 백성들 가운데서 누리고 있던 유명도 혹은 인기도가 예수에 못지않았다는, 아니 어쩌면 예수보다 훨씬 더 했다는 사실을 짐작할 수 있다.

더구나 이 시기에는 예수가 아직 유대 백성들 가운데서 메시아(=그리스도)로 널리 인정받던 때도 아니었다. 오히려 여기저기서 자신을 메시아라고 전파하면서 백성들을 미혹하던 거짓 선지자들이 무수히 나타났다. 그래서 예수 자신도 제자들에게 많은 사람이 와서 '내가 그이다'라고 곧 '내가 메시아다'라고 백성들을 미혹할 것인데 그런 '거짓 그리스도'를 경계하라고 주의시키기도 했다(막 13:5-6; 마 24:4-5; 눅 21:8). 그런데 이런 시기에 유대 백성들 중에 이미 세례 요한이 메시아일지도 모른다고 생각하는 사람들이 많이 있었다고 하는 사실(눅 3:15)을 복음서 기자 자신이 직접 증언해주는 점에 주목하자. 그리고 가이사랴 빌립보에서 베드로가 예수를 "그리스도시며 하나님의 아들"로 고백했다는 이야기를 전해주는 복음서 기록들을 보더라도, 예수께서 자기를 따르는 제자들에게 "사람들이 나를 누구라고 하느냐?" 하고 질문했을 때 제자들이 제일 먼저 전해준 대답이 "대개는 세례 요한이라고 합니다"(막 8:28)라는 말이었다. 유대 백성들이 일반적으로 세례 요한을 훌륭한 선지자로 알고 있었는데, 예수도 '세례 요한과 같은 이'라는 정도의 인물로 이해했다는 이야기이다.

이렇게 세례 요한이 백성들에게 "예언자보다 더 훌륭한 사람"(마 11: 9)이라고, 또는 "혹 그리스도신가 심중에 생각하는"(눅 3:15) 그런 정도의 인물이었기에, 예수를 믿고 따르던 초대 기독교인들의 머릿속에서 처음에는 세례 요한이 어느 정도 예수의 모델처럼 생각되기도 했을 것이다. 우리는 그런 증거를 복음서 저자들이 예수에 대한 이야기를 마치 세례 요한에 대한 이야기의 반복처럼 소개하고 있는 점에서 엿볼 수 있다. 예를 들어, 누가복음에서 예수의 탄생 이야기(3-4장)는 세례 요한의 탄생 이야기에(1-2장) 빗대어 거의 같은 내용과 형식으로 소개된다.[6]

천사가 사가랴에게 "두려워하지 말라… 아들을 낳으리니 이름을 요한이라 하라"(눅 1:13).
천사가 마리아에게 "두려워하지 말라… 아들을 낳으리니 이름을 예수라 하라"(눅 1:30-31).

사가랴가 "나는 늙은 사람이요 내 아내가 나이가 많으니 어떻게 믿겠습니까?"(눅 1:18).
마리아가 "나는 남자를 알지 못하는데 어떻게 이런 일이 있겠습니까?"(눅 1:34).

---

[6] 누가복음 1-2장과 3-4장에 나오는 세례 요한과 예수 탄생 이야기 간의 상세한 평행 본문 자료를 위해서는 Charles H. Talbert, *Literary Patterns, Theological Themes, and The Genre of Luke-Acts* (Society of Biblical Literature and Scholars Press, 1974), pp. 44-48을 그리고 W. D. Davies and D. A. Allison, *The Gospel According to Saint Matthew* (Edinburgh: T.&T. Clark, 1988), p. 289에 나오는 "a high degree of parallelism between John and Jesus"를 참조할 수 있다.

"엘리사벳이 해산 달이 차서 아들을 낳았고"(눅 1:57).

"마리아가 해산 날이 되어 첫 아들을 낳았다"(눅 2:6-7).

"아이(요한)가 여드레 되던 날 할례를 받고 천사가 지시한 대로 요한이라 부르게 되었고"(눅 1:59-64).

"아이(예수)가 여드레 되던 날 할례를 받고 천사가 지시한 대로 예수라고 부르게 되었고"(눅 2:21).

"아기(요한)가 자라는 대로 그 심령이 강해졌고"(눅 1:80).

"아기(예수)가 자라서 튼튼해졌다"(눅 2:40).

마가복음 6장 14-20절(마 14:1-12)에 나오는 세례 요한의 수난 이야기 마지막 부분을 보더라도, 세례 요한이 목 베어 죽임을 당한 뒤에 그의 제자들이 와서 그의 시신을 거두어 장사를 지내준 것으로 전해지는데, 이것은 예수가 십자가에 달려 죽었을 때, 그의 제자가 그의 시신을 거두어 장사를 지내준 것과 평행을 이룬다. 세례 요한의 죽음과 매장 이야기가 어느 정도 예수의 죽음과 매장 이야기에 영향을 주었을 것으로 여겨지는 대목이다.

그 밖에도 예수의 설교 메시지가 마치 세례 요한의 설교 메시지를 반복하는 것처럼 소개되기도 한다. 예수 공생애 활동의 첫 번째 설교 메시지(마 4:17)는 세례 요한이 광야에 나타나 외쳤던 "회개하라 천국이 가까웠느니라"(마 3:2)란 메시지를 그대로 반복한 것이다. 세례 요한의 다른 설교도 거의 같은 형태로 예수의 설교로 다시 반복되어 소개된다: "좋은 열매를 맺지 않는 나무는 다 찍혀 불 속에 던져질 것이다"(마

3:10; 마 7:19), "알곡은 모아 곳간에 들이고 쭉정이는 꺼지지 않는 불에 태우실 것이다"(마 3:12; 마 13:30), "독사의 자식들아 누가 너희를 가르쳐 임박한 진노를 피하라 하더냐?"(마 3:7; 마 23:33).

결국 초대 기독교인들은 먼저 나타나서 이미 활동 중에 있으면서 유명해진 세례 요한과 그의 제자 그룹과의 경쟁 속에서 자신들의 그리스도 신앙을 확고히 견지하며 전파해야 했다. 또한 세례 요한의 제자들을 향해서 예수가 도리어 "세례 요한보다 더 큰 이"이며 예수가 메시아라고 주장하면서 메시아 논쟁을 계속 벌여야만 했다.

3. 예수의 메시아 되심에 대한 논쟁

초대 기독교인들이 세례 요한의 제자들과 더불어 벌였던 가장 중요한 논쟁은 세례 요한과 예수 중 누가 정말로 그리스도이며 메시아인가라는 문제에 관한 것, 이른바 '메시아 논쟁'이었다. 세례 요한의 제자들은 자기들의 선생인 세례 요한이 메시아 곧 그리스도라고 주장했고, 예수의 제자들은 자기들의 선생인 예수가 메시아라고 주장했다. 초대 기독교인들은 세례 요한이 메시아가 아니고 도리어 예수가 메시아라는 점을 적극적으로 강조했고, 그런 주장들이 복음서 기록들에 많이 나타난다. 우리는 그런 메시아 논쟁의 가장 구체적이고 가장 강력한 증거를 특히 요한복음에서 찾아볼 수 있다.

기독교인들은 처음부터 예수가 메시아라고 믿고 전하고 있었다. 그렇기에 그들이 보기에 세례 요한은 결코 그리스도가 아니었다. 따라서 초기 기독교인들로서는 세례 요한이 메시아가 아니라는 점을 밝히면서 동시에 예수가 메시아라고 전하는 일이 아주 중요했다. 그래서 복음서 저자들은 복음서 기록을 통해서, 한편으로는 소극적으로 세례 요한은 "내 뒤에 오시는 이", "나보다 능력이 더 많으신 이"를 전하는 "광야에서 외치는 자의 소리"(막 1:3)에 지나지 않았고, "능력이 더 많으신 이"의 길을 준비하러 온 '선구자'에 지나지 않는다는 점을 강조했다. 그리고 다른 한편으로는 더욱 적극적으로 세례 요한이 메시아가 아니라는 것을 애써 강조했다.

신약성서 가운데서 초기 기독교인의 입으로 아주 분명하게 동료 기독교인들을 향해서 또한 세례 요한의 제자들을 향해서, 세례 요한이 메시아가 아니라고 강하게 주장하며 증거하는 대표적인 본문은 요한복음에 나온다. 특히 요한복음 1장 19-28절에서 그 논쟁의 핵심이 잘 드러난다. 이 본문은 다른 복음서들에 평행 본문이 없는 요한복음의 특수 자료에 속한다. 그 당시에 많은 사람이 그리스도를 고대했고, 그런 가운데 세례 요한이 그분일지도 모른다고 모두 속으로 생각하고 있었다(눅 3:15). 이런 때에 세례 요한의 정체, 즉 세례 요한이 과연 유대 백성들이 오랫동안 기다려오던 메시아인가라는 질문은 그 당시 모든 유대인에게는 물론이고, 예수를 메시아로 믿고 따르던 초기 기독교인들에게도 아주 중요했다. 그런데 요한복음 1장 19절 이하에 기록된 본문에 따르면, 당시 유대 사람들도 세례 요한의 정체를 분명히 알아보기 위해서 제사장과 레위 지파 사람들을 세례 요한에게 보내어 직접 "당신은 누구요?"라고 물어보게 했다. 그때 종교 지도자들이 세례 요한에게 던졌던 질문은 세 가지였다.

첫째 질문: "당신은 누구요?"(1:19).

둘째 질문: "당신은 누구요? 엘리야요?"(1:21).

셋째 질문: "당신은 우리가 기다리는 예언자요?"(1:21).

그런데 이 세 가지 질문에 대해서 세례 요한 자신은 계속 일관되게
세 번에 걸쳐 "나는 아니다"(I am not)라는 대답을 반복한다(1:20-21).
"당신은 누구요?"(Who are you?)라고 묻는 질문에 대해, 세례 요한
은 "나는 그리스도가 아니다"라고 분명히 강조하며 대답했다(1:20).[7]
더구나 자신이 그리스도(=메시아)가 아니라고 부정하면서, "그는 고백
했다. 그는 부인하지 않고 고백했다"라는 말을 반복적으로 강조했다.
오스카 쿨만Oscar Cullmann이 지적했듯이 "이와 같은 강조는 세례 요한
을 그리스도라고 주장하는 무리들이 실제로 존재했을 때에만 의미가
있다."[8] 그런데 정말로 중요한 점, 우리가 주목해야 할 점은 요한복음
1장 19-20절의 경우, 요한에게 물었던 질문 자체가 "당신은 그리스도
요?"라고 물은 것이 아니었다는 데 있다. 그런데도 요한은 "나는 그리
스도가 아니다"라고 대답한다. "당신은 누구요?"란 질문에 대한 자연
스럽고 상식적인 대답은 보통 자신의 이름("나는 요한이요")이나 직업
("나는 세례자요")을 밝히는 것이다. 그런데 세례 요한은 뜻밖에도 그리
고 엉뚱하게도 자기가 그리스도 메시아가 아니라고 대답한다. "당신이
그리스도요?"라고 물은 것이 아닌데도 말이다. 따라서 이 대답은 세례
요한이 실제로 했던 대답이기보다는 오히려 요한복음 저자가 독자들

---

[7] 헬라어 원문에서는 '나'(ἐγώ)가 강조형으로 나타난다. 그래서 "나는 아니다. 그러나 다른
사람이다"(I am not but another is)라는 의미를 갖는다는 주장도 있다. Cf. R. E. Brown,
The Gospel According to John (New York: Doubleday, 1981), vol. I, p. 43.

[8] Oscar Cullmann, *Die Christologie des Neuen Testaments* (Tuebingen, 1957), p. 27.

에게 세례 요한이 그리스도가 아니라는 사실을 강조하기 위해 세례 요한 자신의 입을 빌려 밝힌 대답이라고 보아야 한다. 즉 초기 기독교인들은 세례 요한 자신의 입을 빌려서 세례 요한이 스스로 자기가 메시아가 아니라고 고백했다는 사실을 증거하고 있는 것이다. 루돌프 불트만 Rudolf Bultmann은 이점과 관련해서 다음과 같이 설명한다: "'나는 그리스도가 아니다'란 대답 자체는 우리에게 당시의 배경을 분명히 지시해준다. 논쟁의 초점은 요한과 예수 중 누가 메시아인가라는 질문이다. 그런데 기독교 공동체는 요한의 제자들과의 논쟁 가운데서 요한 자신의 고백, 즉 자신은 메시아가 되기를 원치 않는다는 고백에 호소한다."[9]

그런데 요한복음 저자는 1장 19-28절의 본문을 통해서 세례 요한은 그리스도가 아닐 뿐만 아니라 두 번째와 세 번째 질문에 대한 대답을 통해서도 자기는 엘리야도 아니고 예언자도 아니라고 계속 고백하게 한다. 한 마디로 세례 요한은 자기가 아무것도 아닌 존재라고 극도로 자신을 낮추어 평가절하하는 셈이다. 세례 요한은 또다시 3장 27-28절에서도 직접 자기가 그리스도가 아니라는 것을 반복해서 고백한다: "요한이 대답하여 이르되 만일 하늘에서 주신 바 아니면 사람이 아무것도 받을 수 없느니라. 내가 말한 바 나는 그리스도가 아니요, 그의 앞에 보내심을 받은 자라고 한 것을 증언할 자는 너희니라." 따라서 이런 기록들은 복음서 저자가 독자들에게 세례 요한이 그리스도(=메시아)가 아니라는 점을 무엇보다도 세례 요한 자신의 입을 통해 분명히 밝히려는 의도를 강하게 드러내는 것으로 보아야 한다.

---

[9] R. Bultmann, *The Gospel of John* (Philadelphia: The Westminster Press, 1971), p. 88.

4. 예수의 우월성에 대한 논쟁

세례 요한의 제자들과 예수의 제자들 사이에서는 "누가 메시아인가?" 하는 논쟁 이외에 그것과 무관하지 않게 "누가 더 큰 이냐?" "누가 더 위대한 인물인가?"라는 문제를 놓고도 논쟁을 벌였던 것으로 보인다. 아마도 세례 요한의 제자들은 예수의 제자들 혹은 초기 기독교인들을 상대로 세례 요한과 자기네 종파의 우위성을 주장하기 위해서 대체로 다음과 같은 공격적인 주장을 했다. 첫 번째는 너희의 선생이신 예수가 세례 요한에게 나아와 세례를 받았기 때문에 세례 요한이 예수보다 더 큰 이이고 더 위대한 이라는 주장이다. 두 번째는 세례 요한이 예수보다 먼저 태어났을 뿐만 아니라 종교 운동과 관련해서도 예수보다 먼저 오셔서 먼저 시작하신 분이기 때문에 더 위대한 분이라는 주장이다. 복음서의 기록들을 살펴보면, 우리는 초기 기독교인들이 세례 요한 종파의 이런 공격적인 주장 앞에서 예수와 자신들의 우월성을 증거하기 위해서 여러 가지 방법으로 반론을 제시한다는 것을 확인할 수 있다.

1) 예수가 요한에게 세례받았다는 사실에 대한 반론

초기 기독교인들이 세례 요한의 제자들을 상대로 메시아 논쟁 및 우월성 논쟁을 벌일 때 그들을 곤혹스럽게 만들었던 걸림돌 가운데 하나가 예수가 세례 요한에게 세례를 받았다는 점이다. 그 사실은 다음과 같은 두 가지 점에서 초대 기독교인들을 곤혹스럽고 난처하게 만들었을 것이다. 첫째, 예수가 "죄 사함을 받게 하는" 요한의 세례를 받았다는 사실은 예수의 무죄성을 주장하는 자신들의 신앙을 뿌리째 뒤흔들어놓는 일이 될 수 있었다. 둘째, 예수가 세례 요한에게 나아가 그의 세례를 받았다는 것은 예수가 세례 요한의 제자였다는 것을, 따라서 세례 요한보다 열등하다는 것을 의미할 수 있었다.[10] 그래서 초기 기독교인들은 예수가 세례 요한에게 세례를 받은 사실을 가능하면 부인하거나 아니면 감추려 했다. 그렇지 않을 경우에는 기독교적인 관점에서 그 사실을 적극적으로 재해석하면서 오히려 그것을 통해서 자신들의 우월성을 주장하는 계기로 삼으려 했다.

우선 **요한복음** 저자의 경우 다른 공관복음서 저자들과는 달리 예수가 세례 요한에게 세례를 받은 이야기 자체를 전혀 거론하지 않는 사실에 주목해보자. 요한복음 저자가 그 사실을 분명히 알고 있었음에도(요 1:32) 그의 복음서에 아예 기록하지 않은 것은 그 사실을 언급하지 않으려는 또는 그 사실을 드러내고 싶지 않은 분명한 의도가 있었기 때문인 듯하다. 이것을 두고 찰스 스코비Charles Scobie는 다음과 같이 말한다: "요한복음은 역시 예수가 (세례 요한에게) 세례 받은 사실과 그 사실이 의미할지도 모를 종속 개념(혹은 열등 사상)을 감추기 위해서 심지어 실제로 세례 받은 사실 자체를 언급하지 않는 지경에 이르렀다."[11]

우리는 이와 비슷한 의도를 누가복음에서도 엿볼 수 있다. **누가복음** 저자는 그나마 예수께서 세례 받은 사실을 언급한다: "백성이 다 세례를 받을새 예수도 세례를 받으시고 기도하실 때에 하늘이 열리고…"(눅 3:21-22). 그러나 누가는 예수가 어디서(where), 누구에게(by whom) 세례를 받았는지에 대해서는 아무런 기술도 하지 않는다. 다시 말해서

---

10 Cf. Robert L. Webb, *John the Baptizer and Prophet: A Socio-Historical Study* (Sheffield: Academic Press, 1991), p. 58.

11 Charles H. H. Scobie, *John the Baptist* (Philadelphia: Fortress Press, 1964), p. 144.

누가는 "요단강에서" "세례 요한에게"란 말을 완전히 빼놓은 채 예수가 백성들과 함께 "세례를 받았다"라고만 말함으로써 예수가 "요단강에서" "세례 요한에게" 세례를 받은 사실 자체를 전혀 인정하지 않으려는 의도를 드러낸다. 더구나 누가복음에서는 예수가 세례를 받기(눅 3:21-22) 직전에 세례 요한이 헤롯에 의해 이미 투옥되었다(눅 3:18-20)고 기록함으로써 예수가 세례 요한에게서 세례를 받았을 가능성 자체를 부인하는 것처럼 보인다.

다른 한편으로 **마태복음 저자**는 예수께서 세례 요한에게 세례 받는 이야기를 분명히 소개하면서 마태복음 3장 14-15절에서 다른 복음서들에서는 찾아볼 수 없는 독특한 내용, 곧 예수와 세례 요한 간에 다음과 같은 대화가 있었다는 것을 첨가하여 삽입했다. 즉 예수가 세례 요한에게 세례를 받으러 나아오자 세례 요한이 사양하면서 "제가 당신에게 세례를 받아야 할 터인데 당신이 제게 오십니까?"라고 말했고, 예수는 "지금은 허락하라. 이렇게 하여 하나님이 옳게 여기시는 일을 이루는 것이 우리의 할 일이다"라고 대답한다. 예수가 요한에게 세례를 받았지만 그것은 예수가 요한보다 열등해서가 아니라, 오히려 예수가 하나님의 의를 이루기 위해 요한에게 명하여 받은 것이란 의미를 드러내는 것이다.

2) 요한이 먼저라는 사실에 대한 변증

세례 요한이 예수보다 태어나기도 먼저였고 공생애 사역에 나서기 시작한 것도 먼저였다는 점은 틀림없다. 그래서 세례 요한의 제자들은 이 사실을 근거로 예수의 제자들을 향해서 자기들의 선생인 세례 요한과 또한 자기네 종파의 우선성priority을 주장했던 것으로 보인다. 초기 기독교인들로서는 세례 요한 그룹의 이런 주장에 대해서, 즉 누가 먼저냐는 질문에 대해서 나름대로 대응해야만 했다. 우리는 특히 이 문제에 대한 초기 기독교인들의 구체적이며 적절한 대응을 요한복음에서 찾아볼 수 있다.

다른 복음서들과 달리 요한복음이 하나님의 아들 "로고스"가 "태초에 계셨다"(요 1:1)는 선언으로 시작하는 이유가 무엇일까? 우리는 이 대답도 '누가 먼저냐?'는 문제를 놓고 세례 요한 그룹과 예수 제자들 간에 벌어진 논쟁의 상황에서 찾아야 한다. 즉 요한복음 저자는 그의 복음서 서두에서부터 이른바 예수의 선재론先在論을 강조함으로써 세례 요한의 제자들이 자기들의 선생이 예수보다 먼저 왔음을 주장하면서 예수에 대한 세례 요한의 우위성 혹은 우선성을 내세우는 걸 일축하는 것으로 보아야 한다. 요한복음 저자는 요한복음 1장 1절에서 "태초에 로고스(=예수)가 있었다"라고 말할 뿐만 아니라, 더 나아가 예수의 선구자로 소개되는 세례 요한의 입을 통해 예수의 선재pre-existence를 거듭해서 강조한다.

"요한이 그에 대하여 증거하여 외쳐 가로되 내가 전에 말하기를 내 뒤에 오시는 이가 나보다 앞선 것은 나보다 먼저 계심이라 한 것이 이 사람을 가리킴이니라 하니라"(요 1:15).
"내가 전에 말하기를 내 뒤에 오는 사람이 있는데 나보다 앞선 것은 그가 나보다 먼저 계심이라 한 것이 이 사람을 가리킴이라"(요 1:30).

이런 말씀들은 분명히 나중에 세례 요한의 제자들이 요한이 예수보다 먼저 나타났기 때문에 예수보다 더 우월하다고 주장하는 것에 대한 반박으로 제시된 듯하다. 요한복음 저자는 그들의 그와 같은 주상을 공박하기 위해서 세례 요한 자신으로 하여금 예수가 실제로 자기보다 먼저 존재했다는 걸 엄숙히 반복해서 고백하게 만든 것이라고 보아야 한다.

5. 세례 요한에 대한 복음서 저자들의 이해와 평가

그렇다면 초기 기독교인들에게 세례 요한은 과연 누구인가? 어떤 존재인가? 복음서 저자들은 세례 요한을 어떤 인물로 이해했고 소개하는가? 이 질문에 대한 대답을 찾는 것은 그리 어렵지 않다. 초기 기독교인들의 기록인 복음서들을 살펴보면 금방 그 대답을 찾을 수 있기 때문이다. 그러나 우리는 공관복음과 요한복음의 대답이 적지 않게 다르다는 점을 염두에 두고 복음서 자료를 살펴봐야 한다.

공관복음서 저자들의 증언을 보면, 세례 요한은 '오실 이'[12]를 기다리며(마 11:3; 눅 7:19) "주의 길을 예비하러 온"(막 1:3; 마 3:3; 눅 3:4) 선구자, "죄 사함을 선포하는 선지자"(막 1:4; 마 3:1; 눅 3:3)였다. 많은 사람이 그를 '엘리야' 또는 '옛 선지자 중의 하나'라고 말하며(막 6:15) 그를 추종했고, "세례 요한이 광야에 이르러 죄 사함을 받게 하는 회개의 세례를 전파하니 온 유대 지방과 예루살렘 사람들이 다 나아가 자기 죄를 자복하고 요단 강에서 그에게 세례를 받았다"(막 1:4-5). 세례 요

---

12 유대교 신앙 전통에서 '오실 이'(ὁ ἐρχόμενος, he that cometh)는 '메시아'를 가리키는 또 다른 명칭이다.

한의 명성이 거국적이었다는 것을 알 수 있다. 분봉 왕 헤롯도 "요한을 의롭고 거룩한 사람으로 알고 두려워"(막 6:20)했고 "헤롯이 요한을 죽이려 하되 무리가 그를 선지자로 여기므로 그를 두려워"(마 14:5)했을 정도였다. 복음서 저자들 눈에는 세례 요한이 "예언자보다 더 훌륭한 사람"(마 11:9)이었고 더 나아가 "여자가 낳은 자 중에 세례 요한보다 큰 이가 없다"(마 11:11)라고 말할 정도로 '큰 선지자'였다. 공관복음서 저자들의 눈에도 세례 요한은 분명히 백성들에게 높이 평가받는 훌륭한 선지자 중의 선지자인 셈이다. 예수가 제자들에게 사람들이 나를 누구라 하느냐? 하고 물었을 때 제일 먼저 나온 대답이 "세례 요한과 같은 이"(막 8:28; 마 16:14; 눅 9:19)가 아니었던가?

그런데 공관복음서들에서 세례 요한이란 인물이 그래도 상당히 높게 평가받고 있는 점을 고려할 때 세례 요한에 대한 요한복음의 평가는 아주 낮고 부정적인 편이다. 이런 점에서 요한복음은 공관복음서들과 상당한 차이점을 보여준다. 첫째, 요한복음에서는 놀랍게도 세례 요한이 '세례자'가 아니다. 요한이 세례를 준다는 언급을 하면서도(요 1:25-26; 1:31 등) 세례 요한을 가리켜 '세례자'(baptist 또는 baptizer)[13]란 명칭을 사용한 적이 없다. 다시 말해서 요한복음에서 세례 요한은 그냥 계속 '요한'으로만 언급되고 있을 뿐 '세례 요한'이라고 언급된 적이 없다. '세례자'란 칭호를 요한에게 부여할 의도 자체가 전혀 없었던 것으로 보인다. 요한복음에서는 예수도 '세례를 주시는 분'이었기 때문이다(요 3:22, 23, 26; 4:1). 요한복음은 예수를 '세례자'로 소개하는 유일한 복음

---

[13] 헬라어 원문에서는 '세례 요한'을 두 가지 형태로 표기한다. 하나는 "John the baptist"(Ἰωάννης ὁ βαπτιστής, 마 3:1), 다른 하나는 "John the baptizer"(Ἰωάννης ὁ βαπτίζων, 막 1:4)이다.

서이다.[14] 더구나 예수가 "세례를 베풀매, 사람들이 다 그(=예수)에게로 갈"(요 3:26) 정도였고, 그래서 "예수의 제자를 삼고 세례를 주는 것이 요한보다 많다"(요 4:1)라는 소문까지 있었을 정도였다.

둘째, 요한복음에서는 세례 요한이 예수의 '선구자forerunner'도 아니다. 공관복음서들에 따르면 분명히 세례 요한은 예수의 길을 예비하러 온 예수의 선구자였다. 그러나 요한복음에서는 세례 요한이 예수의 선구자가 아니다. 선구자가 될 수 없다. 왜냐하면 예수는 '태초부터' 계셨고(요 1:1) 세례 요한보다 '먼저' 계셨기 때문에(요 1:15, 30), 다른 어느 누구라도, 그가 세례 요한이라고 할지라도 예수의 선구자가 될 수는 없다.

셋째, 세례 요한을 바라보는 관점과 관련하여 요한복음이 공관복음과 다른 점은 세례 요한이 요한복음에서는 다만 예수의 '증거자witness' 역할을 하는 인물일 뿐이라는 점이다. 공관복음서 저자들이 세례 요한을 주로 예수의 '선구자'로 소개한다면, 요한복음의 저자는 세례 요한을 예수를 증거하러 온 '증거자'로 소개할 뿐이다. 요한복음 저자에게 세례 요한은 그리스도도 아니고 그리스도에 앞서서 올 엘리야도 아니기 때문에(요 1:19 이하 참조) 예수의 '선구자'도 아니다. "그는 '선구자'가 아니라 단지 자기 뒤에 '오실 이'에 대해 증거하러 온 '증거자'일 뿐이다."[15] 그래서 실제로 요한복음에서는 세례 요한과 관련해서 '증거'란

---

[14] 그러나 요한복음 4:2에서는 "사실은 예수께서 세례를 주신 것이 아니고 그의 제자들이 준 것이었습니다"란 말이 나오는데, 이 구절은 "예수가 요한과 나란히 세례를 주었다는 인상을 시정하기 위한 노력의 일환으로 서기관이 삽입한 구절일 것"이라고 생각된다. Cf. Scobie, *John the Baptist*, p. 153.

[15] "He is not the 'forerunner,' but merely a witness." Cf. R. Bultmann, *The Gospel of John*, p. 50.

단어가 자주 사용된다.

> "이 사람은 **증거하러** 왔습니다"(요 1:7).
>
> "빛에 대하여 **증거하러** 왔을 따름입니다"(1:8).
>
> "요한이 그(=예수)에 대해 **증거하여**…"(1:15).
>
> "나는 이분이 하나님의 아들이신 것을 **증거하고** 있습니다"(1:34).
>
> "요한은 진리에 대하여 **증거했다**"(5:33).

따라서 특히 요한복음 저자에게는 세례 요한이 독자적으로 중요한 의미를 갖는 존재가 아니라 오직 예수와 관련해서만, 특히 예수를 '증거하는 자'로서만 의미를 갖는 존재일 뿐이다.

넷째, 세례 요한이 비록 "타올라 빛나는 등불"(요 5:35)이기는 하지만, 그는 '빛'이 아니라(요 1:8) 다만 세상의 참 빛이신 예수(요 8:12)를 증거하러 온 사람일 뿐이다. 세례 요한은 땅에서 난 자이지만, 예수는 위로부터, 곧 하늘로부터 온 자(요 3:31)이다. 세례 요한은 (광야에서 외치는 자의) 소리a voice에 지나지 않지만, 예수는 태초부터 계신 영원한 말씀Word이다.[16] 세례 요한은 물로 세례를 주는 자이지만, 예수는 성령으로 세례를 주는 분이다. 세례 요한은 '쇠하여야 하는 자'이고, 예수는 '흥해야 하는 자'이다(요 3:30). 그렇기에 세례 요한으로서는 감히 예수 앞에서 몸을 굽혀 그분의 신들메를 풀기에도 감당치 못한다. 그뿐만 아니라 예수는 태초부터 하나님과 함께 계셨던 하나님이시다(요 1:1). 그렇기에 그분을 세례 요한과는 비교할 수조차 없다. 우월성 논쟁을

---

[16] Cf. R. E. Brown, *The Gospel According to St. John*, vol. I. p. 43.

벌일 대상도 되지 못하는 것이다. 이런 점으로 볼 때 세례 요한에 대한 평가와 관련해서 우리는 복음서들 중 요한복음이 세례 요한을 가장 소극적으로, 또는 가장 부정적으로 평가한다고 말할 수 있다.[17] 아마도 그 이유는 요한복음을 기록했던 요한의 신앙 공동체가 세례 요한 그룹의 공동체와 아주 가까운 거리에서 지내면서 메시아 논쟁과 우월성 논쟁을 두고 가장 뜨거운 갈등과 대립을 보였기 때문인 것이다.

6. 맺는말

예수 당시는 물론이고 복음서가 기록되던 초대교회 시절에 유대 나라 안에는 로마의 지배를 벗어나기 위해 여러 종류의 메시아 운동이 생겨나면서 '적그리스도' 혹은 '거짓 그리스도'들까지 나타났다. 예수를 그리스도(=메시아)로 믿고 따르는 예수의 제자들 주변에는 여전히 메시아를 기다리는 대다수 유대인들과 세례 요한을 그리스도라고 믿고 따르는 '세례 요한의 제자들' 곧 세례 요한 종파가 있었다. 그래서 예수의 죽음 이후에 예수의 제자들은 한편으로는 예수를 메시아로 믿지 않는 대다수 유대인 동족들과 예수가 메시아라는 사실을 두고 메시아 논쟁을 벌여야 했고, 다른 한편으로는 세례 요한을 메시아라고 믿고 따르는

---

[17] 다른 복음서들에서 소개되는 세례 요한의 탄생 이야기(눅 1-2장)와 수난 이야기(막 6:14-29), 세례 요한의 설교(마 3장과 눅 3장 등)가 요한복음에는 나오지 않는다. 또한 다른 복음서들에서 세례 요한을 높이 평가하는 말들(가령 "예언자보다 더 훌륭한 사람", "여자가 낳은 자 중에 세례 요한보다 더 큰이가 없다" 등)도 나오지 않는다. 무엇보다도 예수가 세례 요한에게 세례를 받았다는 이야기도 요한복음에서만 나오지 않는다. 분명히 의도적인 삭제일 것이다.

'세례 요한의 제자들' 혹은 '세례 요한의 종파'와도 누가 메시아인가? 예수인가 아니면 세례 요한인가? 하는 메시아 논쟁을 벌이면서 동시에 예수와 세례 요한 중 '누가 더 위대한 분인가?' 하는 문제를 두고 우월성 논쟁까지 벌여야 했다.

특히 예수의 제자들은 예수를 그리스도로 전하면서 이미 세례 요한을 그리스도라고 믿는 '세례 요한 종파'를 상대로 세례 요한과 예수의 자리매김을 분명히 하는 일이 시급했던 것으로 보인다. 그래서 복음서 저자들은 복음서를 기록하면서 우선적으로 세례 요한이 "선지자 중에 가장 큰 자"이고 "여인이 낳은 자 중에 세례 요한보다 더 큰 이"가 없지만, 그는 "그리스도도 엘리야도 선지자도 아니고" 예수의 길을 예비하러 온 '선구자'요 예수를 증거하러 온 '증거자'이기 때문에, 예수의 신들메를 풀기도 감당치 못할 자라고 전하면서, 예수의 메시아 되심과 예수의 우위성을 강조하기 시작했다.

초기 기독교인들은 유대교라는 똑같은 종교적 전통 속에서 다른 유대인들과 더불어 유대교라는 같은 신앙을 공유하며 살아오다가 언제부터인가 주변의 다른 유대인과는 다른 신앙을 갖게 되었다. 그리고 이 새로운 신앙에 대한 만족과 확신에서 생겨난 선교 활동 때문에 주변 사람들과 끊임없이 갈등하며 경쟁을 벌여야만 했다. 그런 상황에서도 계속 자신들의 신앙의 우월성을 확신하면서 열심히 자신들의 신앙을 전파하고 전도했기에 기독교가 결국 놀라운 성장을 이룩하며 세계적인 종교로 발전하기에 이른 것이다.

02

예수와 바울

신약성서 및 초대 기독교와 관련해서 예수와 바울은 아마도 가장 중요한 대표적인 인물일 것이다.[1] 이 점은 '예수를 증언한 복음서들'과 '바울이 증언한 서신들'이 신약성서 전체의 대부분을 차지하는 사실에서도 잘 드러난다. 그리고 예수를 기독교의 '첫 번째 설립자'로, 바울을 '두 번째 설립자'로 보는 신약성서 학자들이 있다는 점[2]을 보더라도 예수와 바울은 기독교 및 신약성서와 관련해서 서로 떼어서 생각할 수 없는

---

[1] "바울은 기독교의 시작에서 예수 다음으로 가장 중요한 인물이다." Cf.『첫 번째 바울의 복음』(*The First Paul: Reclaiming the Radical Visionary Behind the Church' Conservative Icon*, by M. J. Borg, J. D. Crossan, NY: HarperONe, 2009), 김준우 번역(고양: 한국기독교연구소, 2010), p. 7.

[2] 일찍이 윌리엄 브레데(William Wrede)가 바울을 가리켜 "기독교의 두 번째 설립자"로서 "그 첫 번째 설립자와 비교할 때 더 나은 것은 아니더라도 더욱 강력한 영향력을 행사한" 인물이라고 말한 바 있다. Cf. 제임스 D. G. 던, 이상목 옮김,『예수, 바울, 복음: 예수의 선포로부터 바울의 복음까지』(서울: 새물결플러스, 2019), pp. 196-197.

가장 중요한 인물이라고 말해도 결코 과언을 아닐 것이다. 여기서는 이처럼 중요한 두 인물인 예수와 바울을 비교하여 살펴봄으로써 그들의 공통점과 차이점을 통해 그 둘의 역할과 공헌에 대해 좀 더 올바른 이해를 찾아보고자 한다.

1. 예수와 바울의 다른 점

예수와 바울은 초대 기독교와 신약성서를 대표하는 가장 중요한 인물들이다. 하지만 이 두 사람 간의 차이는 여러 가지로 아주 크다. 제임스 던James Dunn은 이 큰 차이를 두고 예수와 바울 사이의 '간극' 혹은 '심연'이라고 말하기도 했다.[3] 이 두 사람의 차이를 아는 것이 이 두 사람을 이해하는 데 크게 도움이 될 것이기에 이 주제부터 먼저 살펴보자.

1) 바울은 예수를 박해하던 인물

우선 우리는 예수가 유대인으로서 천국 복음을 전한 인물이라면, 바울은 유대인으로서 천국 복음을 전한 자들을 박해한 인물, 아니 예수를 박해한 인물이었다는 사실부터 주목할 필요가 있다. 바울이 예수의 대척점에 서 있었던 인물이란 말이다. 바울이 사울이란 이름으로 맨 처음 그 모습을 드러낸 때는 초대교회가 이미 예루살렘에서 형성되어 발전하기 시작하던 초기에 스데반이 유대교 당국으로부터 처음으로 박해를 받아 돌에 맞아 죽게 되는 장면에서다. 무리들이 스데반에게 달려들

---

3 제임스 D. G. 던, 위의 책, p. 194.

어 "돌로 칠새 증인들이 옷을 벗어 사울이라는 정년의 발 앞에 누니라"
(행 7:58)라는 언급에서 그리고 그때 "사울은 그가 죽임당함을 마땅히
여기더라"(행 8:1)라는 언급에서 등장한다. 나중에 바울 자신도 "스데
반이 피를 흘릴 때 곁에 서서 찬동을 하고 그를 죽이는 사람들의 옷을
지키고 있었다"(행 22:20)라고 고백한 바 있다.

신약성서에서 바울이 사울이란 이름으로 두 번째 등장한 것도 그 자
신이 주님의 제자들을 위협하고 살해할 기세를 보이면서, 대제사장에
게 공문을 받아 "그 도를 믿는 사람은 남자나 여자나 다 만나는 대로
잡아 예루살렘으로 끌어오려고 하던"(행 9:1-2) 때였다. 바로 이때가
바울이 다메섹에서 환상 가운데 부활하신 그리스도를 만나게 된 시기
이기도 하다. 이때 바울은 환상 가운데서 "사울아 사울아, 네가 어찌하
여 나를 박해하느냐?"(행 9:4) 하는 예수의 음성과 함께, "나는 네가 박
해하는 예수니라"(행 26:15)라는 음성을 들었다. 이 밖에도 바울이 예수
의 박해자였다는 사실은 나중에 다메섹 교인들이 바울을 두고 "이 사람
이 예루살렘에서 이 이름을 부르는 사람들을 박해하던 자가 아니냐?"
(행 9:21)라고 말한 사실에서 그리고 갈라디아 지방 교인들이 바울을
가리켜 '우리를 박해하던 자'(갈 1:23)라고 말한 사실 등에서도 잘 드러
난다. 그러나 바울이 예수의 박해자였다는 사실은 무엇보다도 바울 자
신이 여러 번 자신을 가리켜 '교회를 박해한 자'였다고 고백한 사실에
서 가장 분명히 드러난다.

"내가 주를 믿는 사람들을 가두고 또 각 회당에서 때렸다"(행 22:20).
"나는… 율법에 있어서는 바리새파 사람이었고 열심에 있어서는 교회를 박
해한 자이다"(빌 3:6).

"나는 하나님의 교회를 박해했다"(고전 15:9).

"나는 하나님의 교회를 무자비하게 박해했고 그것을 아주 없애버리려고 했
다"(갈 1:13).

바울은 이처럼 본래 예수를 그리고 예수 믿는 자들을 박해하던 자였
다. 즉 예수와 대척점에 서 있었다.

2) 바울은 역사적 예수를 만나본 적 없다

바울이 예수의 박해자였던 사실과 함께 바울이 역사적 예수를 직접 만
나본 적이 없었다는 사실도 감안해야 한다. 바울이 다메섹 도상에서
처음으로 만났던 예수는 역사적 예수가 아니라 주후 30년경 십자가에
못 박혀 죽으셨다가 사흘 만에 다시 부활하신 예수였다. 바로 이런 점
에서 바울이 비록 나중에 예수를 믿는 제자가 되었다고는 하지만, 예수
에게 직접 부름을 받고 여러 해 동안 예수를 따라다니며 그의 사역에
동참했던 예수의 열두 제자와는 아주 다른 인물인 셈이다.

더구나 바울은 예수에게 직접 부름을 받은 제자도 아니었다. 바울은
예수를 믿는 자들을 잡아들이기 위해 다메섹에 갔다가 "홀연히 하늘로
부터 빛이 그를 둘러 비추는"(행 9:3) 환상 가운데 예수를 만났다. 그리
고 예수는 바울과의 이 첫 만남에서 환상 중에 바울이 자신의 박해자임
을 인식시키면서, 앞으로 바울이 할 일을 알려줄 사람("네가 행할 것을
네게 이를 자", 행 9:6)을 소개해주었다. 부활하신 예수가 바울을 제자로
혹은 사도로 직접 불러낸 것이 아니라, 다만 그를 인도해줄 아나니아란
제자를 소개해준 것뿐이다. 예수는 바울을 아나니아와 연결해주었고,
아나니아가 바울을 다시 예수와 연결해주었던 것이다.

더구나 부활하신 예수와 바울의 이 첫 만남과 관련해서 "사울과 동행하던 사람들은 소리는 들었으나 아무도 보이지 않아 말을 못하고 서 있었다"(새번역, 행 9:7)라고 기록되어 있는 것을 보면, 예수와 바울의 이 첫 번째 만남도 환상 중에 있었던 바울의 개인적인 경험이지 객관적인 사실은 아니었던 것으로 보인다. 또한 바울을 가리켜 "이 사람은 내 이름을 이방인과 임금들과 이스라엘 자손들에게 전하기 위하여 택한 나의 그릇이라"(행 9:15)라고 말한 것도 예수가 바울에게 직접 했던 말씀이 아니라 예수가 아나니아에게 별도로 알려준 말씀이었다. 아나니아는 예수의 그 말씀에 순종하여, 환상 중의 밝은 빛 때문에 아무것도 보지 못하는 바울을 데려다가 그에게 안수하여 다시 보게 해주었고 끝내 '세례'를 받게 해주었다(행 9:18). 부활하신 예수가 환상 가운데 바울에게 나타나 먼저 완악해진 그의 마음을 두드린 뒤에, 바울을 회심시켜 이방인의 사도로 불러내는 일은 아나니아에게 맡겼던 것으로 보인다. 여하간 바울은 예수에게 직접 소명을 받지 않고 아니라 아나니아를 통해 간접적으로 소명을 받았다.

바울이 이렇게 이방 지역인 '다메섹'에서 '부활하신 예수'를 만나고, 더구나 이미 예수의 제자가 되었던 아나니아의 전도(?)를 받고 "세례를 받았다"(행 9:18)는 점에서, 분명히 바울은 예수의 "제1세대 제자들"인 열두 제자와는 달리 "제2세대 제자"[4]라고 말할 수밖에 없다. 하지만 박해자 바울이 자기가 박해하던 예수의 제자가 되었다는 것은 실로 놀

---

[4] 얼 리처드(Earl Richard)는 바울을 가리켜 "Paul, the second generation Christian", "Paul, a second generation believer"라고 명명한 바 있다. Cf. *Jesus: One and Many —The Christological Concept of New Testament Authors* (Delaware: Michael Glazier, 1988), pp. 321-322.

라운 일이다. 바울이 다메섹 도상에서 부활하신 예수를 만난 이후, 이제까지 예수의 대척점에 서서 예수와 그를 믿는 자들을 박해했던 과거로부터 완전히 돌아서서 이제는 예수의 제자, 예수의 사도, 더 나아가 예수를 위해 죽임을 당하는 자가 되었기 때문이다. 바울의 다메섹 체험이 '예수를 박해하던 사람'을 '예수를 전파하는 사람' 그리고 '예수를 위해 박해를 받는 사람' 혹은 "그리스도 예수 때문에 감옥에 갇힌 자"(몬 1:1)[5]로 바꾸어놓았다. 그래서 '다메섹 이전의 바울'과 '다메섹 이후의 바울'은 같은 결코 같은 인물이라고 말할 수 없다. '바리새인 유대인'에서 '크리스천 유대인'로 바뀌었기 때문이다. 바울이 다메섹 회심을 통해 이렇게 달라져서 자기가 박해하던 "예수가 하나님의 아들이심을 전파"하기 시작했다니(행 9:20) 이것이야말로 바울에게만 아니라 초대교회를 위해서도 아주 놀라운 변화였다.[6]

3) 예수와 다른 바울의 사역 대상과 메시지

바울이 예수의 박해자로부터 예수의 전파자로 변화했지만, 그래서 그가 예수의 제자가 되었지만, 그렇다고 바울과 예수의 차이가 줄어들었거나 없어진 것은 아니었다. 예수는 오직 유대 땅 베들레헴에서 태어나

---

[5] 빌레몬서에서만 "갇힌 자"("δέσμιος", "prisoner")란 말을 2번(1:1, 9), "내가 갇혀 있는 동안"("ἐν τοῖς δεσμοῖς", "in my imprisonment")이란 말을 2번(1:10, 13) 사용되었고, 빌립보서에서는 "내가 갇혀 있는 동안"("ἐν τοῖς δεσμοῖς", "in my chain")이란 말이 4번(1:7, 13, 14, 17) 사용되었다.

[6] 이 놀라운 변화의 중요한 계기가 된 바울의 '다메섹 회심'이 있었던 때는 피츠마이어(J. A. Fitzmyer)에 따르면 주후 36년, 쿠엠멜(W. G. Kuemmel)에 따르면 주후 31-32년이다. Cf. J. A. Fitzmyer, "A Life of Paul," 2:215-22 in *JBC*, and W. G. Kuemmel, *Introduction to the New Testament*, pp. 252-55.

수로 유대 땅 안에서 대부분 유대인들만을 대상으로 사역했다. 예수는 그의 제자들을 파송하면서도 "이방인의 길로도 가지 말고 사마리아인의 도시에도 들어가지 말고 오히려 이스라엘 집의 잃어버린 양에게로 가라"(마 10:5-6)라고 명령했다. 그러나 바울은 그리스-로마 문화가 꽃피던 이방 땅 길리기아 다소에서 태어나 자라났고, 부활하신 주님의 부르심을 받은 이후에도 예수가 아나니아를 통해 주신 말씀, 곧 "가라, 내가 너를 멀리 이방 사람에게 보낸다"(행 22:21)라는 말씀을 따라서 "이방인의 사도"(롬 11:13)가 되어 이방인들을 향해 나간 인물이었다. 이 점에서 예수가 유대적인 인물이었다면 바울은 좀 더 이방적(global)인 인물이었다. 그래서 예수의 종교가 '유대인의 종교'라면 바울의 종교는 '이방인의 종교' 아니 '세계적인 종교'라고 말할 수 있다.

바울의 사역 대상이 예수처럼 유대인들이 아니었기에 바울의 메시지도 예수의 메시지와는 다를 수밖에 없었다. 복음서들을 보면 예수가 전했던 메시지는 "때가 찼고 하나님의 나라가 가까이 왔으니 회개하고 복음을 믿으라"(막 1:15)라는 것이었다. 예수는 결코 자신을 믿음의 대상으로 전하지는 않았다. 그러나 바울의 서신들을 보면 바울은 예수가 선포했던 '하나님의 나라'를 선포한 것이 아니라 '하나님의 나라'를 선포했던 '예수'를 전했다. 선포의 내용이 이렇게 서로 달랐다. 그래서 바울에게 와서 '선포자 예수the proclaimer Jesus'가 '선포된 예수the proclaimed Jesus'가 되었다고 말하기도 한다. 이것을 달리 바울이 예수의(of) 가르침과 메시지를 예수에 관한(about) 추상적인 교리들로 둔갑시켜 "'예수의 종교the religion of Jesus'를 '예수에 관한 종교a religion about Jesus'로 바꾸었다"라고 말하기도 한다. 그래서 바울은 "예수의 메시지를 매우 왜곡한 원흉"이란 지적을 받기도 했다.[7] 17세기 초에 이미 영국의 이신론자

deist인 존 로크John Locke는 예수가 전한 것은 '단순한 복음'이었는데, 바울은 이것을 '복잡하고 애매한 신학'으로 바꾸어놓았다고 말하기도 했다.[8] 더구나 바울은 갈릴리에서 시작된 예수의 유대인 종교 운동을 그리고 예루살렘에서 뿌리를 내린 초대 기독교를, 로마 세계를 향한 세계 종교로 탈바꿈시켰다. 모세 율법과 유대 민족주의에 기원을 둔 예수의 종교는 분명히 유대적인 종교였다. 그런데 바울이 꿈꾸던 종교는 유대주의의 편협성에서 벗어난 로마의 종교, 곧 세계적 종교였다. 우리는 이런 지적들을 통해서도 예수와 바울의 차이가 어떤 것인지 잘 알 수 있게 된다.

4) 예수와 다른 예수의 정체에 대한 바울의 인식

예수의 정체성identity에 대한 이해에서도 바울은 예수와 분명한 차이를 드러낸다. 예수를 처음 따랐던 제자들에게 예수는 나사렛에서 태어난 "목수로 마리아의 아들이며, 야고보와 요세와 유다와 시몬의 형으로 알려진"(막 6:5) 사람이었고, 예수 자신도 자신을 하나님 나라를 선포하며 백성들의 회개를 준비시키는 마지막 때의 '선지자'로 생각했다. 그래서 나사렛 회당에서의 첫 설교에서 자신이 앞으로 엘리야 선지자와 엘리사 선지자의 사역을 계속할 것임을 암시했고(눅 4:24-27), 예수가 고향에서 배척을 받았을 때도 "선지자가 자기 고향과 자기 친척과 자기 집 외에서는 존경을 받지 못함이 없느니라"(막 6:4)라고 말함으로써 은연

---

[7] 마커스 보그·존 도미닉 크로싼 지음, 김준우 옮김, 『첫 번째 바울의 복음』(고양: 한국기독교연구소, 2010), p. 20.

[8] Cf. Calvin J. Roetzel, *The Letters of Paul: Conversations in Context* (Westminster: Westminster John Knox Press, 1998), p. 171.

중에 자신을 선지자로 암시하기도 했다. 예수가 제사들에게 "사람들이 나를 누구라 하느냐?" 하고 물었을 때 제자들의 대답도 "세례 요한, 엘리야, 혹은 예레미아나 선지자 중의 하나"(마 16:14)라는 것이었다.

그런데 바울은 예수를 "근본 하나님의 본체이며 하나님과 동등된"(빌 2:6) 분이라고 전파했다. 바울은 예수를 '인간적인 존재a human being'로가 아니라 오히려 '신적인 존재a devine being'로 인식하고 있었다는 말이다. 바울이 역사적인 예수, 인간적인 예수를 만나본 적이 없고, 오직 환상 중에 부활하신 예수를 만나보았기 때문일 수 있다. 그래서 바울은 예수를 '하나님의 아들the son of God', 혹은 '주님Kyrios'이라고 선포했다. 바울은 '인간 예수'보다는 분명히 그의 '신성'을 더 중요시했던 것으로 보인다.

바울은 이처럼 예수의 정체성에 대해 예수 자신과 이해가 달랐다. 하지만 그은 예수에 대한 자신의 이해와 자신의 메시지가 하나님의 계시와 지시에 따른 것이라고 주장한다. 바울 자신의 증언에 따르면, 그는 다메섹에서 회심한 이후 "사람들과 의논하지 않았으며 또 나보다 먼저 사도가 된 사람들을 찾아 예루살렘으로 올라가지도 않았고, 그 대신 바로 아라비아로 갔다"(갈 1:16-17). 바울이 예루살렘에 올라가 초대교회의 지도자들인 게바와 야고보와 요한을 만난 것은 이후 3년이 지나서였다. 바울은 자신의 복음이 "사람에게서 배운 것이 아니라 예수 그리스도께서 주신 계시를 통하여 받은 것"(갈 1:12)이라고 주장한다. 자신의 사도권 자체도 "사람에게서 온 것도 아니요 사람을 통하여 된 것도 아니요 예수 그리스도와 그를 죽은 자들 가운데서 다시 살리신 아버지에게서 임명받아 사도가 된 것"(갈 1:1)이라고 강변한다. 즉 바울 자신의 정체성과 함께 자기 메시지의 독특성을 하나님의 직접적인 계시에 따른 것이라고 주장하는 것이다.

그러나 바울이 전하는 기독교가 갈릴리에서 시작된 예수 운동은 물론 예루살렘에서 시작된 초대교회의 모습과 아주 다른 것이 사실이다. 예수 자신의 입술에서 나온 '예수의 복음'이 바울과 같은 후대의 해석자들의 산물인 '예수에 관한 복음'과 같을 수는 없었다. 그래서 앞에서 잠깐 언급했던 바와 같이 바울이 '예수의 종교'를 '예수에 관한 종교'로 바꾸었다는 지적을 받고 있는 것이다. 레자 아슬란Reza Aslan은 심지어 이렇게도 말한다. "바울은 완전히 새로운 교리를 내세웠다. 예수를 근거로 한 교리라지만, 예수도 이해하지 못할 교리였다."[9] 레자 아슬란에 따르면 바울은 메시아에 대해 유대인들이 갖고 있던 기대를 내던지고는 예수를 완전히 새로운 존재, 그리스도로 만들었다. 그래서 바울이 말하는 '그리스도'에는 구약성서의 '메시아'라는 용어에 함축된 의미가 전혀 포함되어 있지 않다. 그는 한 번도 예수를 '이스라엘의 기름 부음을 받은 자'라고 말한 적이 없다. 바울은 (요한을 제외한 복음서 저자들과는 달리) 예수를 그리스도라고 부를 때 그리스도 앞에 정관사를 붙이지 않았다. 정관사가 붙은 그리스도는 예수의 직함이 되기 때문이다. 바울은 예수를 부를 때 정관사 없이 '예수 그리스도' 혹은 '그리스도'라고만 했다. 마치 그리스도가 예수의 성이나 되는 것처럼 말이다. 이것을 가리켜 레자 아슬란은 "이미 바울의 그리스도는 예수에게서 유대교인들의 메시아 흔적을 없앤 터였다"[10]라고 말한다. 이런 모든 지적은 예수에 대한 바울의 인식, 곧 그의 기독론이 역사적 예수와는 아주 다르다

9　레자 아슬란, 민경식 옮김, 『젤롯』(서울: 와이즈베리, 2014), p. 272.
10　레자 아슬란, 위의 책, p. 275.

는 점을 잘 드러내준다. 그리고 역사적인 관점에서 브레데W. Wrede는
바울 이전에는 기독교가 "유대교 내의 한 종파an inner Jewish sect"였는데,
바울 이후에 우리는 "기독교 교회a Christian Church"를 갖게 되었다는 주
장으로[11] 예수와 바울 간의 차이를 분명히 지적해준다.

2. 예수와 바울 간의 공통점 혹은 연속성

예수와 바울 간의 차이가 아무리 크다고 할지라도 예수와 바울 간의
공통점과 연속성이 존재한다는 사실도 매우 명확하다. 이 점을 간과해
서도 안 될 것이다.

1) 예수와 바울은 둘 다 정통파 유대인이다

예수는 유대 땅 베들레헴에서 경건한 부모 밑에서 태어났다. 예수의
아비인 요셉은 의인(마 1:19, "의로운 사람")으로 알려진 인물이고, 예수
의 모친인 마리아는 세 살 때부터 성전에 바쳐져서 성전에서 자란 성녀
였다.[12] 그래서 예수는 태어난 지 팔 일 만에 모세의 율법에 따라 할례
(눅 2:21)를 위해 그리고 "주께 드리기 위해"(눅 2:22) 성전에 올라갔고

---

[11] William Wrede, "Paulus", in *Das Paulusbild in der neueren deutschen Forschung*,
ed., Karl Heinrich Rengstorf (Darmstat: Wissenschaftliche Buchgesellschaft,
1964), p. 94.

[12] 마리아의 부모인 요아킴과 안나는 아이가 없는 것 때문에 슬퍼하다가 끝내 그들의 기도가
하나님께 닿아서 임신을 하고 마리아를 낳게 되자 여호와께 제물을 드리고 마리아가
세 살에 되었을 때 예루살렘 성전으로 보내서 하나님을 섬기게 했다. 이런 이야기는
외경인 「야고보의 유아기 복음서」 1-8장에서 상세히 전해진다.

또 열두 살이 되었을 때에도 "유월절의 관례에 따라"(눅 2:41) 부모와 함께 예루살렘 성전을 방문하기도 했다.

나중에 성인이 되어 공생애 활동에 나섰을 때에도 주로 유대 땅에서 유대인들을 대상으로 사역했다. 또한 성전을 숙정하고(막 11장) 성전에서 사람들을 가르치는(눅 19:47; 20:1) 등 예수는 처음부터 끝까지 유대인 랍비 혹은 유대인 선지자였다.

바울이 비록 헬라 문화권인 이방 땅 길리기아 다소에서 태어났지만 바울 역시 유대교 전통에서 자란 유대인이다. 바울도 태어난 지 팔 일 만에 할례를 받은 "이스라엘 족속이요 베냐민 지파요 히브리인 중의 히브리인이요 율법으로는 바리새인이요 … 율법의 의로는 흠이 없는" 인물이었다(빌 3:5-6; cf. 롬 11:1). 바울 자신이 "나는 유대인으로 길리기아 다소에서 났고 이 도시(=예루살렘)에서 자라, 가말리엘의 문하에서 우리 조상들의 율법의 엄한 교훈을 받았고 오늘 너희 모든 사람처럼 하나님께 대하여 열심히 있는 자"(행 22:5)라고 말하기도 했다. 그리고 바울이 자신의 이런 유대적 정체성에 대한 의문이 제기되었을 때는 단호히 "그들이 히브리인이냐 나도 그러하며 그들이 이스라엘인이냐 나도 그러하다. 그들이 아브라함의 후손이냐 나도 그러하다"(고후 11:22)라고 강조한 바 있다. 예수나 바울이나 똑같이 정통파 유대인이란 말이다. 예수와 바울 사이에 비록 여러 가지 중요한 차이점이 드러나기는 하지만 인종적이며 종교적인 관점에서 볼 때 예수와 바울은 둘 다 정체성의 뿌리를 유대교에 두고 있는 유대인이다. "한번 유대인은 영원한 유대인이다"라고 하지 않았던가? 결국 이것이 바로 예수와 바울 간의 차이를 넘어 그들의 유사성과 연속성을 말할 수 있는 중요한 토대이다.

2) 율법(=토라)에 대한 예수와 바울의 견해가 다르지 않다

예수와 바울 간의 차이를 말할 때 중요하게 거론되는 것 가운데 하나가 율법에 대한 관점이다. 예수가 율법을 중요시한 데 비해서 바울은 율법의 중요성을 부인하고 있다는 생각 때문이다. 율법에 대한 예수의 견해는 다음과 같은 예수의 말씀에서 잘 드러난다: "내가 율법이나 예언자들의 말을 폐하러 온 줄로 생각하지 말라. 폐하러 온 것이 아니라 완전하게 하려 함이라. 진실로 너희에게 이르노니 천지가 없어지기 전에는 율법의 일점일획도 결코 없어지지 아니하고 다 이루리라. 그러므로 누구든지 이 계명 가운데 아주 작은 것 하나라도 어기고, 또 사람들에게 그렇게 하라고 가르치는 사람은 하늘나라에서 아주 작은 사람이라고 불릴 것이라"(마 5:16-17). 반면에 율법에 대한 바울의 견해는 다음과 같은 그의 주장에서 잘 드러난다: "그리스도는 율법의 마침이 되셨다"(롬 10:4). 그래서 이제 "여러분은 율법의 지배 아래 있는 것이 아니라 은혜 아래 있다"(새번역, 롬 6:14-15). 여기 언급된 예수의 말씀과 바울의 주장만을 보면 두 사람의 율법관이 서로 아주 다른 듯하다. 예수와 달리 바울은 그리스도가 오심으로 율법의 시대와 율법의 역할은 끝났다고, 그래서 더 이상 율법 아래 살 필요가 없다고 율법의 무효화를 주장하는 것처럼 보인다.

그러나 바울은 정통파 유대인 가운데 한 사람이다. "율법으로는 바리새인이요 ··· 율법의 의로는 흠이 없는" 인물이었고(빌 3:5-6; cf. 롬 11:1). 비록 이방 땅 길리기아 다소에서 태어났지만 예루살렘에서 자라면서 "가말리엘의 문하에서 조상들의 율법의 엄한 교훈을 받은 하나님께 대하여 열심히 있는 자"(행 22:5)였다. 바울이 "사람이 의롭게 되는 것은 율법의 행위로 말미암음이 아니요 오직 예수 그리스도를 믿음으로 말미암음"이라고, 그래서 "우리가 율법의 행위로써가 아니고 그리스도를 믿음으로써 의롭다 함을 얻으려 함이라. 율법의 행위로써는 의롭다 함을 얻을 육체가 없다"(갈 2:15-16)라고 말하지만, 이것은 바울이 율법의 '행함'으로 의롭다 함을 얻어 구원을 받는다고 생각하는 그런 '공로주의'를 반대한 것이었지 결코 율법 자체를 반대하거나 거부한 것은 아니다.

율법에 대한 바울의 견해는 오히려 다음과 같은 그의 말에서 더 분명히 드러난다: "율법은 거룩하고 계명도 거룩하고 의로우며 선하도다"(롬 7:12), "하나님 앞에서는 율법을 듣는 자가 의인이 아니요 오직 율법을 행하는 자라야 의롭다 하심을 얻는다"(롬 2:13), "네가 율법을 행하면 할례가 유익하나 만일 율법을 범하면 네 할례는 무할례가 되느니라. 그런즉 무할례자가 율법의 규례를 지키면 그 무할례가 할례와 같이 여길 것이 아니냐? 또한 본래 무할례자가 율법을 온전히 지키면 율법 조문과 할례를 가지고 율법을 범하는 너를 정죄하지 아니하겠느냐?"(롬 2:25-27). 또 비록 바울이 율법의 행위를 반대하고 오직 믿음을 강조한다고들 말하지만, 바울 자신은 "우리가 믿음으로 말미암아 율법을 파기하느냐? 그럴 수 없느니라. 도리어 율법을 굳게 세우느니라"(롬 3:31)라고 말한다. 분명히 바울은 율법은 거룩하고 의롭고 선하다고 주장한다. 그래서 그 율법을 듣기만 하거나 읽는 것으로는 충분하지 않고 그 율법을 그대로 실천해야 한다고 말한다. 바울이 율법을 거부하고 율법의 종말과 무효화를 선언했다고 생각하는 것은 단편적인 잘못된 이해일 수밖에 없다. 율법에 대한 태도에서 유대인 예수와 바리새인 바울 사이에 근본적인 차이가 있다고 보기 어렵다는 말이다. 그래서 제임스 던은 "바울이 율법에 대한 자신의 태도를 예수에게서 가져왔다"라고

말하기도 한다.[13]

3) 이방인 선교에 대한 예수와 바울의 견해가 다르지 않다

예수와 바울 간의 차이점을 언급할 때마다 예수는 유대 땅에서 주로
유대인들만을 대상으로 사역한 유대인 랍비요 선지자였지만, 바울은
이방인들의 땅으로 알려진 길리기아 다소 출신으로 회심 이후에 주로
이방인을 상대로 사역했던 '이방인의 사도'라는 점이 거론된다. 예수는
유대 땅 베들레헴에서 태어난 이후 팔레스틴을 거의 떠난 적이 없이
오직 유대인 땅에서 주로 유대인들만을 대상으로 사역했다. 제자들을
선교 파송할 때도 "이방인의 길이나 사마리아 동네에 들어가지 말고
오직 이스라엘의 잃은 양에게 가라"(마 10:5-6)라고 명령했다. 반면에
바울은 비록 그가 "예루살렘에서 자라면서 가말리엘 문하생으로 교육
받은"(행 22:5) 적은 있어도, 이방 땅에서 태어난 디아스포라 유대인으
로서 회심한 이후에 거의 이방 지역에서 이방인들을 상대로 사역했다.
예수의 종교가 할례자들을 위한 '유대인의 종교'라면 바울의 종교는 무
할례자들을 위한 '이방인의 종교'라는 말이다.

비록 예수가 민족주의적이며 배타적인 유대교의 문화권에서 태어
나 사역한 것 때문에 당시 이방인들을 적극적으로 상대하지 않은 것으
로 보인다. 그럼에도 복음서들이 전해주는 예수의 공생애 사역에 대한
기록들을 주의 깊게 살펴보면, 예수는 이미 공생애 활동 초기부터 이방
인들에 대해서도 상당한 관심을 갖고 있었다. 그래서 여러 번 이방인들
의 거주 지역까지 들어가 이방인들을 대상으로 사역을 벌였다. 갈릴리

---

13 제임스 D. G. 던, 『예수, 바울, 복음』, p. 226.

바다를 건너 이방인 지역인 거라사 지방(막 5:1-20)과 게네사렛 땅(막 6:53-56)에 들어가 귀신들린 사람과 많은 병자들을 고쳐주었고, 또 "헬라인이요 수로보니게 족속"의 한 여인의 딸(막 7:24-30)과 이방인 백부장의 종을(마 8:5-13) 고쳐주기도 했다. 또 예수는 "서로 상종하지 않는"(요 4:8) 사마리아 수가 동네에 들어가 사마리아 여인과 말씀을 나눔으로써 "많은 사마리아 사람이 예수를 믿었고"(요 4:39), 제자들을 데리고 "사마리아 동네에 들어가기도"(눅 9:51-56) 했으며, 사마리아 문둥병자를 고쳐주고 구원해주었고(눅 17:18-19), 비유를 통해 사마리아인을 이웃 사랑의 모범으로 말씀하기도 했다(눅 10: 30-37).

예수가 그의 공생애 사역 중에 이처럼 사마리아인들과 이방인들에게 긍정적인 관심을 보이면서 은혜를 베풀었던 일들을 곁에서 직접 지켜보았던 제자들이 나중에 사마리아인들과 이방인들에 대해 보여주었던 예수의 관심을 계속 마음속에 되살리며 그들에 대한 선교 사역을 이어갔던 것으로 생각된다. 초대교회 초기에 예루살렘 교회의 '일곱 지도자' 가운데 한 사람인 빌립이 실제로 사마리아로 들어가 그리스도를 전파하며 세례를 베풀었고(행 8:5-14)고, 더 나아가 이방인 에티오피아 여왕의 내시에게 복음을 전해주고 세례를 베풀어준 일(행 8:35- 38) 그리고 베드로가 이방인 고넬료와 그 집에 모인 사람들에게 복음을 전한 일(행 10-11장) 등이 바로 그런 일들이었다.

바울이 회심한 이후 이방인의 사도로 부름을 받아 이방인들에게로 힘 있게 나아갈 수 있었던 것도 이미 초대교회 안에서 빌립과 같은 선구자가 바울에 앞서서 이방 선교의 문을 열어놓았기 때문이다. 이런 의미에서 빌립은 마치 세례 요한이 예수와의 관계에서 선구자 역할을 했듯이, 이방인의 사도인 바울에 앞서서 그리고 최초로 이방인 고넬료를 개좋시킨 베드로에 앞서서 그들의 선구자 역할을 했던 인물이다.[14] 이렇게 생각할 경우 바울이 나섰던 이방인 선교의 씨를 최초로 뿌린 것은 역시 예수였고, 그 후에 물을 준 것이 빌립과 같은 사람이요, 마지막으로 열매를 거둔 것이 바울이라고 말할 수도 있다. 이 때문에 우리는 이방 선교와 관련해서도 예수와 바울 사이의 공통점과 연속성을 간과하거나 무시해서는 안 될 것이다.

3. 맺는말

흔히 바울은 예수의 복음에서 그리고 예루살렘의 초대교회 운동에서, 유대교적이며 민족주의적인 특징을 많이 벗겨내서 좀 더 세계적인 특징을 가진 복음과 신앙으로 재구성하여 전한 인물이라고 알려졌다. 크게 틀린 말은 아니다. 결국 예수와 바울의 이런 차이는 그들이 무대에 등장해서 활동하던 시대의 차이일 수 있다. 예수가 사역하던 상황과 바울이 사역하던 상황이 달랐을 뿐이다. 바울이 사역하던 상황은, 한편으로는 유대 나라와 유대교가 점차 힘을 잃어가고, 다른 한편으로는 로마를 중심으로 세계가 통일되어가는 과정에서, 예수의 복음을 로마가 지배하는 새로운 세계와 그 시대 사람들을 위해 새롭게 해석해서 제공해야 할 필요가 있었다. 물론 예수의 부활 이후의 상황과 바울의 전 세계적 선교로 예수의 사역 중 분명히 드러나지 않았던 것들이 바울에

---

[14]　F. Scott Spencer, *The Portrait of Philip in Acts: A Study of Role and Relation* (Sheffield: JSOT Press, 1992), 272-273.

게 와서 새로운 주제로 부각되면서 예수와 바울 간에 상당한 차이와 괴리가 있는 것처럼 보일 수도 있다. 그러나 비록 바울이 예수의 교훈과 그 전승들에 대해 새로운 상황에서 새로운 의미를 부여함으로써 마치 크게 달라진 것처럼 보일지라도 바울의 신학이 결코 예수의 교훈과 모순되는 것은 아니다.[15] 바울이 한 일은 예수의 말씀 그대로 마치 새 술을 새 부대에 담아야 하듯이, 그리스도 사건의 의미를 확대 심화하고 심지어 변화된 새로운 상황에 맞게 재구성하여 유대교 내의 한 종파와 같았던 종교를 세계적인 종교로 발전시킨 것이었다. 이 의미에서 우리는 바울을 가리켜, 맥스 디몬트Max I. Dimont처럼 '기독교회의 진정한 건축자'[16]라고 말할 수 있을 것이고, 또 바울은 예수가 뿌려놓은 씨를 크게 성장시킨 인물이란 의미에서 브레데W. Wrede처럼 "예수는 첫 번째 설립자이고 바울은 두 번째 설립자"[17]라고 말할 수도 있을 것이다.

---

[15] Calvin J. Roetzel, *The Letters of Paul*, p. 174. 로첼은 바울과 마찬가지로 복음서 기자들도 예수의 교훈을 해석하여 변형시켰다는 사실을 지적하면서 "If any transformation had taken place, it clearly was not the work of Paul alone"이라고 말한다. p. 173.

[16] Cf. Max I. Dimont, Jew, *God and History* (New York: A Signet Book, 1962), p. 140.

[17] 제임스 D. G. 던, 『예수, 바울, 복음』, p. 194.

베드로와 바울

베드로와 바울은 기독교를 대표하는 가장 중요한 사도들이다. 로물루스와 레무스Romulus et Remus가 로마의 '쌍둥이 창시자'라면 베드로와 바울은 '기독교의 쌍둥이 창시자'라고 말할 수도 있을 것이다.[1] 초대 기독교와 관련한 베드로와 바울의 중요성은 베드로와 바울의 조각상이 로마 바티칸 광장 좌우에 크게 부각되어 있는 사실에서도 엿보이며, 신약성서 사도행전의 내용이 문학적으로 전반부(1-12장)가 '베드로 행전' 그리고 후반부(13-28장)가 '바울 행전'의 형태로 구성되어 있는 사실에서도 잘 드러난다.

그러나 베드로와 바울은 여러모로 서로 너무나 달랐다. 일찍이 독일의 성서학자 울리히 루즈Ulrich Luz가 마태와 바울을 두고 "마태와 바울

---

1 Cf. 마커스 J. 보그 & 존 도미닉 크로싼, 김준우 옮김, 『첫 번째 바울의 복음』(고양: 한국기독교연구소, 2010), p. 299.

은 비록 그들이 서로를 알았다고 하더라도 분명히 친밀한 우호 관계를 맺지는 않았을 것이다"[2]라고 말한 바 있는데, 베드로와 바울을 두고도 똑같은 말을 할 수 있을 듯하다. 초대교회 안에서 신학적으로 서로 갈등을 드러내던 '유대 기독교'와 '이방 기독교'를 각각 대표하는 두 사도가 우호적 관계에 있었다고 보기 힘들기 때문이다. 중세기 '이콘Icon' 화가 가운데 한 사람인 엘 그레코EL Greco[3]가 남긴 〈베드로와 바울〉이란 성화聖畫도 결국은 베드로와 바울 간의 친밀하지 않은 비우호적인 관계를 그림 한 장으로 아주 잘 보여준다.

엘 그레코가 그린 〈베드로와 바울〉이란 성화는 베드로와 바울이 만나 서로 손을 내미는 장면을 묘사한 작품이다. 아마도 베드로와 바울이 처음 만나 '친교의 악수'를 나누었던 장면(갈 2:9)을 주제로 삼았던 것 같다. 그런데 이 그림을 주의 깊게 살펴보면 두 가지 점에서 아주 이상하고도 특별한 점이 눈에 들어온다. 하나는 베드로와 바울이 서로 만나 손을 내밀고 있는데 서로 눈을 다른 곳으로 돌리고 있다는 점이다. 이른바 '노 룩No Look 만남'이다. 그리고 다른 하나는 서로 손을 내밀며 악수를 시도하고 있는 것 같은데, 두 사람의 손이 서로 빗나가면서 제대로 된 악수를 하지 못하고 있다는 점이다.

---

[2]　Ulrich Luz, *The Theology of the Gospel of Matthew* (New Testament Theology), (Cambridge: Cambridge University Press, 1995), p. 148.

[3]　엘 그레코(El Greco, 1541~1614)는 후기 비잔틴 미술의 영향을 보여주는 대표적인 스페인 이탈리아계 화가이다. 그는 그림 대부분이 성서에 나오는 주요 인물이나 사건들을 그린 이른바 이콘(Icon) 화가이다. 그의 본명은 '도메니코스 테오토고풀루스'인데, 이탈리아인이라는 별명(Greco)에 스페인 남성 정관사인 'El'을 붙여서 '엘 그레코'(El Greco)란 이름으로 더 잘 알려졌다. 이콘 화가들은 교인들이 성서를 직접 읽을 수 없던 시기에 그림으로 성서의 내용을 알려주는 '성서 교사'의 역할을 담당했던 사람들이기도 하다.

엘 그레코는 왜 이런 그림을 그린 것일까? 이 그림은 분명히 바울이 기독교로 개종하고 나서 여러 해를 보낸 뒤에 베드로를 만나러 예루살렘에 올라가 처음으로 '친교의 악수'(갈 2:9)를 나누었던 장면을 그렸던 것으로 생각된다. 그러나 엘 그레코가 베드로와 바울이 처음으로 만나 서로 눈을 마주치지 못하고, 또 제대로 손도 마주 잡지도 못하는 어색한 모습

엘 그레코, 〈베드로와 바울〉(1592).

을 그릴 수밖에 없었던 이유는 이 두 사람이 사도가 된 배경 그리고 또 그 두 사람이 갖고 있던 신앙적 혹은 신학적 차이가 너무나도 다르다고 생각했기 때문일 것이다. 베드로는 예수와 동행했던 '유대인 기독교'의 대표적인 사도인 데 비해서, 바울은 예수를 믿고 따르는 사람들을 잡아 죽이려고 나섰던 박해자였다가 나중에 개종하여 주로 이방 지역에 이방인들에게 복음을 전하는 '이방인 기독교'의 대표적인 사도가 된 사람이 아니던가? 우리는 여기서 베드로와 바울을 서로 비교하여 살펴보면서, 그들의 차이가 어떤 것들이었는지 그리고 그런 차이들에도 불구하고 나중에 어떻게 화합하여 초대교회를 발전시킨 기독교의 대표적인 사도들이 되었는지 알아보고자 한다.

1. 베드로와 바울: 그들의 이름과 관련된 논란

1) 베드로의 본래 이름 '시몬'

베드로의 본래 이름은 '시몬'이다. 그러나 '시몬' 혹은 '시므온'이란 이름이 유대 사람들 가운데서는 아주 흔한 이름이었기에,[4] 베드로는 그의 아버지 '요나'의 이름을 따라서 "바요나('요나의 아들' 혹은 '요한의 아들'[5]) 시몬"이라고 불리기도 했다.[6] 최초로 기록된 복음서인 마가복음 1장 16절을 보더라도, 예수가 갈릴리 해변을 지나가시다가 '시몬과 그의 형제 안드레'가 바다에 그물을 던지는 것을 보고 "나를 따르라" 하고 부르신 것으로 되어 있고, 그 이후에도 베드로는 계속 '시몬'으로 언급된다(막 1:29, 30, 36; 3:16; 14:37).

이것은 마태복음의 경우도 거의 마찬가지이다. 마태복음 16장 17절을 보면, 예수는 베드로를 향해 '바요나 시몬아'(Σίμων Βαριωνᾶ)라고 불렀고, 그냥 '시몬아'라고 부르기도 했다(마 17:25). 그 외에도 마태는 "베드로라 하는 시몬"이란 말을 사용함으로써 베드로의 본래 이름

---

[4] 예수의 열두 제자 중에 '가나안 사람 시몬'이란 인물이 있었고(막 3:18), 예수의 형제 가운데 하나가 '시몬'이란 이름을 갖고 있었으며(막 6:3), 베다니에 '시몬'이란 나병 환자가 있었고(막 14:3), 예수의 십자가 처형과 관련된 '구레네 시몬'이란 사람이 있었다(막 15:21). 예수를 자기 집에 초청했던 '시몬'이란 이름의 바리새인이 있었고(눅 7:40), 가룟 유다의 아버지 이름이 '시몬'이었고(요 6:71), 사마리아 성에 '시몬'이란 마술사가 있었고(행 7:9), 욥바에는 '시몬'이란 무두장이가 있었다(행 9:43).

[5] 요한복음 저자는 '요나의 아들'이란 표현보다는 도리어 '요한의 아들'이란 표현을 더 선호한다(cf. 1:42; 21:15,16,17).

[6] '예수'를 두고 동네 사람들이 "이 사람이 요셉의 아들이 아니냐?"(눅 4:22)라고 물었던 경우와 마찬가지이다. 예수가 고쳐준 맹인 거지의 이름도 "디매오의 아들, 바디매오"였다(막 10:46).

이 시몬이었다는 것을 드러내준다(마 4:18; 10:2).

　누가복음에서는 이 점이 좀 더 분명하게 드러난다. 누가복음에서 베드로는 계속 '시몬'으로 언급되는 편이다: "예수께서… 시몬의 집에 들어가시니 시몬의 장모가 중한 열병을 앓고 있는지라"(눅 4:38), "예수께서 한 배에 오르시니 그 배는 시몬의 배라"(5:3), 예수께서 "시몬에게 이르시되…"(5:4), "시몬이 대답하여 이르되…"(5:5), "시몬 베드로가 이를 보고…"(5:8), "세베대의 아들로서 시몬의 동업자인 야고보와 요한도…"(5:10), "베드로라고도 이름을 주신 시몬과 그의 동생 안드레"(6:14). 누가복음 22장 31절에서는 예수가 베드로를 두고 "시몬아, 시몬아"라고 말하고, 24장 34절에서는 "주께서 과연 살아나시고, 시몬에게 보이셨다"라고 기록되어 있다. 이처럼 누가복음에서는 시몬이란 이름이 베드로란 이름보다 더 많이 더 자주 사용된다.

　요한복음에서는 베드로가 처음부터 '시몬 베드로'라고 지칭되고 있는 점이 조금 다르다. 요한복음 1장 40절을 보면, '시몬 베드로의 형제' 안드레가 "먼저 자기의 형제 시몬을 찾아 말하되 우리가 메시아를 보았다"(요 1:41)라고 전했을 때와 부활한 예수가 베드로에게 나타나 베드로를 향해 "요한의 아들 시몬아"(21:16)라고 부른 두 경우를 제외하고는 요한복음에서 거의 예외 없이 베드로는 계속 일관되게 '시몬 베드로'라고 불린다(6:8; 13:6, 9, 24, 36; 18:10, 15, 25; 20:6; 21:2, 37, 11, 15). 본래는 '시몬'이라고 불리던 이름이 나중에 초대교회 안에서 시몬이 예수를 만나 그로부터 '게바'(=베드로)란 이름을 부여받았다는 사실이 널리 알려지면서 '시몬 베드로'란 이름이 좀 더 일반화되었던 듯하다. 요한복음 1장 42절은 다음과 같이 전해준다: 예수가 시몬을 처음 만났을 때, 예수는 시몬을 보고 "네가 요한의 아들 시몬이니 장차 게바라 하리

라 하시니라(게바는 번역하면 베드로라)."[7] 그러니까 '게바' 혹은 '베드로'
란 이름은 시몬이 예수를 만나서 예수에게 부여받은 이름이었고,[8] 그
래서 나중에 예수의 공생애 사역과 관련해서 시몬이란 이름보다는 '게
바' 혹은 '베드로'란 이름이 더 자주 사용되었던 것으로 여겨진다.

2) 바울의 본래 이름 '사울'

바울의 본래 이름은 '사울'이었다. 예수가 다메섹 도상에서 바울을 처
음 만났을 때 그를 불렀던 이름도 '사울'이었다: "사울아 사울아, 네가
어찌하여 나를 박해하느냐?"(행 9:4). 예수가 다메섹에 사는 아나니아
에게 나타나 "일어나 직가라 하는 거리로 가서 유다의 집에서 다소 사
람 사울이라 하는 사람을 찾으라"(행 9:11) 하고 지시하셨을 때도 예수
는 바울이라 하지 않고 사울이라고 했다. 기독교인들이 사도행전을 읽
으면서 바울이란 인물을 처음 만날 때도 그의 이름은 '사울'이었다. 신
약성서에서 스데반이 최초로 순교 당할 때 "증인들이 옷을 벗어 '사울'
이라 하는 청년의 발아래 두었고"(행 7:58), 스데반이 죽임당함을 마땅
히 여겼던 인물이 '사울'이었다(행 8:1). 바울이 과거에 예수 믿는 자들
을 박해하며 교회를 파멸시키려고 했을 때의 이름도 '사울'이었다(행
8:3). 바울은 본래 '사울'로 불리던 인물이었다. 바울이란 인물이 처음

---

[7] 마태복음에서도 예수는 "바요나 시몬아… 너는 베드로라"라고 시몬에게 새로이 베드로란
이름을 부여한다(16:17-18). 다만 요한복음에서는 시몬이 예수를 처음 만났을 때 그리고
마태복음에서는 베드로의 신앙고백이 있은 뒤에 '베드로'란 이름이 주어진 것이 다를
뿐이다.

[8] 그러나 마태복음 16:17-18에서는 베드로가 가이사랴 빌립보에서 예수를 '메시아와 하나님
의 아들'이라고 고백했을 때, 예수가 바요나 시몬을 축복하면서 그에게 '게바' 곧 '베드로'란
이름을 주신 것으로 전해진다.

으로 소개되는 사도행전을 보더라도 처음에는 '사울'이라고 불리다가 나중에 '바울'이라고 불리기도 했다.

그런데 바울은 분명히 사울이란 이름보다 오히려 바울이란 이름으로 우리에게 더 친숙하다. 사도행전에서 '사울'이란 이름이 모두 25번 사용되었지만, 사도행전 이외에서 바울이 사울로 불린 적은 없다. 그래서 간혹 사울이란 이름은 그가 기독교인으로 개종하기 이전의 이름이고, 개종한 이후부터는 '바울'이란 이름을 사용한 것이 아닌가 하는 생각을 하게도 만들었다. 그리고 이런 생각은 또 다른 생각들에 의해 확대 재생산되는 가운데, 마치 사실이기라도 한 것처럼 받아들여졌다. 이미 알려진 바와 같이 구약에서 '사울'이란 이름을 가졌던 이스라엘의 첫 번째 왕인 '사울'은 "이스라엘 자손 중에 그보다 더 준수한 자가 없고 키는 모든 백성보다 어깨 위만큼 더 컸다"(삼하 9:2). 이 사울 왕도 마침 바울과 마찬가지로 '베냐민 지파'였다. 신약성서에서 자신을 가리켜 "베냐민 지파요 히브리인 중의 히브리인이요 율법으로는 바리새인이요 … 율법의 의로는 흠이 없는 자"(빌 3:5-6)라고 큰소리치던 바울이 예수를 믿고 사도가 된 이후에 "나는 사도 중에 가장 작은 자라"(고전 15:9)라고 자신을 낮춘 것 때문에 '큰' 사울이 회심 이후에 '가장 작은 자'로 바뀌었고, 그래서 '사울'이란 이름 대신에 '바울'이란 이름을 사용하게 된 것이라는 주장이 제기된 바도 있다.

그러나 이런 주장은 목회적인 상상에서 나온 것이지 사실에 근거한 견해는 아니다. 무엇보다도 사도행전에서 바울이 기독교로 개종한 이후에 여전히 한동안 '사울'이란 이름이 계속 사용되고 있는 점만 보더라도 개종 때문에 이름이 바뀌었다고 생각하기 어렵다. 사도행전을 보면 사울은 다메섹 도상에서 개종한 이후 한동안 다메섹에 있는 제자들과 함께 회당에서 예수가 하나님의 아들이심을(9:19) 그리고 그리스도 이심을(9:22) 증언했고, 그 때문에 유대인들의 박해를 받아 "밤에 광주리를 타고 성 밖으로 탈출한"(9:25) 이후에 예루살렘으로 가서 그곳 제자들과 함께 지내며 예수의 이름을 담대히 전할 때에도 그의 이름은 계속 '사울'이었다(9:28). 그리고 여러 해가 지난 뒤에 바나바와 함께 안디옥 교회로 와서 안디옥 교회를 대표하는 지도자 가운데 하나로 이름이 밝혀질 때에도 역시 '사울'이었다. 사울이 개종한 이후에 바울로 이름을 바꾸었다는 말을 받아들일 수 없는 이유이다.

오히려 사도행전에서 바울이 '사울'이란 이름 대신에 바울이란 이름으로 활동하기 시작한 때는 안디옥 교회의 공식 파송을 받아 바나바와 함께 이방인 선교사로 떠난 이후(행 13:1-3)부터라는 점에 주목할 필요가 있다. 안디옥을 떠나 실루기아와 구브로를 거쳐 살라미에 이르렀을 때, 드디어 "바울이라고도 하는 사울"(행 13:9)이란 문구를 통해 '바울'이란 이름이 처음 사용된다. 그리고는 그 이후부터는 계속 '바울'이란 이름을 만나게 된다(행 13:13, 15, 16). 따라서 우리는 '바울'이란 이름이 바울이 '이방인 선교사'로 나서면서부터 사용하기 시작한 이름이라는 점을 기억해야 한다. 그리고 아울러 바울이 유대 땅 본토박이 출신이 아니라 길리기아 다소에서 출생한 디아스포라 유대인이라는 점을 잊지 말아야 한다. 그리스-로마 세계에 흩어져 살던 디아스포라 유대인들은 히브리식 이름 이외에 흔히 로마식 이름도 갖고 있었다. '사울'이 히브리식 이름이라면 '바울'은 로마식 이름인 셈이다. 바울이 기독교로 개종한 이후, 그리스-로마 세계를 향한 이방인 선교사로 나서면서부터 히브리식 이름인 사울을 버리고 바울이란 로마식 이름을 사용하게 된 것이라고 보아야 한다. 이것을 두고 헨리 캐드버리Henry J. Cadbury는

"바울의 사역이 이방인들 가운데서 확실하게 시작되었을 때, 저자(=누가)는 로마 이름으로 바꾸었다"⁹라고 말한 바 있다.

2. 베드로와 바울, 그들은 언제 어떻게 예수를 만났나

베드로와 바울이 예수를 처음 만난 시기와 장소 등이 아주 다르다. 베드로는 예수의 공생애 활동 초기에 예수를 만났다. 마가와 마태에 따르면 예수는 공생애 활동에 나선 직후, 곧바로 갈릴리 해변에서 안드레와 함께 고기잡이를 하던 베드로를 보고는 "나를 따라오라. 내가 너희로 사람을 낚는 어부가 되게 하리라" 하고 말씀하면서 직접 제자로 불러냈다(막 1:16-20; 마 4:18-22).[10] 베드로는 그 이후 예수가 십자가에 달려 죽기까지 무려 3년 동안 예수와 동행하며 예수의 공생애 사역에 직접 참여했다.

그러나 바울의 경우는 아주 다르다. 바울은 예수의 공생애 활동 중에 그를 만나본 적이 없다. 좀 더 구체적으로 말한다면, 바울은 역사적 예수를 만난 적이 없다. 바울이 만난 예수는 역사적 예수historical Jesus, 지상의 예수earthly Jesus가 아니다. 바울은 예수가 죽은 지 약 3년 후에 예수를 믿는 자들을 박해하며 체포하려고 나섰다가 다메섹 도상에서

---

9 Henry J. Cadbury, *The Making of Luke-Acts* (London: SPCK, 1958), p. 225. 캐드버리는 '사울'이란 이름이 '바울'이란 이름으로 바뀐 것만 아니라, 지금까지 '바나바와 바울'이라고 하던 것을 '바울과 바나바'로 바꾸기까지 했다고 지적한다.

10 요한복음의 경우도 크게 다르지 않다(요 1:32-43). 그러나 누가복음의 경우는 좀 다르다. 예수의 설교와 이적 활동이 어느 정도 진행된 이후, 베드로가 갈릴리 바다에서 고기를 잡을 때 예수를 처음 만난 것으로 전해진다(눅 5:1-11).

"갑작스런 하늘로부터의 빛"(행 9:3) 가운데서, 아마도 '환상'(행 9:10) 가운데서 부활하신 예수risen, and exalted Jesus를 만났다. 이렇게 바울이 환상 중에 부활하신 예수를 만났고 잠깐 대화도 나누었지만 부활하신 예수에게 직접 제자나 사도로 부름을 받은 것은 아니다. 부활하신 예수 는 바울에게 "나는 네가 박해하는 예수다"라고 말하면서 시내에 산다 는 다른 제자 아나니아를 소개해준 것뿐이다. 실제로 바울을 만나 "주 께서 이르시되 가라 이 사람은 내 이름을 이방인과 임금들과 이스라엘 자손들에게 전하기 위하여 택한 나의 그릇이라"(행 9:15)라고 전해주며 안수하고(행 9:17) 세례를 베푼(행 9:18) 사람은 아나니아였다. 따라서 바울은 역사적 예수에게 직접 부름을 받은 사람이 아니라, 아나니아를 통해 간접적으로 부름을 받고 세례를 받은 사람이다.

3. 베드로와 바울의 역사적이며 문화적인 배경의 차이

베드로와 바울이 똑같은 유대인이지만, 베드로는 유대 땅 벳세다에서 태어난(요 1:44) 팔레스틴 본토박이 출신 유대인인 데 비하여, 바울은 이방 땅 길리기아 다소 출신(행 21:39)으로 로마 시민권을 갖고 있었던 (행 21:25-29) 디아스포라 유대인이다. 베드로가 갈릴리 어부 출신인 데 비하여, 바울은 "가말리엘 문하에서… 조상들의 율법의 엄한 교훈 을 받은"(행 22:3) 바리새인 중의 바리새인(빌 3:5)이었다. 그 두 사람의 사회적 신분과 배경만 보더라도 베드로와 바울은 크게 대조된다.

　다른 한편으로 베드로가 역사적 예수로부터 유대 땅 갈릴리 해변에 서 직접 부름을 받은 제자라면, 바울은 이방 땅 다메섹 도상에서 부활하신 예수를 만난 직후에 아나니아를 통해 세례를 받은 제자이나. 베드로가 만난 예수가 '부활절 이전의 예수pre-Easter Jesus'라면, 바울이 만난 예수는 '부활절 이후의 예수post-Easter Jesus'였다. 이것을 달리, 베드로가 예수에게 직접 부름을 받고 따라나섰던 제1세대 기독교인이라면, 바울은 예수의 죽음 이후 다메섹에 살던 예수의 제자 아나니아를 통해 간접적으로 예수를 믿고 세례를 받은 제2세대 기독교인이라고 말할 수 있다.[11]

이처럼 베드로와 바울은 태어나고 자란 배경이 유대 땅 갈릴리와 이방 땅 길리기아 다소로 서로 달랐다. 또한 예수와 연관된 시기도 베드로는 예수의 공생애 사역 초기에, 바울은 예수의 역사적 공생애가 다 끝난 이후였다. 그렇기에 베드로와 바울이 서로 직접 만날 수 있는 기회는 그렇게 많지 않았을 것이다. 그럼에도 신약성서, 특히 사도행전과 바울 자신의 서신에 따르면, 초대 기독교의 대표적인 두 사도인 베드로와 바울은 서로 '네 번'에 걸쳐 직접 만날 수 있었다. 그렇다면 베드로와 바울, 이 두 인물은 언제 어디서 어떤 만남을 가졌을까?

4. 베드로와 바울의 만남

베드로와 바울, 이 두 인물은 도대체 언제 어디서 어떤 계기로 서로 만나게 된 것일까? 그리고 이 두 사람의 관계는 실제로 어떠했을까?

---

[11] Cf. Earl Richard, *Jesus: One and Many: The Christological Concept of New Testament* (Delaware: Michael Glazier, 1988), "Paul, the second generation Christian"(p. 321); "Paul, a second generation believer"(p. 322).

1) 베드로와 바울의 첫 번째 만남(갈 1:18-20)

베드로와 바울의 첫 번째 만남confrontation은 바울 자신이 갈라디아서에서 밝히고 있듯이, 다메섹 도상에서 부활하신 예수를 만나 회심하여 개종한 이후, 아라비아로 가서 한동안 조용한 시간을 가진 다음에 "3년 만에… 게바를 방문하려고 예루살렘에 올라가서"(갈 1:18) 베드로를 만났을 때였다. 바울의 증언에 따르면, 바울이 처음에는 "내 어머니의 태로부터 나를 택정하시고 그의 은혜로 나를 부르신 이가 그의 아들을 이방에 전하기 위하여 그를 내 속에 나타내시기를 기뻐하셨다"(갈 1:15- 16a)는 생각에, "혈육과 의논하지 아니하고 또 나보다 먼저 사도 된 자들을 만나려고 예루살렘으로 가지 아니하고 아라비아로 갔다가 다시 다메섹으로 돌아갔다"(갈 1:16b-17). 아마도 홀로 조용히 보내면서 자신의 소명에 대해 깊이 숙고했을 것이다.

그런데 '그 후 3년 만에' 베드로를 방문하려고 예루살렘에 올라갔다고 말한 것으로 미루어 볼 때, 바울이 다메섹 도상에서 회심하고 개종한 때가 주후 33년경이라면, 바울이 예루살렘에 올라가 첫 번째로 베드로를 만난 때는 그때로부터 '삼 년이 지난' 시기, 아마도 주후 36년경이었을 것이다. 이때 바울은 예루살렘에 올라가 베드로와 함께 "보름 동안"(갈 1:17-18)을 같이 지냈다고 말한다. 이처럼 베드로와 더불어 "보름 동안"을 지냈다고 말하면서도 "주의 형제 야고보 외에 다른 사도들을 보지 못하였다"(갈 1:19)라고 말한 것을 보면, 바울은 그 당시 베드로의 뒤를 이어 예루살렘 교회의 수장으로 있었던 주의 형제 야고보를 잠깐 공식적으로 만나본 이후에는 주로 베드로와만 시간을 보냈을 뿐 다른 사도들과 접촉할 수 있는 기회는 만들지 않았던 듯하다. 바울의 입장에서는 예루살렘의 세 기둥 사도들인 '야고보와 게바와 요한' 중에서도 베드로를 만나는 일이 가장 중요했을 것이다. 딩시 예루살렘 초대 교회 안에서 베드로가 갖고 있던 권위를 전혀 무시할 수 없었기 때문만이 아니다. 바울로서는 예수의 열두 제자 가운데 가장 대표적인 '수제자'였던 베드로를 만나 역사적 예수를 3년 동안이나 직접 동행하며 함께 사역했던 베드로에게 예수에 관해 많은 것을 듣고 싶어 했을 것이고, 실제로 많은 정보를 얻기도 했을 것이다. 바울이 예루살렘에 올라가 야고보를 만나고 베드로를 방문했던 이 첫 번째 만남은 어느 정도는 '상견례' 정도의 의미, 혹은 바울이 세례를 받고(행 9:18) 예수의 제자가 된 것을 공식적으로 알리는 '일종의 세례 입교식'과 같은 의미를 가진 것이었다. 그렇기에 베드로와 바울의 이 첫 번째 만남의 분위기는 그렇게 나쁘지 않았던 듯하다. 자연스럽지 못한 만남이라고 생각할 만한 것을 전혀 찾아볼 수 없기 때문이다.

2) 베드로와 바울의 두 번째 만남(갈 2:1-10)

바울이 다메섹 회심 이후 맨 처음 예루살렘을 방문하여 야고보를 만나고 베드로를 방문한 첫 번째 만남에 이어서 다시 두 번째로 베드로를 만난 것은 바울이 '14년 후에'(갈 2:1) 바나바와 함께 디도를 데리고 다시 예루살렘에 올라갔을 때였다. 첫 번째 만남이 주후 36년경에 예루살렘에서 이루어졌는데, '14년 후에' 있었던 두 번째 만남도 예루살렘에서 맺어졌다. 베드로가 여전히 예루살렘에서 초대교회의 수장首長으로 사역하고 있었기 때문일 것이다. 그런데 이 두 번째 예루살렘 방문에서는 바울이 개인적으로 베드로와 만난 것은 아니었다. 안디옥 교회를 대표하는 '바울과 바나바와 디도'가 '야고보와 게바와 요한'이 대표하는 예루살렘 교회를 방문하는 형태의 만남이었다. 그런데 바울이 두 번째로 예루살렘에 올라가 예루살렘의 '세 기둥 사도들'을 만난 일의 성과는 베드로가 '할례자들을 위한 사도'이듯이 바울이 '무할례자를 위한 사도'임을 상호 간에 공식 인정하고 서로 '친교의 악수'를 나누었다는 사실(갈 2:9)에 있는 것으로 보인다. 바울이 드디어 예루살렘 교회로부터 공식적으로 '이방인의 사도'로 인정받게 된 셈이다.

바울은 이 두 번째 예루살렘 방문이 '계시에 의한' 것(갈 2:2)이라고 밝히고 있지만, 정작 방문의 주요 목적은 바울 자신이 '이방인들 가운데 전파하는 복음'을 '그들에게'(아마도 예루살렘 형제들에게, 갈 2:2)와 또한 '유력한 자들에게'(아마도 예루살렘 사도들에게, 갈 2:2) 제시하는 것이었던 듯하다. 바울이 이때 "나와 함께 있는 헬라인 디도까지도 억지로 할례를 받게 하지 아니 하였으나… 가만히 들어온 거짓 형제들"이 할례를 강요하면서 "우리가 가진 자유를 엿보고 우리를 종으로 삼고자 한다"(갈 2:3-4)라고 말한 점으로 유추해보아, 결국 이방인에게 전파하는 복음과 관련하여 이방인들에게 '할례'를 요구해야 하는가 하는 문제가 쟁점이었던 듯하다. 그러나 바울은 여기서 "그들은 내가 무할례자에게 복음 전함을 맡은 것이 베드로가 할례자에게 맡음과 같은 것을 보았고, 베드로에게 역사하사 그를 할례자의 사도로 삼으신 이가 또한 내게 역사하사 나를 이방인의 사도로 삼으셨느니라"(갈 2:7-8)라고 말함으로써 복음을 받은 이방인들에게는 할례가 강요될 수 없음을 밝힌다. 그리고 예루살렘의 세 기둥 사도들인 '야고보와 게바와 요한'이 "내게(바울에게) 주신 은혜를 알므로 나와 바나바에게 친교의 악수를 하였다"(갈 2:9)라고 말한다. 할례받지 않은 사람들에 대한 바울의 복음, 즉 바울이 전하는 무할례자의 복음을 예루살렘의 기둥 사도들이 '친교의 악수'를 통해 인정했다는 걸 밝힌 것이다.

이처럼 베드로와 바울의 이 두 번째 만남도 결과적으로는 비교적 우호적인 분위기에서 이루어졌다. 비록 '가만히 들어온 거짓 형제들'이 '할례' 문제로 이방인들을 율법의 종으로 삼고자 하는 시도가 있었다는 언급(갈 2:4)이 나온다. 하지만 '친교의 악수'를 나눈 사실과 "우리는 이방인에게로, 그들은 할례자에게로 가게" 되었다(갈 2:9)는 기록을 고려해보면 이 두 번째 만남의 분위기와 결과도 비교적 우호적이었다는 걸 알 수 있다.

3) 안디옥에서 바울을 다시 만난 베드로(갈 2:11-14)

제임스 던James D. G. Dunn은 이 안디옥 만남이 바울의 두 번째 예루살렘 방문 이후 "한두 달[a few months]이 지난 다음"에 있었다고 추정한다.[12] 그러니까 예루살렘 사도 회의에서 만난 이후일 것이다. 베드로와 바울 간의 네 번에 걸친 만남 중 이번 경우가 예루살렘이 아닌 안디옥에서 만난 사건이다. 예루살렘이 베드로의 활동 본거지였다면, 안디옥은 바울의 활동 본거지였다(cf. 행 13:1-13; 행 15:30-35). 이 만남이 어떻게 해서 이루어지게 되었는지, 즉 베드로가 왜 안디옥으로 가게 되었는지에 대해서는 별도로 알려진 바가 없다. 다만 바울은 안디옥에서 베드로를 만난 것과 관련하여 〈갈라디아 교회에 보낸 편지〉 가운데서 다음과 같이 전해준다(갈 2:11-14): 베드로가 안디옥에 갔을 때, 베드로가 그

---

[12] Cf. *Jesus, Paul and the Law* (London: SPCK, 1990), p. 163, n.6. 구체적인 시기는 "제1세기의 40년대 후반"일 것으로 추산한다(cf. p. 130). 홀츠(T. Holtz)는 좀 더 구체적으로 다음과 같이 제안한다. "우리는 안디옥 사건이 사도 회의가 끝난 지 몇 주—길어야 몇 달—후에 일어났다고 추정할 수 있다." Cf. "Der Antiochenische Zwischenfall (Galater 2.11-14)," *NTS* 32(1986), p. 346 참조.

지역 이방인들과 함께 음식을 먹고 있었다. 마침 그때 예루살렘에서 야고보가 보낸 사람들이 오자, 베드로가 "할례자들을 두려워하여"(갈 2:12), 즉 그들이 자기가 이방인들과 함께 같은 식탁에서 음식 먹는 것을 보는 것이 마음에 걸려서 곧바로 그 자리를 떠났고, 함께 있던 다른 유대인들도 베드로처럼 식탁을 떠났다. 바울은 베드로의 이 행위를 '외식' 혹은 '위선'(갈 2:13)이라고 지적했다. 그런데 함께 있었던 바나바까지 그 위선의 유혹을 받았던 것으로 보인다. 바울은 베드로의 이런 위선을 두고 베드로가 "복음의 진리를 따라 바르게 행하지 아니한"(갈 2:14) "책망받을 일"(갈 2:11)이라고 생각했다. 그래서 곧바로 "모든 자 앞에서 게바에게 이르되 네가 유대인으로서 이방인을 따르고 유대인답게 살지 아니하면서 어찌하여 억지로 이방인을 유대인답게 살게 하려느냐?"(갈 2:14)라고 책망했다.

이른바 이 '안디옥 사건Antioch incident'에서의 문제는 근본적으로 베드로를 포함한 유대 기독교인과 안디옥에 거주하는 이방인 간의 문제, 좀 더 구체적으로는 식탁 교제table fellowship 문제이다. 양심적인 유대인들에게 모세의 음식 법을 지키고 이방인의 음식을 피하는 것은 아주 중요한 문제였다. 보수적인 유대 기독교인들의 눈에도 "이방인과 함께 (음식을) 먹는 것"은 모세의 율법을 범하는 것이며, 하나님의 계약 백성이라는 신분을 타협해버리는 것으로 보일 수밖에 없었다. 그런데 베드로가 이방인과 함께 음식을 먹고 있을 때, 야고보로부터 온 사람들이 나타나자 베드로가 "할례자들을 두려워하여" 식탁을 떠나 물러갔고, 함께 있던 다른 유대인들과 바나바까지 그런 '외식'에 동참하는 일이 벌어졌다. 야고보 일행의 눈에는 베드로가 "유대인으로서 이방인을 따르고 유대인답게 살지 아니하는 것"(갈 2:14)처럼 보였을 것이다. 더구나 베드로는 할례자들을 두려워하여 함께 먹던 자들을 "떠나 물러났는데"(갈 2:12) 바울의 눈에는 이것이 "복음의 진리를 따라 바르게 행하지 아니함"(갈 2:14), 곧 '위선'으로 보여 베드로를 "대면하여 책망하였다." 바로 여기에서 우리는 율법에서 완전히 자유로움을 주장하는 무할례자의 사도인 바울과 율법 준수에서 아직 완전히 자유롭지 못한 할례자의 사도인 베드로 간의 적지 않은 간격과 차이를 보게 된다.

마치 베드로가 대제사장의 여종에게 예수를 모른다고 부인했을 때처럼, 이번에도 베드로는 분명히 바울이 지적한 대로 "복음의 진리를 따라 바르게 행하지 아니했다"(갈 2:14)라는 책망과 비판을 받을 만했다. 이번 만남을 계기로 베드로는 자신의 위선적인 행동으로 인해 바울에게 책망을 듣는 신세가 되었고, 바울로서는 먼저 된 사도 베드로의 잘못을 공개적으로 비판하고 책망함으로써 나중에 사도가 된 자신의 권위를 어느 정도 인정받는 계기가 될 수 있었던 것으로 보인다. 더구나 안디옥은 바울의 텃밭이 아니던가? 비록 이 만남이 비판적이며 대립적인 상황을 보여주긴 했지만, 베드로 입장에서는 예수를 부인한 실수에 이어 다시 한번 더 새롭게 태어날 수 있는 기회를 얻을 수 있었다. 이런 의미에서는 안디옥에서의 만남이 베드로와 바울 두 사람 모두에게 결코 부정적인 만남만은 아니었을 것이다.

4) 예루살렘 '사도 회의'에서 바울을 만난 베드로(행 15:1-29)
: 주후 48-49년[13]

---

[13] 예루살렘 회의가 있었던 때에 대하여, F. Hahn은 AD 43년이라고(cf. *Mission in the New Testament*, London: SCM Press, 1965, p. 91), J. Knox는 AD 51년이라고 (*Chapters in a Life of Paul*, New York: Abingdon, 1950, ch. V) 말하지만, 대다수의

성서에 따르면 베드로는 안디옥 교회의 대표로 바나바와 함께 예루살렘에 올라가 야고보가 주도했던 '사도 회의'에 참석했을 때 다시 바울을 만난다. 이 만남의 경우는 개인적인 만남이 아니라 바울이 바나바와 함께 안디옥 교회를 대표하여 참석한 공적인 회의에서 공적인 만남 형태였다. 비록 이 회의에서 베드로와 바울이 개인적으로 만나 대화한 기록은 없지만, 그러나 이 사도 회의에서 베드로는 신학적으로 바울의 견해를 지지하는, 그래서 결과적으로 바울과 통합하는 중요한 계기가 되었던 것으로 보인다.

이 예루살렘 사도 회의의 주요 의제는 잘 알려진 바와 같이 이방인들을 교회에 받아들이는 문제였다. 이 예루살렘 사도 회의에서 처음에는 이방인 선교를 위해 바울과 바나바를 선교사로 파송했던 안디옥 교회의 주장(행 13:1-3)과 "유대로부터 내려와 형제들을 가르치던"(행 15:1) 예루살렘 교회의 주장 사이에 큰 차이가 있었다는 것이 아주 명백히 드러난다. 그래서 "그들 사이에 적지 아니한 다툼과 변론이 일어났다"(행 15:2)라고 전해지고 있기도 하다. 예루살렘 교회의 '유대 기독교인들'은 예수를 믿으면서도 계속 유대인으로서 유대교의 신앙 전통을 지키며, 이방인들에게도 "구원을 받기 위해서는 모세의 법대로 할례를 받게 해야 한다"(행 15:1)라고 주장했다. 반면에 주로 '이방 기독교인'들로 구성되었던 안디옥 교회를 대표하는 바나바와 바울은 예수를 믿으면서 계속 이방인들에게 유대인처럼 율법의 멍에를 지게 해서는 안 된다(행 15:10)고, 이방인도 유대인과 똑같이 "주 예수의 은혜로 구

학자들은 AD 48년 또는 49년으로 추산한다(Jame D. G. Dunn, *Jesus, Paul and the Law*, London: SPCK, 1990, p. 163).

원을 받는 것이라"(행 15:11)고 주장했다. 달리 말하사면 기독교인이 되었더라도 유대인으로서 유대교의 신앙 전통을 그대로 따라야 한다는 주장과 기독교인이 되기 위해서 먼저 유대인이 될 필요가 없고, 따라서 더 이상 유대인의 율법의 멍에를 계속 짊어질 필요가 없다는 주장이 서로 대립한 것이었다.

그런데 이 회의에서 우리가 특히 주목해야 할 점은 이 회의에 참석한 베드로가 당시 논란이 되던 문제, 곧 이방인을 교회에 받아들이는 문제에 대해 어떤 관점을 보여주고 있는가 하는 점이다. 이 회의에서 베드로의 생각과 그의 발언이 어느 누구보다도 더 중요하게 여겨졌기 때문이다. 베드로는 예수의 십자가 죽음과 부활 이후 예루살렘에서 계속 초대교회를 주도했던 유대적 기독교의 대표적인 지도자가 아니었던가? 그렇기 때문에 일반 독자들이라면 당연히 유대 기독교의 대표적인 지도자 베드로가 안디옥 교회의 대표들인 바울과 바나바와는 달리 이방인들에게 할례를 받게 하고 모세의 율법을 지키도록 해야 한다는 주장을 했을 것이라고 생각하기 쉽다.

그러나 베드로가 이 문제와 관련하여 '적지 아니한 다툼'(행 15:2)과 '많은 변론'(15:7)이 계속된 이후에 일어나서 했던 발언은 좀 의외로 놀라운 것이었다. 마치 안디옥 교회의 대표, 즉 이방 교회의 대표적 지도자인 바울의 견해를 대변하며 지지해주는 것 같은 발언이었기 때문이다. 베드로는 말했다: "하나님이 이방인들로 내 입에서 복음의 말씀을 들어 믿게 하시려고 오래전부터 너희 가운데서 나를 택하시고… 하나님이 우리(유대인)에게와 같이 그들(이방인들)에게도 성령을 주어 증언하시고 믿음으로 그들의 마음을 깨끗이 하사 그들이나 우리나 차별하지 않으셨느니라. 그런데 지금 너희가 어찌하여 하나님을 시험하여 우리 조상과 우리도 능히 메지 못하던 멍에를 제자들의 목에 두려느냐? 그러나 우리는 그들이 우리와 동일하게 주 예수의 은혜로 구원받는 줄을 믿노라"(15:7-11)라고 말한다.

베드로가 이 회의에서 하나님이 "그들(이방인들)이나 우리(유대인)나 차별하지 않으셨느니라"(행 15:9)라고 주장한 발언은 바울이 로마서에서 그토록 강조하며 외쳤던 주장이 아닌가? "예수 그리스도를 믿음으로 말미암아 모든 믿는 자에게 미치는 하나님의 의니 차별이 없느니라"(롬 3:22), "유대인이나 헬라인이나 차별이 없느니라"(롬 10:12). 더구나 베드로가 "우리는 그들(이방인들)이 우리(유대인들)와 동일하게 주 예수의 은혜로 구원받는 줄을 믿노라"(행 15:11)라고 주장한 발언 역시 바울이 그의 서신들에서 "그리스도 예수 안에 있는 구속으로 말미암아 하나님의 은혜로 값없이 의롭다 하심을 얻은 자 되었느니라"(롬 3:24), "너희는 은혜로 구원을 받은 것이라"(엡 5:2)라고 강조하며 외쳤던 주장이 아닌가? 유대인이나 이방인이나 아무런 "차별 없이", "은혜로 구원 받는다"는 '할례자의 사도'인 베드로의 이런 주장이 '무할례자의 사도'인 바울의 주장과 무엇이 다르단 말인가?

베드로의 발언이 좀 의외인 것처럼 보인다. 그러나 베드로가 이런 발언을 한 것이 베드로가 환상 중에 천사의 지시에 따라 이방인 고넬료를 만나 그의 집안을 개종시키는 일이 있은 이후라는 점을 기억할 필요가 있다. 고넬료를 회심시키는 일을 통해 베드로 자신이 이미 크게 바뀌었기 때문이다. 이처럼 달라진 베드로의 주장과 제안 때문에 야고보가 주도했던 예루살렘의 사도 회의는 베드로의 발언이 있은 직후에, 주로 이방인들로 구성된 안디옥 교회의 대표인 바나바와 바울의 보고를 잠깐 청취하고는 유대 땅에 들어와 살던 이방인들에게 구약에서부터 요구하던 **최소한의 소선**, 곧 네 가시 규제 사항 이외에는 다른 무거운 짐을 지우지 않기로 결론을 맺고 그 결의 사항을 교회에 통보한다. 사도 회의석상에서 보인 베드로의 이런 뜻밖의 입장 표명은 마치 '베드로가 바울화된Paulinized Peter' 것 같은 느낌을 준다. 베드로의 발언은 오히려 바울의 입을 통해서나 들을 수 있을 만한 주장들이었고, 그래서 결과적으로 베드로는 바울과 신학적으로 더 가깝게 된 셈이다.

따라서 우리는 여기서 베드로가 이방인 고넬료를 개종시키는 일을 통해서 그 자신이 어떻게 그리고 얼마나 변하게 되었는지 좀 더 면밀히 살펴볼 필요가 있다. 그래야 사도 회의에서 했던 베드로의 발언이 결코 뜻밖의 일이 아니라는 점을 알게 될 것이기 때문이다. 베드로는 이미 사도행전 10-11장에서 이방인 백부장 고넬료를 개종하는 일을 통해서 그 자신이 크게 변했고, 이미 어느 정도 '바울화'되고 있었다는 점을 기억해야 한다. 사도행전이 소개하는 '이방인 백부장 고넬료의 개종 이야기'를 가리켜 간혹 할례자의 사도인 '베드로의 개종conversion 이야기'라고 불리는 이유가 바로 거기에 있다. 고넬료만 변한 것이 아니라 베드로도 함께 변했기 때문이다. 이런 점에 더 주목해보자.

5. 베드로는 '할례자의 사도'이고 바울은 '무할례자의 사도'라는 오해와 진실

베드로와 바울 간의 중요한 차이로 가장 잘 알려진, 그러나 실제로는 잘못 알려진 사실은 아마도 베드로가 '할례자의 사도'인데 비해서 바울은 '무할례자의 사도'란 주장이다. 물론 바울 자신이 갈라디아 편지 가

운데서 "베드로에게 역사하사 그를 할례자의 사도로 삼으신 이가 내게
역사하사 나를 이방인의 사도로 삼으셨느니라"(갈 2:9)라고 고백하여,
자신과 베드로의 선교 대상이 다르다는 점을 분명히 밝힌 바 있기는
하다. 그러나 베드로는 할례자를 위한 사도이고 바울은 무할례자를 위
한 사도라고 이분법적으로 낙인찍고 구별하여 그렇게만 아는 것은 결
코 베드로와 바울을 올바르게 이해하는 것이 아니다.

　　바울이 처음부터 '이방인들을 위한 사도'로 부름을 받았다는 사실은
아주 분명하다(롬 1:5; 11:13; 15:16; 갈 1:15-16; cf 행 26:16-17). 그런데
나중에 초대교회 안에서 베드로는 '할례자들을 위한 사도'로, 바울은
'무할례자를 위한 사도'로 알려지게 되었고, 거기서 더 나아가 베드로
는 '유대 기독교의 대표적 지도자'이고, 바울은 '이방 기독교의 대표적
지도자'란 인식이 일반화되기도 했다. 그러나 만일 우리가 초대 기독교
의 발전에 대해 증언해주는 사도행전의 기록 등을 주의 깊게 살펴본다
면, 베드로가 '유대인을 위한 사도'이고 바울이 '이방인을 위한 사도'라
는 이분법적 이해는 너무나도 단편적인 이해에 지나지 않는다는 생각
이 들 것이다. 누가가 전하는 사도행전의 기록들만 보더라도 베드로의
선교 활동이 오직 유대인들에게 국한되어 있지 않았고, 또 바울의 선교
활동도 이방인들만을 대상으로 한정되었던 것이 아님을 금방 알 수 있
기 때문이다.

　　우선 베드로의 사역부터 살펴보자. 베드로가 예수의 십자가 죽음과
부활 이후 주로 예루살렘에서 유대인들을 대상으로 사역했던 것은 틀
림없는 사실이다(행 1:12-12:17). 그러나 헤롯이 요한의 형제 야고보를
칼로 죽인 뒤에 베드로까지 잡아 죽이려고 투옥했던 일이 있었다. 그러
나 다행히 베드로는 주의 천사의 도움으로 감옥을 벗어날 수 있었는데,

이때 베드로는 "내가 이제야 참으로 주께서 그의 천사를 보내어 나를 헤롯의 손과 유대 백성의 모든 기대에서 벗어나게 하신 줄 알겠노라"(행 12:11)라고 고백했다. 그러고는 마가라 하는 요한의 어머니 마리아의 집에 모여 기도하고 있는 사람들을 찾아가 자신이 천사의 도움으로 옥에서 풀려난 일을 말하며, 그 사실을 "야고보와 형제들에게… 전하라"고 부탁하고는 곧바로 '다른 곳으로' 떠나갔다(행 12:17).

바로 여기에서 우리는 베드로의 초대교회 사역 가운데서 그가 직면했던 아주 중요한 전환점을 만나게 된다. 베드로의 사역지가 지금까지 사역하던 예루살렘에서 드디어 '다른 곳으로' 바뀌게 되었기 때문이다. 베드로가 '할례자의 사도'로서 주로 예루살렘을 중심으로 유대인들만을 위해 사역하던 것을 끝내는 순간이며, 동시에 이방인들을 위한 사역을 위해 새로운 도약을 시작하는 중요한 순간이기도 하기 때문이다. 베드로가 예루살렘 사역을 마치고 새로운 사역을 위해 '다른 곳으로' 떠나게 된 동기에 대해서는 베드로 자신이 이미 분명히 밝힌 바 있다. 베드로는 하나님이 "그의 천사를 보내어 나를 헤롯의 손과 유대 백성의 모든 기대에서 벗어나게 하신 것"이 곧 베드로의 사역지를 '다른 곳으로'[14] 바꾸기 위한 것이라는 사실을 베드로 자신이 "정신이 들어… 알게 되었다"(행 12:11)라고 고백하였다.

베드로가 천사에 의해 감옥에서 구출된 자신의 특별한 경험을 "주께서 그의 천사를 보내어 나를 헤롯의 손과 유대 백성의 모든 기대에서 벗어나게 하시는"(행 12:11) 일이라고 깨달을 수 있었던 것은, 그래서

---

14 브랜든(S. G. F. Brandon)은 사도행전 12:17에서 언급한 '다른 곳'이 애굽의 알렉산드리아라고 주장한다. Cf. *Jesus and the Zealots* (USA, 1967), p. 93, n.7; *The Fall of Jerusalem and the Christian Church* (London: SPCK, 1981), pp. 211-212.

예루살렘에서 '다른 곳으로' 떠날 수 있었던 놀라운 결단은 그가 이미 가이사랴의 고넬료를 만나 그의 집을 개종시키는 경험을 했기 때문에 가능했을 것이다. '할례자의 사도'로 알려진 베드로가 이방인 백부장 고넬료를 개종시킨 사건은 정말로 놀라운 일이었다. 로마의 백부장인 고넬료의 개종은 바울에 의한 이방인 선교가 시작되기도 전에 베드로에 의해서 이루어진 사역이기 때문이다. 그러나 더 놀라운 일은 베드로가 고넬료를 개종시키는 가운데 베드로 자신이 놀랍게 변했다는 점이다. 그래서 '고넬료의 개종 이야기'는 '베드로의 개종 이야기'이기도 하다는 말이 가능하다. 베드로가 이방인 백부장 고넬료를 개종시키는 일을 통해서 그 자신이 이방인을 개종시키는 사역에 나서기 시작했기 때문이다. 바울이 다메섹에서의 회심 혹은 개종을 통해 이방 선교사가 되었듯이, 베드로도 고넬료의 개종을 통해 비로소 이방 선교사로서 첫 걸음을 내딛게 되었다. 여기서는 '베드로의 개종 이야기'를 '바울의 개종 이야기'와 비교해서 살펴보자. 이는 베드로와 바울의 공통점을 찾아볼 수 있는 중요한 계기가 되기 때문이다.

사도행전에서 우리는 초대 기독교의 역사 가운데서 교회 성장의 방향을 크게 돌려놓았던 가장 중요한 두 인물, 곧 베드로와 바울을 만나게 된다. 우리는 특히 그 두 사람과 관련하여 사도행전이 전해주는 두 사람의 개종 혹은 회심conversion의 이야기들에 주목할 필요가 있다. 다메섹 도상에서 있었던 바울의 회심 이야기는 누가의 진술(행 9:3-19)에 이어서 바울 자신의 고백적인 형태(행 22:6-16; 26: 12-23)를 통해 다시 반복적으로 소개된다. 이와 함께 욥바에서 있었던 베드로의 회심 이야기는 누가의 증언 형태로 사도행전 10-11장에서 비교적 아주 상세히 길게 소개된다. 우리가 바울의 회심 이야기를 통하지 않고 바울을 제대

로 이해할 수 없듯이, 베드로 역시 그의 회심 이야기를 통하지 않고서
는 그를 제대로 이해할 수 없다고 말해도 과언이 아닐 것이다.

　그런데 우리가 특히 주목해야 할 것은 이 두 이야기를 두 사람의 회
심 혹은 개종 이야기로 읽을 것이 아니라, 오히려 베드로와 바울을 이
방인 선교사로 택정하여 위임하는 일종의 위임 명령 이야기로 읽어야
한다는 점이다. "바울이 자신의 회심을 회심conversion으로보다는 오히
려 위임commissioning으로 생각했다는 사실이 자주 지적되어왔는데",[15]
"자신의 회심에 대한 바울 자신의 견해도… 유대교로부터의 개종"이
아니라 도리어 '이방인에게로 나아가라는 위임'이었다.[16] 베드로의 경
우도 단순한 회심이 아니라 '이방인에게로 나아가라는 위임 명령'이었
다는 점을 간과하지 말아야 한다. 바로 이런 관점에서 두 이야기를 다
시 주의 깊게 읽을 때 비로소 누가가 사도행전에서 베드로와 바울을
대비해서 소개하고 있는 이유가 무엇인지 잘 이해할 수 있다.

1) 바울 회심 이야기의 주안점

사도행전이 전해주는 사울의 회심 이야기에 따르면, 바울은 예수 믿는
자들을 남녀 불문하고 결박하여 예루살렘으로 잡아 오려고 대제사장
의 공문까지 얻어 다메섹으로 가다가 갑자기 환상 가운데서 부활하신
예수를 만나 회심하게 되었다. 환상 중에 나타난 예수는 한편으로 바울
을 향해 "너는 일어나 시내로 들어가라. 네가 행할 것을 네게 이를 자가

15　James D. G. Dunn, *Jesus, Paul and the Law* (London: SPCK, 1990), p. 89.

16　"Paul's own view of his conversion is not of a conversion as such, far less
　　of a conversion from Judaism, but of a commissioning to go to the Gentiles"
　　(Gal. 1:15-16). Cf. James D. G. Dunn, *Ibid.*, p. 256.

있느니라"(행 9:6)라고 말했고, 다른 한편으로는 다메섹에 있는 아나니아란 제자에게 "일어나 직가라 하는 거리로 가서 유다의 집에서 다소 사람 사울이라 하는 사람을 찾으라. … 이 사람은 내 이름을 이방인과 임금들과 이스라엘 자손들에게 전하기 위하여 택한 나의 그릇이라"(행 9:11, 15)라고 말했다. 아나니아는 사울을 만나 그에게 세례를 주었다. 바울은 "즉시로 각 회당에서 예수가 하나님의 아들이심을 전파했다"(행 9:20). 이렇게 예수 믿는 자들을 박해하던 자가 예수를 믿고 전파하는 자가 되었다. 사울이 이런 놀라운 변화를 겪은 이야기는 사도행전에서 세 번에 걸쳐 반복적으로 소개된다. 첫 번째 이야기는 누가의 증언(행 9:1-22)을 통해서, 두 번째(행 22:6-16)와 세 번째(행 26:12-18) 이야기는 바울 자신의 고백 형태로 나타난다. 이것을 두고 학자들은 일반적으로 바울의 '회심' 혹은 '개종' 이야기라고 말한다.

그러나 만일 세 번에 걸쳐 반복적으로 소개되는 바울의 회심 이야기를 좀 더 주의해서 살펴보면, 세 이야기 모두에서 초점은 결코 회심 혹은 개종 이야기에 있는 것이 아님을 금방 알 수 있다. 예수를 박해하던 바울이 마음을 바꾸어 예수를 전파하는 자로 바뀌었다는 이야기가 아니라는 말이다. 정통파 유대교인이었던 바울이 이제 예수를 믿는 기독교인으로 변했다는 개종 이야기도 아니다. 이야기의 핵심은 오히려 예수가 바울을 두고 했던 다음과 같은 말씀에 담겨 있다.

"가라. 이 사람은 내 이름을 이방인과 임금들과 이스라엘 자손들에게 전하기 위하여 택한 나의 그릇이다"(행 9:15).

"내가 너를 멀리 이방인에게로 보내리라"(행 22:21).

"내가… 너로 종과 증인을 삼으려 함이니 이스라엘과 이방인들에게서 내가 너를 구원하여 그들에게 보냈고…"(행 26:16-17).

"내가 거스르지 아니하고 먼저 다메섹과 예루살렘에 있는 사람과 유대 온 땅과 이방인에게까지… 전했다"(행 26:19-20).

정통파 유대교인 바울이 유대교 신앙을 배설물처럼 여기고 예수를 믿는 새로운 신앙에로 돌아섰다는 것이 핵심이 아니다. 이른바 바울의 회심 이야기에서 세 번에 걸쳐 반복적으로 강조되는 요점은 바로 예수가 바울을 이방인의 사도로 택해서 불러내 보냈다는 것이다. 그래서 제임스 던도 다음과 같이 말한다: "바울이 자신의 개종에 대해 갖고 있던 생각은 개종 그 자체가 아니며, 유대교로부터의 개종도 아니고, 도리어 이방인에게로 가라는 위임 명령이다."[17] 바울은 똑같은 고백을 나중에 갈라디아 편지에서 다음과 같이 소개한다: "내가 내 동족 중 여러 연갑자보다 유대교를 지나치게 믿어 내 조상의 전통에 대하여 더욱 열심히 있었으나, 그러나 내 어머니의 태로부터 나를 택정하시고 그의 은혜로 나를 부르신 이가 그의 아들을 이방에 전하기 위하여 그들 내 속에 나타내시기를 기뻐하셨다"(갈 1:13-16).

예수의 열두 제자 혹은 그의 추종자들은 대부분 예수의 부름을 받고 예수를 따르다가 예수에게 전도 파송의 임무를 받고 복음 전도에 나섰다. 그러나 바울은 아주 달랐다. 바울에게는 "나를 따르라"는 예수의 부름이 없었다. 바울에게는 곧바로 "가라! 이방인에게로"란 파송 명령만 있었을 뿐이다. 그래서 더욱 우리는 바울의 '회심'이나 '개종'이라고 말하기보다는 도리어 '위임 명령'이라고 말할 수밖에 없다.

---

[17]　Cf. James D. G. Dunn, *Jesus, Paul and the Law*, 256.

이렇게 바울이 처음부터 이방인에게 복음을 전할 자로 부름을 받았고 위임을 받았지만 바울이 '무할례자의 사도'이고 '이방인의 사도'라서 그가 오직 이방인들에게 나아가 그들에게만 복음을 전한 것은 결코 아니다. '이방인의 사도'였지만 바울이 유대인들을 향해서도 열심히 복음을 전했다는 사실을 기억할 필요가 있다. 바울을 '이방인의 사도'라고만 생각하지 말아야 한다는 말이기도 하다.

우선 우리는 이와 관련하여 바울의 '개종 이야기' 가운데서 부활하신 예수가 바울을 불러낸 목적에 대해 언급한 다음과 같은 말을 주목해야 한다: "가라, 그는 내 이름을 이방 사람들과 임금들과 이스라엘 자손들 앞에 가지고 갈 나의 택한 그릇이라"(cf. 행 9:15).

여기에서 바울이 예수의 이름을 전할 선교의 대상으로 세 부류의 사람이 언급되었다는 사실에 주목해야 한다. '이방 사람들'만 아니고 '임금들'과 '이스라엘 자손들'도 포함되어 있다는 사실을 간과해선 안 된다. 그래서 제임스 던은 선교 대상으로 세 부류의 사람을 언급하면서 세 번째 선교 대상으로 '이스라엘 자손들'이 첨가된 사실은 "누가가 바울의 선교를 유대인들에 대한 선교에 반대가 되는 이방인 선교로, 더더구나 그의 동료 유대인들을 제외한 이방인들을 위한 선교로 보고 있지 않다는 것을 분명히 가리킨다"라고 지적한다.[18]

이런 점은 선교 과정에서 밝힌 다음과 같은 바울 자신의 관점과도 일치한다: "하나님의 말씀을 마땅히 먼저 너희에게 전할 것이로되 너희가 그것을 버리고 영생을 얻기에 합당하지 않은 자로 자처하기로 우

---

[18] James D. G. Dunn, *The Acts of the Apostles* (Narrative Commentaries, Pennsylvania: Trinity Press International, 1996), p. 123.

리가 이방인에게로 향하노라"(행 13:46), "그들(유대인들)이 대적하여 비방하거늘 바울이 옷을 털면서 이르되 너희 피가 너희 머리로 돌아갈 것이요 나는 깨끗하니라. 이후에는 이방인에게로 가리라"(행 18:6).

즉 바울이 이방인에게로 나아가 복음을 전한 것은 오직 유대인들이 복음을 배척한 이후라는 점에 주목해야 한다. 이것은 바울 자신이 로마서 1장 14절에서 "내가 복음을 부끄러워하지 아니하노니, 이 복음은 모든 믿는 자에게 구원을 주시는 하나님의 능력이 됨이라. 먼저는 유대인에게요 그리고 헬라인에게로다"라고 말했던 것과도 일치한다.

바울이 '무할례자의 사도'이고 '이방인의 사도'이며, 베드로가 '할례자의 사도'이고 '유대인의 사도'라서 바울이 유대인들에게는 복음을 전하지 않았다는 생각은 전혀 옳지 않다. 사도행전에서 바울이 바나바와 함께 안디옥 교회의 파송을 받아 복음을 들고 나섰을 때에도 처음부터 끝까지 늘 먼저 유대인들이 모이는 회당을 찾아 복음을 전했다는 사실을 기억할 필요가 있다.

"살라미에 이르러 하나님의 말씀을 유대인의 여러 회당에서 전할새 요한을 수행원으로 두었더라"(행 13:5).

"그들은 버가에서 더 나아가 비시디아 안디옥에 이르러 안식일에 회당에 들어가… 바울이 일어나 손짓하며 말하되 이스라엘 사람들과 및 하나님을 경외하는 사람들아 들으라"(행 13:14).

"이에 이고니온에서 두 사도가 함께 유대인의 회당에 들어가 말하니 유대와 헬라의 허다한 무리가 믿더라"(행 14:1).

"데살로니가에 이르니 거기 유대인의 회당이 있는지라, 바울이 자기의 관례대로 그들에게로 들어가서 새 안식일에 성경을 가지고 강론하여…"(행

17:1-2).

"실라와 디모데가 마게도니아로부터 내려오매 바울이 하나님의 말씀에 붙잡혀 유대인들에게 예수는 그리스도라 밝히 증언하니…"(행 18:5).

바울은 에베소에서도 석 달 동안이나 회당에 들어가서 하나님 나라에 대하여 강론했고, 에베소를 떠날 때, 그 지역 성도들에게 고별 설교할 때에도 "유대인과 헬라인들에게 하나님께 대한 회개와 우리 주 예수 그리스도께 대한 믿음을 증언한 것이라"(행 20:21)라고 말했다.

이상과 같은 성서의 증언을 토대로 판단할 때, 과연 바울이 무할례자의 사도이며 이방인의 사도라고, 그래서 바울이 이방인들에게만 복음을 전한 사도라고 생각하는 것이 과연 얼마나 옳은지 다시 생각해볼 필요가 있다. 그런데 이것은 베드로의 경우도 크게 다르지 않다.

2) 베드로 회심 이야기의 주안점

베드로가 처음으로 예수를 만났을 때 예수는 그를 보고 "나를 따르라"라고 명했고 베드로는 곧바로 예수를 따랐다. 이걸 두고 베드로가 '회심' 혹은 '개종'했다고 말하지는 않는다. 베드로가 예수의 부름에 응한 것이고, 그래서 오히려 '소명calling' 이야기라고 말해야 옳을 것이다. 그렇다면 베드로의 '회심' 혹은 '개종'[19]은 과연 언제 있었는가? 우리는 여기서 '베드로의 회심 이야기'(행 10:1-11:16)를 면밀히 살펴보는 가운

---

[19] 누가가 사도행전에서 소개하는 '베드로의 회심 이야기'가 '바울의 회심 이야기'만큼 그렇게 주목을 받지 못했다는 사실은 큰 유감이다. 누가가 바울의 회심 이야기를 위해서는 세 번에 걸쳐 모두 40구절을 할애한 반면에, 베드로의 회심 이야기를 위해서는 모두 66구절이나 할애하였는데도 말이다.

데, 누가가 베드로의 회심 이야기를 바울의 회심 이야기에 바로 이어서 비교적 상세히 소개한 의도가 무엇인지 알아보자.

사도행전 10장에 따르면 베드로의 회심과 그의 놀라운 변화는 욥바에서 본 부정한 짐승들에 대한 '환상'에 의해서 시작된 듯하다.[20] 그런데 특히 베드로가 환상을 보았던 곳이 '욥바'였고, 더구나 '무두장이 시몬'의 집에 머물러 유숙할 때라는 사실에 특별한 의미가 담겨 있는 것으로 생각된다.[21] 왜냐하면 '욥바'는 구약성서에서 요나가 하나님께 '이방인의 땅' 니느웨로 가라는 명령을 받은 곳이기 때문이다. 그런데 구약성서의 요나는 하나님이 지시한 이방 땅 니느웨로 가지 않고 배를 타고 반대 방향인 다시스로 향했는데(욘 1:3), 사도행전에서의 베드로는 그렇지 않았다. 우리가 잘 알고 있는 바와 같이 베드로의 진짜 이름은 '바 요나 시몬', 곧 '요나의 아들 시몬'이다(마 16:17). 그런데 사도행전 10장에 등장하는 요나의 아들인 이 시몬도 구약성서의 요나처럼 욥바라는 바로 그 성읍에서 이스라엘 백성들의 한계를 넘어 그 밖으로 나가라는 명령(call)을 들었다는 사실이 아주 중요하다.[22] '욥바'란 지명이 갖고 있는 이런 의미 때문인지 누가는 베드로가 이방인 백부장 고넬

---

[20] 고넬료와 베드로가 각각 '환상' 가운데서 만났던 것은 '천사'(10:3; cf. 10:30에서는 '찬란한 옷을 입은 사람')였고, 또 '성령'(10:19)이었다. 고넬료와 베드로가 본 환상이 결국은 하나님의 계시였다는 의미일 것이다.

[21] '욥바'란 지명이 신약성서에서는 오직 사도행전에서만, 그것도 베드로와 관련해서만 10번 사용되었다(9:36, 38, 42, 43; 10:5, 8, 23, 32; 11:5, 13). 그리고 욥바에서 베드로가 "무두장이 시몬의 집에 유숙하다"란 문구가 4번이나 반복적으로 사용된다(9:43; 10:6, 18, 32).

[22] Justo L. Gonzalez, *Acts: The Gospel of the Spirit* (New York: Orbis Books, 2001), p. 132. Cf. R. W. Tall, "Peter, 'Son' of Jonah: The conversion of Cornelius in the context of canon", *JStNT*, 29(1987), pp. 79-90.

료를 만나 개종시키는 이야기와 관련해서 '욥바'란 말을 의도적으로 여러 번 반복해서 강조한다(행 10:5, 8, 23, 32; cf. 11:5, 13).

사도행전의 이런 기록은 누가가 독자들에게 구약성서의 요나가 바로 욥바에서 이방 땅으로 가라는 하나님의 명령을 따르지 않았던 일을 상기시켜주면서, 동시에 요나의 아들인 시몬 베드로가 '욥바에서' 성령의 지시를 받아 이방인 백부장을 찾아가 개종시켰던 일을 의도적으로 대조시키려 했던 것으로 보인다. 바로 그런 목적과 의도 때문에 누가는 고넬료의 개종 이야기를 기술하면서 의도적으로 '베드로'란 이름 대신에 일부러 '시몬'이란 말을 첨가하여 '시몬이라는 베드로' 혹은 '베드로라 하는 시몬'이라고 말한다.[23]

더구나 베드로가 욥바에서 환상을 통해 성령의 지시를 받았을 때(행 10:9-10) 그리고 베드로가 고넬료를 만나라는 성령의 지시를 받기도 전에, 이미 베드로는 "여러 날 동안 욥바에서 시몬이라는 무두장이의 집에 유했다"(행 9:43; cf. 10:6, 18, 32)라고 기록되어 있는 점이 중요하다. 베드로가 고넬료를 개종시킨 이야기와 관련해서 '욥바'에 있는 '무두장이 시몬'과 그의 집이 중요한 이유는 무엇보다도 그의 집이 천사가 고넬료에게 베드로를 만나기 위해 찾아가라고 알려준 바로 그 주소였기 때문이다(행 10:6). 그런데 그보다 더 중요한 것은 '무두장이'라는 직업 자체가 많은 유대인이 부정하다고 생각하는 직업이라는 사실 때문이다. 유대인들이 무두장이란 직업을 부정하게 생각하는 이유는 무두장이들이 죽은 짐승을 만지며 다루기 때문인데, 레위기 11장 39절에는 "너희가 먹을 만한 짐승이 죽은 때에 그 주검을 만지는 자는 저녁까

---

23 Cf. "베드로라고도 부르는 시몬"(행 10:5, 18; 11:13), "시몬이라는 베드로"(행 10:32).

지 부정할 것이라"라고 규정되어 있다. 그런데 놀라운 사실, 아니 의미 있는 사실은 베드로가 부정한 짐승들에 대한 환상을 그리고 그것들을 잡아먹으라는 성령의 지시를 받았던 곳이 바로 무두장이 시몬의 집이 었다는 것이다(10:6, 9-16). 그리고 또 베드로가 다른 유대인들이 부정 하다고 생각하는 이방인, 곧 백부장 고넬료가 보낸 사람들을 맞아들여 함께 유했던 곳도 바로 욥바의 무두장이 시몬의 집이었다(10:23).

베드로는 나중에 고넬료의 집을 찾아가 고넬료와 그 집에 모여 있던 사람들을 향해 "하나님은 외모로 사람들을 가리시지 않는 분이고, 하 나님을 두려워하고 의를 행하는 사람이면 어느 나라 사람이든지 다 받 으신다"(행 10:34-35)라는 사실을 알게 되었다고 전한다. 놀라운 고백 이다. 이어서 하나님께서 그리스도 안에서 행하신 모든 일에 대해 설교 하면서 "예수를 믿는 사람은 누구든지 그의 이름으로 죄 사함을 받는 다"(10:43)라고 증거한다. 이때 베드로는 "함께 갔던 할례받은 믿는 사 람들과 함께"(10:45) 그의 설교를 듣고 있던 모든 이방인에게 성령이 임하는 것을 그리고 그들이 방언을 하며 하나님을 높이 찬양하는 것을 목격하고 몹시 놀란다.[24] 정말이지 놀라운 일이었다. 그런데 그런 후 더 놀라운 사실은 이방인과의 접촉 자체를 '불법'이라고 생각하여 피하 려고 했던 정통파 유대인인 베드로가 이제는 이방인 고넬료의 집에 "며 칠 동안 더" 머물렀다는 사실이다(10:48). 무두장이 시몬의 집에 머물 렀던 것처럼 말이다. 베드로는 처음에 이방인과의 접촉이 '불법'이라고 (10:28) 확신했다. 그런 베드로가 갈릴리로부터 예루살렘으로, 그 후

---

[24] 만일 사도행전 2장에서 예루살렘 오순절에 성령이 임한 것을 가리켜 유대인의 오순절이라 고 말한다면, 10장에 나오는 가이사랴의 고넬료 집에서 성령이 임한 사건은 이방인의 오순절이라고 부를 수 있을 것이다.

룻다와 욥바에 이르러 부정하다고 생각했던 이방인들을 형제와 자매로 받아들이고 그들에게 세례까지 주었다.

베드로의 입장에서는 가이사랴로 가서 이방인이요 로마의 백부장인 고넬료를 만나라는 성령의 지시를 그대로 따르는 일이 결코 쉬운 일도 아니고, 마음 내키는 일도 아니었을 것이다. 성령의 지시를 그대로 따르면서도 한편으로는 마음이 아주 편치는 않았을 것이다. 그러나 시간이 지나면서 베드로가 성령의 도움으로 겪은 여러 가지 경험을 통해서 놀라운 일이 벌어졌다. 유대인과 이방인 간의 벽이 허물어진 것이다. 이것은 마치 바울이 에베소서 2장에서 이방인들이 하나님의 은혜 가운데서 믿음으로 구원을 받았다고 증언하면서(엡 2:8) 계속 선포했던 다음의 말을 떠오르게 한다: "그리스도께서는 우리의 화평이십니다. 그는 유대 사람과 이방 사람 사이에 막혔던 담을 허시고 둘을 하나로 만드시고 서로 원수 된 것을 자기 몸으로 해소시키신 분입니다"(엡 2:14).

우리는 다시 한번 고넬료와 그의 가족들에게 일어난 놀라운 변화에 주목할 필요가 있다. 그러나 그것에 못지않은 더 놀라운 변화에 주목해야 한다. 그것은 이방인과의 접촉을 불법으로 알고 있던 베드로(행 10:28)에게 일어난 변화, 즉 그가 유대인들이 부정하다고 생각하는 "무두장이 시몬"의 집에 들어가 머물렀다는 사실(행 10:32), 고넬료가 보낸 이방 사람들을 자기 집으로 맞아들여 "함께 유하도록" 한 사실(행 10:23) 그리고 그 자신이 이방인 고넬료의 집에 찾아 들어가 이방인들을 만났을 뿐만 아니라 그 집에서 "며칠 동안 더 유했던"(행 10:48) 일에 주목해야 한다. 고넬료만 변한 것이 아니라 베드로도 아주 놀랍게 변한 것이다. 이것이 중요하다. 그렇기에 비록 사도행전 10-11장의 전체 내용을 가리켜 일반적으로는 그냥 '고넬료의 회심'이라고들 부르지만, 사실상 오히려 '베드로 자신의 회심'이라고 말해도 결코 과언이 아닐 것이다.[25]

다시 말하지만, 이방인 백부장 고넬료가 그의 온 집안 식구와 함께 개종한 것은 놀라운 일이다. 그러나 그에 못지않게 더 놀라운 일은 베드로가 "그 순간까지 그의 인생을 완전히 지배하던 전통적이며 깊이 뿌리내리고 있던 유대적인 확신으로부터 개종"[26]한 일이다. 할례자의 사도에서 이방인들도 아우르는 기독교의 대표적인 사도가 되기 위해서 먼저 베드로의 회심이 필요했는지 모른다. 따라서 베드로의 이런 회심을 두고 "이것이 바울의 회심과 완전히 동일한 것이었다"[27]라고 말한 제임스 던의 지적에 동의할 수밖에 없다. "바울이 이방인들을 향한 개방성을 이스라엘의 거룩함에 대한 위협으로 간주했던 모습에서 변화된 것처럼, 베드로도 이방인들을 부정하게 여기고 이스라엘의 정결함에 대한 위협으로 간주했던 모습에서 변화되었"기 때문이다.

이처럼 놀랍게 변화된 베드로에 대한 이해가 없이 그냥 "베드로에게 역사하사 그를 할례자의 사도로 삼으신 이가 또한 내게 역사하사 나를 이방인의 사도로 삼으셨느니라"(갈 2:8)라는 바울의 말을 따라서, 베드로는 할례자들인 '유대인을 위한 사도'이며 바울은 무할례자들인

---

25 Justo L. Gonzalez, *Acts: The Gospel of the Spirit*, 134. 제임스 던도 그의 사도행전 주석에서 사도행전 10:1-48의 제목을 〈The Conversion of Peter and the Acceptance of Cornelius〉라고 붙였다. 특히 사도행전 10:1-29의 소제목을 〈The Conversion of Peter〉라고 붙였다. Cf. *The Acts of the Apostles* (Pennsylvania: Trinity Press International, 1996), pp. 131-134.

26 Cf. "a conversion from traditional and deeply rooted conviction which had completely governed his life till that moment(10:14-15, 28)"(Dunn, *Acts*, p. 132).

27 제임스 D. G. 던, 이상목 옮김, 『예수, 바울, 복음』(서울: 새물결플러스, 2019), p. 301.

'이방인을 위한 사도'라고, 또 베드로가 '유대 기독교의 대표적 지도자'
라면 바울은 '이방 기독교의 대표적 지도자'라고 생각하는 것은 결코
베드로에 대한 올바른 이해가 아니다. 오히려 그에 대한 크나큰 오해이
며 몰이해이다. 처음에 예수의 부름에 따라 갈릴리 어부에서 예수의
제자로 바뀌었던 베드로가 나중에 욥바에서 보았던 환상을 통해, 다시
말해 이방인 고넬료를 개종시키는 일을 통해서, 다시 한번 더 크게 할
례자를 위한 사도에서 무할례자들, 곧 이방인을 위한 사도로 변화되었
다는 이 중요한 사실을 우리는 간과하거나 과소평가하지 말아야 한다.
그래야 우리는 베드로가 외치던 복음이 바울의 전하던 복음과 전혀 다
른 것이 아님을, 그래서 아무런 '차이가 없음'을 확인할 수 있게 된다.

베드로가 예루살렘 사도 회의에서 "그들(이방인들)이나 우리(유대인
들)나 차별하지 아니하셨느니라"(행 15:9)라고 주장했는데, 이것은 바
울이 "하나님의 의니 차별이 없느니라"(롬 3:22)라고 말한 것과 무엇이
다른가? 또 베드로가 "우리는 그들(이방인들)이 우리(유대인들)와 동일
하게 주 예수의 은혜로 구원받는 줄을 믿노라"(행 15:11)라고 말한 것과
바울이 "유대인이나 헬라인이나 차별이 없다"(롬 10:12), "너희는 은혜
로 구원을 받은 것이라"(엡 2:5)라고 말한 것과 무엇이 얼마나 다른가?
베드로의 관점이 이제 바울과 아무런 차이가 없이 세계적이라는 점이
초대교회 안에 이미 잘 알려져 있었기에, 나중에 베드로의 이름으로
기록된 베드로전서의 서두 수신 대상에서도 "본도, 갈라디아, 갑바도
기아, 아시아와 비두니아에 흩어진 나그네"(벧전 1:1)들이라고 밝히고
있다. 이것은 베드로전서의 독자들이 '분명히 이방 기독교인들'[28]임을

가리키는 증거이고 동시에 베드로가 초대교회 안에서 이미 할례자와
무할례자를 넘어 모든 믿는 자의 대표적인 수장으로 알려져 있었다는
증거이다.

6. 베드로와 바울의 순교

베드로와 바울은 서로 다른 곳에서 태어났다. 베드로는 유대 땅 갈릴리
벳세다에서 팔레스틴의 본토박이 어부로, 바울은 이방 땅 길리기아 다
소에서 디아스포라 바리새인으로 태어났다. 두 사람은 상당 기간 동안
서로 다른 곳에서 활동했다. 그러나 흥미롭게도 베드로와 바울은 거의
같은 시기에 거의 같은 곳에서 거의 같은 죽음을 맞았다. 시작은 달랐
지만 끝은 비슷했다는 말이다. 차이가 없었다.

베드로는 기독교인들에 대한 로마 황제 네로의 박해 가운데서 로마
에서 체포되어 투옥되었다고 한다. 전승에 따르면, 그는 마메르틴 감
옥에 수감되었고 그곳에서 두 번째 편지(베드로후서)를 쓰면서 임박한
위험에도 불구하고 믿음을 굳게 지키며 동료 신도들에게 영감을 주고
격려의 말을 나누었다. 64년 로마가 불타자 네로는 기독교인들을 희생
양으로 삼았고, 로마 화재의 책임을 그들에게 돌렸다. 베드로는 사형
을 선고받았고, 자신이 예수님과 같은 방식으로 죽을 가치는 없다고
생각하여 거꾸로 십자가에 못 박아달라고 요청하여 그렇게 사망한 것

독자들은 분명히 '이방인 기독교인들'이라고 주장한다. Cf. *Introduction to the New
Testament* (London: SCM Press, 1978), p. 18.

으로 전해진다.

주후 64년 7월 19일 네로 황제가 로마 시가지를 불 지르고 나서 여론이 사나워지자 다급한 나머지 그리스도인들을 방화범으로 몰아 4년간(64~68년) 모질게 박해하였다.[29] 테르툴리아누스에 따르면 베드로와 바울은 둘 다 네로 박해 때 순교했는데, 베드로는 예수님처럼 그러나 거꾸로 매달려 십자가형을 받았고, 바울은 참수형을 당했다고 한다. 전승에 따르면 바울은 로마 남문 교외에 지하수가 세 줄기 솟아나는 곳(Tre Fontane)에서 순교했고, 그 근처(현재 성 바오로 대성당 자리)에 묻혔다고 한다.

예수의 복음을 땅 끝까지 전하기 위해 열심히 달렸던 베드로와 바울, 이 두 사람이 모두 이방 땅 로마에서 같은 시기에 같은 곳에서 순교를 당했다. 시작은 서로 달랐지만 끝은 비슷했다. 베드로와 바울이 천국에서 만났다면 이번에는 분명히 '친교의 악수' 정도가 아니라 '뜨거운 포옹'으로 서로를 반겼으리라.

---

[29]　타키투스 '연대기', 15:44.

'예수의 수제자' 베드로와 '예수의 형제' 야고보

예루살렘 초대교회는 기독교의 모체이며 기원이기에 아주 중요한 의미가 있다. 예수의 부활 승천 이후에 예루살렘 초대교회의 최초 지도자로 활동했던 인물은 예수의 수제자였던 베드로이다. 그리고 나중에 그의 뒤를 이어 혜성처럼 나타나 예루살렘 초대교회의 두 번째 지도자로 활동했던 인물은 '주님의 형제'로 알려진 야고보이다.

여기서는 예루살렘 초대교회의 1대 최고 지도자인 베드로에 이어 '예수의 형제'인 야고보가 2대 예루살렘 교회 최고 지도자로 등장하게 된 배경을 알아본 뒤에, 베드로와 야고보를 서로 비교해서 살펴보고자 한다. 두 사람 모두 초대교회 안에서는 '유대 기독교'를 대표하는 예루살렘 초대교회의 가장 중요한 최고 지도자들이다. 하지만 두 사람 간의 신학적 차이가 너무나도 뚜렷하다. 그렇다면 무엇이 얼마나 왜 다를까?

1. 예루살렘 초대교회의 탄생

예수께서 십자가에 달려 돌아가신 직후에 그의 제자들은 한동안 절망과 낙담에 빠져 헤맸던 것으로 보인다. 베드로조차도 예수께서 십자가에 처형된 직후에 좌절감에 빠져 디베랴 호수로 다시 돌아가 "나는 물고기 잡으러 가노라"라고 말했고, 다른 어부 제자들도 "우리도 함께 가겠다"(요 21:3)라고 말하며 따라나섰다. 엠마오로 가던 두 제자도 예루살렘에서 예수가 십자가에 못 박히시는 걸 직접 보고는 "우리는 이 사람(=예수)이 이스라엘을 구속할 자라고 바랐노라"(눅 24:21)라고 말하며 실망을 금치 못했다. 예수를 따르던 제자 그룹이 와해되는 듯했다. 그러나 곧바로 예수가 다시 살아나셨다는 소식이 제자들 가운데 퍼져 나가기 시작했고, 부활하신 예수를 직접 보았다는 증언들까지 나오면서 흩어지려던 제자들이 다시 모였다. 예수의 부활 소식이 흩어지려는 제자들을 끌어 모아 다시 결속하는 결정적인 계기가 되었다.

사도행전의 기록에 따르면, 예수는 부활하신 이후 승천하시기 전까지 40일 동안 제자들에게 나타나 "하나님 나라의 일을 말씀하셨고", 그들에게 "예루살렘을 떠나지 말고 내게서 들은바 아버지께서 약속하신 것을 기다리라"(행 1:4)라고 분부했다. 그리고 "오직 성령이 너희에게 임하시면 너희가 권능을 받고 예루살렘과 온 유대와 사마리아와 땅 끝까지 이르러 내 증인이 되리라"(행 1:8)라는 말씀을 남기고 승천하셨다. 제자들은 예수께서 승천하신 감람산에서 예루살렘으로 돌아와 그들이 묵고 있던 다락방에 모였다. 이때 이곳에서 '열한 제자'와 "여자들과 예수의 어머니 마리아와 예수의 아우들"이 모여 함께 기도에 힘썼다(행 1:12-14). 이 기도 모임은 상당히 중요했다. 이 기도 모임이 초대교회를 탄생시킨 첫 창립 모임이라고 말할 수 있고, 또 그런 의미에서 이 기도 모임이 있었던 예루살렘의 다락방이 예루살렘 초대교회의 발상지라고 말하는 것도 결코 지나친 말은 아닐 것이다.

2. 예루살렘 초대교회의 첫 번째 최고 지도자 베드로

예루살렘에서 시작된 이 초대교회의 최초 핵심 인물들은, 사도행전 1장 13-14절에서 밝히고 있듯이 "열한 제자와 여자들과 예수의 어머니 마리아와 예수의 아우들(=형제들[1])"이었다. 모두가 다 유대인이었다. 아마도 그 대표적인 지도자는 열두 제자 중에서도 '첫 번째'("πρῶτος Σίμων ὁ λεγόμενος Πέτρος", 마태 10:2) 제자, 곧 '수제자'로 알려진 베드로였을 것이다.[2] 초대 기독교의 시작을 알리는 이른바 예루살렘 오순절 설교를 했던 인물도 베드로였다. 그리고 그날 "그 말을 받은 사람들은 세례를 받으매 이날에 신도의 수가 삼천이나 더하더라"(행 2:42)라고 했다. 베드로가 다시 공회 앞에서 설교했을 때는 "말씀을 들은 사람 중에 믿는 자가 많으니 남자의 수가 약 오천이나 되었더라"(행 4:4)라고 했다.

예루살렘 교회가 그 후에 예루살렘에 들어와 사는 헬라파 교인들, 곧 디아스포라 교인들을 위해서도 별도로 '일곱 지도자'를 세우면서

---

[1] 헬라어 원문에서는 "그의(=예수의) 형제들"(τοῖς ἀδελφοῖς αὐτοῦ)이라고만 되어 있어 '아우들'인지 '형들'인지는 분명치 않다.

[2] 로마 가톨릭교회에서는 베드로를 '제1대 교황'으로 간주한다. 그러나 베드로에 이어 예루살렘 교회의 최고 수장이었던 야고보가 제2대 교황으로 간주되지는 않는다.

"하나님의 말씀이 점점 왕성하여 예루살렘에 있는 제자의 수가 더 심히 많아지고 허다한 제사장의 무리도 이 도에 복종하니라"(행 6:7)라고 했다. 그리고 새로이 등장한 '일곱 지도자 중 하나'인 빌립을 통해서 사마리아에 복음이 전파되고(행 8:5-14), 이어서 사울이 개종(행 9장)하여 "제자들과 함께 있어 예루살렘에 출입하며 또 주 예수의 이름으로 담대히 말하고 헬라 파 유대인들과 함께 말하며 변론"(행 9:28-29)하는 일을 통해서 "온 유대와 갈릴리와 사마리아 교회가 평안하여 든든히 서 가고 주를 경외함과 성령의 위로로 수가 더 많아지니라"(행 9:31)라고 했다. 예루살렘 초대교회는 그 시작부터 베드로의 지도 아래 놀랍게 성장하며 발전하기 시작한다.

그런데 새로이 시작된 예루살렘의 초대 기독교가 처음부터 유대교와는 완전히 다른 아주 새로운 종교로 시작된 것은 결코 아니다. 예수와 그의 열두 제자는 모두 유대인이었고 유대교인이었다. 베드로의 오순절 설교를 통해 갑자기 늘어난 그 수많은 교인도 모두 "유대인과 유대교에 들어온 사람들"[3](행 2:11)이었다. 그들이 모두 예수가 그리스도 메시아이고 죽은 자로부터 부활했다는 사실을 믿는다는 점에서 다른 유대인들과 분명히 달랐지만, 그것 이외에는 다른 유대인들과 다른 점이 거의 없었다. "날마다 마음을 같이 하여 성전에 모이기를 힘쓰고"(행 2:46) 있는 일이나 유대교의 규정에 따라 '제9시 기도 시간에'(행 3:1) 성전을 찾는 일, 할례를 받고 안식일을 지키는 일 등과 관련하여 아직은 다른 유대교인들과 별다른 차이가 없었다. 항상 유대인으로 생각하

---

[3] 〈새번역〉 성서에서는 "유대 사람들과 유대교로 개종한 이방 사람들"이라고 번역되어 있다.

고 유대인으로 행동했으며, 유대인으로서의 정체성을 부인하지도 않았다. 유대교의 종교 지도자급에 해당하는 '허다한 제사장의 무리'(행 6:5)와 '바리새파 중에서도 믿는 이들'(행 15:5)이 생겨났고, "유대인 중에 믿는 자 수만 명이 있으니 다 율법에 열성을 가진 자"(행 21:20)였다는 말이 나올 정도였다. 그래서 초대 기독교는 처음부터 '유대적 기독교'로, 마치 유대교 내의 한 종파처럼 생각되었다고 말하는 것이 옳을 것이다.

그런데 초대 기독교의 이와 같은 놀라운 성장과 발전이 당시 유대교 당국에게는 큰 위협이 되었다. 예루살렘 초대교회가 이렇게 놀랍게 성장하며 발전하자 유대교 당국으로서는 베드로가 이끄는 초대교회 운동에 대해 더 이상 방관만 할 수는 없게 되었다. 그래서 나중에는 급기야 유대인으로서 "누구든지 예수를 그리스도로 시인하는 자는 출교[4]시키기로 결의했고"(요 9:22) "출교할 뿐만 아니라, 때가 이르면 무릇 죽이는"(요 16:2) 일까지 강행하기에 이르렀다.[5] 유대교 당국의 초대교회에 대한 최초 박해는 디아스포라 유대인 출신 '일곱 지도자' 가운데 하나인 스데반을 돌로 쳐서 죽이는 일에서 구체화되었다. 대제사장이 주도하는 산헤드린 공회 앞에서 행한 스데반의 설교는 분명히 유대인들을 자극하기에 충분했다. 스데반이 예루살렘 성전을 금송아지 우상에 빗대어 공격했고, 하나님은 이방 땅에도 계신 분으로 설교했기 때문이다.[6] 유대인 스데반의 설교였지만 본토박이 유대인과는 다른 디아스포

---

4   헬라어 'ἀποσυνάγωγος'는 글자 그대로 '회당에서의 축출'을 의미한다. 일종의 파문 조치이다.

5   유대교 당국의 이런 조치는 요한복음이 기록되던 1세기 말경 랍비 가말리엘 2세가 유대교의 최고 지도자로 있을 때 실시되었다.

라 유대인의 입에서 나온 말이었다. 유대 당국은 물론 초대 교인들 가운데서도 스데반의 설교에 반대하는 사람들도 있었을 것이다. 스데반이 돌에 맞아 죽는 "그날에 예루살렘에 있는 교회에 큰 박해가 있어 사도 외에는[7] 다 유대와 사마리아 모든 땅으로 흩어졌다"(행 8:1).

스데반의 순교와 그로 인한 유대교 당국의 초대교회에 대한 박해는 시작에 지나지 않았다. 유대 당국의 박해가 계속 이어지는 가운데, 헤롯 아그립바Agrippa까지 나서서 "교회 중에서 몇 사람을 해하려 했고"(행 12:1), 드디어 열두 제자 중 하나인 "요한의 형제 야고보를 칼로 죽이는 일"[8]까지 저질렀다(행 12:2). 더구나 유대인들이 헤롯의 이런 일을 기뻐하는 것을 알고는 헤롯은 예루살렘 초대교회의 최고 지도자인 베드로까지 잡으려고 했다. 이것이 초대교회 발전 과정에서 베드로가 맞게 된 최초이자 최대의 위기였고, 초대교회 자체를 위해서도 큰 위험이었다.

그러나 다행히 바로 그때가 유대교의 큰 명절 가운데 하나인 무교절

---

6 제임스 던도 스데반의 설교가 "성전에 대한 거리낌 없는 공격"이었고 "편협한 제의적 민족주의에 대한 예리한 비판"이었다고 지적한다. Cf. James D. G. Dunn, *Unity and Diversity in the New Testament* (London: SCM Press, 1977), pp. 271-272.

7 예루살렘 초대교회가 처음으로 유대교 당국에게 대대적인 박해를 받았는데, 흥미롭게도 "사도 외에는 다 유대와 사마리아 땅으로 흩어졌다." 결국 '사도들'은 박해를 받지 않았고, 스데반을 비롯한 일곱 지도자, 곧 디아스포라 지도자들이 박해의 주요 대상이었다는 의미이다. 유대 당국에서 보기에도 열두 사도는 아직 신학적으로 유대교 당국과 큰 차이가 없었지만, 일곱 지도자를 포함한 디아스포라 출신 교인들은 신학적으로 유대교와 너무 차이를 보였기에 대대적인 박해의 대상이 되었다.

8 스데반을 돌로 쳐서 죽인 것이 종교적인 범죄에 대한 형벌을 의미하는 것이라면, 야고보를 칼로 쳐서 죽였다는 것은 정치적인 범죄에 대한 형벌을 의미한다. Cf. S. G. F. Brandon, *Jesus and the Zealots: A Study of the Political Factor in Primitive Christianity* (Manchester University Press, 1966), p. 97.

기간이었다. 그래서 헤롯 왕은 베드로를 잡기는 했으나 즉각 처형하지는 못한 채 감옥에 가두어두고 지키게 했다가 유월절이 지나면 곧바로 백성들 앞에 끌어내 처형할 생각이었다. 그러나 하나님은 베드로에 대해 다른 계획을 갖고 계셨다. 하나님은 주의 천사를 시켜 베드로를 감옥에서 꺼내셨다. 베드로는 곧바로 "마가라고 하는 요한의 어머니 집"으로 갔다. 거기서 성도들이 모여 자기를 위해 기도하고 있었기 때문이다. 베드로는 그들에게 주께서 자기를 감옥에서 인도해내신 사실을 말해주며 "야고보와 형제들에게 이 말을 전하라"(행 12:17) 하고 지시하고는 "떠나 다른 곳으로 갔다"(행 12:18).

베드로는 감옥으로부터 나와 환상에서 깨어난 뒤에 다음과 같이 고백했다: "내가 이제야 참으로 주께서 그의 천사를 보내어 나를 헤롯의 손과 유대 백성의 모든 기대에서 벗어나게 하신 줄 알겠노라"(행 12:11). 하나님은 사도행전 11장에서도 환상 중에 천사를 시켜(행 11:3, 7, 22; 11:13) 베드로로 하여금 이방인 백부장 고넬료를 만나게 하셨고, 그를 개종시키는 놀라운 일을 하게 하셨다. "유대인으로서 이방인과 교제하며 가까이하는 것이 위법인 줄"(행 10:28)로만 알았던 베드로가 이런 일을 통해 새로이 깨닫고 고백한 말이 "하나님께서 이방인에게도 생명 얻는 회개를 주셨도다"(행 11:18)라는 말이었다. 그런데 사도행전 12장에 와서 하나님은 다시 똑같은 방법으로 환상 중에 천사를 시켜(행 12:7-10, 11, 15) 베드로를 감옥에서 꺼내주셨다. 이 일을 통해 베드로가 "정신이 들어" 새로이 깨닫고 고백한 말이 "헤롯의 손과 유대 백성의 모든 기대에서 벗어나게 하셨다"(행 12:11)라는 말이었다. 그래서 베드로는 하나님이 계획하신 대로 예루살렘을 "떠나 다른 곳으로 갔다." 베드로가 예루살렘을 '떠나 다른 곳'으로 간 그곳이 어디인지는 알려지지 않았지만 우리는 누가가 사도행전을 통해 전해주는 이야기를 통해 베드로가 무엇 때문에 예루살렘을 떠났는지는 대충 짐작해볼 수 있다. "헤롯의 손아귀와 유대 백성의 기대"로부터 벗어나 그를 기다리는 더 크고 넓은 일터로 간 것이 아니었을까?

오스카 쿨만Oscar Cullmann은 베드로가 감옥에서 풀려난 뒤 예루살렘을 떠나 '다른 곳'으로 가면서 이 사실을 야고보에게 전하라고 말한 것이 예루살렘 교회의 최고 지도자가 1대 베드로에서 2대 야고보로 바뀌는 순간이라고 말한다.[9] 베드로가 예루살렘을 떠나 다른 곳으로 떠나면서 예루살렘 교회 지도자의 지위를 야고보에게 이양한 것으로 해석한 것이다. 이 순간이 베드로가 예루살렘에 머물렀던 마지막이었고, 결국 그가 예루살렘 교회 최고 지도자로서의 모습을 보여준 마지막이었다. 이후에 예루살렘 교회 지도자로 그 모습을 드러낸 인물은 의외로, 아니 놀랍게도 예루살렘 '사도 회의'(행 15장)에서 사회권을 행사하는 '주님의 형제' 야고보였다.

3. 예루살렘 교회의 두 번째 최고 지도자가 된 야고보

야고보는 아주 일찍부터 예루살렘 초대교회에서 실질적으로 중심적인 지도자가 되어 있었다. 이 사실은 바울이 그의 〈갈라디아 편지〉에서 야고보가 초대 기독교의 중심지인 예루살렘에서 '게바와 요한'과 더불

---

[9] Cf. Oscar Cullmann, *Peter: Disciple, Apostle, Martyr* (London: Westminster Press, 1962), p. 152.

어 '기둥 사도' 가운데 한 사람이었다고 전해주는 증언을 통해서도 잘 드러난다(갈 2:9). 더구나 바울은 예루살렘의 '기둥 사도'로 알려진 세 사도, 곧 '야고보와 게바와 요한'의 이름을 거론하면서도 야고보를 제일 먼저 첫 번째로 언급한다. 바울이 할례받지 않은 자들을 위한 사도직을 인정받고 이방인들에게로 가서 복음을 전할 수 있게 된 것도 그가 예루살렘을 방문하여 예루살렘 교회의 세 기둥 사도인 '야고보와 게바와 요한'을 만나서 '친교의 악수'를 나누는 일을 통해서, 즉 그들의 암묵적인 재가를 받은 뒤에야 비로소 가능하게 되었다(갈 2:8- 9). 이런 점 역시 당시 야고보가 예루살렘 초대교회 안에서 어떤 위치에 있었는지 잘 보여주는 증거이다.

야고보의 이런 권위는 예루살렘 '사도 회의' 이전에도 이미 초대교회 안에서 어느 정도 확립되어 있었다. 우리는 그런 점을 베드로가 헤롯 아그립바에 의해 감옥에 투옥되었다가 천사의 도움으로 풀려난 뒤에 예루살렘을 떠나 다른 곳으로 가기 전에 했던 행동에서 잘 엿볼 수 있다. 그는 먼저 요한의 어머니 마리아의 집으로 가서 그곳에 모여 있던 성도들에게 주께서 자기를 감옥에서 인도해낸 사실을 설명한 다음 자기가 감옥에서 풀려난 사실을 야고보에게 꼭 전하도록 지시한다(행 12:17). 이것은 예루살렘 초대교회에서 야고보는 이미 당연히 그런 보고를 받아야 하는 중요한 위치에 있는 인물이었다는 사실을 반영한다.

그러나 예루살렘 초대교회의 최고 지도자로 새롭게 등장한 '주의 형제 야고보'(갈 1:19)는 예수의 공생애 활동 중에서는 사실상 전혀 그 존재가 드러나지 않았고, 그래서 거의 알려진 바도 없었다.[10] 그런 야고

---

[10] Epistula Apostolorum이란 외경 문서에 소개된 〈가나의 혼인 잔치 이야기〉를 보면,

보가 예루살렘의 초대교회 안에서 갑자기 베드로의 뒤를 이어 그토록 중요한 최고 지도자로 등장하게 된 것은 정말이지 놀라운 일이며 의외의 일이었다.[11] 그래서 그 배경이 궁금해질 수밖에 없다. 도대체 야고보가 갑자기 초대교회 안에서 예루살렘 교회의 대표적인 지도자로 등장한 역사적 배경은 무엇인가? 이 질문에 대한 분명한 해답을 성서에서 쉽게 찾기는 매우 어렵다. 그러나 성서 여기저기에서 나타나는 몇몇 언급을 통해 우리는 해답의 실마리를 찾아볼 수 있다.

첫째, 우리가 주목해야 할 성서 본문은 예수가 부활 승천한 직후에 예수의 제자들이 예루살렘의 다락방에 모여 기도했을 때, 그 모임에 '예수의 모친'과 '예수의 형제들'이 함께 참여하고 있었다는 기록이다(행 1:14). 이 구절은 예수의 부활 승천 이후 초대교회가 시작되기 전에 이미 예수의 친족으로서 예수의 모친과 함께 예수의 형제들이 다른 열두 제자와 밀접히 연관되어 있었다는 사실을 알려주는 중요한 언급인 셈이다. 그리고 이 기도 모임을 초대교회의 첫 발기 모임 혹은 창립 모임이라고 생각할 경우, 바로 이 모임에 야고보가 참여했다는 것은 앞으로 초대교회의 발전 과정에서 야고보가 어떤 역할을 할 것이라는 일종

그 혼인 잔치에는 예수가 그의 모친과 형제들과 함께 초청을 받았다는 기록이 나온다("Then there was a wedding in Cana of Galilee, and he was invited with his mother and his brothers. And he made water into wine…"). 이 기록은 예수의 모친과 함께 예수의 형제들이 예수의 공생애 활동 중에 등장하고 있음을 보여준다. Cf. R. E. Brown(ed.), *Mary in the New Testament* (Philadelphia: Fortress Press, 1978), p. 263.

[11] 브랜든(S. G. F. Brandon)은 초기 기독교 역사에서 교회의 지도권이 이처럼 초기에 열두 제자에게서 야고보에게로 갑자기 넘어가게 된 사실을 두고 "예상치 못한 변화"라고 지적한 바 있다. Cf. *The Fall of Jerusalem and the Christian Church* (London: SPCK, 1981), p. 5.

의 '예고'처럼 읽을 수도 있다.

둘째, 우리는 바울이 부활하신 예수께서 자신의 몸을 나타내 보여준 목격자 명단 가운데 야고보의 이름을 거론하는 사실에도 주목해야 한다(고전 15:7). 어떻게 야고보가 초대교회 안에서 지도적인 위치에 오르게 되었는가 하는 우리의 질문에 대해서 프레드릭 브루스F. F. Bruce는 "부활하신 예수께서 야고보에게 나타나 보이셨다는 바울의 진술이 우리 질문에 대한 대답을 제시한다"[12]라고 말한다. 초대교회에서는 부활하신 주님을 만난 것이 권위의 상징이요 사도의 요건으로 생각되었다(cf. 행 1:22). 바울이 고전 15장에서 부활하신 예수께서 부활한 자신의 몸을 나타내 보인 사람들의 명단을 소개하면서(고전 15:4-7) 마지막으로 "맨 나중에 만삭되지 못하여 난 자와 같은 내게도 보이셨느니라"(고전 15:7)라고 말한 것도 자신을 부활하신 예수의 목격자로 그래서 자기도 사도라고 주장하기 위한 것이라고 생각할 수 있다. 이런 관점에서 볼 때 부활하신 예수가 자신을 야고보에게 나타내 보여주었다는 바울의 증언은 초대교회 안에서 야고보가 중요한 지도자로 등장하게 된 것과 관련해서 아주 중요한 의미가 있을 수밖에 없다.

더구나 제롬Jerome이 소개하는 〈히브리 복음서〉의 단편 가운데는 "주님의 부활에 대한 설명"이 있은 뒤에 다음과 같은 내용이 나온다. "그러나 주님께서는 자신의 세마포 옷을 제사장의 하인에게 건네주신 뒤에 야고보에게 가서서 그에게 나타내 보이셨다(왜냐하면 야고보는 주님의 잔을 마신 때로부터 주님께서 잠자는 자들 가운데서 다시 살아나신 것을 볼 때까

---

[12] Frederick F. Bruce, *Peter, Stephen, James & John: Studies in Non-Pauline Christianity* (Grand Rapids: Eerdmans, 1979), p. 87.

지 음식을 먹지 않겠다고 맹세했기 때문이다)"(d vir. ill., II). 여기서 우리가 주목해야 할 점은 야고보가 주님의 마지막 만찬에 참여했고 부활한 예수가 최초로 그에게(베드로나 다른 사도들에게가 아니라) 나타나셨다는 점이다. 물론 이 외경 복음서가 야고보를 초대교회에서 가장 중요한 인물로 숭상하던 공동체에서 나온 것이라고 여겨지지만, 야고보는 주님의 마지막 만찬에 참여한 사람이었을 뿐만 아니라 예수의 부활에 대한 권위 있는 보증이었다. 부활한 예수가 야고보에게 최초로 나타내 보이셨기 때문이다.

그래서 프레드릭 브루스는 부활하신 예수를 만나보게 된 "이 경험이 분명 야고보에게는 나중에 바울이 겪었던 비슷한 경험에 맞먹는 혁명적인 효과를 만들어냈을 것이다"[13]라고 말한다. 마치 바울이 다메섹 도상에서 부활하신 그리스도를 만남으로써 예수의 박해자에서 예수의 추종자와 전도자로 그의 인생에 혁명적인 변화를 경험했듯이, 야고보도 부활하신 그리스도를 만나는 경험을 통해 그의 인생에 혁명적인 전환을 맞아 예수를 따르게 되었고, 끝내는 초대교회 안에서 최고 지도자의 반열에 오르게 된 것이다.

셋째, 우리는 야고보가 예루살렘 초대교회에서 그토록 중요한 최고 지도자의 지위에 오를 수 있었던 가장 중요한 이유를 야고보가 주님이신 예수의 형제이며 혈육이기 때문이라는 사실에서 찾아볼 수도 있을 것이다. 예수 당시 유대인들에게는 세습 왕조가 일반적인 규범이었다. 헤롯 왕조라든지 하스모니아 왕조가 다 그러했다. 대제사장과 귀족 제사장들도 다 세습되었다. 바리새파 사람들뿐만 아니라 메시아 운동을

---

[13] F. F. Bruce, *Peter, Stephen, James & John*, p. 87.

일으켰던 젤롯 지도자들의 경우도 다 세습이었다. 따라서 예수의 운동과 같은 메시아 운동에서도 혈연관계가 매우 중요했을 것으로 쉽게 짐작할 수 있다. 다윗의 혈통이란 정통성까지 있으니 더욱 그럴 수밖에 없었을 것이다. 예수가 다윗 왕의 후손이라면 당연히 그의 형제인 야고보도 다윗 왕의 후손이 아닌가? 그러니 예수가 죽은 뒤에 야고보가 예수의 뒤를 이어 예수의 공동체를 이끄는 최고 지도자로 나서거나 추앙받는 데 아무런 문제가 없었을 것이다. 따라서 야고보가 교회 안에서 권력의 자리에 오르게 된 것은 그가 예수와 혈연관계에 있다는 지고의 사실 때문이라는 점은 오늘날 일반적으로 받아들여진다.

더구나 야고보는 예수와의 혈연관계라는 이유 이외에도 초대교회 당시 많은 유대인에게 그리고 유대 당국자들에게도 '의로운 사람'으로 널리 존경과 인정을 받고 있었기에 지도자로서의 위치를 확보하고, 이어서 최고 지도권을 이어받기에 아무런 문제가 없었을 것으로 보인다. 특히 가이사랴의 유세비우스Eusebius of Caesarea의 다음과 같은 글에서 우리는 유대 백성들 가운데서 야고보가 얼마나 존경받던 인물이었는지를 잘 알 수 있다: "야고보는 의롭다고 해서 널리 존경을 받는 인물이었다. 그래서 훌륭하다는 유대 지식인들마저 그의 순교가 곧바로 예루살렘에 대한 포위 공격으로 이어졌다고 생각했다"(『교회사』 2.23).

이처럼 예수의 형제들 중에서는 야고보가 단연 초대교회 안에서 가장 잘 알려진 그리고 유대인들 가운데서도 가장 널리 존경을 받던 중요한 인물이었다. 그렇기에 예수가 십자가에 달려 처형된 이후 예수의 뒤를 이어, 또한 베드로가 예루살렘을 떠난 뒤에 예루살렘 초대교회의 최고 지도자의 위치에 오를 수 있었던 것이다. 그리고 야고보가 예루살렘 초대교회의 최고 지도자가 되었다는 사실을 가장 분명히 보여주고

는 것이 무엇보다도 사도행전 15장에서 야고보가 예루살렘 '사도 회의'
에서 사회권을 행사하는 장면이다. 물론 우리는 사도행전의 시작 부분
을 통해서 예수의 부활 승천 이후 예루살렘 초대교회 안에서 지도자로
활동한 사람들이 열두 사도, 그중에서도 '베드로와 요한'이라는 사실을
잘 알고 있다(행 1-5장). 특히 그중에서도 베드로는 예수에게 직접 교회
의 반석으로 인정을 받으면서 천국의 열쇠와 함께 이 땅과 하늘에서
매고 푸는 권세를 부여받았다(마 16:19). 그런데 사도행전 15장을 보면
뜻밖에도 베드로와 바울이 참석했던 예루살렘의 '사도 회의'에서 그 회
의의 의장 역할을 맡은 중심인물은 베드로나 요한이 아니라 야고보였
다. 그리고 예루살렘 사도 회의를 마감하면서 결정 사항에 대해 마지막
발언을 했던 사람 역시 야고보였고, 결국 이때의 야고보의 최종 발언이
그 예루살렘 '사도 회의'의 최종 결정으로 확정된 것으로 보인다(행
15:13-21).

그뿐만 아니라 사도행전을 보면 이 '사도 회의' 이후에 베드로를 비
롯한 다른 예수의 제자들은 거의 모습을 감추었지만 야고보만은 예루
살렘 교회에서 계속 교회의 최고 권위를 행사하고 있는 것으로 나타난
다. 예를 들어본다면 바울이 첫 번째 이방인 선교를 마치고 예루살렘을
방문했을 때에도, 바울은 자신의 일행('우리')을 이끌고 야고보를 찾아
가 인사하고, 자신의 이방인 선교에 대해서 보고한 것으로 전해진다(행
21:17-19). 더구나 이때에 야고보 및 그와 함께 있던 장로들은 바울이
이방인들에게 복음을 전파하면서, 이방인들 가운데 사는 유대인들에
게 모세를 배척하고 자식들에게 할례도 주지 말고 유대인의 풍속대로
살지도 말라고 가르친다는 소문을 전해 들었기 때문에 그것이 사실인
지 오해인지 밝히고 싶어 했다. 다시 말하자면 예루살렘 교회 지도자들

인 야고보와 장로들은 바울이 율법을 잘 지키며 바로 살아가고 있다는 점을 예루살렘 교회에 증명해 보이기를 요구했다. 바로 이 점에서 우리는 야고보의 보수적인 신앙 입장과 더불어 최고 지도자로서 그의 권위를 다시 확인할 수 있다.

야고보는 바울에게 "하나님 앞에 스스로 맹세한 사람 넷을 데리고 성전에 가서 함께 정결 예식을 행하고 그들의 머리를 깎고 그 비용을 담당하라"라고 지시한다(행 21:21-24). 모세 율법과 예루살렘 성전에 대한 바울의 사상을 고려할 때, 바울이 억지로 끌려가 이러한 정결 예식을 받아야 한다는 것은 바울로서는 도저히 받아들일 수 없는 일이었다. 자신이 지금까지 주장했던 것을 이제 완전히 포기한다는 사실을 예루살렘 교회에 증명해 보이는 일이 되기 때문이다. 바울이 나시르 서약을 행한다는 것은 곧 자신이 완전히 야고보의 권위에 복종한다는 사실과 자신이 지금까지 선포했던 주장을 포기한다는 것을 의미할 수 있었다. 그런데 바울은 이런 지시에 대해서 아무런 이의를 제기하지 않고 다음 날 네 사람을 데리고 성전에 들어가 정결 예식을 행했다.

우리는 야고보가 바울에게 모세를 배척하지 말 것, 자식들에게 할례를 줄 것, 유대인의 풍속대로 살 것 등(행 22:21)을 요구하고, 유대교의 정결 예식을 위해 머리를 깎을 것까지(행 22:24) 요구하는 것을 보면서, 야고보가 이끌고 있던 예루살렘 초대교회의 신앙적인 분위기가 이토록 유대교적으로 보수적이었는가 하는 놀라움을 금할 수 없다. 이런 놀라움은 예루살렘 '사도 회의'가 소집된 계기를 살펴보면 좀 이해가 된다. 사도행전 15장에서 이른바 사도 회의가 소집된 배경에 '허다한 제사장의 무리'(행 6:7)도 있었다는 사실을 염두에 둘 때, 초대교회가 유대교 신앙의 관례들에서 갑자기 크게 달라지는 데에는 분명히 한계가 있었을 것이란 점을 고려해야만 한다. 당시 예루살렘 교회 교인들 가운데서, 특히 '바리새파 출신 교인들'을 중심으로 "모세의 법대로 할례를 받지 아니하면 능히 구원을 받지 못하리라"(행 15:1)라고 주장하는 사람들이 있었고, "이방인에게 할례를 행하고 모세의 율법을 지키라 명하는 것이 마땅하다"(행 15:5)라고 생각하는 사람들이 많았다. 그럼에도 야고보와 예루살렘 교회가 바울에게 요구했던 일은 그동안의 진전을 역행하는 것이었다. 즉 베드로가 예루살렘 교회 최고 지도자로 있던 당시에 스데반과 빌립이 디아스포라 유대 기독교인들과 사마리아 사람들을 위해 시작했던 사역 그리고 베드로 자신이 환상 가운데 천사의 지시에 따라 이방인 백부장 고넬료의 집을 찾아가 유숙하면서 고넬료와 함께 다른 이방인들을 개종시켰던 사역을 뒤로 되돌리는 것이었다.

4. 예루살렘 초대교회 최고 지도자의 위치에서
   갑자기 사라진 야고보

야고보가 예루살렘 초대교회 안에서 갑자기 최고 지도자의 위치에 오른 것을 두고 놀랍다고 말했는데, 정작 더 놀라운 것은 그가 정상에 오른 이후에 얼마 지나지 않아서 다시 갑자기 예루살렘 초대교회 최고 지도자의 자리에서 퇴장해버린 사실이다. 성서 어느 곳에서도 그것과 관련된 어떠한 언급이나 설명을 찾아볼 수가 없다. 야고보가 그토록 갑작스럽게 초대교회의 역사에서 사라진 이유는 도대체 무엇일까?

첫째, 야고보 자신의 갑작스런 죽음 때문에 초대교회 안에서 지도자로서의 역할을 더 이상 계속 감당할 수 없게 되었을 것으로 보인다. 야고보는 주후 62년에 갑자기 죽은 것으로 알려져 있다. 그 당시 예루살렘에 거주하던 요세푸스Josephus는 야고보가 죽은 뒤 30년에서 35년이 지나 기록된 것으로 알려진『유대인의 고대사』(Antiquities)에서 야고보의 죽음에 대해 비교적 상세한 기록을 남겼다. 당시 유대 땅 총독이었던 베스도Festus가 공무 중에 죽어서 알비너스Albinus가 그 뒤를 잇게 되었는데, 베스도가 죽었다는 소식이 유대 땅에서 로마까지 전해지는 데 최소한 다섯 주가 걸리고 또 새로운 총독이 부임하기 위해 로마에서 유대 땅에 이르는 데도 다시금 최소한 다섯 주가 걸리기 때문에, 베스도 총독이 죽고 난 이후 후임자가 도착하기까지는 최소한 세 달 간의 공백이 있게 된다. 그런데 그 사이에 헤롯 아그립바 2세가 요한복음 18장 13절에 등장하는 가야바의 장인인 안나스Annas 대제사장의 아들인 대제사장 아나누스Ananus를 대제사장으로 임명해버렸다. 요세푸스의 말에 따르면 대제사장 아나누스는 충동적이고 모험적인 성격의 인물이었다. 그는 베스도 총독이 죽고 아직 알비너스 총독이 도착하지 않은 것이 자기로서는 기회라고 생각하여 산헤드린 공회를 소집하여 '그리스도'라고도 알려진 예수의 형제인 야고보와 다른 몇몇 사람을 재판정에 세웠고, 그들이 율법을 어겼다는 이유로 고소하여 돌로 쳐서 죽이도록 내주었다.

야고보의 죽음은 그가 15년에 걸친 아주 어려운 시기 동안 이끌어오던 예루살렘 초대교회에는 치명타가 될 수밖에 없었다. 사실상 예루살렘 교회는 그 충격에서 회복될 수가 없었다. 그런데 유세비우스(Hist. eccl. II. xxiii, 1)에 따르면 사도들이 주님의 형제인 야고보에게 '감독의 자리'를 주었고, 그가 죽어버리자 다시 세습 기능에 따라 사도들과 제

자들 그리고 '주님의 가족들'은 '구세주의 사촌'인 시므온Symeon이 야고
보의 후계자가 되기에 적합하다고 생각해서 그를 만장일치로 내세웠
다.[14] 그러나 몇 해가 지나지 못해서 로마에 대한 유대 항쟁이 터지면
서 예루살렘 초대교회는 예루살렘 성을 떠나 펠라Pella 지역으로 그리
고 요단 강 건너편 다른 지역과 애굽으로 이주하게 되었다. 그 이후 예
루살렘 교회는 디아스포라 교회 신세가 되고 말았다. 야고보서 1장 1
절에서 저자가 "세계에 흩어져 사는 열두 지파에게 문안한 것"도 아마
그 때문일 것이다.

둘째, 야고보가 주도하던 예루살렘 교회의 쇠퇴 자체가 야고보의 죽
음과 함께 야고보 명성의 급속한 퇴조를 가속했다. 야고보의 이름을
역사의 뒷전으로 밀어내는 데 일조한 예루살렘 교회의 쇠퇴는 어쩌면
역사 발전의 자연스런 결과일지도 모른다. 초대교회는 이방 지역 출신
헬라파 사람들인 일곱 지도자의 등장(행 6-8장)과 이방인의 사도 바울
의 등장(행 9장)으로 점차 그 중심이 유대적인 기독교에서 이방적인 기
독교, 혹은 세계적인 기독교로 옮겨가는 추세였다. 베드로가 이방인
고넬료를 개종시킨 이후 선교를 위해 '다른 곳으로' 떠난 것도 같은 경
향이었다. 그런데도 야고보의 예루살렘 교회는 여전히 '할례자의 복음'
에 집착하면서 보수적인 "유대적 신앙"의 틀 안에 그대로 머물렀던 것
으로 보인다. 이런 기록들을 통해서 "우리가 얻게 되는 인상은 예루살
렘 기독교인들이 마지막 한 사람에 이르기까지 율법에 열심인 자들

---

[14] S. G. F. Brandon, *Jesus and the Zealots*, p. 165, n.4. Josephus(『교회사』 3.20)도
야고보가 죽은 뒤에 예수의 아버지 요셉의 형제인 클로파스의 아들 시므온이 예수의
사촌으로서 야고보의 뒤를 이어 예루살렘 교회의 수장이 된 것으로 전해준다. Cf. 레자
아슬란, 민경식 옮김, 『젤롯』(서울: 와이즈벨리, 2013), p. 398.

(zealots for the law)"이었고,[15] 그래서 '유내적 기독교인'이라기보다는 오히려 '기독교적 유대인'이라는 인상을 주고 있었다는 점이다.

결국 야고보가 지도자로 있던 예루살렘의 초대교회는 너무나도 '유대적'인 교회로서, 당시 이미 변화하는 세계 속에서 계속 발전하지 못한 채 과거의 유대교적 뿌리에만 너무 집착하는 가운데 새로운 시대의 요구에 대한 적응력과 개방성을 잃어버림으로써 끝내 살아남지 못했던 것으로 보인다. 물론 주후 62년 야고보의 죽음과 주후 70년에 있었던 예루살렘의 몰락, 유대 나라의 멸망 이후에도 수 세기가 지나도록 유대 땅에는 여전히 보수적인 유대적 종교 전통을 따르는 '유대 기독교적인' 종파적 공동체가 남아 있었던 것으로 알려졌다. 이들이 바로 나중에 에비온파Ebionism라고 알려진 사람들이다.[16] 그런데 이런 후대 '에비온파의 전승' 가운데서 야고보는 여전히 거룩한 교회의 감독이고 역사적 예수의 믿을 만한 전승의 수호자이며 보증인으로 등장한다. 결국 야고보가 주도했던 예루살렘의 초대교회가 에비온 사상의 텃밭이었던 것으로 생각된다. 제임스 던은 "에비온 사상은 기독교가 변화하고 발전해야만 하는 상황에서 그렇게 하지 못했기 때문에 끝내 거부되었다"[17]라고 말했는데, 결국 기독교 역사에서 에비온 사상으로 기울어가던 예루살렘 교회가 점차 쇠퇴의 길을 걸으면서 그 지도자였던 야고보의 명성까지 쇠퇴하면서 곧바로 많은 사람의 기억 속에서조차 망각되

---

[15]   F. F. Bruce, Peter, *Stephen, James & John*, pp. 99-100.

[16]   Cf. 레자 아슬란,『젤롯』, p. 401. 앤드류 체스터(Andrew Chester)는 "야고보가 유대 기독교의 특수한 형태를 대표하고 있다"라고 말한다. Cf. *The Theology of the Letters of James, Peter, and Jude* (New Testament Theology, Cambridge University Press, 1994), p. 15.

[17]   James D. G. Dunn, *The Unity and Diversity in the New Testament*, p. 244.

는 결과가 초래된 셈이라고 보아야 할 것이다.

　이런 역사적 사실에 직면하여 우리는 기독교 역사 가운데 "가장 초기 이단들 중의 하나는 보수주의였다"[18]라고 말한 제임스 던의 지적에 귀를 기울일 필요가 있다. 동시에 레이몬드 브라운의 다음과 같은 말에도 주목할 필요가 있다: "오늘날 교회 안에서 이단에 대한 시비가 제기될 때, 대체로 기존의 사상과는 다른 혹은 기존의 사상과 대립되는 새로운 사상을 주창하는 급진주의자들을 가리켜 이단이라고 낙인을 찍는 경향이 있다. 그러나 기독교 역사를 돌이켜보면 의외로 놀랍게도 그와는 반대이다. 즉 가장 의미 있는 이단자들은 급진주의자들이 아니라 교회 안에서 새로운 질문이 제기되어 기독교인들의 주류가 새로운 대답을 찾아내고자 할 때 도리어 기존의 옛 대답에 집착하는 경향을 가진 보수주의자들인 경우가 더 많다. … 정통orthodoxy은 항상 과거에 집착하려는 사람들의 전유물이 아니다."[19]

5. 맺는말

베드로와 야고보의 공통점은 그들이 초대 기독교, 특히 예루살렘 유대 기독교를 대표하는 중요한 사도들이란 점이다. 예수의 부활 승천 이후 베드로가 예루살렘 초대교회를 대표하는 최초의 지도자로 그 모습을 드러냈는데(행 1-12장), 베드로가 예루살렘을 떠나 '다른 곳으로' 가버

---

[18]　Cf. James D. G. Dunn, *Ibid.*, p. 266.

[19]　R. E. Brown, *The Community of the Beloved Disciple* (New York: Paulist Press, 1979), p. 80.

리면서 갑자기 '주의 형제' 야고보가 베드로의 뒤를 이어 예루살렘 초대교회를 대표하는 두 번째 지도자로 등장했다(cf. 행 15장, 22장). 이런 점에서 외면적으로는 베드로와 야고보가 각기 예루살렘의 초대 기독교인 '유대적 기독교'를 대표한다는 비슷한 공통점을 보여주지만, 실질적으로는, 특히 신앙적인 면에서 베드로와 야고보는 아주 달랐다. 물론 두 사람 모두 유대인으로 기독교인이 된, 이른바 '유대 기독교인'인 것은 틀림없다. 그러나 바로 이 지점에서도 베드로가 좀 더 '기독교적'이라면 야고보는 좀 더 '유대적'이라고 할 수 있다. 그래서 만일 우리가 베드로를 가리켜서 '유대 기독교인a Jewish Christian'이라고 한다면 그와는 달리 야고보를 가리켜서는 '기독교도 유대인a Christian Jew'이라고 말할 수도 있을 것 같다. 이것을 달리 타이센의 말을 빌려 표현할 경우, 우리는 베드로가 초대교회 안에서 '우익적 유대 기독교'를 대변하고 있는 반면에, 야고보는 초대교회 안에서 '좌익적 유대 기독교'를 대변하고 있다고 볼 수 있다.[20]

여기서 잠깐 2~3세기에 그 모습을 드러내기 시작한 '이단적 유대 기독교' 가운데 하나인 '나사렛파 사람들'을 두고, 에피파니우스Epiphanius가 했던 다음과 같은 말을 기억할 필요가 있다: "오직 이 점에서만 그들은 유대인들과 기독교인들과 다르다: 그들이 다른 유대인과 다른 점은 그들이 그리스도를 믿기 때문이다. 그들이 기독교인과 다른 점은 그들이 율법과 할례와 안식일과 같은 것들에 너무 매달리기 때문이다."[21]

---

[20] 타이센은 '이방 기독교'(the Gentile Christianity) 안에서도 우익에 속하는 바나바와 좌익에 속하는 바울로 구분할 수 있다고 말한다. Cf. 게르트 타이센, 박찬웅·민경식 옮김, 『기독교의 탄생: 예수 운동에서 종교로』(서울: 대한기독교서회, 2009), pp. 461-463.

아울러 우리는 이레네우스가 당시 '유대적 기독교'의 극단적 극우파에 속하는 '에비온파 사람들'을 두고 말했던 다음과 같은 말도 함께 기억해둘 필요가 있다: "그들은 할례를 행하고 율법에 따른 모든 관례를 지키며, 유대인의 생활 방식을 따르면서 심지어 예루살렘을 마치 하나님의 집이나 되는 것처럼 숭상한다"(adv. haer., I.26.2). 이들이야말로 예수를 믿는다는 점에서만 다른 유대인들과 달랐을 뿐 나머지는 다른 유대인들과 아무런 차이도 보이지 않았다. 이런 '나사렛파 사람들'과 '에비온파 사람들'이 '주님의 형제'인 야고보의 뒤를 이은 사람들이 아닌가 하는 생각해보게 된다. 물론 야고보가 오늘날 '에비온주의자'로 평가되는 것은 아니지만 말이다. 그러나 야고보는 예수를 믿으면서도 유대교의 전통에 계속 집착함으로써, 아니 거기에 계속 매달림으로써 그 당시 시대가 요구하는 새로운 변화에 부응하지 못한 것이 문제라면 문제였다. 새 술은 새 부대에 담아야 하는데도 말이다.

그렇다면 베드로와 야고보가 보여주는 이 중요한 차이는 도대체 어디에서 온 것일까? 아마도 그 원인 가운데 하나는 적어도 베드로는 예수의 부름을 받고 "모든 것을 버려두고 예수를 따랐고"(눅 5:11), 3년 동안이나 예수의 공생애 사역에 동참하여 예수의 정신과 예수의 교훈을 몸으로 배워 익혔다면, 야고보는 너무 늦게 '예수 운동Jesus Bewegung'에 가담한 것이 문제라면 문제일 수 있다. 예수가 공생애 사역에 나섰을 때 "예수의 친족들이… 그를(=예수를) 미쳤다"라고 생각하여 "그를 붙들러 나왔다"라는 기록(막 3:21)이 있고, 또 "그의 형제들조차 그(=예

---

21 Epiphanius, Pan., 29.7.5. James D. G. Dunn, *The Unity and Diversity in the New Testament*, p. 240에서 재인용.

수)를 믿지 않았다"(요한 7:5)라는 기록까지 있는 것을 보면, 야고보 역
시 예수의 다른 친족들과 마찬가지로 처음에는 예수의 사역에 대해 부
정적이었을 것이다. 그래서 '주님의 형제'인 야고보란 이름이 예수의
공생애 활동과 관련해서는 거의 찾아볼 수 없게 되었을 것이다. 야고보
가 예수 및 초대교회 사역과 관계해 언급되기 시작한 것은 분명히 예수
의 부활과 관련해서부터이다. 예수가 부활 승천한 직후에, 예루살렘
다락방에 열한 제자와 함께 "예수의 어머니 마리아와 예수의 아우들"
(행 1:14)이 마음을 같이 하여 기도에 힘썼다는 기록이 그렇고, 또 외경
가운데서 야고보가 예수의 부활의 목격자로 강조되기 시작하면서부터
비로소 초대교회 안에서 야고보가 중요한 인물로 부각하기 때문이
다.[22] 오랜 유대교적 전통의 유산을 털어버리고 예수의 정신과 교훈으
로 세례받고 다시 새롭게 탄생하기에는 야고보에게 시간이 그다지 충
분하지 않았던 것은 아닌가 하는 생각을 해본다.

---

[22] 외경 〈히브리 복음서〉를 보면, "그러나 주님께서는 자신의 세마포 옷을 제사장의 하인에게
건네주신 후에 야고보에게 가셔서 그에게 나타내 보이셨다"라는 말이 나온다(d.vir.
ill., II). 예수의 공생애 활동과 관련해서 별다른 언급이 없던 야고보가 부활과 관련해서
나타나기 시작했다는 말이다. 초대교회 지도자의 권위와 관련해서 부활의 목격자였다는
사실이 아주 중요한 요소였다는 점을 기억할 필요가 있다.

05

마가와 바울

마가와 바울의 신학적 연관성에 대한 연구를 시작한 대표적인 인물은 아마도 독일의 성서 학자인 막스 베르너Max Werner일 것이다. 그는 아직도 이 주제에 관한 고전으로 여겨지는 그의 연구 논문에서 "마가복음 안에 바울 신학의 영향을 받은 흔적은 거의 찾아볼 수 없다"[1]라고 주장했다. 베르너는 마가복음과 바울 서신들을 비교하면서 두 사람 사이에서 드러나는 유사성들은 단지 초대교회의 공통된 전승에 지나지 않을 뿐이라고 여겼다. 바울에게 볼 수 있는 여러 독특한 사상, 가령 믿음으로 말미암은 칭의justification by faith, 믿음으로 그리스도와 하나 됨faith union with Christ, 성령 안에서의 삶life in the Spirit과 같은 사상들이 마가복음에서는 나타나지 않고 있을 뿐만 아니라 오히려 거의 반대되는 관점

---

[1] "there cannot be the slightest idea of an influence of Pauline theology in the Gospel of Mark." Cf. Der Einfluss paulinischer Theologie im Markusevangelium, *BZNW*, I (Giessen: Alfred Toepelmann, 1923), p. 247.

에서 다루어진다고 주장하였다.

텔포드W. R. Telford는 베르너의 이런 연구를 두고 복음서 연구에 편집비평이나 문학비평이 도입되기 이전의 것이라고 지적하면서 평가절하하는 편이다.[2] 실제로 빌리 마르크스센Willi Marxsen은 베르너가 바울 사상을 마가복음 전체와 비교하고 있을 뿐, 마가가 입수했던 이전의 전승 자료를 다시 편집하여 소개하는 과정에서 드러내는 마가 자신의 독특한 신학적 관심들과 비교하지는 않는다고 지적한다.[3] 이런 지적들을 토대로 최근의 연구들은 마가의 편집 작업을 통해 드러내는 마가의 독특한 신학적 특징들을 바울 신학과 비교해보는 가운데 베르너의 과거 주장과는 아주 다른 결론에 이르고 있다.

브랜든S. G. F. Brandon은 마가복음 저자가 그의 복음서를 "분명히 바울 신학의 영감을 받아서"[4] "바울의 관점으로 기록했다"[5]라고 주장한 바 있다. 그런데 나중에 텔포드Telford도 거의 같은 의미에서 마가복음 저자가 그의 복음서를 "바울의 관점에서 기록했다"라고 다시 지적하기도 했다.[6] 다른 한편 풀러R. H. Fuller는 "마가는… 바울의 십자가 케리그마를 '예수의 생애' 형태로 다시 강력하게 주장하고 있다"라고 말하

---

2 W. R. Telford, *The theology of the Gospel of Mark* (The New Testament Theology: Cambridge University Press, 1999), p. 169.

3   W. Marxsen, *Mark the Evangelist. Studies on the Redaction History of the Gospel* (Nashville, TN and New York: Abingdon Press; London: SPCK, 1969), p. 213.

4 S. G. F. Brandon, *The Fall of Jerusalem and the Christian Church* (London: SPCK, 1981), p. 200

5 S. G. F. Brandon, *Jesus and the Zealots* (New York: Charles Scribner's Sons, 1967), p. 278.

6 W. R. Telford, *The Theology of the Gospel of Mark* (The New Testament Theology: Cambridge University Press, 1999), p. 161.

는가 하면,[7] 폴크마르G. Volkmar는 "마가복음은 바울의 교훈을 설화의 형태로 알레고리칼하게 제시한 것"이라고 말하기도 했다.[8] 다른 한편으로 마르크스센Marxsen은 "바울은 서신이란 직접적인 형태로, 마가는 이야기란 간접적인 형태로 각자의 신학을 표현하는데, 특히 마가는 '바울의 근본 가르침들'을 그대로 받아들인 것으로 보인다"라고 말한다.[9] 마가가 바울의 영향을 받아 복음서를 기록했다고 여기는 마가복음 연구가들의 이런 주장들은 과거 베르너가 주장했던 것과는 달리, 마치 마가가 바울의 신실한 제자 혹은 그의 충실한 추종자였다는 인상을 준다. 우리는 여기서 마가복음의 어떤 부분들이 마가복음 연구가들에게 이런 생각을 갖게 만드는지 그리고 마가가 그런 소리를 들을 수 있을 정도로 마가복음 기록이 바울 사상에 치우치게 된 역사적 배경은 실제로 어떠했는지에 대해 알아보자.

먼저 마가복음 내용과 관련하여 마가가 다른 복음서들과 달리 그의 독특한 신학적 관심사를 반영해주는 몇 가지 주제를 중심으로 그런 것들이 실제로 어떻게 바울의 교훈과 연관되는지 살펴보자.[10]

---

[7] Telford, *The Theology of the Gospel of Mark*, p. 168.

[8] *Ibid.*, p. 169.

[9] Idem.

[10] 텔포드(W. R. Telford)는 "마가복음에서 볼 수 있는 일곱 개의 주요 편집적인 특징, 강조점 혹은 주제"로 다음의 7가지를 두 번에 걸쳐 강조한다: 1) 예수의 정체성과 관련된 'secrecy motif'; 2) 예수의 수난에 대한 관심과 그것이 기독론을 위해 갖는 의미; 3) 갈릴리에 대한 관심; 4) '복음'이란 용어의 사용; 5) 갈릴리와 이방 선교에 대한 관심; 6) 박해, 고난 및 순교에 대한 관심과 제자직의 참된 본질; 7) 유대 지도자 그룹, 예수의 가족, 특히 그의 처음 제자들에 대한 가혹한 비판. Cf. *The Theology of the Gospel of Mark*, pp. 28, 153-154.

1. '복음'(εύαγγέλιον)에 대한 관심

마가는 그의 복음서를 "하나님의 아들 예수 그리스도의 복음의 시작"(막 1:1)이란 말로 시작한다. 그가 사용한 '복음gospel'이란 말은 복음서 저자들 가운데서는 최초로 마가가 사용했고, 다른 복음서들에서는 별로 많이 사용하지도 않은 용어이다. 마가복음에서는 모두 8번 사용한 반면에(1:1; 1:14, 15; 8:35; 10:29; 13:10; 14:9; 16:15), 마태복음에서 4번(4:23; 9:35; 24:14; 26:13) 사용했을 뿐이고, 그 이외 누가복음이나 요한복음에서는 한 번도 사용한 적이 없다. 예외적으로 베드로전서 4장 17절과 요한계시록 14장 6절에서 각 한 번씩 사용했을 뿐이다.

그런데 신약성서에서 마가복음 이전에 '복음'이란 용어를 가장 많이 사용했던 사람은 바울이었다.[11] 그러니까 기독교 문서 역사상 '복음'이란 말을 최초로 가장 많이 사용했던 사람은 바울이고, 그 이후 복음서를 기록한 사람들 가운데서 '복음'이란 말을 최초로 가장 많이 사용한 사람은 마가인 셈이다. 바울이 자주 사용했던 '복음'이란 말을 마가가 그대로 받아들여 자기도 "하나님의 아들 예수 그리스도의 복음"(1:1), "하나님 나라의 복음"(1:14)이란 말로 사용했던 것으로 보인다. 마가가

---

[11] 바울의 이름으로 기록된 모든 서신을 포함할 경우, '복음'이란 말이 모두 60번이나 사용되었다: 로마서에서 10번(1:1, 9, 16; 2:16; 10:16; 11:28; 15:16, 19, 29; 16:25), 고린도전서에서 7번(4:15; 9:12, 14, 18, 19, 23; 15:1), 고린도후서에서 8번(2:12; 4:3, 4; 8:18; 9:13; 10:14; 11:4, 7), 갈라디아서에서 7번(1:6, 7, 11; 2:2, 5, 7, 14), 에베소서에서 4번(1:13; 3:6; 6:15, 19), 빌립보서에서 9번(1:5, 7, 12, 17, 27, 27; 2:22; 4:3, 15), 골로새서에서 2번(1:5, 23), 데살로니가전서에서 6번(1:5; 2:2, 4, 8, 9; 3:2), 데살로니가후서에서 2번(1:8; 2:14), 디모데전서에서 1번(1:11), 디모데후서에서 3번(1:8, 10; 2:8), 빌레몬서에서 1번(13절)이다.

사용한 '복음'이란 용어는 당연히 바울에게서 온 것이라고 생각하는 것이 옳다. 바울 이외에는 마가 이전에 '복음'이란 용어를 사용한 다른 사람을 찾아보기 어렵기 때문이다.

우리는 이것을 달리 이렇게 말할 수 있다. 즉 바울이 기독교 역사상 최초로 '복음'이란 말을 사용했을 때 그는 의도적으로 자신이 전하는 메시지, 곧 예수의 전승을 토대로 구성된 자신의 메시지를 '복음'이란 말로 표현하였다.[12] 바울이 기독교의 메시지를 '복음'이란 말로 공식화했다는 말이다. 그런데 마가는 바울이 말한 예수에 대한 메시지인 복음gospel을 예수의 생애와 사역을 다룬 복음서Gospel로 바꾼 셈이다. 즉 바울에게 '복음'은 예수에 대한 '메시지'였는데, 마가에 와서 '복음'이 예수의 생애와 사역에 관한 '책'이 되었다는 말이다.[13] 기독교 역사상 '복음'이란 용어를 처음 사용한 사람이 바울이라면, 기독교 역사상 최초로 '복음서'를 쓴 사람은 마가인 셈이다.

더구나 마가는 복음서 서두에서 자신이 전하는 복음이 "하나님의 아들 예수 그리스도의 복음"(막 1:1), 달리 말하자면 "예수 그리스도는 하나님의 아들이다", 혹은 "예수가 그리스도이며 하나님의 아들"이라는 것이 복음이라는 점을 밝힌다.[14] 이것은 곧 마가가 유대 기독교의

---

[12] 제임스 던은 "복음, 기쁜 소식(εὐαγγέλιον)이란 명사는 기독교가 바울에게 빚진 몇 개의 용어 가운데 하나"라고 지적하면서, '복음'이란 용어가 신약성서에서 모두 76번 사용되었는데, 그중에 60번이 바울 서신에서 나온다고 말한다. 제임스 던, 이상목 옮김, 『예수, 바울, 복음』(서울: 새물결플러스, 2019), p. 109.

[13] 위의 책, p. 122-123.

[14] 헬라어 대문자 사본 마가복음 1장 1절의 띄어쓰기를 어떻게 해서 읽느냐에 따라 다음과 같은 두 가지 독법, 즉 하나는 "Jesus Christ is the Son of God"과 다른 하나는 "Jesus is the Christ, the Son of God"이 가능하다. 최근 마가복음 연구가들 중에서는 "예수가 그리스도이며 하나님의 아들이란 복음의 시작"(The Beginning of the Gospel of

"예수는 그리스도시다"란 신앙고백을 넘어서 "예수는 그리스도시며 하나님의 아들이시다"라는 이방 기독교의 신앙고백을 받아들이고 있다는 것을 의미한다. 바로 여기서도 우리는 예수를 하나님의 아들로 선포했던 바울의 영향을 엿볼 수 있다. 대부분의 초대 기독교인들, 특히 유대 기독교인들이 예수를 '메시아'로 믿고 고백하고 있던 때에, 예수를 '그리스도'(메시아)이며 '하나님의 아들'이라고 전파했던 사람이 바로 바울이었기 때문이다. 텔포드가 "마가복음의 저자는 예수를 하나님의 아들로 여기는 바울의 영향을 받은 이방 기독교의 대변자로서 (마가복음을) 기록했다"[15]라고 말한 이유이기도 하다.

2. 예수의 수난에 대한 관심

복음서들 가운데서 예수의 고난과 십자가 죽음에 대해 관심을 제일 많이 기울이는 복음서는 마가복음일 것이다. 일찍이 마르틴 켈러Martin Kaehler는 "우리는 복음서들을 확대된 서론이 첨부된 수난 설화라고 부를 수 있다"라고 말한 바 있다.[16] 물론 그는 네 복음서 모두를 두고 그런 말을 했던 것이다. 그러나 아마도 복음서들 가운데서 수난 설화가 가장

Jesus, Christ, the Son of God)이라고, 즉 '예수'와 '그리스도'를 분리하고 '그리스도'와 '하나님의 아들'을 동격으로 병치해 읽어야 한다는 주장이 이미 제기된 바 있다. Cf. 이진경, "마가복음 1장 1절에 나타난 두 개의 기독론 칭호 연구,"「신약논단」제20권 제2호, 2013, pp. 409-442.

[15] W. R. Telford, *The Theology of the Gospel of Mark*, p. 53.

[16] Martin Kaehler, trans. by Carl E. Braaten, *The So-called Historical Jesus and the Historic, Biblical Christ* (Philadelphia: Fortress Press, 1964), p. 80, n.11.

중심을 이루고 있는 복음서는 마가복음이라고 밀하는 것이 옳다. 마가복음 16장 전체의 문학적 구조를 말할 때, 일반적으로 크게 두 부분으로, 즉 전반부 이적 설화(1-8장), 후반부 수난 설화(8-16장)로 구분하는 데서도 우리는 수난 설화가 마가복음 안에서 차지하고 있는 비중이 얼마나 막중한지 금방 헤아릴 수 있다.

28장으로 구성된 마태복음은 마가복음과 달리 예수의 '말씀' 중심으로 '오경적 구조'로 구성되었고, 거기에 마치 예수의 족보와 탄생 이야기가 1-2장에서 복음서의 서론 역할을 하는 것처럼 예수의 수난 이야기는 26-28장에서 단지 마태복음의 결론 역할 정도로 구성되었다. 누가복음의 경우도 전체 24장 중에서 예수의 수난 이야기는 19장에서 예수가 예루살렘에 입성한 이후에 소개될 뿐이다. 다른 한편으로 요한복음의 경우도 전체 21장 중에서 예수의 수난 이야기는 주로 18-19장에서 소개된다. 이런 점에서 예수의 수난 설화에 상당히 많은 분량과 중요성을 부여하는 마가복음은 분명히 다른 복음서들과 크게 다르다. 따라서 마르틴 켈러의 말은 마가복음에만 잘 적용된다.

마가복음에서는 갈릴리에서 시작된 예수의 공생애 초기부터 예수의 수난과 죽음의 그림자가 짙게 드리워 있다. 복음서의 초반에서부터 유대 종교 지도자들인 '바리새파 사람들과 헤롯 당원들'이 예수를 처치할 음모를 꾸미기 시작하기 때문이다(막 3:6; cf. 11:18; 12:1-9; 14:1, 64 등). 그래서 예수는 갈릴리 사역 가운데서 이미 자신이 "많은 고난을 받고 장로들과 대제사장들과 서기관들에게 버린 바 되어 죽임을 당할 것"을 세 번에 걸쳐 반복하여 예고하기도 했다(8:31; 9:31; 10:33-34). 그리고 실제로 예수는 예루살렘에 입성한 이후부터 가룟 유다란 제자에게 배반당하고(14:10-11), 베드에게는 부인당하고(14:66-72), 모든 제자에게 버림을 받은 채(14:50), 유대 종교 지도자들과 빌라도의 결정에 따라 마지막으로 십자가에 못 박혀 죽음을 당한 것으로 기록되어 있다. 요하네스 슈라이버Johannes Schreiber가 마가복음을 가리켜 "확대된 서론이 첨가된 수난사"[17]라고 말한 것만 보더라도 마가복음에서 예수의 수난 이야기가 차지하는 중요성을 잘 이해할 수 있다.

루돌프 불트만R. Bultmann은 마가의 목적이 바울이 말했던 '그리스도 신화'(빌 2:6 이하), 곧 "그는 근본 하나님의 본체시나 하나님과 동등됨을 취할 것으로 여기지 아니하시고 오히려 자기를 비워 종의 형체를 가지사 사람들과 같이 되셨고, 사람의 모양으로 나타나서 자기를 낮추시고 죽기까지 복종하였으니 곧 십자가의 죽음이라. 이러므로 하나님이 그를 지극히 높여 모든 이름 위에 뛰어난 이름을 주셨다"라는 그리스도에 관한 헬라적 케리그마를 예수의 이야기 전승과 결합하는 것이라고 말한 바 있다.[18] 이와 거의 같은 관점에서 울리히 루츠Ulrich Luz는 바울과 마가가 똑같이 영광의 신학theologia gloriae에 맞서 십자가의 신학theologia crucis을 내세운다고 지적한다.[19] 바울에게서 볼 수 있는 '십자가 신학'이 마가복음에 그대로 반영되어 있다는 말이기도 하다. 이런 점들 때문에 베이컨B. W. Bacon은 마가복음에서 드러나는 "십자가와 부활의 교리는 바울에 대한 언급 없이는 설명될 수 없다"라고 말한다.[20] 마가복음에 관한 한 바울의 영향력이 절대적이란 말이다.

---

[17]   Johanness Schreiber, "Die Christologie des Markusevangeliums," *ZThK* 58 (1961), p. 156.

[18]   Telford, *The Theology of the Gospel of Mark*, p. 167.

[19]   Idem.

[20]   *Ibid.*, p. 168.

3. 갈릴리, 이방인들 그리고 이방 선교에 대한 관심

마가가 소개한 예수의 사역은 대부분 갈릴리에서 벌어졌던 일이다. 예수의 예루살렘 사역은 거의 고난 주간 한 주간에 있었던 일에 지나지 않는 것처럼 보인다. 그런데 우리가 주목해야 할 사실은 예수가 갈릴리 사역을 하는 동안에도 자주 갈릴리 바다를 건너 이방인들이 거주하는 지역들에 들어가 이방인들을 대상으로 똑같은 사역을 벌였다는 점이다(막 5:1-20; 6:53-56; 7:24-30; 8:1-10). 그리고 마가복음에서 예수가 지나간, 혹은 다녀간 이방인 거주 지역들에 대한 여러 언급[21]과 그곳에서 있었던 예수의 사역에 대한 기록은 예수의 갈릴리 사역 가운데서 적지 않은 비중을 차지하기 때문에 쉽게 간과해버릴 수 없을 정도이다.

더구나 예수가 수시로 이방인의 거주 지역에 들어갔을 뿐만 아니라 두로와 시돈 지방에 갔을 때는 그곳에 사는 사람의 "집에 들어갔다"(막 7:23)는 언급까지 나온다. 마태복음의 예수가 제자들에게 "이방인의 땅이나 사마리아인의 도시에도 들어가지 말라"(마 10:5-6)라고 명했던 점을 염두에 둘 때 마가복음에 나오는 이런 기록은 놀라운 일이다. 마가복음의 예수는 전혀 이방 땅이나 이방인을 구별하지 않는 것처럼 보인다. "유대인이나 헬라인이나… 다 그리스도 예수 안에서 하나"(갈 3:28)라고 말한 바울의 말을 상기하게 해주는 대목이다.

특히 마가는 그의 복음서 후반부인 예루살렘의 수난 설화 한가운데서(막 14:28) 그리고 또 수난 설화 및 복음서의 마지막 부분인 빈 무덤

---

21 '두로와 시돈'(막 3:8; 7:24, 31), '거라사'(막 5:1), '게네사렛'(막 6:53), '데가볼리'(막 5:20; 7:31) 등. 나중에 마태복음과 누가복음도 마가복음에 나오는 이런 지역들에 대한 언급을 평행 본문들에서 그냥 반복해서 소개할 뿐이다.

이야기 가운데 '흰옷 입은 청년'[22]의 입을 통해 '제자들과 베드로'가 갈릴리에 가서 부활하신 예수를 뵈올 것이라고(16:7) 갈릴리를 예수 부활 현현의 장소로 강조한다.[23] 갈릴리가 예수의 부활 이전과 이후를 막론하고 예수 사역의 중요한 지리적 무대라는 것을 암시하는 듯하다. 실제로 마가복음은 갈릴리에 대한 언급(1:9)에서 시작하여 갈릴리에 대한 언급(16:7)으로 끝난다. 마가복음을 가리켜 흔히 '갈릴리 복음'이라고 부르는 이유이기도 하다.

마가복음에서 갈릴리가 이토록 중요시되는 이유는 무엇일까? 대부분의 마가복음 연구가들은 마가복음에서 '갈릴리'는 단지 지리적 혹은 문학적인 의미를 갖는 지명이기보다는 오히려 신학적인 의미를 갖는 중요한 주제라는 점에 의견을 같이 한다. 그리고 특히 "마가에게 갈릴리는 이방 세계에 대한 상징"[24]이라는 점에 주목해야 한다. 실제로 마가복음이 기록되던 당시 갈릴리는 이방인과 유대인이 혼합되어 살던 곳이었다. 당시 유대인들이 잘 알고 있던 구약성서의 이사야서 9장 1절을 보더라도 갈릴리는 이방 땅이었다. 그래서 마태복음도 갈릴리를 가리켜 '이방의 갈릴리'(마 4:15)라고 말하기도 했다. 바로 이런 의미에서 마가가 그의 복음서 마지막 부분에서 빈 무덤에 등장했던 흰옷 입은 청년의 입을 통해 독자들에게 "예수가 너희보다 먼저 갈릴리로 가시나니 전에 너희에게 말씀하신 대로 너희가 거기서 뵈오리라"(막 16:7)라고

---

[22] 마태복음의 평행 본문에서는 '천사'로 바뀌어 표현된다(28:5). 누가복음의 평행 본문에서 '빛나는 옷을 입은 두 사람'(눅 24:4)이라고 했지만, 누가복음 24:23에서는 그 두 사람을 가리켜 "천사들"이라고 표현하였다.

[23] 누가복음과 요한복음에서는 '갈릴리'가 아니라 '예루살렘'이 예수 부활 현현의 장소로 강조되는 것과 대조된다.

[24] Telford, *The Theology of the Gospel of Mark*, p. 149.

말했다는 점을 강조하는 것은 매우 중요하다. 그 이유는 결국 마가복음 저자가 "그의 독자들에게 예수가 그의 제자들에게 자기가 이방인들 가운데서 나타나실 것이라고 약속했다는 걸 말해주는 것"[25]으로 이해될 수도 있기 때문이다.

따라서 마가복음 16장 7절은 결과적으로 '이방인 선교'를 예고하는 것일 수도 있다.[26] 역사적 예수는 제자들을 파송할 때 오히려 "이방인의 길로도 가지 말고 사마리아인의 도시에도 들어가지 말고 오히려 이스라엘 집의 잃은 양에게로 가라"(마 10:5-6)라고 명령했던 분이다. 그리고 자신도 "나는 이스라엘 집의 잃어버린 양 외에는 다른 데로 보내심을 받지 아니하였노라"(마 15:24)라고 말씀했던 분이다. 그런데 마가는 역사적 예수가 그러했듯이 부활하신 예수가 이방 땅인 '이방인의 갈릴리'에서 다시 나타나실 것이라고 선포한다. 역사적 예수 이후에 벌어질 이방 선교를 염두에 둔 말씀이라고 생각된다. 마가가 미리 역사적 예수의 입을 통해 "복음이 먼저 만국에(to all nations) 전파되어야 할 것이니라"(마 13:10)라고 강조하는 이유 그리고 또 역사적 예수가 자신의 몸에 향유를 부어 예수의 장례를 미리 준비했던 일이 "온 천하에 (into the whole world) 어디서든지 복음이 전파되는 곳에서는 이 여자가 행한 일도 말하여 그를 기억하리라"(14:9)라고 말씀하셨던 것을 강조하는 이유도 바로 거기에 있다고 생각된다. 복음서들 가운데서 최초로 기록된 마가복음에서 이방인 및 그들에 대한 선교에 대한 관심이

---

²⁵ Idem.

²⁶ 텔포드는 예수가 "제자들보다 먼저 갈릴리로 가겠다"고 약속한 말씀(막 14:28; 16:7)을 "이방 선교에 대한 예고"(a Gentile mission prediction)라고 말한다. Cf. *Ibid.*, p. 150.

이렇게 드러나는 것은 마가 이전에 '이방인의 선교사'로서 그리고 '이방적 기독교의 대표적인 지도자'로 활동했던 바울이 있었기 때문이다. 또한 마가가 그런 바울의 영향을 받았기 때문에 가능한 일이었다.

주후 70년경에 기록된 마가복음이 이처럼 다른 복음서들과 달리, 아니 그것들에 앞서서 이방인에 대한 관심과 함께 그들에 대한 선교를 강조하는 이유는 무엇일까? 이 대답을 찾아보려면 먼저 마가가 그의 복음서를 기록하던 역사적 상황부터 살펴보아야 한다. 마가복음이 기록되던 70년경에 유대 나라와 예루살렘 성전은 유대 전쟁의 결과로 완전히 멸망당했다. 이로 인해 초대교회 안에서는 그때까지 열두 사도를 중심으로 영향력을 행사하던 유대 기독교가 힘을 잃어가기 시작했다. 반면에 박해와 유대 전쟁의 와중에서 예루살렘과 팔레스틴을 버리고 이방인의 땅으로 피신해갔던 많은 사람들 때문에 그리고 이전부터 시작된 바울의 활발한 이방인 상대 선교 활동의 결과로, 바울이 주도하던 이방 기독교는 오히려 다시 활발하게 발전하기 시작했다.

모세의 율법을 고집하는 유대적인 종교, 유대인의 민족주의와 지역주의에 집착하는 유대적인 종교, 이것이 초기에 예루살렘을 중심으로 발전하던 유대적 기독교의 주요 특징 가운데 하나였다면, 당시 바울이 로마 세계에 전파한 기독교는 유대교의 민족주의와 지역주의의 편협성을 벗어나서 세상의 모든 백성에게 개방된 세계적인 종교였다. 당시 로마 세계도 선민사상으로 배타적이었던 민족주의적인 유대적 기독교the Jewish Christianity보다는 유대적인 특징들에서 자유하려는 바울의 이방적 기독교the Gentile Christianity를 더 선호할 수밖에 없었을 것이다.

이런 상황에서 마가는 초대 기독교가, 아니 자신의 신앙공동체가, 민족주의적이며 지역주의적인 한계를 뛰어넘어 탈유대화해야 하는 시대적 소명 앞에서 당연히 바울이 지향하는 방향을 따라 나갈 수밖에 없다고 생각했을 것이다. 바울이 보여주었던 이방 선교에 대한 열정과 50년대에 기록된 바울 서신들에 나타나는 이방인의 구원에 대한 관심이 70년경에 기록된 마가복음에서 그대로 이어지고 있는 것이다.

4. 반유대적 혹은 탈유대적 관심

주후 70년경에 유대 전쟁의 결과로 유대 나라는 쇠퇴했다. 더불어 예루살렘을 중심으로 영향력을 행사하던 유대 기독교도 함께 갑자기 실각 혹은 붕괴되었다. 이런 상황을 목도하면서 당시 많은 바울의 추종자들은 이방인의 사도였던 바울이 그토록 강조했던 점, 즉 기독교 신앙이 유대교의 뿌리와 지배에서 벗어나야 한다는 그 위대한 가르침을 더욱 강하게 상기했을 것이다. 더구나 당시 대다수의 이방인 출신 기독교인들은 자신들이 믿는 신앙이 그토록 미움과 멸시를 받는 유대인들에게서 유래되었다는 사실, 특히 자기들이 믿는 주님이 유대인이었다는 사실에 대해 매우 불편한 감정을 갖고 있었다. 마가는 이 점을 잘 이해하고 있었던 듯하다.[27] 이런 분위기가 마가복음 여기저기에서 여러 형태로 드러난다.

유대적인 것을 부정하고 거기에서 탈피하려는 경향 가운데서 대표적인 것은 유대교의 중심인 예루살렘 성전에 대한 비판과 저주이다. 이 점은 예수가 예루살렘 성전에 들어가 성전을 위해 제도화된 제사용

---

[27] S. G. F. Brandon, *Jesus and the Zealots*, p. 265.

제물들을 판매하는 일을 허락하지 않은 일(막 11:15-17)[28]에서 잘 드러난다. 흔히 이 이야기는 '예수의 성전 청소 이야기'란 형태로 읽히고 기억된다. 하지만 마가복음에서는 이 이야기가 열매를 맺지 못하는 무화과나무를 저주한 이야기와 맞물려서 이야기된다. 즉 예수가 열매를 맺지 못한 무화과나무를 저주했듯이 하나님이 원하시는 열매를 맺지 못하는 성전과 성전 제사 제도를 저주한 이야기로 읽혀야 한다는 것이 마가복음 연구가들의 일반적인 지적이다. 그래서 베르너 켈버Werner H. Kelber는 "무화과나무는 성전을 예증하며, 죽은 나무는 성전의 죽음을 상징한다"[29]라고 말한다.

예루살렘 성전에 대한 비판과 공격과 더불어 마가복음에서 성전 지도자들인 대제사장과 장로들과 서기관들에 대해서도 아주 부정적인 평가가 주어지고 있다는 점에도 주목해야 한다. 마가복음에서는 유대 종교 지도자들, 곧 성전 지도자들은 예수의 사역 초기부터 예수를 죽이려고 했고, 끝내 예수를 성전 모독죄(14:58)와 신성 모독죄(14:64)로 정죄하여 빌라도에게 넘겨 처형하게 했던 장본인들로 묘사된다. 로마의 총독 빌라도는 오히려 유대 종교 지도자들이 "예수를 시기하여 자기에게 넘겨준 줄을 알고"(15:10) 명절이 되면 백성들이 요구하는 대로 죄수 한 사람을 놓아주는 전례를 따라 예수를 놓아주려고도 했던 것으로

---

[28] 특히 마가복음 11:16에서 "아무나 물건을 가지고 성전 안으로 지나다님을 허락하지 않았다"라고 했을 때의 '물건'($\sigma\kappa\epsilon\tilde{\upsilon}o\varsigma$)은 히브리서 9:21($\tau\grave{\alpha}\ \sigma\kappa\epsilon\acute{\upsilon}\eta$)에서 알 수 있듯이 '제사용 그릇'들을 의미하는 것이기에, 베르너 케블러가 올바로 지적했듯이 이 구절은 "성전이 가지고 있는 상업적이며 종교적인 기능의 폐쇄"(the shutting down of the business and religious functions of the temple)를 뜻한다. Cf. Werner H. Kelber, *Mark's Story of Jesus* (Philadelphia: Fortress Press, 1979), p. 62.

[29] *Ibid.*, p. 62.

보인다. 그러나 바라바란 죄수를 놓아주고 예수를 십자가에 못 박으라고 백성들을 선동했던 사람들이 바로 대제사장들이었다(15:6-13). 이로써 마가는 예수의 십자가 죽음의 최종 책임을 로마의 총독으로부터 유대교 종교 지도자들에게로 분명히 돌리고 있다.

유대인들의 민족주의에서 탈피하려는 경향, 다른 말로 해서 유대적 기독교의 색채를 벗겨내려는 마가복음의 경향은 예수의 열두 제자에 대한 평가절하, 혹은 그들에 대한 비판과 공격에서도 드러난다. 유대교의 중심지인 예루살렘에서 시작된 초대 기독교회가 주로 유대인들로 구성된 유대적 기독교였고, 그곳의 최초 지도자들이 예수의 열두 제자였기에 예루살렘에서 멀리 떨어진 곳에서 살던 이방인들을 위해 기록된 마가복음에서 그들이 긍정적인 관점에서 소개되기는 쉽지 않았을 것이다. 더구나 로마에 끝까지 대항하며 싸웠던 유대인 열심 당원들에 대한 좋지 않은 기억을 갖고 있던 로마의 이방 기독교인들로서는 예루살렘에 뿌리를 두고 있는 유대 기독교와 그 지도자들에 대해 긍정적인 감정을 가질 수 없었을 것이다. 그래서 마가복음에서는 "예루살렘 교회 지도자들에 대한 반감의 분명한 조짐들"[30]이 드러난다.

따라서 마가복음에서는 예수의 열두 제자가 계속 아주 부정적이며 경멸적인 관점에서 묘사된다. 그들은 예수의 교훈과 그의 정체에 대해 깨닫지 못하는 우둔한 사람들이었고(4:13; 4:40-41; 6:52; 7:17-18; 8:17-21; 9:32 등), 베드로는 예수를 '그리스도=메시아'로 고백한 후 '사탄'이라고 책망 받았으며(8:31-33), 가룟 유다는 예수를 배반한 자(14:10-11), 베드로는 예수를 모른다고 부인한 자(14:66-72), 열두 제자는 예

---

[30]　*Ibid.*, p. 201.

수가 체포될 때 "모두 예수를 버리고 달아났던"(14:50) 자들이다. 마지막으로 마가는 그의 복음서 마지막에서 빈 무덤에 나타난 "흰옷 입은 청년"이 무덤을 찾은 여인들에게 "제자들과 베드로에게" 가서 예수가 부활했고, 그를 갈릴리에서 뵈올 것이라고 말했음에도 여인들은 "아무에게도 아무 말도 하지 못 했다"(16:8)라고, 그래서 결국 "제자들과 베드로"는 예수의 부활 소식을 전해 받지 못한 사람들이고 사도로서의 권위가 의심되는 자들이란 의미를 부각하며 그의 복음서를 끝맺는다.

테오도르 위든Th. J. Weeden은 이런 마가복음을 가리켜 '제자들에 대한 논쟁',31 '열두 제자에 대한 공격'32이라고 말한다. 브랜든은 거기서 더 나아가 베드로가 예수를 '그리스도=메시아'라고 유대인의 민족적이며 정치적인 의미로 고백한 것과 관련하여 예수에게 '사탄'이라고 꾸짖음을 당한 점 등을 토대로 열두 제자의 대표자에 해당하는 베드로에 대해서도 '아주 부정적이며 경멸적인 묘사'를 하는 등 '반베드로적 경향'을 보인다.33 이런 점들은 마가가 분명히 유대 기독교 지도자들에 대한 폄하와 비판의 의도를 반영하고 있는 것으로 보아야 마땅하다. 그리고 이런 점들은 역시 마가가 그의 복음서를 이방 기독교의 관점에서, 즉 '바울의 관점에서' 기록하고 있다고 생각할 때 가장 잘 이해될 수 있다.

31　Th. J. Weeden, *Mark-Traditions in Conflict* (Philadelphia: Fortress Press, 1971), p. 26.

32　*Ibid.*, p. 50.

33　"derogatory presentation of the Twelve Apostles, and particularly of Peter." Cf. Brandon, *Jesus and the Zealots*, 277. 브랜든은 마가가 소개하는 가이사랴 빌립보에서의 베드로 신앙고백을 가리켜 "a definite piece of anti-Petrine polemic"이라고 말하기도 했다. Cf. *The Fall of Jerusalem and the Christian Church*, p. 196.

마지막으로 마가복음의 유대적인 것에 대한 반대 경향은 마가복음에서 예수의 유대적 혈연의 뿌리인 친족들에 대한 부정적인 관점에서도 드러난다. 마가복음에서 예수의 가족들은 분명히 부정적으로 묘사된다.[34] 예수가 그의 고향 나사렛에서 배척받은 일(6:1-6), 예수의 친족들이 예수가 미쳤다고 생각하여 그를 붙들려고 했다는 언급(3:21), 예수의 모친과 형제자매들이 예수를 만나보고자 했을 때 예수가 "누구든지 하나님의 뜻을 행하는 자가 곧 내 형제요 자매요 어머니이다"(3:35)라고 말함으로써 혈연관계보다는 오히려 제자 관계나 영적인 관계가 더 중요하다고 말하고 있는 점 등에서 우리는 그런 부정적 관점을 읽을 수 있다. 이처럼 마가가 "혈연관계를 배격하고 제자 관계로 대치하는 것을 그토록 단정적으로 말하는 것은 정말로 놀라운 일이다."[35] "예수의 가족에 대한 이런 비방"은 "마가복음 저자가 갖고 있는 근본적인 반유대적 명제"[36]의 일부에 지나지 않는 것으로 보인다. 그러나 이것 역시 예수의 유대적인 뿌리를 드러내지 않으려는, 혹은 그것의 중요성을 폄하하려는 마가의 의도이고, 그것이 바로 바울이 그토록 강조했던 점이기도 하다.[37]

따라서 마가가 유대적인 것들, 즉 예루살렘, 성전 및 유대 종교 지도

---

[34] "obvious disparagement of the Lord's kinsfolk"(cf. Brandon, *The Fall of Jerusalem and the Christian Church*, 195); "defamation of the family of Jesus"(cf. Brandon, *Jesus and the Zealots*, 276); "harsh treatment of the··· Jesus' family"(cf. Telford, *The Theology of the Gospel of Mark*, pp. 28, 153.

[35] Brandon, *Jesus and the Zealots*, p. 275.

[36] *Ibid.*, p. 280.

[37] 바울은 예수 이외에 예수의 부모인 요셉이나 마리아, 또는 예수의 형제자매들에 대해 전혀 아무런 관심도 보이지 않는다. 예수의 탄생과 관련해서도 다만 "여인에게서 나게 하셨다"(갈 4:4)라고 언급할 정도이다.

자들 그리고 초기 예루살렘을 중심으로 발전하던 유대 기독교의 처음 지도자들인 열두 사도, 심지어 예수의 유대 뿌리인 예수의 친족들에 대해서까지 드러내는 부정적인 관점과 반감은 그가 이방인에 대해서 갖고 있는 긍정적이며 호의적인 관심의 또 다른 면이라고 보아도 좋을 것이다. 즉 마가의 반유대적 관점과 친이방적 관점은 동전의 양면과 같다는 말이다. 그리고 이런 마가의 관점은 분명히 주후 70년경 이후 이방 기독교의 관점에서 읽을 때 가장 잘 이해할 수 있다. 이와 관련하여 브랜든이 지적했던 다음과 같은 말이 우리에게 큰 도움이 된다: "일반적으로 이(마가의) 복음서는 주후 40년과 70년간의 암흑 기간tunnel period 동안에 막강한 권력과 영향력을 행사하면서 이방 선교를 저지하거나, 공동체 안에 이방인들을 받아들이는 문제와 관련하여 엄격한 규율을 정해놓기도 했던 유대 기독교를 향한 논박이다."[38] 바로 이런 점 때문에 우리는 마가복음이 바울의 영향 아래 있던 이방 기독교가 유대 기독교를 점차로 이겨나갔던 과정 초기에 나타난 문학적인 첫 단계[39]를 보여준다고 말할 수도 있다. 그리고 같은 맥락에서 우리는 마가복음이 "바울의 명성을 되살리는 첫 번째 징조"[40]가 되었을 것이라고 말할 수 있다. 분명히 마가는 바울이 걸었던 길을 따라갔던 사람이고 바울 신학의 옹호자였다.

---

[38] W. R. Telford, *The Theology of the Gospel of Mark*, p. 161에서 재인용.

[39] *Ibid.*, p. 163.

[40] Brandon, *The Fall of Jerusalem and the Christian Church*, p. 201. '바울의 명성 회복'은 누가의 문서, 특히 사도행전에서 더 분명히 드러났고, 그 이후 바울 서신들의 수집(the corpus Paulinum) 작업이 완성됨으로 마무리된 것으로 여겨진다.

06

마태와 바울

마태와 바울이 둘 다 초대교회 안에서 무시할 수 없는 중요한 인물이라는 점에 대해서는 이론의 여지가 없다. 무엇보다도 마태가 기록한 마태복음이나 바울이 기록한 그의 주요 서신들은 기독교의 경전인 신약성서 27권 가운데서 매우 중요한 문서들이다. 마태가 예수의 역사적 전승들을 근거로 기독교인들을 위한 대표적인 '신앙 교과서'(a textbook of the Christians)를 기록했다면, 바울은 예수의 교훈을 신학화하여 기독교의 교리의 기초를 수립한 사람이라고 볼 수도 있다. 그런데 울리히 루츠Ulrich Luz는 이런 마태와 바울을 두고 "마태와 바울은 비록 그들이 서로 상대방을 알았다고 하더라도 분명히 친밀한 우호 관계를 맺지는 않았을 것이다"라고 말한 바 있다.[1] 두 사람이 처해 있었던 그들의 역사

---

1   Ulrich Luz, *The Theology of the Gospel of Matthw* (New Testament Theology, Cambridge University Press, 1995), p. 148.

적 상황과 특히 두 사람 간의 신학적 차이가 너무나 크다는 사실을 잘 알고 있었기 때문이다. 이 장에서는 두 사람 간의 신학적 차이가 어떤 것들이고 또 그 차이가 어느 정도인지 그들이 남겨놓은 문서들을 통해 살펴보고자 한다.

마태와 바울을 비교하면서 두 사람의 신학적 차이가 무엇인지 알아보고자 할 때, 우선 우리는 바울의 서신들이 먼저 기록되었고, 마태복음이 아주 나중에 기록되었다는 점을 염두에 둘 필요가 있다. 바울의 주요 서신들은 주후 50년대에 그리고 마태복음은 주후 90년경에 기록되었다고 보는 것이 복음서 연구가들의 거의 일치된 견해이다. 마태와 바울 두 사람 간에 신학적 차이가 분명히 드러난다면, 이것은 초대 기독교의 역사적 발전 과정에서 나중에 기록된 마태복음이 먼저 나타난, 그래서 이미 널리 알려진 바울의 교훈에 대해 이의를 제기하거나 혹은 반대하는 견해를 밝히는 것으로 여겨도 좋다.

1. '율법'에 대한 상이한 관점

바울의 서신들은 이천 년 기독교 역사상 최초로 기록된 기독교 문서들이다. 기독교 신앙의 뿌리라고 말할 수도 있는 '유대교'의 율법에 대해 초대 기독교의 한편인 바울의 이방 기독교 쪽에서 어떤 태도를 보이고 있었는지 알려주는 최초의 문서라고 말할 수도 있다. 초대 기독교회를 구성하던 주류 멤버들의 대부분이 유대교인 출신들이었기에 그들에게 하나님이 모세를 통해서 그들에게 준 것으로 알고 있는 율법(Torah)은 아주 중요한, 결코 소홀히 다룰 수 없는 그들의 신앙과 생활을 위한 절대적인 규범이었다. 이런 점에서 초대교회는 유대교의 견해와 별다른 차이를 보이지 않았다. 그런데 바울 서신들을 보면 바울은 아주 달랐다. 우리는 바울에게서 그 당시 대부분의 유대인이 갖고 있던 율법에 대한 일반적인 이해와는 아주 상이한 견해를 만나게 된다. 유대인 출신으로, 그것도 "히브리인 중의 히브리인이요 율법으로는 바리새인이요… 율법의 의로는 흠이 없는 자"(빌 3:5-6)라고 자처하던 바울이 다른 유대인들과는 달리 율법에 대해 아주 다른, 그것도 매우 부정적인 태도를 보이기 때문이다.

바울에게 "율법은 우리를 그리스도에게로 인도하는 초등교사"[2](갈 3:24)일 뿐이다: "믿음이 오기 전에 우리는 율법 아래에 매인 바 되고 계시될 믿음의 때까지 갇혔느니라. 이와 같이 율법이 우리를 그리스도로 인도하는 초등교사가 되어 우리로 하여금 믿음으로 말미암아 의롭다 함을 얻게 하려 함이라. 믿음이 온 후로는 우리가 초등교사 아래에 있지 아니하도다"(갈 3:24-25). 바울에 따르면 이제 그리스도가 왔고 믿음의 때가 되었기 때문에 더 이상 율법 아래 매인 바 될 수 없다는 것이다. 바울은 이것을 로마서에서는 그리스도가 오심으로 인해서 이제 "그리스도는… 율법의 마침(end)이 되셨다"[3](롬 10:4)라고, 다른 말로

---

2 다른 영어 번역본들에 따르면, "율법은 아이를 학교 선생님의 집에 데려다주는 노예"(the slave who leads a child to the house of the schoolmaster; cf. *The Epistles of Paul*, by W. J. Conybeare); "그리스도를 위해 우리를 훈련시키는 가정교사"(a tutor to discipline us for Christ; cf. *The New Testament in Modern Speech*, by Richard Francis Weymouth); "율법은 우리가 그리스도의 학교에 가기까지 우리를 책임 맡은 엄격한 여자 가정교사와 같다"(the Law was like a strict governess in charge of us until we went to the school of Christ, cf. *The New Testament in Modern English* by J. B. Phillips).

3 영어의 다른 번역본들에 따르면 "그리스도는 율법을 종식시켰다"(Christ has superseded

하자면 예수가 오심으로써 율법은 끝장났고 믿는 자들은 더 이상 이제 "율법 아래에 있지 아니하고 은혜 아래 있다"(롬 6:14)라고 말한다. 더구나 바울은 율법이 주어진 목적 자체가 "약속된 후손이 오실 때까지 죄를 드러내시려고 덧붙여 주신 것"(새번역, 갈 3:19)이기에 "약속된 후손"인 그리스도가 오실 때까지만 한시적으로 필요하고 유효하다고 말한다. 더구나 "율법은 천사들을 통하여 중개자의 손을 거쳐 제정된 것"(갈 3:19)이라고 말함으로써, 즉 하나님이 직접 주신 것이 아니란 의미의 간접성을 언급함으로써 율법의 가치를 부정적으로 평가절하하고 있는 것으로도 보인다.

바울에 따르면 율법은 하나님에게 직접 받은 것이 아니라 "천사들을 통하여", "모세란 중재자를 통해" 주어진 것이며, 그리스도가 올 때까지 "초등교사의 역할"을 하는 한시적인 것인 데다가, "죄를 드러내려고 덧붙여 주신" 부수적인 것일 뿐, 적극적으로 우리의 구원을 위해 주신 것은 아니라는 의미에서 제한적이며 소극적인 역할을 할 뿐이다. 따라서 그리스도가 오신 이후에는 더 이상 율법이 필요하지도 않고, 율법의 지배 아래 있을 필요가 없다는 아주 부정적인 견해이기도 하다.

그러나 우리는 마태복음에 와서 율법에 대한 이런 바울의 주장과는 아주 다른 입장, 곧 전통적인 유대교의 율법관을 만나게 된다. 마태복음의 예수는 다음과 같이 주장한다: "내가 율법이나 선지자를 폐하러 온 줄로 생각하지 말라. 폐하러 온 것이 아니요 완전하게 하려 함이라. 진실로 너희에게 이르노니 천지가 없어지기 전에는 율법의 일점일획

---

the law, cf. *The New Testament in the Translation of Monsignor Ronald Knox*); "그리스도는 율법의 완성이다"(consummation of the Law, cf. *The New Testament in Modern Speech*, by Richard Francis Weymouth).

도 결코 없어지지 아니하고 다 이루리라"(마 5:17-18). 한 마디로 마태는 마치 "그리스도가… 율법의 마침(end)이 되셨다"(롬 10:4)라는 바울의 말을 직접 겨냥한 것처럼, 율법은 그리스도 오심으로 끝장난 것이 아니라 천지가 없어지기 전까지 계속 영구적으로 타당성을 갖는다고 강조한다. 또 마태는 외식하는 서기관과 바리새인들이 박하와 회향과 근채의 십일조는 드리면서 율법 가운데 가장 중요한 정의와 자비, 신의는 소홀히 한다고 지적하면서, 예수의 입을 빌려서 "이것도 해야 하지만 저것도 소홀히 해서는 안 된다"(마 23:23)라고 강조한다. 이것은 "율법의 일점일획도 결코 없어지지 않고 다 이루어질 것이다"라고 했던 말의 반복이며, 결국 율법의 철저한 이행을 명령하고 있는 셈이다.

더구나 마태는 예수의 입을 통해 "계명 중에 가장 작은 것 하나라도 어기거나 또 어기도록 가르치는 사람은 하늘나라에서 가장 작은 사람"(마 5:19)이라고 말함으로써, 마치 바울을 가리켜 율법 계명을 지키지 않아도 된다고 가르치는 사람이라고, 그래서 "하늘나라에서 가장 작은 사람"이라고 직접 바울을 비난하며 공격하는 것 같은 인상을 주기도 한다.[4] 이런 마태의 교훈들이 다른 복음서들에서는 전혀 찾아볼 수 없고 오직 마태복음에서만 읽을 수 있는 주장들이기 때문에 우리는 이런 말씀들이 마태만의 독특한 관점을 반영해주는 것이라고 생각하지 않을 수 없다.

---

4 고린도전서 15:9에서 바울은 자신을 가리켜 사도들 중에서 "지극히 작은 자"(the least)라고 말한 바 있다. 그런데 마태가 마태복음 5:19에서 똑같은 헬라어 표현을 사용하여 "누구든지 이 계명 중의 지극히 작은 것 하나라도 버리고 또 그같이 사람을 가르치는 자는 천국에서 지극히 작은 자(the least)라 일컬음을 받을 것이라"라고 말함으로써 바울을 암시하는 것으로 보인다.

바울의 경우에는 율법의 권위와 그 타당성 문제가 더 이상 핵심적인 관심사가 되지 않지만, 마태에게는 교회가 여전히 모세 율법의 영향 아래 있는 것으로 생각된다. 그리고 율법에 대한 입장과 관련하여 마태의 견해가 전통적인 유대교의 견해에 훨씬 가까운 반면에 바울의 견해는 전통적인 유대교 견해와의 좀 더 극단적인 단절을 보여준다는 결론이 우세하다.[5] 이처럼 율법에 관해 마태와 바울이 드러내는 이런 서로 다른, 아니 서로 상충되는 차이점은 두 사람이 신학적으로 얼마나 다른지를 보여주는 대표적인 사례 가운데 하나이다. 울리히 루츠가 말했던 것처럼, 만약 마태와 바울이 만났더라도 우호적인 친밀한 관계를 유지하기는 어려웠을 것이다.

2. 구원에 대한 상이한 관점

바울은 우리가 하나님 앞에서 의롭다 함을 얻고 구원을 받는 문제와 관련하여 자신의 견해를 다음과 같은 그의 교훈 가운데서 분명히 밝힌다: 우리 믿는 자들은 "그리스도 예수 안에 있는 구속으로 말미암아 하나님의 은혜로 값없이 의롭다 하심을 얻은 자 되었다"(롬 3:24), "사람이 의롭다 하심을 얻는 것은 율법의 행위에 있지 않고 믿음으로 되는 줄 우리가 인정하노라"(롬 3:28), "사람이 의롭게 되는 것이 율법의 행위로 말미암음이 아니요 오직 예수 그리스도를 믿음으로 말미암는 줄

---

[5] R. Mohrlang, *Matthew and Paul: a Comparison of Ethical Perspectives* (Cambridge University Press, 1984), pp. 42-47. Cf. R. T. France, *Matthew: Evangelist and Teacher*, p. 239.

알므로 우리가 그리스도 예수를 믿나니 이는 우리가 율법의 행위로가 아니고 그리스도를 믿음으로 의롭다 함을 얻으려 함이라. 율법의 행위로써는 의롭다 함을 얻을 육체가 없다"(갈 2:16).

이처럼 율법 문제에 대해서만 아니라 구원에 관해서도 바울은 마태와 큰 차이를 보인다. 바울은 인간이 '율법의 행함'으로 우리가 하나님 앞에 의롭다 함을 얻고 구원을 받는 것이 아니라, '오직 믿음'으로, 그리고 '값없이' 주시는 '하나님의 은혜'로 구원을 받는다고, 이른바 은총의 교리를 강조한다. 바울은 "너희는 은혜로 구원을 받은 것이라"(엡 2:5)고, "너희는 그 은혜에 의하여 믿음으로 말미암아 구원을 받았으니 이것은 너희에게서 난 것이 아니요 하나님의 선물이라. 행위에서 난 것이 아니니 이는 누구든지 자랑하지 못하게 함이라"(엡 2:8-9)라고 말한다. 이처럼 우리 인간의 구원과 관련하여 바울은 "은혜 가운데서 믿음을 통하여", "값없이" 받는 "선물"임을 강조하면서, 인간의 "행위" 특히 "율법의 행함"에선 난 것이 아니(갈 2:16)라고 말한다.

그런데 마태복음에서 우리는 바울의 것과는 아주 다른 교훈을 만나게 된다. 마태는 "너희 빛을 사람 앞에 비추어 사람들이 너희 착한 행실을 보고 하늘에 계신 너희 아버지께 영광을 돌리게 하라"(마 5:16)라고 그리고 또 "너희 의가 율법학자들과 바리새파 사람들의 의보다 낫지 못하면 결코 하늘나라에 들어가지 못할 것이다"(마 5:20)라고 말한다. 더구나 마태에 따르면 하늘나라에 들어갈 수 있는 사람은 입으로 "주여, 주여 하는 자"가 아니라 다만 "하늘에 계신 아버지의 뜻대로 행하는 자"(마 7:21)이다. 여기서 입으로만 주여 주여 하면서 아무런 행함이 없는 사람은 '오직 믿음만'을 내세우면서 도덕 폐기론이나 율법 무용론을 내세우는 것 같은 바울의 교훈을 추종하는 사람을 암시하는 것일 수도 있다. 또 마태가 사람은 '열매'로 알아볼 수 있다고 '열매'를 강조하는 것도[6] '행함'을 강조하기 위한 것에 지나지 않는 것으로 해석된다. 바울이 '오직 믿음'과 '값없이 주시는 하나님의 은총'을 강조하는 데 비해서 마태는 오히려 야고보와 마찬가지로 '행함'과 선행을 강조하는 셈이다.[7] 그래서 일반적으로 바울이 신약성서에서 '오직 믿음'을 강조하면서 '순수한 은총의 신학a theology of pure grace'을 옹호하는 대표적인 인물이라면, 마태는 신약성서에서 행함을 강조하면서 '공로의 의a rightousness of works'를, 즉 '행함의 신학a theology of deeds'을 옹호하는 대표적인 인물로 알려져 있다. 마태와 바울의 신학적 차이가 너무나 분명하다는 점을 다시 확인할 수 있다.

마태와 바울 간의 심오한 차이점은 '의義'(δικαιοσύνη)에 대한 그들의 이해에서 더 분명히 드러난다. 바울은 의를 그리스도 중심적Christo-centric으로 이해한다. 우리 인간들이 '하나님의 의'가 무엇인지를 깨닫게 되는 때는 곧 하나님께서 그리스도를 통해서 우리 인간에게 어떻게 행동하시는가를 경험할 때이다. 하나님께서 그리스도 안에서 그 자신의 의를 드러내셨다고 말하는 것은 그가 자신을 그리스도를 통해서 정의하신다는 것을 뜻한다. 그러나 마태는 의를 인간 중심적으로anthro-po-centric 이해한다. 즉 마태에게 의는 하나님께서 그의 사랑 가운데서 우리 인간들에게 요구하시는 내용이다. 의는 곧 예수의 제자들이 예수에게 가르침과 인도함을 받고 그와 더불어 살면서 마땅히 행하여야 할

---

6 마태는 "그들의 열매로 그들을 알 것이다"(you will know them by their fruits)란 말을 마태복음 7:16과 7:20에서 반복적으로 사용한다.
7 신약성서 27권 가운데 마태복음과 야고보서가 대표적인 유대 기독교의 산물이다. 그래서 마태복음과 야고보서에서 똑같이 '행함'이 강조된다.

딕목이다.

게오르그 스트레커Georg Strecker에 따르면 마태의 경우 헬라어 '디카이오쉬네δικαιοσύνη'가 윤리적인 자질이고 생활 방법이라는 점에서, '디카이오쉬네'를 하나님의 구원 행동으로 보고 있는 바울의 용법을 근거로 해석되어서는 안 된다고 말한다. 마태에게 '디카이오쉬네'는 인간에 대한 요구이지 하나님으로부터의 은사는 아니다.[8] 로저 모랑Roger Mohrlang도 마태와 바울의 '의' 개념 차이를 비교하면서 결론짓기를, 마태에게 '디카이오쉬네'는 존재와 행동을 포함한다. '디카이오쉬네'는 내적인 동기이고 외적인 성취의 문제이기도 하다. 그러나 율법의 가장 심오한 의도에 대한 철저하고도 결단력 있는 복종을 내포하는 철저히 윤리적인 개념이지, 바울의 경우처럼 법정적인 구원론적 용어는 아니다.[9] 이런 분명한 차이점들 때문에 울리히 루츠Ulrich Luz는 다음과 같이 말한다: "요약컨대 나는 마태와 바울 사이에는 심오한 갈등이, 아마도 심연abyss이 있음을 보게 된다. 그들은 동일한 예수 그리스도에게서 나왔으나 그를 아주 다른 방법으로 해석한다."[10]

---

[8] G. Strecker, *Der Weg der Gerechtighkeit: Untersuchung zur Teheologie des Matthaeus* (Goettingen: Vandenhoeck & Ruprecht, 1971), pp. 149-158, 179-181, 187; Cf. R. T. France, *Matthew: Evangelist and Teacher* (London: The Pternoster Press, 1992), p. 266에서 재인용.

[9] R. Mohrlang, *Matthew and Paul: A Comparison of Ethical Perspectives* (Cambridge: Cambridge University press, 1984), pp. 45, 98-99.

[10] Ulrich Luz, *The Theology of the Gospel of Matthew*, p. 149.

3. 이방인 선교에 대한 상이한 관점

율법의 타당성에 대한 문제와 믿음이냐 행함이냐 하는 문제 이외에도
마태와 바울은 이방인 혹은 이방 선교와 관련해서도 큰 차이를 보인다.
바울은 "난 지 팔 일 만에 할례를 받았고, 이스라엘 민족으로서 베냐민
지파에서 태어났고, 히브리 사람 중의 히브리 사람이며 율법에 있어서
는 바리새파 사람이었고, 열심에 있어서는 교회를 박해한 자며, 율법
의 의에 있어서는 흠 없는 사람"(빌 3:5-6)이었다. 그런데 그는 다메섹
도상에서 부활하신 그리스도를 만나 개종하면서 하나님에게 "내가 너
를 멀리 이방인에게로 보내리라"(행 22:21) 하는 소명을 들은 사람이었
다. 부활하신 주님께서는 바울을 두고 "이 사람은 내 이름을 이방인과
임금들과 이스라엘 자손들에게 전하기 위하여 택한 나의 그릇이라"(행
9:15)라고 말한 바 있기도 하다.

유대교에서 개종하여 새로운 소명을 받은 바울은 이방인에 대해서
그리고 또 이방인 선교에 대해서 아주 적극적인 태도를 보인다. "베드
로를 할례자의 사도로 삼으신 이가 또한 내게 역사하사 나를 이방인의
사도로 삼으셨다"(갈 2:8)라고 주장하면서, 하나님은 유대 사람만의 하
나님이 아니라 이방 사람의 하나님도 되신다(롬 3:29)고, "유대인이나
헬라인이나 차별이 없다"(롬 10:12; cf. 갈 3:28)고, "주께서는 모든 사람
의 주가 되신다"고, 그래서 "누구든지 주의 이름을 부르는 자는 구원을
받으리라"라고 말한다(롬 10:12-13). 또 바울은 "내가 내 백성 아닌 자
를 내 백성이라, 사랑하지 아니한 자를 사랑한 자라 부르리라"(롬 9:25)
라는 호세아서의 말을 인용하는 가운데 이방인들도 이제는 하나님의
사랑을 받는 하나님의 백성이라고 강조한다. 당시 보통의 유대인에게

는 결코 기대하기 어려운 놀라운 주장이다.

유대인 바울이 이런 관점을 갖도록 바뀌게 된 배경에는 다메섹에서의 회심과 개종 경험이 큰 영향을 미쳤을 것이다. 백성이 아닌 자를 내 백성이라고, 사랑하지 아니한 자를 사랑한 자라고 부르시는(롬 9:25) 하나님을 새롭게 만날 수 있게 되었기 때문이다. 주님을 핍박하고(행 9:4) 교회를 박해했던(갈 1:13; 빌 4:6) 자신을 불러 "이방인의 사도로 삼으신"(갈 2:8) 하나님의 은혜와 섭리를 직접 경험하게 되었다. 아울러 이방인들에 대한 하나님의 사랑과 관심을 다시 깨닫게 되었다. 하나님은 진정 '모든 사람의 주'가 되셔서 "유대인이나 헬라인에 차별을 두지 않으시는 분"(롬 10:12)이라는 사실을 알게 된 것이다. 결국 바울은 다메섹 도상에서의 경험을 통해서 '그리스도를 박해하던 바리새인'에서 '그리스도를 전파하는 이방인의 사도'로, 즉 새로운 관점과 시각을 갖게 된 '새 사람'으로 거듭나게 된 셈이다. 바로 이런 점에서 울리히 루츠가 "바울의 신학은 그의 자서전을 떠나서는 이해할 수 없을 것이다"[11] 라고 말한 것은 중요한 지적이다. 이처럼 바울은 다메섹 도상의 경험을 통해 '이방인의 사도'로 다시 태어나 이제 "헬라인이나 야만인이나 지혜 있는 자나 어리석은 자에게 다 내가 빚진 자"(롬 1:14)라고 자신의 소명을 고백하며 이방 선교에 헌신하는 사람이 되었다. 비록 "먼저는 유대인에게요 다음은 헬라인에게"(롬 1:16)라고 유대인에 대한 우선권을 인정하면서도 말이다.

이방인들과 이방 선교에 대한 바울의 이런 관심과 관점은 제2 바울

---

11 "his theology cannot be understood apart from his biography." Cf. Ulrich Luz, *The Theology of the Gospel of Matthew*, p. 149.

서신으로 알려진 에베소서[12]에 나오는 다음과 같은 말씀들에서도 잘 드러난다.

"이방인들이 복음으로 말미암아 그리스도 예수 안에서 함께 후사가 되고 함께 지체가 되고 함께 약속에 참여하는 자가 됨이라"(엡 3:6).
"그는 우리의 화평이신지라 둘로 하나를 만드사 원수 된 것, 곧 중간에 막힌 담을 자기 육체로 허시고 조문들로 된 계명의 율법을 폐하셨으니 이는 이 둘로 자기 안에서 한 새 사람을 지어 화평하게 하시고, 또 십자가로 이 둘을 한 몸으로 하나님과 화목하게 하려 하심이라"(엡 2:14).

그런데 우리는 바울의 서신들보다 훨씬 뒤에 기록된 마태복음에서 바울과는 아주 다른 교훈을 만나게 된다. 예수 당시와 1세기에 팔레스틴에서는 "유대인으로서 이방인과 교제하며 가까이 하는 것이 위법"(cf. 행 10:28)이었다. 그래서 "유대인이 사마리아인과 상종하지 아니하였다"[13](요 4:9)는 점을 고려할 때 마태복음에서 철저한 '유대적 민족주의the Jewish particularism'와 함께 이방인들에 대한 강력한 배타주의가 강하게 드러나는 것은 오히려 당연한 일이었다. 실제로 마태복음 10장 5-6절을 보면, 마태복음의 예수는 열두 제자를 사도로 택한 후에 그들을 전도 파송하면서 그들에게 이방인에 대한 선교는 물론 이방인과의

12　에베소서와 골로새서 등은 바울이 직접 기록한 문서가 아니라 후에 바울의 추종자들 혹은 바울의 제자들이 기록한 문서란 의미에서 'the second Pauline Epistles' 혹은 'the post-Pauline Epistles'라고 불린다.

13　헬라어 원문의 본래 의미는 The New English Bible(NEB)이 올바로 번역했듯이 "Jews and Samaritans… do not use vessels in common"(유대인과 사마리아인들은… 같은 그릇을 함께 사용하지 않았다)이다.

접촉도 금지한다: "이방인의 길로도 가지 말고 사마리아인의 도시에노 들어가지 말고 오히려 이스라엘 집의 잃어버린 양에게로 가라"(마 10: 5-6)라고 명령한다.

그뿐만 아니라 마태복음의 예수는 자신이 이스라엘만을 위해 보냄을 받았지 이방인을 위해 보냄을 받은 것이 아니라고 말한다. 예를 들어 마태복음 15장 24절을 보면, 예수는 자신을 찾아와 도움을 요청하는 이방인 가나안 여인을 향해서 "나는 이스라엘 집의 잃어버린 양 외에는 다른 데로 보내심을 받지 아니하였노라"라고 말하면서, "자녀의 떡을 취하여 개들에게 던짐이 마땅하지 아니하니라"(마 15:26)라는 모욕적인 말까지 덧붙인다. 이 말은 마치 마태복음의 예수가 "거룩한 것을 개들에게 주지 말고 진주를 돼지에게 던지지 말라"(마 7:6)라고 말한 것을 떠오르게 한다. 유대인들에게 '개'와 '돼지'가 흔히 이방인들을 지칭하는 말이었다면, 이 구절의 말씀은 "이방인들을 위한 복음 전도를 금지하는 유대 기독교인의 명령으로 해석될 수 있다."[14]

또한 마태복음의 예수는 제자들을 향해서 "내가 진정으로 너희에게 말한다. 너희가 이스라엘의 도시를 다 다니기 전에 인자가 올 것이다"(마 10:23), "내가 진정으로 너희에게 말한다. 새 세상에서 인자가 영광스런 자기의 보좌에 앉을 때에 나를 따른 너희도 열두 보좌에 앉아 이스라엘 열두 지파를 심판할 것이다"(마 19:28)라고 말한다. 이런 예수의 말씀들은 제자들의 복음 전도 활동의 범위가 '이스라엘의 도시들'과 '이스라엘의 열두 지파'에만 한정된 것 같은 인상을 준다. 그런데 이런 예

---

[14] Cf. W. F. Albright and C. S. Mann, *Matthew* (The Anchor Bible, New York: Doubleday, 1981), p. 84; E. Schweizer, *The Good News According to Matthew* (Atlanta: John Knox Press, 1975), pp. 169-170.

수의 말씀들이 오직 마태복음에서만 나타난다는 점에서, 오로지 마태복음 저자 자신의 유대적 관점을 반영하는 것으로 보아야 마땅할 것이다. 초대교회의 한편에서 바울이 이방인과 그들에 대한 선교 활동을 강조하는 것과는 확연한 차이를 보이는 지점이다.

4. 유대교와의 관계에 대한 상이한 관점

마태와 바울은 유대교를 바라보는 관점에서도 큰 차이를 드러낸다. 바울에게 실제의 유대교(갈 1:13-14)는 기독교 신앙과 날카롭게 대립되는 종교이다. 한 마디로 유대교는 율법에 기초한 종교, 따라서 행함과 공로의 원리에 지배되는 종교이다. 그리고 그런 원리에서 본다면 율법이 요구하는 것을 다 지키는 사람만이 의인이며 살 수 있다(레 18:5; cf. 갈 3:10-12, 롬 10:5). 이 행함의 원리, 곧 공로의 원리는 믿음으로 오는 의義, 곧 항상 우리 가까이 있는 이 의를 은혜로 받아들이는 사람만이 산다는 원리(롬 10:5-8)와는 완전히 대립된다. 그리스도는 인간을 공로의 원리에서 해방시켰다. 따라서 바울은 유대교에서 기독교로 통하는 길에는 분명한 단절이 있다고 여겼다. 그래서 과거 유대교인 시절에 그에게 값지다고 생각되었던 것들이 이제 기독교인이 되어서는 모두 배설물로 생각되었다(빌 3:7-9). 결국 바울에게 유대교와 기독교는 "근본적으로 서로 다르고 서로 반대되는 두 개의 원리"[15]일 뿐이다.

그러나 마태의 생각은 아주 다르다. 그는 유대교와 기독교 간에 어

---

[15] Ulrich Luz, *The Theology of the Gospel of Matthew*, p. 148.

떤 괴리가 있다고 생각하지 않는다. 그는 다른 유대교 그룹들과의 논쟁, 특히 바리새인들과의 논쟁 가운데서 누가 참 이스라엘인가를 두고 논쟁하는 것으로 여긴다. 마태 공동체는 자기들이 참 이스라엘임을 주장하는 유대인 그룹이라는 자기 이해를 갖고 있었다. 마태 공동체는 결코 자신들을 바울의 교회들이 그러했던 것처럼 이스라엘과 완전히 구별된 새로운 실체로, 즉 유대인과 이방인 모두를 포함하는 그리스도의 몸으로 생각하지 않았다. 결과적으로 마태에게는 유대교 신앙과 기독교 신앙 사이에, 성서와 그리스도 사이에, 혹은 율법과 복음 사이에 근본적인 단절이 있는 것이 아니었다. 다만 예수의 가르침대로 행하지 않는 이스라엘 지도자들과의 사이에 갈등과 괴리가 있을 뿐이다.

바울과 마태 간의 이런 분명한 차이들을 두고 울리히 루츠는 바울과 마태, "그들이 같은 예수 그리스도에게서 나왔지만, 그를 아주 다른 방법으로 해석하고 있다"라고 말하면서, "마태와 바울 사이에는 심오한 긴장, 아마도 심연"이 있다고 결론짓는다.[16]

5. 바울과 마태가 처해 있던 '삶의 자리'(Sitz-im-Leben)

마태와 바울 간의 이 같은 차이와 갈등은 도대체 어디에서 오는 것일까? 물론 두 사람에게 영향을 준 전승들이 아주 다르다. 마태의 경우, 그것은 예수 전승이다. 즉 마태에게 영향을 준 것은 예수, 그의 이야기 그리고 그의 가르침이다. 그런데 바울의 경우 그의 신학적 사고의 근거

---

[16]   Ulrich Luz, *Ibid.*, p. 149.

를 이루는 것은 예수의 십자가와 부활이다. 더 나아가 무엇보다도 두 사람의 개인적인 경험이 아주 다르다. 우리가 잘 알고 있듯이, 바울의 경우 그의 신학을 그의 생애와 구분해서 이해할 수 없다. 다메섹 도상에서의 경험은 그의 신학 전체에 큰 흔적을 남겼다. 바울에게 그리스도는 유대인으로서의 자신의 과거 생애가 도대체 무엇이었는지 묻게 만든 아주 새로운 것이었다. 그러한 개인적인 경험에서 나왔기 때문에 그의 신학은 '아주 개인적인 신학'이라고 말할 수 있다. 바울은 거듭해서 자신이 어떻게 기독교인이 되었는지 그의 신학 가운데서 상세히 설명한다.

그러나 다른 한편으로 마태에 대한 우리의 지식이 좀 제한되어서 완전하지는 않지만, 그의 복음서는 결코 개인적인 경험에 의해 제한받고 있는 것이 아니라 오히려 그의 공동체의 경험들에 영향을 받고 있다. 그는 자신의 유대교 신앙과의 단절을 결코 느끼지 않았다. 마태 신학은 예수를 받아들이지 않으려는 다른 유대인들과의 논쟁과 그들의 증오심으로 유발되었으며, 그의 공동체의 경험, 즉 믿음이 점차로 약화되는 것, 용기를 가지고 기도하지 못하는 것 그리고 의의 길에서 뒷걸음치는 것 등에 의해 유발되기도 했다. 마태의 끊임없는 관심은 어떻게 참된 기독교인으로 남느냐는 것이지 바울의 경우처럼 어떻게 기독교인이 되느냐가 아니었다. 따라서 마태는 바울의 경우보다 더 '공동체의 신학자'[17]라고 말할 수 있을 것이다.

결국 마태와 바울의 신학은 그들의 삶, 그들의 경험, 그들의 생애와 그들이 처해 있었던 상황에서 나온 것이다. 이런 의미에서 그들의 신학

---

[17] *Ibid.*, p. 150.

은 결국 상황적인 신학ᵃ contextual theology이라고 말할 수도 있을 것이다. 이것을 달리 바울이 이방 기독교의 대표자인 데 비해서, 마태는 유대 기독교의 수호자였다는 관점에서 두 사람의 차이를 이해할 수도 있다. 바울이 주로 상대했던 대상 그리고 그의 서신들의 주요 독자들은 아직 복음을 전해 받지 못한 이방인들이거나 혹은 이방 땅에서 그리스도를 믿기 시작한 이방인들이었다. 반면에 마태가 마태복음을 기록할 때 염두에 두었던 대상자들은 주로 유대교 전통 안에서 자라왔던 유대인 출신 기독교인들이었다. 무할례자들을 대상으로 복음을 전하는 이방인의 사도인 바울과 주로 할례자들을 대상으로 '기독교인들을 위한 신앙 교과서'를 기록하는 마태에게서 똑같은 교훈이나 설교를 기대하기는 어려울 수밖에 없을 것이다. 마태는 1세기 말경 초대 기독교 안에서 이방 기독교를 통해 바울의 영향력이 너무 강화되고, 그가 마치 초대 기독교의 대표적인 대변자처럼 인식되는 것에 대한 반발의 일환으로, 유대 기독교의 입장에서 바울보다는 오히려 베드로가 더 중요한 사도임을[18] 그리고 예수의 전승을 토대로 바울의 교훈을 반박하면서 억제하려고 했던 것으로 보인다.[19]

---

[18] 마태는 열두 제자의 명단을 소개하면서 다른 복음서들의 경우와 달리 베드로의 이름 앞에 'protos'(first)란 단어를 첨가하여(마 10:2) 베드로의 우위성(the primacy of Peter)을 강조했다. 또 가이사랴 빌립보에서 베드로가 신앙고백을 했을 때 예수가 베드로를 축복하고 그에게 "교회의 반석"이라고 말하면서 천국 열쇠를 맡겼다고 전함으로써(마 16:17-19) 베드로가 가장 중요한 사도(the apostle par excellence)임을 강조한다. 마태의 이런 기록들은 마태가 바울을 의식하고 그를 폄하하기 위한 목적이었다고 생각할 때 가장 잘 이해될 수 있다.

[19] 마태복음의 기록 목적이 반바울주의(the anti-Paulinism)이라는 주장이나 그 주제에 대한 논란을 위해서는 W. D. Davies, *The Setting of the Sermon on the Mount* (Cambridge: Cambridge University Press, 1977), pp. 316-340과 S. G. F. Brandon,

　그러나 나중에 정경화 과정에서 초대교회 지도자들이 바울의 서신들과 함께 마태복음을 각각 '기독교의 성서'로 받아들이기로 확정했다. 이는 오히려 두 사람 간에 차이기 존재했지만 두 사람의 서로 다른 주장과 교훈이 모두 중요하고 필요했다는 것을 반증해주는 셈이다. 이렇게 볼 때 마태와 바울 간에는 오히려 유익하고도 생산적인 갈등이 있었다고 보는 것이 옳을 것이다. 비록 그들이 서로 가까운 친구가 될 수는 없었다고 할지라도 그들은 서로 정반대의 입장에 서 있는 대적자들도 아니었고, 오히려 같은 기독교의 복음을 서로 다른 관점에서 증거하는 사람들이었기 때문이다. 그들은 다만 서로 다른 기독교 공동체를 배경으로 그리고 서로 다른 신앙 전통에 속해 있는 기독교인들을 위해서 그리스도의 복음을 증거하며 해석했을 것이다. 따라서 우리로서는 그들이 각자 그들의 능력과 형편에 따라 서로 상대방의 약점을 지적함으로써 오히려 상대방을 보충해주고 보완해준다고 여기는 것이 옳을 것이다.

The Fall of Jerusalem and the Christian Church, pp. 231-236 등을 참조할 수 있다.

누가와 바울

1. 누가와 바울의 중요성

누가와 바울과 관련하여 우리가 먼저 주목해야 할 점은 '신약성서'라는 기독교의 정경 형성과 관련하여 누가와 바울, 이 두 사람이 분량적으로 가장 큰 공헌을 한 인물들이란 사실이다. 누가는 신약 27권 중 오직 누가복음과 사도행전 2권을 기록지만 그 양이 신약성서 전체의 거의 4분의 1 이상에 달한다. 프레드릭 그랜트Frederick. C. Grant는 미국 개역표준판(RSV) 신약성서 전체 총 552쪽 중에서 '누가 문서'(누가복음 78쪽과 사도행전 71쪽)가 도합 149쪽으로 "신약성서 중 가장 큰 작품"이고 "대략 신약성서 전체의 27%를 구성한다"라고 분석한다.[1] 반면에 바울이 기

---

[1] Cf. F. C. Grant, *The Gospels: Their Origin and Their Growth* (London: Faber and Faber, 1957), p. 127. 다른 한편으로 닐 리처드슨(Neil Richardson)은 "누가복음과 사도행전을 기록한 사람인 누가는 신약성서의 4분의 1 이상을 기록하였다"라고 말했으며

록한 것으로 알려진 이른바 '바울 서신들'은 신약 27권 중 13권이나 되며, 이것은 미국 개역표준판(RSV) 신약성서 총 552쪽 중 121쪽에 해당한다.[2] 그래서 '누가 문서'와 '바울 서신들'을 다 합치면 신약성서의 거의 절반에 가깝다. 이런 점을 염두에 둔다면 우리로서는 '누가 문서'와 '바울 서신들'이 없는 신약성서를 생각하기 어렵다. 이것은 누가와 바울이 그만큼 신약성서 정경 형성에 가장 큰 공헌을 한 인물들이고 따라서 결코 무시해서는 안 될 인물들이란 점을 뒷받침해준다.

그러나 이와 같은 신약성서에 대한 분량적 공헌 이외에 바울과 누가가 팔레스틴에서 주로 유대인들 가운데서 시작된 '유대적 기독교'를 오늘날의 '세계적 기독교'로 발전시키는 데 공헌한 주요 인물들이란 점에도 주목할 필요가 있다. 바울과 누가가 그들의 문서들에서 보여준 강력한 '이방인 선교'에 대한 관심이 아니었다면 우리는 오늘의 기독교를 만나지 못했을지도 모르기 때문이다. 이것이 바로 바울과 누가에 특별히 주목해야 할 이유이기도 하다.

(*The Panorama of Luke*, London: Epworth Press, 1982, p. 1), 도널드 주엘(Donald Juel)은 "누가복음과 사도행전이 신약성서 전체 구절의 거의 4분의 1을 포함한다"라고 말하기도 했다(*Luke-Acts: The Promise of History*, Atlanta: John Knox, 1987, p. 1).

2 바울의 이름으로 기록된 13권의 '바울 서신' 중 '목회 서신'으로 알려진 디모데전후서와 디도서, 에베소서와 골로새서, 데살로니가후서는 '제2 바울 서신'(the Deutero-Pauline Epistles) 혹은 '후기 바울 서신'(the post-Pauline Epistles)으로 분류되어 바울 자신의 저작이기보다는 도리어 바울의 제자들 혹은 추종자들이 기록한 것으로 간주된다.

2. 누가와 바울의 개인적인 연관성

누가와 바울은 개인적으로 서로 아주 밀접한 연관을 맺고 있었던 듯하다. 바울 자신이 그의 서신들 가운데서 구체적으로 '누가'란 이름을 직접 세 번이나 거론한 사실에서 그 점을 확인할 수 있다. 첫 번째로 바울은 빌레몬서 24절에서 마가와 아리스다고와 데마와 함께 누가를 언급하면서 "나의 동역자들"("οἱ συνεργοί μου", "my co-workers")이라고 말한다. 우리는 이 구절을 통해서 누가가 바울의 '동역자' 가운데 한 사람이었다는 것을 알 수 있다. 두 번째로 바울은 골로새서 4장 14절에서 누가를 가리켜 "사랑받는 의사"("ὁ ἰατρὸς ὁ ἀγαπητὸς", "the beloved physician")라고 언급했다. 특히 누가에게 '사랑받는'이란 수식어를 붙인 사실을 통해 우리는 바울이 누가를 아주 호의적으로 생각했다는 것을 알 수 있다. 세 번째로 바울은 디모데후서 4장 11절에서 "누가만이 나와 함께 있느니라"라고 언급한다. 그런데 특히 누가의 이름을 거론한 디모데후서 4장 9-11절에서, 바울이 "사랑하는 아들 디모데에게"(딤후 1:2) 편지하면서 마지막 부분에서 "너는 어서 속히 내게 오라. 데마는 이 세상을 사랑하여 나를 버리고 데살로니가로 갔고, 그레스게는 갈라디아로, 디도는 달마디아로 갔고, 누가만 나와 함께 있다"라고 기록한 사실에 주목할 필요가 있다. 바울은 생애 마지막 순간에 함께 동역하던 사람들이 하나씩 자기를 버리고 떠나갔지만 "누가만이 나와 함께 있다"라고 언급한다. 이처럼 누가는 다른 사람들과 달리 바울의 마지막 순간까지 바울을 버리거나 떠나지 않고 그의 곁에 함께 있었다. 그래서 바울도 누가의 그런 점을 높이 평가한다.

이런 누가를 두고 초대 교부 중의 한 사람인 이레네우스Irenaeus는 이미 사도행전에 나오는, 이른바 '우리 항목들We-sectios'[3]을 근거로 "누가는 바울의 동행자로… 바울이 전파한 복음을 책에 기록하였다"(Adv. haer. 3.1,1)라고 언급한 바 있고, 그래서 그는 "이 누가는 바울과 분리될 수 없다"(Adv.haer. 3.14,1)라고 말하면서 누가와 바울이 아주 밀접했다는 것을 시사한 바 있다.

물론 최근에 와서 조셉 피츠마이어J. Fitzmyer도 누가가 바울의 '동반자 혹은 협력자'[4]였다는 점을 인정한다. 그러나 피츠마이어는 누가가 '바울의 동반자요 협력자'이기는 했지만, '한때sometime'란 단서를 붙인다. 누가가 바울의 사역에 처음부터 끝까지 늘 함께했던 것은 아니라는 의미에서다. 그래서 이레네우스가 말한 '불가분리inseparable'의 관계라는 말에 어느 정도 이견을 드러내고 있는 것이다. 누가가 기록한 사도행전의 '우리 항목들'을 주의 깊게 살펴보면, 누가가 바울의 전도 여행에 항상 동행했던 것이 아닌 것으로 여겨지는 대목들이 발견되기 때문이다. 특히 두 번째 '우리 항목'인 사도행전 20장 5-15절을 보면 바울과 누가는 배로 빌립보를 떠나 드로아로 향했고 이어서 앗소스, 키오스, 사모스, 밀레도 등으로 계속 여행했다는 기록이 나온다. 하지만 문제는 빌립보에서 끝나는 첫 번째 '우리 항목'(행 16:10-17)과 빌립보에서 다시 시작하는 두 번째 '우리 항목'(행 20:5-15) 사이에서 누가에 대한 언급을 전혀 찾아볼 수 없다. 이 시기에 누가는 과연 어디에 있었는

---

[3] 사도행전의 저자인 누가가 바울의 전도 여행을 기록하면서 문장의 주어를 '우리'라고 표기함으로써 자신이 바울과 함께 여행하고 있다는 것을 반영하는 본문들을(16:1-17; 20:5-15; 21:1-18; 27:1-28:16) 가리키는 용어이다.

[4] Joseph A. Fitzmyer, *Luke The Theologian: Aspects of His Teaching* (New York: Paulist Press, 1989), p. 2.

가 하는 의문을 제기할 수밖에 없다.

이레네우스가 말했던 것처럼 누가가 계속 바울의 동행자 혹은 동역자였다고 생각할 수도 있지만, 사도행전의 이 본문들에서는 그런 일반적인 생각과는 다른 점이 드러난다. 두 번째 본문은 바울이 이른바 그의 세 번째 선교 여행을 끝내고 예루살렘으로 돌아가는 이야기를 전해 주는데, 만일 두 번째 선교 여행 중반과 세 번째 여행 마지막 사이에서 누가가 전혀 등장하지 않는 점으로 미루어 볼 때, 그때는 누가가 바울과 함께 있지 않았고 결국 빌립보나 마게도니아에서는 누가가 바울과 함께 동행하지 않았다는 것을 의미할 수도 있다는 것이 피츠마이어의 주장이다. 그의 지적이 사실이라면 누가가 바울 전도 여행의 후반기 아주 중요한 시기에는 바울과 함께하지 않았던 것으로 추측되는 셈이다. 바울이 세 번째 선교 여행을 끝내고 예루살렘으로 돌아왔을 때에도 누가는 동행자도 동역자도 아니었다는 말이다. 바울이 그의 세 번째 선교 여행을 마치고 예루살렘으로 돌아온 시기는 주후 58년 늦은 봄이었을 것으로 추산할 수 있다. 그런데 주후 50년에서 58년 동안의 기간은 바울이 그의 유대주의적 적대자들 및 고린도의 카리스마적인 분열주의자들과 맞서 싸우던 그리고 그의 중요한 서신들 대부분을 기록한 시기였다. 그런데 이 중요한 시기에 바울의 곁에 누가가 함께하지 않았던 것으로 보인다. 바로 이런 점 때문에 피츠마이어가 누가를 가리켜 "한때 바울의 협력자"[5]였다고 말한 것이 옳을 수도 있다.

그러나 바울의 전도 여행 도중에 한동안 '우리'란 말이 나오지 않는 점을 근거로 그동안에는 누가가 바울과 동행하지 않았다고, 그래서 누

---

5 *Ibid.*, p. 2.

가가 계속 늘 바울과 함께했던 것이 아니라고, 따라서 누가는 바울의 '한때의 협력자'였을 뿐이라고 말하는 피츠마이어의 주장을 그대로 받아들이기는 어렵다. 누가가 바울과 함께 떠났던 전도 여행(We-sections) 도중에 잠시나마 '우리'라는 언급이 나오지 않는 이유가 무엇인지 확실히 알 수 없는 상태에서 그 기간 동안에는 누가가 바울과 함께하지 않았다고 가정하거나 단정할 수도 없기 때문이다. 우리가 모르는 다른 이유 때문에 '우리'란 표현이 나타나지 않은 것일 수도 있지 않겠는가 말이다. 따라서 오히려 바울이 다른 동역자들이 자기를 떠나 다른 곳으로 가버렸지만 자기 생애 마지막까지 "누가만이 나와 함께 있느니라"라고 말했던 점에 더 주목할 필요가 있다. 누가는 끝까지 바울 곁을 떠나지 않고 지켰던 "바울의 동역자요 협력자"였다고 여기는 것이 더 타당할 것이다.

3. 바울을 기독교의 대표적인 사도로 부각시킨 누가

누가가 누가복음에 이어 사도행전을 기록한 주요 목적 가운데 하나가 바울을 기독교의 가장 위대한 사도로 변증하려는 데 있다는 지적이 제기된 바 있다.[6] 아마도 이런 주장을 펼친 대표적인 학자로 브랜든S. G.

---

[6] "the interest in Paul which Acts either created or stimulated was the cause of its formation." Cf. Brandon, *The fall of Jerusalem and the Christian church*, p. 213. 브랜든은 이런 주장을 뒷받침하는 다른 학자들을 다음과 같이 소개한다. Goodspeed, *New Solutions to New Testament Problem*, 1. seq., *An Introduction to the New Testament*, p. 215; K. and S. Lake, *Introduction to the New Testament*, pp. 96-101.

F. Brandon과 트로크메E. Trocme를 들 수 있을 것이다. 누가가 기록한 '누가 문서Luke-Acts'의 중요한 특징은 전편인 누가복음을 통해서는 예수가 주로 유대인들을 위해 복음을 전도했던 것을 기록한 데 이어서, 그 속편인 사도행전을 통해서는 예수의 제자들에 의해서 "온 유대와 사마리아와 땅끝까지 이르러" 복음이 이방 땅으로 전파되는 과정을 소개한다. 누가는 사도행전의 전반부에서는 유대 기독교의 대표적인 사도인 베드로의 사역(1-12장)을, 후반부에서는 이방 기독교의 대표적인 사도인 바울의 사역을 중점적으로 다룬다. 그런데 사도행전의 후반부에 나오는 '바울의 행적'이 그 분량과 중요성 면에서 전반부에 나오는 '베드로의 행적'을 훨씬 뛰어넘는다.

트로크메는 누가가 특히 사도행전을 통해서 바울이야말로 열두 사도의 활동을 계승한 유일한 인물이라고 강조함으로써 야고보를 중심으로 발전하던 '유대 기독교'의 공격에서 바울을 변호할 목적으로 일종의 '유대 기독교를 향한 바울의 변증'을 기록했다고 주장한다.[7] 브랜든도 거의 같은 관점에서, 초대교회 안에서 '유대 기독교'와 '이방 기독교'가 서로 대립적으로 발전하고 있을 때, 특히 주후 70년경 예루살렘과 유대 국가가 멸망함으로 인해 '유대 기독교'의 영향력이 쇠퇴하는 기미를 보일 때, 누가는 '이방 기독교'의 대표적인 사도인 바울의 입지를 강화하고 옹호하기 위해서 사도행전을 기록했다고 주장한다. 브랜든은 "사도행전은 분명히 바울을 영웅으로 소개하는 데 관심을 갖고 있다"[8]

---

[7] Etienne Trocme, *Le Livre des Actes et l'histoire* (Paris, 1957).

[8] "The Acts is manifestly concerned with an heroic presentation of Paul." S. G. F. Brandon, *The Fall of Jerusalem and the Christian Church* (London: SPCK, 1981), p. 206.

라고 말하면서, 사도행전에서 "바울은 기독교의 최고 챔피언으로 소개되고 있다"[9]라고 주장한다. 그리고 바로 이런 점에서 누가가 기록한 "사도행전은 가히 바울의 명성 회복을 위한 가장 뚜렷한 기념비로 간주될 수 있다"[10]라고 주장하기도 한다.

브랜든은 마가가 이미 주후 70년경에 "바울 신학의 영감을 받아" 마가복음을 기록함[11]으로써 "바울의 명예를 회복시키는 첫 징조"가 되었다고 여긴다. 그리고 누가가 다시 그 뒤를 이어 사도행전을 기록함으로 바울을 이방 기독교를 대표하는 최고의 사도로 높이 부각함으로써 "바울의 명예를 회복시키는 두 번째 징조"가 되었다고 주장한다. 그리고 초대교회 안에서 바울의 명예 회복을 위한 이런 과정은 바울 서신들의 모음집corpus Paulinum이 완성되면서 최종적으로 완결되었다고 말한다.

우리는 신약성서 가운데서 누가에 대해 호의적인 언급을 한 유일한 인물이 바울이었고(몬 24; 골 4:14; 딤후 4:11), 또 바울에 대해 가장 호의적으로 소개한 유일한 인물이 사도행전을 기록한 누가라는 점을 기억할 필요가 있다. 두 사람이 똑같이 이방 선교에 대한 열정을 가지고 함께 전도 여행을 했던 사이이고, 아울러 바울의 생애 거의 마지막까지 함께했던 사이라는 점도 기억할 필요도 있다. 누가와 바울은 하나님으

---

9 *Ibid.*, p. 209. "Paul as the Apostle of Christianity par excellence"(p. 212).

10 *Ibid.*, p. 213.

11 *Ibid.*, p. 200. 마가가 바울의 영향을 받아 마가복음을 기록했다는 관점은 텔포드(Telford)가 "Mark writes from the Pauline viewpoint"라고 말한 점(cf. *The Theology of the Gospel of Mark*, Cambridge University Press, 1999, p. 161) 그리고 폴크마르(Volkmar)가 "Mark's Gospel is an allegorical presentation of Pauline teaching in the form of a narrative"라고 말한 점(cf. Telford, *Ibid.*, p. 169) 등에서도 엿볼 수 있다.

로부터 같은 소명을 받아 끝까지 함께 사역하며 서로 존경하는 가운데 예수 그리스도의 복음을 온 세계 모든 사람을 위한 복음으로 전파한 하나님의 충실한 종들이었던 셈이다.

4. 누가와 바울의 신학적 공통점

누가와 바울 간의 개인적 연관성보다 더 중요한 것은 물론 그들이 보여주는 신학적 공통점이다. 이 두 사람은 모두 이방 땅에서 태어나서 이방 땅에서 자랐다. 누가는 수리아 안디옥 출신이고[12] 바울은 길리기아 다소 출신이다.[13] 그렇기에 이방인들과 그들의 문화에 대해서 그리고 이방인 선교에 대해서 이미 열린 마음을 갖고 있었던 셈이다. 이것이 그들로 하여금 이방 선교에 대한 소명을 가지고 함께 이방인 선교 여행에 나서게 만든 중요한 요인이었고, 이것이 이방인 선교에 나서기에 가장 적합한 그들의 자격이기도 했을 것이다. 이와 관련하여 우리는 "유대 지역을 벗어난 (이방인) 선교는 국외자들outsiders에 의해서, 가령 헬레니스트들(디아스포라 출신의 헬라파 기독교인들)과 이방인들에 대한

---

[12] 누가는 수리아 안디옥 태생으로 결혼하지 않고 자식이 없는 가운데 84세에 보이오티아 혹은 테베에서 죽은 것으로 전해진다(Fitzmyer, *Luke*, p. 3). 안디옥은 당시 로마 제국에서 로마와 알렉산드리아 다음으로 큰 무역의 중심지였고, 초대교회 시절에는 이방인 선교의 중심지가 된 수리아의 수도였다.

[13] 사도행전 9:11에는 "다소 사람 바울"이란 말이 나오고, 사도행전 21:39에서는 바울이 자신을 가리켜 "나는 유대인이라 소읍이 아닌 길리기아 다소 시의 시민이라"라고 말한다. 바울의 출생지인 '다소'(Tarsous)는 소아시아 길리기아의 수도로서, 당시 아테네와 알렉산드리아에 맞먹는 철학과 문학의 도시였다.

모델 선교사인 바울에 의해서 시작되고 종결되었다"[14]라고 지적했던 마틴 헹겔Martin Hengel의 말을 기억해야 한다.

무엇보다도 누가와 바울은 이방인 선교에 대한 열정을 가진 인물들이었다. 그리고 이런 점은 다음과 같은 사실에서 잘 드러난다. 첫째로 누가와 바울은 둘 다 '복음'(유앙겔리온εὐαγγέλιον) 혹은 "복음을 전하다"(유앙겔리조마이εὐαγγελίζομαι)란 용어 사용에 남다른 관심을 보인다. 기독교 역사상 예수의 사역과 관련하여 '복음'이란 말을 최초로 사용했던 인물이 바로 바울이었다. 그리고 기독교 역사상 예수의 사역을 '복음서'란 형태의 기록으로 남긴 최초의 인물은 마가였다. 바울이 예수의 사역과 교훈을 두고 '복음'이란 말을 사용한 사람이라면, 마가는 예수의 사역과 교훈을 '복음서'란 문서 형태로 기록한 사람인 셈이다. 그런데 누가는 마가처럼 자신의 복음서를 기록하면서도 '복음'이라는 명사형보다는 오히려 '복음을 전하다'란 동사형을 더 자주 사용했고 이 점이 아주 특이하다. 이 동사형이 복음서들 중에서는 예외적으로 마태복음에서 오직 한 번(마 11:5) 사용되었을 뿐이고, 나머지는 모두 누가가 기록한 누가복음과 사도행전에서만 나오는 점으로 보아, 이 동사형이 누가 자신의 독특한 관심사를 드러내는 용어라고 생각하는 것이 마땅할 것이다.[15] 그런데 우리는 바울 서신들에서도 '복음을 전하다'란 동사형이 많이 사용되는 점에 주목할 필요가 있다.[16] 따라서 바울과 누가에게

---

[14] M. Hengel, *Between Jesus and Paul: Studies in the Earliest History of Christianity* (Philadelphia: Fortress Press, 1983), p. 55.

[15] 눅 1:19; 2:10; 3:18; 4:18, 43; 7:22; 8:1; 9:6; 16:16; 20:1; 행 5:42; 8:4, 12, 25, 35, 40; 10:36; 11:20; 13:32; 14:7, 15, 21; 15:35; 16:10; 17:18.

[16] 롬 1:15; 10:15; 15:20; 고전 1:17; 9:16, 16, 18; 15:1, 2; 고후 10:16; 11:7; 갈 1:8, 8, 9, 11, 16, 23; 4:13; 엡 2:17; 3:8; 살전 3:6.

는 '복음' 그 자체보다도 '복음을 전파하는 일'이 더 중요한 관심사였던 것 같고, 그래서 둘이 함께 '복음을 전파하는 사역'에 나서게 되었던 듯하다. 바로 이런 점에서 우리는 다시 누가와 바울 사이의 밀접한 연관성을 보게 된다.

둘째, 누가와 바울은 초대교회 역사 가운데서 과감히 이방 선교의 문을 활짝 여는 데 공헌한 대표적인 인물들이다. 누가는 전편 누가복음과 후편 사도행전으로 구성된 이른바 '누가 문서' 가운데서, 특히 후편 사도행전 기록을 통해 예수의 복음이 유대인을 넘어 이방인에게까지 전파되는 과정을 바울의 선교 사역을 통해 잘 보여주었다.[17] 그런데 누가는 후편인 사도행전에서 이방 선교에 대한 과정들을 본격적으로 소개하기에 앞서서, 전편인 누가복음에서 다른 어떤 복음서들의 경우보다도 더 예수가 이방 선교에 관심을 가진 인물이었다는 것을, 그래서 예수가 마치 그의 부활 이후 제자들, 특히 바울에 의해 전개된 이방 선교의 모델과 모범이나 되듯이 마치 이방인들에 대한 선교의 씨앗을 미리 뿌려놓기나 했던 것처럼 소개한다.

그런데 이런 누가에 못지않게, 아니 어쩌면 그런 누가보다 더 이방인과 이방인 선교에 관심이 많았던 사람, 그래서 이방인 선교에 직접 나섰던 인물은 물론 바울일 것이다. 그래서 바울이 신약성서에서 가장 대표적인 이방인의 사도로 알려져 있는 것이 아닌가? 그런데 어쩌면

---

[17] 오늘날 누가복음과 사도행전은 '두 권으로 구성된 하나의 책'(one book with two volumes)으로 인정받는다. 그 경우 전편 누가복음은 '예루살렘으로 가는 길', 후편 사도행전은 '로마로 가는 길'이라고 불리기도 했다. 전편 누가복음이 유대인들 향한 예수의 사역에 대한 기록이라면, 후편 사도행전은 이방인들을 향한 제자들의 사역에 대한 기록으로 받아들여진다.

바울은 운명적으로 '이방인의 사도'가 된 인물이라고 말할 수도 있을 것이다. 우리가 잘 알고 있듯이, 바울은 본래 태어난 후 "팔 일 만에 할례를 받고 이스라엘 족속이요 베냐민 지파요 히브리인 중의 히브리인이요 율법으로는 바리새인이요 열심으로는 교회를 박해하고 율법의 의로는 흠이 없는 자"(빌 3:5-6)였다. 율법에 대한 열심 때문에 예수를 믿는 "주님의 제자들에 대하여… 위협과 살기가 등등하여 대제사장에게 가서… 공문을 청하여"(행 9:1-2) 그들을 잡으려 날뛰던 자이기도 했다. 그런데 그런 자가 다메섹 도상에서 갑자기 회심하여 예수의 제자가 되어버렸다. 예수를 박해하던 자가 예수를 믿고 예수를 전파하는 자가 된 것이다. 실로 놀라운 일이다.

바울의 이 회심, 이 변화는 예수를 믿는 자들에게는 물론 믿지 않는 유대인들에게도 쉽게 받아들일 수 없는 큰 충격이었다. 우선 먼저 예수를 믿고 따르던 유대인 출신 기독교인들의 관점에서 볼 때, 그들은 바울의 회심을 쉽게 받아들이기가 아주 어려웠다. 자기들을 박해하던 자가 아니던가? 그래서 많은 사람이 "다 두려워하여 그가 제자 됨을 믿지 아니하였을"(행 9:26) 뿐만 아니라, 도리어 "이 사람이 예루살렘에서 이 이름을 부르는 사람을 박해하던 자가 아니냐? 여기 온 것도 그들을 결박하여 대제사장들에게 끌어가고자 함이 아니냐?"(행 9: 21)라고 그의 회심에 대해 의심의 눈총을 보내기도 했다. 다른 한편으로 예수를 믿지 않는 유대인들의 관점에서 볼 때는 바울을 조상의 종교와 모세의 율법을 배반한 민족의 반역자라고 생각할 수밖에 없었다. 그래서 많은 "유대인들이 사울 죽이기를 공모하면서… 그를 죽이려고 밤낮으로 성문까지 지키기도"(행 9:23-24) 했다. 그리고 바울이 나중에 전도 여행을 마치고 예루살렘에 돌아왔을 때에도 "아시아로부터 온 유대인들이 성전에서 바울을 보고 모든 무리를 충동하여 그를 붙들고 외치되 이스라엘 사람들아, 도우라, 이 사람은 각처에서 우리 백성과 율법과 이곳을 비방하여 모든 사람을 가르치는 그 자인데, 또 헬라인을 데리고 성전에 들어가서 이 거룩한 곳을 더럽혔다"면서 바울을 잡아 성전 밖으로 끌고 나가 죽이려 했다(행 21:27-31). 결국 바울은 그의 개종 이후에도 예수를 믿는 예루살렘의 믿는 자들에게는 의심을 받으며 환영을 받지 못했고, 예수를 믿지 않는 동족 유대인들에게는 그의 개종 때문에 더더욱 배신자로 증오와 저주의 대상이 되었다. 당시 바울은 믿는 자나 믿지 않는 자를 막론하고 유대인들 앞에는 감히 나설 수 없게 되고 말았다.

그러나 이것이 도리어 하나님에게는 또 다른 기회가 되었던 것으로 보인다. 비록 바울에게는 유대인들을 향한 선교의 문이 닫혀 있는 형세였지만, 다행히 당시 이방인들을 향한 선교의 문은 에티오피아 간다게 여왕의 내시가 빌립에 의해 세례를 받고 개종하고, 이방인 로마 백부장 고넬료가 베드로에 의해 세례를 받고 개종하는 일들을 통해 이미 활짝 열리기 시작했기 때문이다. 바울은 이런 상황을 하나님의 섭리요 계획으로 받아들인 듯하다. 그래서 바울은 "내 어머니의 태로부터 나를 택정하시고 그의 은혜로 나를 부르신 이가 그의 아들을 이방에 전하기 위하여 그를 내 속에 나타내시기를 기뻐하셨다"(갈 1:15-16)라고 고백할 수 있었다. 그리고 "베드로에게 역사하사 그를 할례자의 사도로 삼으신 이가 또한 내게 역사하사 나를 이방인의 사도로 삼으셨다"(갈 2:8)라고 주장하기도 했다. 그리고 비록 나중에 누가의 기록을 통해서 알려진 내용이기는 하지만, 바울은 자신이 개종 당시 주님으로부터 "내가 너를 멀리 이방인에게로 보내리라"(행 22:21)라는 말씀을 들었다고 친히 간증하기도 했다.[18]

예수의 부활 승천 이후 베드로가 예루살렘을 중심으로 주로 유대인들을 대상으로 사역하는 동안, 바울은 안디옥 교회로부터 파송을 받아 주로 이방인들을 대상으로 사역하기 시작하면서 그 나름대로 팔레스틴이란 지역적 한계와 유대인이란 민족의 테두리를 초월한 세계적인 복음을 지향하고 있었다. 바울의 이와 같은 탈유대적 혹은 반유대적 경향 때문에 유대인들 가운데서는 바울을 죽이려고 하는 음모와 시도가 계속될 수밖에 없었지만(행 9:23-24), 바울은 기독교 신앙을 유대교 신앙의 뿌리에서 끊어내어 세계적인 종교로 발전시키려고 노력했다. 이 때문에 바울은 결국 그리스-로마 세계를 대상으로 하는 이방 기독교의 대표적 사도로 알려지게 된다. 그런데 복음서 저자들 가운데서는 마가에 이어 누가가 '이방인들을 위한 복음서the Gospel of the Gentiles'를 기록한 대표적인 인물이기도 하다. '바울 서신들'이 모두 이방 기독교의 산물이듯이, 누가복음과 사도행전도 역시 대표적인 이방 기독교의 문서들이다. 누가와 바울이 동역자이고 협력자였다는 말의 의미를 우리는 여기서도 다시 찾아볼 수 있을 것이다.

누가와 바울은 둘 다 이방인 선교와 이방인들의 구원을 위해 같은 생각을 가지고 함께 나선 인물이기도 했지만, 그들은 하나님의 구원 계획에서 유대인이 먼저이고 헬라인이 나중이라는 점에서도 생각이 같았던 것으로 보인다. 바울이 비록 믿는 이들에게는 "유대인이나 헬라인이나 차별이 없음이라"(롬 9:12)라고 말하기는 하지만,[19] 로마서 1

---

[18] 누가는 바울의 다메섹 도상의 개종 이야기를 전하면서 아나니아가 주님에게 바울에 대해 "이 사람은 내 이름을 이방인과 임금들과 이스라엘 자손들에게 전하기 위하여 택한 나의 그릇이라"(행 9:15)라고 말씀했다고 전해준다.

[19] 바울은 갈라디아서 3장 28절에서도 거의 같은 의미로 "유대인이나 헬라인이나… 다

장 16절에서는 "내가 복음을 부끄러워하시 아니하노니 이 복음은 모든 믿는 자에게 구원을 주시는 하나님의 능력이 됨이라. 먼저는 유대인에 게요 그리고 헬라인에게로다"라고 증거한 바 있다. 하나님의 구원 계획에서 택함 받은 유대인들의 우선권을 인정하는 말이다. 그런데 우리는 누가가 기록한 사도행전에서도 이와 똑같은 생각을 만나게 된다. 누가는 바울과 바나바가 전도 여행 중에 비시디아 안디옥에서 안식일에 회당에서 유대인들을 대상으로 복음을 전파했지만 그들이 "바울이 말한 것을 반박하고 비방했을" 때(행 13:45) 바울과 바나바가 "하나님의 말씀을 마땅히 먼저 너희에게 전할 것이로되 너희가 그것을 버리고 영생을 얻기에 합당하지 않은 자로 자처하기로 우리가 이방인에게로 향하노라"(13:46)라고 말하면서 "발의 티끌을 털어 버리고 이고니온으로 갔다"(13:51)라고 전한다. 그런데 누가는 바울이 고린도에서 예수가 그리스도임을 전파하는 것을 보고 유대인들이 반대하며 욕설을 퍼부었을 때에도 "바울이 옷을 털면서 이르되 너희 피가 너희 머리로 돌아갈 것이요 나는… 이후에는 이방인에게로 가리라"(18:6)라고 말하면서 "하나님을 경외하는 (이방인) 디도 유스도라 하는 사람의 집"으로 들어 갔다고 전한다(18:7). 누가는 복음이 먼저 유대인들에게 전해졌지만 그들이 받아들이지 않았을 때 이방인들인 헬라인들에게 전파하게 되었음을 말하고 있는 것이다. 누가가 두 권의 문서를 기록했는데, 첫 번째 문서인 누가복음에서 먼저 유대인들을 상대로 한 예수의 선교 사역을 기록한 이후에 두 번째 문서인 사도행전에서 이방인들을 상대로 한 제자들, 특히 바울의 선교 사역을 기록한 이유도 바로 그런 생각의 반

그리스도 예수 안에서 하나이니라"라고 말한다.

영이라고 보아야 마땅할 것이다.

5. 누가와 바울의 신학적 관심의 차이

누가와 바울 간의 개인적인 밀접한 연관성과 공통점에도 불구하고 그
두 사람 사이에 드러나는 중요한 신학적 차이에도 주목할 필요가 있다.
우리가 가장 주목해야 할 점은 '십자가'와 예수의 죽음을 강조하는 바
울과는 달리 누가는 예수의 부활과 승천을 더 강조하고 있다는 점이다.
그래서 바울의 신학을 가리켜 '십자가의 신학theologia crucis'이라고 말한
다면 누가의 신학은 오히려 '부활의 신학theologia resurrectionis'이라고 말
할 수 있다. 물론 바울도 예수의 부활이 없었다면 "우리가 전파하는 것
도 헛것이요 또 너희의 믿음도 헛것이라"(고전 15:14)라고 말하기도 했
다. 그러나 바울은 자기에게는 "우리 주 예수 그리스도의 십자가 외에
결코 자랑할 것이 없다"(갈 6:14)라고 말함으로써 오직 '십자가'에만 가
장 큰 의미를 부여한다.[20] 바울이 전하는 예수 그리스도의 복음을 가리
켜 '십자가의 도the word of the cross'(고전 1:18)라고 말한다면 누가가 전
하는 예수 그리스도의 복음은 곧 '예수와 부활'(행 17:18)이라고 말할 수
있다.

---

[20] 갈라디아서 6:14의 헬라어 원문의 의미는 필립스(J. B. Phillips)의 개인 번역판(The
New Testament in Modern English)에서 잘 드러나듯이 "하나님께서는 우리 주 예수
그리스도의 십자가 외에는 어느 것이나 혹은 어느 누구나 자랑하는 것을 금지하셨다"
(God forbid that I should boast about anything or anybody except the cross
of our Lord Jesus Christ)란 뜻이다.

누가가 '부활'을 그리고 바울이 '십자가'를 강조하는 이런 경향은 누가와 바울이 그들의 문서 가운데서 사용한 '십자가'와 '부활'이란 단어의 사용 빈도수를 비교해보아도 금방 알 수 있다. 가령 '십자가'란 명사가 누가복음에서는 단지 3번(9:23; 14:27; 23:26)만 사용되었고, 사도행전에서는 한 번도 사용된 바 없다. '십자가에 못 박다'란 동사형은 누가복음에서 5번(23:21, 23, 33; 14:7, 20) 사용되었는데,[21] 바울 서신들에서는 '십자가'란 명사형은 10번,[22] '십자가에 못 박다'란 동사형은 8번[23]이나 사용되었다. 더구나 누가는 '십자가'를 가리켜 단순히 '나무'라고만 언급함으로써 예수가 달렸던 십자가의 의미를 단순화하고de-emphasize 있는 것으로 보이기도 한다(행 5:10; 10:39; 13:29). 다른 한편으로 '부활'이란 단어는 누가복음에서 6번[24] 사도행전에서 12번[25] 모두 18번 사용되었는데, 바울 문서들에서는 모두 7번만 사용되었을 뿐이다.

분명히 누가는 바울과 달리 '십자가'를 넘어 '부활'과 '승천'에 더 집중하는 것으로 생각된다. 누가의 신학적 관심이 얼마나 예수의 부활과 승천에 더 집중하는지는 누가가 그의 문서 자료 가운데 하나인 마가복음이 예수의 빈 무덤 이야기로 끝나는 것[26]과 달리 예수의 십자가 처형

---

21 누가복음 24:45-46에 따르면 부활하신 예수께서 제자들에게 나타나 "그들의 마음을 열어 성경을 깨닫게 하시고 또 이르시되 이같이 그리스도가 고난을 받고 제삼 일에 죽은 자 가운데서 살아날 것"을 말씀하셨는데, 여기서도 '십자가'라는 말 대신에 다만 '고난'만이 언급된다.

22 고전 1:17, 18; 갈 5:11; 6:12, 14; 엡 2:16; 빌 2:8; 3:18; 골 1:20; 2:14.

23 고전 1:13; 1:23; 2:2; 2:8; 고후 13:4; 갈 3:1; 5:24; 6:14.

24 눅 2:34; 14:14; 20:27, 33, 35, 36.

25 행 1:22; 2:31; 4:2, 33; 17:18, 32; 23:6, 8; 24:15, 21; 26:23.

26 마가복음은 본래 마가복음 16:8에서 끝났다는 것이 마가복음 연구가들의 일반적인 견해이다. 마가복음 16:9-20은 나중에 다른 복음서들을 참조하여 첨가된 것으로 여겨진다.

과 빈 무덤 이야기(눅 24:1-12)에 이어 예수의 부활 현현 이야기(24:13-49)와 예수의 승천 이야기(24:50-53)를 더 첨가하여 그의 복음서를 끝내는 것 그리고 또 누가복음의 속편인 사도행전을 시작하면서도 다시 예수의 부활 현현 이야기(행 1:1-8)에 이어 예수의 승천 이야기(1:9-11)를 다시 소개하는 것을 보면 알 수 있다. 누가는 바울과 달리 그리고 그의 문서 자료인 마가복음과 달리 예수의 "부활과 승천ascension or as-sumption"[27]에 관심을 갖고 있었다는 말이다. 누가는 아마도 분명히, 바울과 달리, 아니 바울보다는 더, 십자가의 죽음을 이기고 부활 승천하여 하나님의 우편 보좌에 앉으신 영광스런 예수의 모습을 드러내려는 의도를 가지고 있었던 것으로 보인다.

누가의 이런 의도는 누가가 그의 복음서의 결론 부분과 그 속편인 사도행전의 시작 부분에서 반복적으로 예수의 '승천'을 언급하는 사실에서 잘 드러난다.

"그들을 축복하시면서 예수께서는 그들에게서 떠나 하늘로 들려 올라가셨습니다"(눅 24:51).

"(제자들이) 보는 가운데서 하늘로 올라가시니… 예수께서 올라가실 때에"(행 1:9-10).

"하늘로 올라가신 이 예수"(행 1:11).

그렇다고 예수의 '승천'에 대한 누가의 언급이 오직 예수의 부활 현

---

27 마치 예수의 부활과 관련하여 'resurrected'와 'being raised up'이 같은 의미로 사용되는 것과 마찬가지로 ascension(going up)과 assumption(being taken up)이 같은 의미로 사용된다.

현 문맥에서만 나타나는 것은 아니다. 누가복음의 특수 자료라고 할 수 있는 '여행 부분'의 첫머리에서 누가는 이미 "예수께서 하늘로 올라 가실 때가 가까웠기"(눅 9:51) 때문에, 부활과 승천의 장소인 예루살렘을 향해 여행을 떠나시는 것으로 언급한 바 있다. 따라서 예수의 예루살렘 여행 자체가 누가복음에서는 마치 그가 하늘로 들려 올라가기 위한 승리적 과정의 시작인 것처럼 기록되었다.[28] 이것은 곧 누가가 예수의 십자가 죽음에 이어 예수의 부활과 승천을 이미 염두에 두고 있었다는 증거일 수도 있다.

이와 관련하여 우리는 신약성서 저자들 가운데서 예수의 '승천'에 대해 언급한 사람이 오로지 누가뿐이란 사실에 주목할 필요가 있다. 물론 다른 복음서 저자들이나 바울 등이 예수의 부활을 중요하게 언급한 바 있기는 하다. 그러나 예수가 "하늘로 들려 올라갔다"라고 예수의 '승천'을 언급하며 증언한 사람은 신약성서 저자들 가운데 오직 누가한 사람뿐이다. 비록 바울이 "사람의 모양으로 나타나사 자기를 낮추시고 죽기까지 복종하여 십자가에 죽은" 예수를 "하나님이 지극히 높여(exalt supremely) 모든 이름 위에 뛰어난 이름을 주었다"(빌 2:8-9)라고 말하긴 했어도, 그것이 예수의 '승천'을 가리키는 것은 아니었다. 따라서 우리는 모든 기독교회의 대표적인 신앙고백으로 채택하고 있는 사도신경에서 "하늘에 오르시어"란 고백문이 들어가게 된 것도 오직 누가의 '승천'에 대한 기록 때문이라고 보아야 마땅할 것이다. 따라서

---

[28] 이런 점 때문에 헬무트 플렌더(H. Flender)는 예수가 예루살렘에 입성하여 예루살렘 성전을 점거한 것이 일종의 "하늘 보좌로의 등극"(his enthronement in heaven)이라고 말한다. Cf. *St. Luke: Theologian of Redemptive History* (Philadelphia: Fortress Press, 1967), p. 93.

이것 역시 누가가 기독교 신학에 끼친 의미 있는 공헌이다.

그렇다면 누가가, 아니 오직 누가만이 그의 복음서 마지막과 사도행전 서두에서 각각 예수의 승천을 반복해서 강조하는 의도는 무엇일까? 우리는 이 질문의 대답을 통해서 누가의 독특한 신학적 관심과 강조점을 발견하게 된다. 즉 누가는 그의 복음서에서 예수의 생애를 다루면서 예수의 생애가 십자가의 죽음으로 끝나는 것이 아니라 부활과 승천으로 이어진다는 것을 증거하고 있는 점에서 아주 특이하다. 누가의 예수의 승천에 대한 관심과 강조는 누가가 예수를 다만 십자가에 달려 죽으신 분으로가 아니라 부활을 통해 죽음을 이기고 영광을 받고 높이 들려 올리우신 분glorification and exaltation으로 이해하고 강조하는 것임을 뜻한다. 이 점은 누가가 예수의 '승천'에 관한 이야기와 함께, 아니 그것에 이어서 예수를 '하나님 우편에 앉아 계신 분'으로 강조하는 점에서도 드러난다.

"그러나 이제부터 인자가 전능하신 하나님의 오른편에 앉게 될 것이다"(눅 22:69).

"그가 하나님의 오른손으로 높이 올리우심을 받고…"(행 2:33).

"다윗은 하늘로 올라가지 못했으나… 너는 내 오른편에 앉아 있으라"(행 2:34-35).

"그를 지도자와 구주로 세워 자기 오른편에 높이 올리셨소"(행 5:31).

"예수께서 하나님의 오른편에 서 계심… 오른편에 인자가…"(행 7:55).

누가가 기록한 사도행전에 따르면, 부활하여 승천하신 예수는 이제 더 이상 '땅 위에' 계신 분이 아니라 '하늘에', 그것도 '하나님의 오른편에' 계신 분이다. 누가에게 부활 승천하신 예수는 일관성 있게 '높이 들려 올리우신 분'(the exalted one)으로 증거된다.

그런데 흥미로운 사실은 이미 잘 알려진 바와 같이, 서방 기독교는 예수의 십자가 고난과 죽음을 강조하는 신학적 경향을 갖고 있는 데 비해서, 동방 기독교는 예수의 부활과 승천을 강조하는 경향을 보이고 있다는 점이다. 그래서 서방 기독교 전통에 속한 가톨릭 성당이나 개신교 교회 안에서는 주로 가시관을 쓰고 십자가에 달린 예수의 상이 많이 보인다면, 동방 기독교 전통에 속한 교회당 건물에서는 오히려 무덤을 깨고 부활하시는 예수, 혹은 구름 가운데 하늘로 높이 승천하시는 예수의 상이 많이 강조된다. 서방교회의 신학이 십자가 죽음을 강조함으로써 좀 패배적인 경향을 보인다면, 동방교회의 신학은 부활과 승천을 강조함으로써 보다 더 승리적인 측면을 부각하는 것으로 여겨진다. 이런 관점에서 본다면, 신약 문서들 가운데서 바울의 문서들이 서방 기독교의 '십자가의 신학'을 뒷받침해주는 한편, 누가의 문서들인 누가복음과 사도행전은 분명히 동방 기독교의 '부활의 신학'을 뒷받침해준다고 말할 수도 있다. 이 때문에 우리는 누가의 신학이 예수의 십자가 고난과 죽음을 강조하는 바울의 '십자가의 신학'과 달리 예수의 부활과 승천을 강조하는 '부활의 신학' 혹은 '승천의 신학', 또는 '승리의 신학'이라고 말할 수도 있을 것이다.

6. 맺는말

우리는 이상의 연구를 통해 누가와 바울이 신약성서 연구와 관련하여 얼마나 중요한 인물들인지 알게 되었다. 특히 그 두 사람이 오늘의 기독교에 끼친 공헌이 결코 작지 않은데, 우리는 특히 다음과 같은 세 가지 점에 주목해야 한다. 첫째, 앞에서 이미 언급했던 바와 같이 그 두 사람이 남긴 문서 기록이 기독교 정경인 신약성서의 절반을 이루고 있다는 점이다. 누가와 바울이 없었다면 오늘의 기독교 성서와 같은 책을 찾아보기는 어려웠을 것이다. 둘째, 초대교회에 누가나 바울과 같은 인물이 없었다면, 아마도 예수의 사역으로 시작된 기독교 운동이 어쩌면 지리적으로는 팔레스틴 지경에, 인종적으로는 유대인들 가운데서 지역적이고 민족적인 종교 형태로 머물렀을지도 모른다. 예수가 시작했던 복음 사역을 기독교라는 오늘의 세계적인 종교 형태로 발전시키는 데 가장 큰 공헌을 한 사람이 누가와 바울이라고 말해도 과언을 아닐 것이다. 셋째, 오늘의 기독교가 1054년 이후 서방교회와 동방교회로 분리되어 발전해왔는데, 바울이 로마 가톨릭교회와 개신교회로 대표되는 서방교회의 '십자가의 신학'을 위한 교리적 발판을 마련해주었다면, 누가는 희랍 정교회로 대표되는 동방교회의 '부활과 승천의 신학'을 위한 성서적 토대를 쌓아주었다고 말할 수도 있을 것이다. 바로 이런 점에서 신약성서 연구와 관련하여 누가와 바울의 중요성을 결코 무시하거나 간과할 수 없다.

08

요한과 바울

루돌프 불트만Rudolf Bultmann의 『신약성서 신학』(*Die Theologie des Neuen Testament*, 1965)은 제1부 〈바울 신학〉과 제2부 〈요한 신학〉으로 구성되어 있다. 불트만만이 아니라 많은 신약성서 연구가들도 바울과 요한을 신약성서를 대표하는 신학자요 사상가로 여긴다. 물론 여기서 말하는 '요한'은 일반적으로 열두 제자 중의 한 사람, 즉 갈릴리 어부 출신으로 그의 형제인 야고보와 함께 예수를 따랐던 요한을 가리킨다. 그러나 이 요한을 바울과 직접 비교하는 데에는 분명히 문제가 있다. 가장 중요한 이유는 예수의 열두 제자 중 한 사람이었던 요한이 과연 요한복음과 그 외 다른 요한 문서를 기록한 저자인가 하는 의문 때문이다. 오늘날 대부분의 요한복음 연구가들은 예수의 열두 제자 중 한 사람인 세배대의 아들 요한이 요한복음의 저자라고 생각하지는 않는다. 더군다나 현재의 요한복음은 물론이고 다른 요한의 문서들(요한 1, 2, 3서와 요한계시록)도 같은 한 사람이 기록한 것으로 여기지 않는다. 특히 지금의 요한복음 자체도 여러 사람의 손을 거쳐 단계적으로 완성된 문서임이 분명해 보인다.[1] 물론 요한복음이 세배대의 아들 요한이 전해준 예수에 관한 전승들을 토대로 발전했을 가능성은 있다. 그러나 현재의 요한복음은 요한을 추종하는 사람들로 구성된 이른바 '요한 공동체'[2] 안에서 오랜 기간 동안 여러 사람의 손을 거치면서 수정되고 편집된 것이라는 점에 별다른 이견이 없는 것이다.

1. 요한과 바울 간의 유사점과 공통점

요한복음과 바울 서신들에서는 여러 가지 유사점 혹은 공통점이 드러난다. 그 가운데 대표적인 것은 무엇보다도 그들이 사용하는 이원론적 용어들일 것이다. 가령, '영spirit과 육flesh', '빛과 어둠', '진리와 거짓',

---

[1] 레이먼드 브라운(Raymond. E. Brown)은 현재의 요한복음이 다음과 같은 5단계를 거쳐 완성된 것이라고 주장한다: 1) 세배대의 아들 요한에 뿌리를 둔 구전 단계; 2) 전승들이 요한의 패턴으로 발전되던 단계; 3) 복음서의 제1판(First edition of the Gospel); 4) 복음서의 제2판(Second edition of the Gospel); 5) 저자의 친구인 편집자에 의해 일부 자료가 첨가된 단계(Additions of "friendly redactor"). Cf. *The Gospel According to John* (New York: Doubleday, 1981), pp. XXXIV-XXXIX. 블랙맨(E. C. Blackman)은 이 가설을 가리켜 "가장 독창적인 공헌"(the most orginal contribution)이라고 평가했다. Cf. *Canadian Journal of Theology* 13, 1967, p. 284.

[2] '요한 공동체'는 요한의 문서들을 기록해낸 그리고 그 문서들의 영향 아래 신앙생활을 하던 기독교 집단을 가리키며, 오스카 쿨만(Oscar Cullmann)은 요한복음의 기록 장소가 시리아의 안디옥일 경우, 초대 기독교의 중심지에서 멀리 떨어진, 그래서 정통 주류로부터 격리된 이단적인 유대교(heterodox Judaism)와 연관된 종파적 공동체로 여긴다. Cf. D. Moody Smith, "Johannine Christianity: Some Reflections on Its Character and Delineation," *NTS* 21(1974/75), pp. 237-238.

'위와 아래' 등인데, 분명히 이런 이원론적 용어늘은 요한과 바울이 똑같이 당시의 헬라 사상, 특히 영지주의적 이원론dualism의 영향을 받았기 때문일 것이다. 이런 이원론적 특징 때문에 제임스 던James D. G. Dunn은 "바울이 영지주의적 사도the Gnostic apostle였던 것처럼 요한복음은 영지주의적 복음서the Gnostic gospel이다"[3]라고 지적하기도 한다.

요한과 바울이 보여주는 또 다른 공통점 가운데 하나는 예수 그리스도를 영지주의의 '구세주 신화the Redeemer myth'의 틀에 맞추어 소개하는 것으로 보이는 점이다. 특히 요한복음 1장 1-18절에 나오는 이른바 '로고스 찬양시'와 빌립보서 2장 6-11절에 나온 이른바 '기독론적 찬양시'는 영지주의의 '구세주 신화'를 상당히 반영한다. 불트만은 일찍이 요한복음의 '로고스 찬양시'가 본래는 세례 요한의 종파에서 나온 영지주의적 작품이었는데 요한복음 저자가 그것을 가져다가 그리스도를 찬양하기 위한 찬양시로 이용했다고 주장한 바 있다. 영지주의 '구세주 신화'의 기독교적 형태이며, 따라서 영지주의적 이해에 그 뿌리를 두고 있다는 말이다.[4] 마찬가지로 바울의 '기독론적 찬양시'(빌 2:6-11)에도 "헬라적 세계관, 곧 하늘과 지상과 지하 세계로 구성된 3층 우주관이 전제되어 있다."[5]

---

[3] James D. G. Dunn, *Unity and Diversity in the New Testament* (London: SCM Press, 1977), p. 296. 이 점과 관련해서 초대교회 시절 영지주의 이단자로 정죄되었던 마르키온(Marcion)이 가장 위대한 바울 추종자였고, 요한복음에 대한 역사상 최초의 주석이 영지주의자인 발렌티누스 추종자인 헤라클레온에 의해 씌었다는 사실을 기억할 필요가 있다.

[4] Rudolf Bultmann, *The Gospel of John: A Commentary* (Oxford and Philadelphia, 1971), p. 24.

[5] R. H. Fuller, *The Foundations of New Testament Christology* (London: Collins Clear-Type Press, 1969), p. 207.

요한과 바울이 소개하고 있는 이런 찬양시들에서는 예수 그리스도의 선재the pre-existence 사상과 예수의 신성divinity 사상이 잘 드러난다. 요한복음에 따르면 예수는 "태초에… 하나님과 함께 계셨던… 하나님"(요 1:1)이고, 바울에 따르면 예수는 "근본 하나님의 본체시고 하나님과 동등한 분"(빌 2:6)이며, "보이지 않는 하나님의 형상이시요 모든 피조물보다 먼저 나신 이"(골 1:15)다. 이렇게 예수의 신성과 선재 사상을 강조하는 '고급 기독론the higher Christology'을 반영한다는 점에서 요한과 바울은 공통점을 보인다.

요한과 바울에게 볼 수 있는 이런 유사점과 공통점들은 초대교회 안에 이미 침투한 헬라 사상의 결과라고 여겨진다. 바울은 헬라 문화가 이미 꽃피던 길리기아 다소 출신으로 헬라 사상의 영향을 충분히 받은 인물이고, 요한복음이 기록된 1세기 말경에는 이미 팔레스틴 안에까지 헬라 문화와 사상이 영향을 미치고 있었다. 바울은 물론 요한도 그 당시 세계를 지배하던 헬라 사상의 영향에 깊이 물들어 있었던 것으로 보인다.

2. 요한과 바울 간의 차이점

요한과 바울 간에 이런저런 유사점 혹은 공통점이 드러나는 것이 사실이기도 하지만 우리는 그 두 사람 간의 분명하고도 명백한 차이에 더 주목할 필요가 있다. 신학적인 차이 이전에 그들의 문서들에서 드러나는 전반적인 특징들도 있는데, 모울C. F. D. Moule은 그것을 다음과 같이 지적한 바 있다: 요한이 깊은 '통찰력을 지닌 천재'라면, 바울은 '왕성한 지성을 소유한 인물'이다.[6] 그러나 이런 문체상의 차이점보다 더 중요한 것은 역시 신학적인 차이점이다. 우리는 거기에 더 집중해보자.

1) '역사적 예수'와 관련하여

바울은 역사적 예수에 대해 별로 관심이 없는 것처럼 보인다. 바울 서신들에서 우리는 바울이 역사적 예수에 대해 언급한 것을 거의 찾아볼수 없다. 육신의 예수에 대해서 "육신으로는 다윗의 혈통에서 나셨다"(롬 1:3), "하나님이 그 아들을 보내사 여인의 몸에서 나게 하셨다"(갈4:4)라고 말한 것 그리고 예수의 성만찬 제정에 관한 전승(고전 11:23-26)을 잠깐 소개한 것이 거의 전부이다. 초대교회 안에서 널리 전해지던 역사적 예수에 관한 구전 혹은 문서 전승들은 물론이고, 육신의 예수조차도 바울의 관심의 대상은 아니었던 것으로 보인다. 바울의 그런 무관심은 그가 고린도인들에게 보낸 편지 가운데서 "우리가 이제부터는 어떤 사람도 육신을 따라 알지 아니하노라 비록 우리가 그리스도도육신을 따라 알았으나 이제부터는 그같이 알지 아니하노라"(고후 5:16)라고 말한 데서 분명히 드러난다. 육신으로 오신 역사적 예수에 대한이런 무관심은 초대 기독교 전통에서 볼 때 아주 특이한 것이다.

그러나 바울의 이런 관점은 아마도 바울이 역사적 예수를 만나본 적이 없고, 또 역사적 예수에게 직접 부름을 받은 것이 아니라 오직 부활하신 그리스도만을 환상 가운데 보았기 때문일 것이라는 사실을 염두에 둘 때 어느 정도 이해할 수 있다. 바울이 그의 서신들 가운데서 '예수

---

[6] C. F. D. Moule, *The Birth of the New Testament*, 3d rev. ed. (San Francisco: Harper & Row, 1982), p. 226.

그리스도'란 용어보다는 오히려 '그리스도 예수'라고 '그리스도'를 더 강조하는 것도 아마 같은 이유 때문일 것이다. 그리고 어쩌면 바울이 영지주의적인 영향 때문에 예수의 인성보다는 오히려 그의 신성에 더 관심을 보이는 것일 수도 있다.

그러나 요한은 바울과 달리 역사적 예수의 전승 위에 굳게 서 있을 뿐만 아니라, 실제로 예수의 생애와 역사적 예수에 관한 전승에 대해 많은 관심을 보인다. 이 점은 요한이 다른 공관복음서들의 경우처럼 예수의 생애와 활동에 대한 전승을 많이 전해주는 사실에서도 확인할 수 있다. 그러나 다른 한편으로 요한이 역사적 예수와 그의 인성에 대해 더 많이 강조하고 있는 경향이 어쩌면 요한복음이 기록될 당시 초대교회 안에 예수의 인성을 부인하는 영지주의, 특히 가현설docetism의 위험 때문이었을 것으로 보이기도 한다. 이렇게 요한이 예수의 인성과 그의 육신을 강조하는 점은 바울이 예수가 "하나님의 형상으로"(빌 2:6) 오셨다고 말하고 있는 반면에 요한은 더욱 구체적으로 "육신이 되었다became flesh"(요 1:14)라고 말하는 점, 요한이 예수의 십자가 처형 이야기와 관련하여 한 군인이 창으로 예수의 옆구리를 찔렀을 때 "곧 피와 물이 나왔다"(19:34)라고 기록한 점, 요한만이 예수의 십자가 최후 발언으로 "내가 목마르다"(19:28)라는 말씀을 소개하고 있는 점 그리고 요한이 부활하신 예수의 지시에 따라 디베랴 호수의 제자들이 많은 고기를 잡은 뒤에 예수가 "떡을 가져다가 그들에게 주시고 생선도 그와 같이 하셨다"(21:13)라는 이야기를 전해준다는 점 등에서 잘 드러난다. 이런 점을 두고 빌헬름 부세트Wilhelm Boussett가 "그리스도의 육체에 관한 이 같은 (요한의) 강조는 비非바울적non-Pauline이다"[7]라고 분명히 지적했지만, 좀 더 정확히는 그리스도의 육체에 관한 이런 요한의 강조는 오히려 '반영지주의적anti Gnostic'인 관점에시 나온 것이라고 보는 게 더 옳다. 그러나 바울도 '십자가에 못 박혀 죽은 예수'를 강조함으로써 기독교적 영지주의와는 분명히 구별되고 차별화되고 있다는 점을 함께 기억할 필요가 있다.[8]

2) '기독론'과 관련하여

바울과 요한이 모두 예수를 '랍비', '선지자', 혹은 '메시아'로 믿는 초기 '유대 기독교'의 '저급 기독론the lower Christology'의 관점과 달리, 예수를 '하나님의 아들'로 믿고 고백하는 '이방 기독교'의 '고급 기독론'을 견지하고 있다는 점에서 공통점을 보인다. 아마도 초대교회 역사에서 예수가 '메시아'라는 고백을 넘어, 예수의 신성을 강조하면서 그가 '하나님의 아들'임을 강조한 최초의 인물은 바울일 것이다. 바울은 로마서 1장 4절에서 육신으로 다윗의 혈통에서 나신 예수가 "죽은 자들 가운데서 부활하사 능력으로 하나님의 아들로 선포되었다"라고 증거했다(cf. 갈 4:4; 롬 8:3). 그리고 바울에게 예수 그리스도는 '하나님의 아들'을 넘어 '하나님의 형태form of God'("μορφῇ θεοῦ", 빌 2:6)이고, '하나님의 형상image of God'("εἰκὼν τοῦ θεοῦ", 골 1:15)이기도 했다.

요한도 바울과 마찬가지로 예수의 신성을 강조하면서 예수가 태초부터 하나님과 함께 하셨던(요 1:1) '하나님의 아들'임을 언급한다.[9] 그

---

7 W. Boussett, *Kyrios Christos: A History of the Belief in Christ from the Beginning of Christianity to Irenaeus*, trans. J. Steely (Nashville: Abingdon Press, 1970), p. 221.

8 제임스 던(James D. G. Dunn)은 바울과 영지주의의 연관성을 인정하면서도, 바울이 십자가에 못 박혀 죽은 예수를 강조함으로써 영지주의와는 분명히 결별하고 있다고 지적한다. Cf. *Unity and Diversity in the New Testament: An Inquiry into the Character of Earliest Christianity* (London: SCM Press, 1977), pp. 295-296.

러나 요한이 바울과 다른 점이 있다. 그것은 예수를 전적으로 그리고 배타적으로 '하나님의 아들'이라고, 그래서 요한만이 예수를 "독생자 Only Son"("μονογενής")라고 강조하는 점(요 1:14, 18)이 그러하다. 그리고 요한복음이 예수가 하나님을 가리켜 "내 아버지"라고 27번이나[10] 반복하여 강조함으로써, 또 하나님을 가리켜 "아버지!"라고 직접 3번(17:1, 5, 11)이나 불렀다고 강조함으로써 예수가 '하나님의 아들'임을 강하게 증거하는 점이다. 더구나 요한은 거기서 더 나아가 예수 자신이 "나와 아버지는 하나다"(요 10:30)라고 말함으로써 고급 기독론의 관점을 아주 분명히 드러내준다.

다른 한편으로 바울이 예수 그리스도와 관련하여 그리고 '고급 기독론'의 관점에서, 가장 많이 사용한 대표적인 명칭 가운데 하나는 '주님 Lord'("ὁ κύριός")이다. 바울 서신들에서 '주님'이란 명칭이 예수에 대해서 거의 230번이나 사용되었다. 제임스 던은 "예수는 주님이시다"란 고백이 바울과 그의 교회들을 위한 '주요한 신앙고백'이고 "바울이 전한 케리그마의 중심적인 증언"이라고 말하기도 했다.[11] 그런데 요한복음에서는 '주님'이란 명칭이 바울의 경우처럼 그렇게 많이 사용되지 않는다. 부세트Boussett에 따르면, 요한은 도리어 '주님'(ὁ κύριός)이란 명칭 사용을 기피하는 경향을 보이는데 요한에게 그리스도를 믿는 자와

---

9 대부분의 번역 성서의 경우, 태초부터 하나님("ὁ θεός")과 함께 계셨던 "이 말씀이 곧 하나님이라"(요 1:1)라고 번역되었으나 헬라어 원문에서는 정관사가 붙지 않은 채, "θεός"라고만 기록되어 있다. 그래서 모팻(Moffatt)은 그의 유명한 개인 번역에서 이 단어를 'divine'이라고 번역했는데 이 번역이 좀 더 올바른 번역으로 평가받는다.

10 요 2:16; 5:17, 43; 6:32, 40; 8:19, 19, 38, 49, 54; 10:18, 25, 29, 37; 11:41; 12:26; 14:2, 7, 20, 21, 23; 15:1, 8, 10, 15, 23, 24.

11 James D. G. Dunn, *Unity and Diversity in the New Testament*, p. 50.

그리스도와의 관계를 나타내는 데에 '주님'이란 명칭은 적절하지 않았기 때문이라는 것이다. 요한복음에서 예수가 제자들을 향해서 "너희는… 나의 친구friends라 이제부터는 너희를 종servants이라 하지 아니하리라"(요 15:15)라고 말한 것에서 드러나듯이, 예수와 제자들 간의 관계를 '주님과 종'의 관계로 보지 않으려는 관점 때문일 것이다. 아마 또 다른 이유가 있다면 그것은 요한이 그리스도를 그 당시 그리스-로마 종교 세계에서 숭배되던 '많은 주와 많은 신'과 구별하려는 의도 때문일 수도 있다. 요한에게 그리스도는 그런 헛된 것들보다는 훨씬 더 높은 차원에 있는 분이기 때문이다.[12]

반면에 요한이 예수에 대해 '인자the son of man'란 명칭을 많이 사용하는 점에 주목할 필요가 있다. 바울 서신들에서는 '인자'라는 명칭이 거의 나타나지 않는다. 본래는 예수의 자기 칭호로 인식되던 명칭, 그래서 '하나님의 아들'이 예수의 신성을, '사람의 아들'이 예수의 인성을 가리키는 것으로 이해되던 명칭이 요한복음에서는 고급 기독론의 의미에서, 즉 '하늘에서 내려왔다가 다시 하늘로 올라간 분'이란 이른바 'katabasis-anabasis Christology'로 사용된다.

"하늘에서 내려온 자 곧 인자 외에는 하늘에 올라간 자가 없느니라"(요 3:13).

"너희는 인자가 이전에 있던 곳으로 올라가는 것을 본다면 어떻게 하겠느냐?"(요 6:62).

---

[12] F. C. Grant, *The Gospels: Their Origin and Their Growth* (London: Faber and Faber, 1957), p. 165.

이처럼 바울이 좀 더 헬라적이라면 요한은 좀 더 유대적이라고 말할 수 있을 것이다.

3) '구원론'과 관련하여

바울은 우리의 구원과 관련하여 "그리스도 예수 안에 있는 구속으로 말미암아 하나님의 은혜로 값없이 의롭다 하심을 얻은 자 되었느니라"(롬 3:24)라고 말한다. 즉 바울에게는 구원을 받은 자란 곧 "하나님의 은혜로 값없이 의롭다 하심을 얻은 자"이다. 반면에 요한은 우리의 구원과 관련하여 "하나님이 세상을 이처럼 사랑하사 독생자를 주셨으니 이는 그를 믿는 자마다 멸망하지 않고 영생을 얻게 하려 하심이라"(요 3:16)라고 말한다. 요한에게는 구원을 받은 자란 곧 "멸망하지 않고 영생을 얻는 자"이다. 이것은 곧 바울에게 인간의 구원이 사람이 "하나님 앞에서 의롭다 함을 얻는 것"(justification)과 관련되어 있다면, 요한의 경우에는 인간의 구원이 '생명' 혹은 '영생'을 얻는 것과 관련되어 있다는 말이기도 하다. 루돌프 슈나켄부르크R. Schnackenburg는 "생명의 개념이 요한 신학과 요한복음의 핵심에 속한다"라고 말한 바 있다.[13] 그래서 아치볼드 헌터Archibald M. Hunter는 "만일 바울이 그리스도의 사실을 의義라는 말로 해석했다면, 요한의 주요 단어는 생명이다"[14]라고 말한 바 있다.

---

[13] R. Schnackenburg, *The Gospel According to St. John* (Herder's Theological Commentary on the New Testament, New York and London, 1968~1982), vol. II, p. 351.

[14] A. M. Hunter, *Introducing New Testament Theology* (London: SCM Press, 1969), p. 129.

구원에 관한 바울과 요한의 이런 차이는 그들이 사용하는 용어의 빈도수를 통해서 잘 드러난다. 먼저 바울이 사용한 '의롭게 하다justify'란 동사와 '칭의 혹은 의인justification'이란 명사의 사용 빈도수를 살펴보면 다음과 같다.

- '의롭게 하다': 롬(13번); 고전(2번); 갈(8번); 딤전(1번); 딛(1번). 모두 25번.
- '칭의 혹은 의인': 롬(3번). 모두 3번.

그런데 바울이 이처럼 많이 사용한 동사형과 명사형이 요한에게선 한 번도 사용된 적이 없다. 우리는 여기서 '의롭게 하다'란 동사와 '칭의' 혹은 '의인'이란 단어가 주로 바울이 사용한 그의 독특한 용어라는 사실을 잘 알 수 있다.

반면에 요한이 사용한 '생명life'(ἡ ζωή)이란 명사와 '산다live'(ζωή)란 동사의 사용 빈도수를 알아보면 다음과 같다.

- '생명': 요 34번; 요일 11번.
- '산다': 요 11번; 요일 1번.

마태복음에서 '생명'이란 명사형이 6번, 마가복음에서 3번, 누가복음과 사도행전에서 13번 사용된 점 그리고 바울 자신이 기록한 7개 서신 모두에서 25번, 후기 바울 서신들에서 모두 10번 사용된 것에 비한다면, 요한복음에서 볼 수 있는 '생명'과 '산다'란 단어의 사용 빈도수가 아주 높다는 것을 금방 알 수 있다. 역시 '생명'이란 단어가 요한이 특히 애용하는 용어라는 사실을 부인하기 어렵다. 우리는 이런 사실을 통해 바울과 요한이 '구원'을 서로 다른 각도에서, 아니 다른 개념으로 이해한다는 것을 알 수 있다. 바울에게 '구원'은 죄인이 '하나님 앞에 의롭다 함을 얻는 것'을 의미하는 것이고, 요한에게 '구원'은 죽을 수밖에 없는 죄인이 '생명' 혹은 '영생'을 얻는 것을 의미하는 셈이다. '구원'이란 개념과 관련하여 바울과 요한의 생각이 크게 다름을 확인할 수 있다.

그러나 바울에게나 요한에게나 '구원'을 얻기 위해서 '믿음'의 중요성이 강조되고 있는 점에서는 공통점이 드러난다.

> "사람이 의롭게 되는 것은… 오직 예수 그리스도를 믿음으로 말미암는 줄 알므로 우리도 그리스도 예수를 믿나니… 그리스도를 믿음으로써 의롭다 함을 얻는다"(갈 2:16).
>
> "사람이 의롭다 하심을 얻는 것은 율법의 행위에 있지 않고 믿음으로 되는 줄 우리가 인정하노라"(롬 3:28).
>
> "하나님이 세상을 이처럼 사랑하사 독생자를 주셨으니 이는 그를 믿는 자마다 영생을 얻게 하려 하심이니라"(요 3:16).
>
> "아들을 믿는 자에게는 영생이 있다"(요 3:36).

이처럼 바울과 요한이 인간의 구원과 관련하여 '믿음'의 중요성을 강조한다는 점에서는 아주 비슷하나 한 가지 점에서 중요한 차이를 보인다. 그것은 곧 바울이 '믿음'(πίστις)이란 명사형을 많이 사용하는 데 비해서, 요한은 주로 '믿는다'(πιστεύω)는 동사형을 사용할 뿐 명사형은 거의 사용하지 않는 점이다. 요한이 '믿는다'는 동사형을 많이 사용한다는 사실은 다른 공관복음서들과 비교할 때도 분명히 드러난다.[15]

---

[15] D. George Vanderlip, *Christianity According to John* (The Westminster Press, 1973), p. 96.

	마태	마가	누가	요한	요일
'믿는다'	11회	14회	9회	98회	9회
'믿음'	8회	5회	11회	0회	1회

바울이 '믿음'이란 명사를, 요한이 '믿는다'는 동사를 애용하는 것을 우리는 어떻게 이해할 수 있을까? 아마도 그 대답은 바울이 좀 더 헬라 사상에 젖어 있는 데 비해서 요한은 오히려 히브리 사상에 더 가깝다는 사실에서 찾아볼 수 있을 것이다. 헬라 사상에서는 일반적으로 명사와 개념이 중요시되었다. 그래서 철학과 학문이 발전하였다. 그러나 히브리 사상에서는 동사와 행동이 중요시되어 윤리와 도덕이 발전하였다. 이것은 곧 바울과 요한의 사상적 배경이 다르다는 말이기도 하다.

4) '종말론'과 관련하여

예수에게서 볼 수 있는 종말 사상은 한 마디로 '임박한 종말론'이라고 말할 수 있다. 예수는 자기 시대가 이 시대의 종말이란 생각을 갖고 있었다. 이런 점은 "내가 진실로 너희에게 이르노니 여기 서 있는 사람 중에는 죽기 전에 하나님의 나라가 임하는 것을 볼 사람도 있느니라"(막 9:1)라는 예수의 말씀에서 찾아볼 수 있다. 이것이 당시 유대인들이 갖고 있던 일반적인 생각이기도 했다. 예수가 십자가에 달려 죽은 이후 약 20년이 지난 뒤에 기록된 바울 서신들을 보면, 예수의 이런 임박한 종말 사상이 그대로 반영되어 있다. 바울 서신들 중 그리고 신약성서 27권 중 제일 먼저 기록된 것으로 알려진 데살로니가전서에서 바울이 "주께서 강림하실 때까지 우리 살아남아 있는 자들"(살전 4:15)에 대해 언급한 것은 마가복음 9장 1절에 나오는 예수의 말씀을 그대로 반영하는 것이다. 또 바울이 "주께서 가까우시니라"(빌 4:5), "그때가 단축하여졌다"(고전 7:29), "우리의 구원이 처음 믿을 때보다 가까웠음이라"(롬 13:11)라고 말한 것들이 모두 임박한 종말 사상을 드러낸다. 더구나 바울은 마지막 때에 "주의 날이 밤에 도둑같이 이를 것"(살전 5:2)이며, "갑자기"(살전 5:3) 이를 것이기 때문에 "다른 이들과 같이 자지 말고 오직 깨어 정신을 차릴지라"(살전 5:6)라고 권면하면서 그 임박성을 강조한다. 유대인이었던 바울의 종말 사상이 예수의 임박한 종말 사상을 그대로 따른다는 말이다. 바울이 이런 말을 하던 때가 시간적으로도 예수의 공생애 활동 시기와 거의 동시대라는 점을 염두에 둘 필요가 있다.

더 나아가 소위 '후기 바울 서신들'에서는 이런 임박한 종말 사상과 달리 오히려 종말이 지연되는 현실을 그대로 받아들이는 경향이 드러난다. 이른바 '지연된 종말 사상the delayed eschatology'이 나타나기 시작했다는 말이다. 바울의 이름으로 기록된 데살로니가후서를 보면, "주의 날이 이르렀다고 해서 쉽게 마음이 흔들리거나 두려워하거나 하지 말라"(살후 2:2), 주의 날이 이르기 전에 "먼저 배도하는 일이 있고 저 불법의 사람 곧 멸망의 아들이 나타나기 전에는 그날이 이르지 아니하리라"(살후 2:3)라는 말이 나온다. 종말의 때가 있기 전에 벌어질 일들이 먼저 언급된다. 그래서 "게으르지 말라"(살후 3:6, 10), "일하기 싫거든 먹지도 말라"(살후 3:10), "선을 행하다가 낙심하지 말라"(살후 3:13)라는 일상생활을 위한 도덕적 권면까지 나온다. 이것은 분명히 종말이 지연되는 현실을 인식하면서 거기에 적응하기 위한 과정을 반영해주는 것이다.

그런데 우리는 바울의 이런 종말 사상과 아주 다른 종말 사상을 요한복음에서 만나게 된다. 불트만에 따르면, 요한복음 저자는 낡은 묵시문학적인 미래적 종말론을 부인하고 그것을 비非신화화하여서, 결과적으로는 마지막 날과 관련된 모든 실재가 그리스도 안에서 현존하는 것으로 그래서 믿는 자들이 현재적으로 경험할 수 있는 것으로 만들었다.[16] 그래서 요한의 종말 사상을 가리켜 이른바 '현재적 종말론the present eschatology' 혹은 '실현된 종말론the realized eschatology'이라고 부르기도 한다. 요한복음의 예수는 마지막 날에 있을 '심판'에 대해서 마치 이미 일어난 것처럼 "내가 심판하러 왔으니…"(요 9:39), "심판에 대하여라 함은 이 세상 임금이 심판을 받았음이라"(요 16:11), "이제 이 세상의 심판이 이르렀으니 이 세상 임금이 쫓겨나리라"(요 12:31)라고 말한다. 그리고 장차 올 세대에 맛보게 될 미래적 은사로 생각되던 '영생'도 요한에게서는 더 이상 미래적 은사가 아니라 현재에 누릴 수 있는 은사로 소개된다: "내 말을 듣고 나를 보내신 이를 믿는 자는 영생을 얻었고…"(요 5:24), "진실로 이르노니 믿는 자는 영생을 가졌나니…"(요 6:47), "믿는 너희에게 이것을 쓴 것은 너희로 하여금 너희에게 영생이 있음을 알게 하려 함이라"(요일 5:13).

유대교에서 생명 혹은 영생은 지금 여기서 현재적으로 누릴 수 있는 축복이 아니다. 이것은 공관복음에서도 마찬가지이다: "내가 진정으로 너희에게 말한다. 나와 내 복음을 위하여 집이나 형제나 자매나 어머니나 아버지나 자녀나 토지를 버린 사람은… 오는 세상에서는 영원한 생명을 얻을 것이다"(막 10:30; cf. 눅 18:29; 마 19:29-30). '영생'이 "공관복음에서는 항상 현재적 소유가 아니라 미래에 누릴 수 있는 축복으로

---

[16] R. Bultmann, *History and Eschatology* (New York: Harper & Harpers, 1957), pp. 47-51.

여겨진다."[17] 그런데 이것이 요한복음에서는 현재적으로 누릴 수 있는 축복으로 강조된다. 그래서 이런 요한의 '종말 사상'을 두고 슈나켄부르크는 "요한이 초점을 미래에서 현재로 돌리고 있다"라고 말하면서 요한의 종말론을 가리켜 '현재의 종말론'이라고 주장한다.[18] 다른 한편으로 불트만은 이것을 묵시문학적 종말론의 '비신화화'로 이해하고, 한스 콘첼만Hans Conzelmann은 요한이 "미래 세계의 소망을 철저히 개인화한 것"이라고 말하면서, 요한에게서는 '소망hope'(ἐλπίς)이란 단어 자체가 나오지 않는다는 점도 아울러 지적한다.[19]

그러나 이것이 요한이 말하는 종말론의 전부는 아니다. 요한복음에서도 '미래적 종말론'에 대한 언급이 나오기 때문이다(5:28; 6:39-40, 54; 12:48 등). 그래서 좀 더 정확히 말하자면 요한복음에서는 '현재적 종말론' 혹은 '실현된 종말론'과 동시에 '미래적 종말론'이 공존하는 셈이다. 그래서 브라운R. E. Brown은 요한의 종말론을 가리켜 '이중적 종말론twofold eschatology'이라고 말하기도 했다. 이처럼 요한에게서 현재적 종말론과 더불어 미래적 종말론이 함께 나타나는 사실에 대해서 불트만은 요한의 종말론은 근본적으로 현재적 혹은 실현된 종말론인데, 그의 복음서에서 볼 수 있는 몇몇 미래적인 묵시문학적 종말론에 대한 언급은 후대의 편집자가 요한복음의 교훈을 자기 시대의 교회가 가르치던 정통 교훈과 좀 더 잘 일치되게 만들기 위해 나중에 첨가한 것이라고 말한다.[20]

---

[17] D. G. Vanderlip, *Christianity According to John*, p. 40.

[18] R. Schnackenburg, *The Gospel According to John*, vol. II, p. 426.

[19] H. Conzelmann, *An Outline of the Theology of the New Testament*, p. 358.

[20] R. Bultmann, *The Gospel of John*, p. 261; *History and Eschatology*, p. 47. n.1.

　이렇게 생각하면 요한은 한편으로 현재적 구원만을 강조하면서 과
거와 미래를 희생시키는 당시 영지주의의 가르침과 다른 한편으로 과
거와 미래에만 집착함으로써 현재적 구원을 도외시하는 사도 이후 교
회 사이의 중도를 걷고 있는 것이라고 말한 빌리 마르크스센W. Marxsen
의 생각이 더 옳을 것이라는 생각도 든다.[21] 하지만 어느 누구의 생각과
주장이 옳은지의 문제와는 상관없이 요한의 종말 사상이 바울의 종말
사상과 상당히 다르다는 점만은 부인할 수 없다.

5) '교회론'과 관련하여

바울은 이방 선교사로 활동하면서 여러 지역에 수많은 교회를 세웠다.
바울 서신이라 불리는 것들도 나중에 바울이 목회 차원에서 그 교회들
에 보낸 서신들이었다. 물론 바울이 상대했던 교회들이 오늘날 우리가
경험하는 그런 교회 형태는 아니었을 것이다. 바울이 로마에 있는 교회
에 보냈던 로마서 마지막 장에서 브리스가와 아굴라에게 문안하라고
말하면서 '저의 집에 있는 교회'(롬 16:5)에도 문안하라고 부탁한 것을
보면, 로마의 한 지역에 있던 브리스가와 아굴라의 집이 '교회'로 이용
되었던 듯하다.[22] 이른바 '가정 교회house church' 형태였단 말이다. 또
바울이 이어서 "아순그리도와 블레곤과 허메와 바드로바와 허마와 및
그들과 함께 있는 형제들에게 문안하라"(롬 16:14), "빌롤로고와 율리
아와 또 네레오와 그의 자매와 올름바와 그들과 함께 있는 모든 성도들
에게 문안하라"(롬 16:15)라고 말한 것을 보면 '그들과 함께 있는 형제

---

[21]　W. Marxsen, *Introduction to the New Testament* (Philadelphia: Fortress Press,
　　　1980), p. 249.
[22]　고린도전서 16:19에서 바울은 다시 "아굴라와 브리스가와 그 집에 있는 교회"를 언급한다.

들'과 '그들과 함께 있는 모든 성도들'이 각각 몇몇 주요 인물을 중심으로 모이던 독립된 가정 교회 형태를 의미하는 것으로 보인다.

그런데 좀 놀라운 것은 거의 같은 시기에 기록된 것으로 여겨지는 고린도인들에게 보낸 편지 가운데서 좀 더 발전되고 조직화된 형태의 교회 모습이 드러나는 점이다. 바울은 고린도전서 12장에서 성령의 여러 가지 은사에 따른 여러 직분(12:4-11)을 언급한 후에, 다시 "교회 안의 여러 직분들"로, 첫째는 "사도"요, 둘째는 "선지자"요, 셋째는 "교사"요, 그 다음은 "능력을 행하는 자"요, 그 다음은 "병 고치는 은사와 서로 돕는 것과 다스리는 것과 각종 방언을 말하는 것이라"(12:28-31)라고 말한다. 그리스도의 몸인 교회 안에 그 지체들로 사도와 선지자, 교사 등 세분화된 직분들이 있었다는 말이다. 고린도인들에게 보낸 편지가 주후 50년대에 기록된 것이라고 추정할 때, 예수의 부활 승천 이후 불과 20여 년 후에 고린도에서 초대교회가 그토록 제도화되고 조직화된 형태로 발전했다는 것은 놀라운 일이다.

그런데 더 놀라운 것은 소위 '후기 바울 서신들'인 목회 서신들을 보면, 교회의 조직화와 제도화가 더 발전하여 '감독의 자격 규정'(딤전 3:1-7; 딛 1:7-9), '장로의 자격 규정'(딛 1:6), '집사의 자격 규정'(딤전 3:8-13)까지 필요할 정도였다는 점이다. 비록 목회 서신들이 1세기 말이나 2세기 초에 기록된 것이란 점을 감안한다고 하더라도, 바울을 추종하는 그룹들에서 교회가 그토록 제도적이고 조직적으로 발전하여 그런 규정들이 필요했을 정도였다는 것은 눈부신 진전이라 하겠다.

그런데 바울 서신들보다 훨씬 뒤인 1세기 말경에 기록된 것으로 추정되는 요한복음에서 우리는 바울 서신들에서 볼 수 있는 그런 발전되고 제도화된 교회의 모습, 가령 사도, 예언자, 목사, 교사, 권사 등과 같은 교회 내의 여러 식분(고전 12:28-31; 엡 4:11)에 대한 언급을 거의 찾아볼 수 없다. 요한복음에서는 마태복음에서 사용된 '교회'(마 16:18; 18:17)란 단어조차도 사용된 적이 없다. 그뿐만 아니라 교회의 주요 성례전인 '세례'와 '성찬'에 대한 언급도 없다.[23] 그래서 불트만은 "(요한복음에는) 특별한 교회적 관심이 없다. 제도나 조직에 대한 관심도 없다"[24]라고 말했고, 슈바이처E. Schweizer는 "여기서는 교회의 직분이나 여러 가지 상이한 은사도 없다"라고 지적했다. 그 이유로 아마도 요한이 초대교회 안에서 이미 나타나기 시작한 교회의 제도화에 반대하는 의도를 가졌기 때문이라는 주장이 제기되었다. 가령 케제만E. Kaesemann은 요한복음이 "교회 안에서 나타나고 있는 고도로 조직화된 제도를 향한 움직임에 반대하는 분명한 반격"[25]이라고 주장하면서 요한을 일종의 '반교회주의자'로 여긴다.

요한으로서는 교회가 너무 제도화 혹은 조직화의 방향으로 발전하는 것에 대한 대안 또는 좀 더 바람직한 교회관을 제시하고자 했다는 관점이다. 요한이 보기에 신앙생활에서 가장 중요한 것은 예수와의 개인적이고 인격적인 관계이지 외적이고 형식적인, 즉 조직과 기구 등 제도적인 것이 아니었던 듯하다. 그래서 슈바이처는 "(요한에게는) 예수 그리스도와 개인 간의 직접적이고 완전한 결합이 교회 제도의 특징이 되었다"[26]라고 지적한다. 요한은 요한복음 10장에서 목자와 양의 비유

---

[23] 요한복음에는 예수가 세례 요한에게 세례 받은 이야기, 예수가 잡히시기 전날 제자들과 더불어 마지막 만찬을 하면서 성만찬을 제정한 이야기가 나오지 않는다. 이 때문에 요한이 반성례전주의 혹은 반형식주의를 견지하고 있다는 지적도 제기된다.

[24] R. Bultmann, *Theology of the New Testament*, vol. II. p. 91.

[25] Cf. R. E. Brown, "Johannine Ecclesiology-The Community's Origins," *Interpretation* 31(1977), p. 379; *The Gospel According to John*, vol. I. CV-CXI.

를 통해 목자인 예수와 양들인 신자들 간의 개인적인 관계를 강조한다. 또 요한복음 15장에선 포도나무와 가지의 비유를 통해 포도나무인 예수와 그 가지들인 신자들 간의 개인적인 관계를 강조한다. 그래서 조지 반더립D. George Vanderlip은 "요한에게는 제도주의에 반대되는 개인주의가 중요시된다"라고 지적한다.[27] 이런 요한의 교회관을 가리켜 무디 스미스D. Moody Smith가 말했던 것처럼 "교회의 직제가 발전되지 않은, 혹은 발전되는 것을 원치 않는 그런 교회관, 즉 저급 교회론"[28]이라고 지적한다면, 바울의 교회론을 가리켜서는 '고급 교회론'이라고 불러야 마땅할 것이다. 바로 여기에서도 우리는 요한과 바울 간에 쉽게 건널 수 없는 깊은 괴리를 보게 된다.

3. 맺는말

요한과 바울 간의 몇몇 분명한 유사점 때문에 과거에는 요한복음이 바울의 기독교에 근거한다는, 즉 바울의 영향 아래 있다는 주장이 제기된 바 있었다. 이와 관련하여 요한복음이 바울에 의존한다는 견해를 최초로 주장한 사람은 아마도 파울 부세트Paul Boussett일 것이다. 그는 "요한은 바울의 어깨 위에 서 있다"[29]라는 말을 남긴 바 있다. 그리고 아돌프 다이스만A. Deissmann은 요한을 가리켜 '바울의 제자'[30]라고 말하기도 했

---

[26] E. Schweizer, *Church Order in the New Testament*, p. 124.

[27] D. G. Vanderlip, *Christianity According to John*, p. 83.

[28] D. Moody Smith, "Johannine Christianity," *NTS* 21(1974~75), p. 212.

[29] Boussett, *Kyrios Christos*, p. 180.

다. 이치럼 요한을 바울의 영향 아래 있는 인물로 보는 주장들은 주로 다음과 같은 두 가지 이유에서 제기된 것으로 여겨진다. 첫째, 요한복음이 바울 서신들보다 훨씬 뒤에, 무려 반세기 후에 기록되었기 때문에, 요한이 바울이나 그의 서신을 몰랐다고 생각하기 어렵다는 이유이다. 둘째, 요한복음이 공관복음이나 공관복음 전승보다는 오히려 바울 서신과 사상적으로 여러 면에서 비슷한 점을 더 많이 보이기 때문이었을 것이다.

그러나 우리는 요한이 바울이나 그의 서신들을 잘 알고 있었을 것이라고 쉽게 판단해서는 안 된다. 그 이유는 바울이 1세기 기독교 세계 안에서 보편적으로 존경받은 인물이 아니었다는 사실 때문이다. 더구나 바울은 한동안 초대 기독교의 한편에서 경계와 배척이 대상이 되기도 했다.[31] 그리고 바울과 함께 전도 여행을 하고 바울을 중요한 사도로 소개한 누가의 사도행전에서조차도 누가가 바울 서신들을 알고 있었다는 분명한 근거를 거의 찾아보기 어렵다. 당시 초대교회 안에서 바울과 그의 서신의 영향력이 아주 컸다고 여기기는 어렵다.

또 초대교회 역사를 살펴보더라도 요한은 베드로와 함께 예루살렘을 중심으로 활동하던 '유대 기독교'의 대표적 지도자 가운데 한 사람이었다. 그러나 바울은 주로 이방 지역에서 이방인들을 대상으로 활동하던 '이방 기독교'의 대표적 지도자였다. 바울이 그의 전도 여행 중에 여러 번 예루살렘을 방문하여 주의 형제 야고보(행 21:18; 갈 1:19)를 여러 번 만나보기는 했지만, 요한을 개인적으로 만났다는 기록은 찾아볼

---

30   Cf. Deissmann, *Neue Testament Deutsch*, p. 15.

31   Cf. 행 9:21,26; 행 21:21-26; 갈 1:23; 고후 10:10 등.

수 없다. 단지 바울이 바나바와 함께 예루살렘의 '기둥 사도들'인 '야고보와 게바와 요한'을 만나 '친교의 악수'를 나눌 때 만났다는 기록(갈 2:9)이 한 번 나올 뿐이다. 그러나 이 '친교의 악수' 만남도 할례자들을 위한 사도와 무할례자들을 위한 사도들 간의 역할 차이를 확인하면서 서로 간의 협조를 약속하기 위한 만남에 지나지 않았다. 더구나 소위 '바울 서신 수집록corpus Paulinum'은 요한복음이 완결되던 거의 같은 시기인 1세기 말경에 완결된 것으로 알려지고 있기에 직접적인 문서상의 영향을 생각하기도 쉽지 않다.

따라서 요한복음과 바울 서신 일부에서 유사점이나 공통점이 발견된다고 해서 두 사람이 역사적으로 연관되어 있다고, 거기서 더 나아가 요한이 바울의 영향을 받았다고 쉽사리 결론 내릴 일은 아니다. 더구나 그들의 사상적 뿌리와 배경이 너무나 다르지 않은가? 요한복음 전승이 갈릴리 출신의 야고보의 형제 요한에게서 발전되었고, 요한복음에서 예수의 활동 중심지가 공관복음서들과는 달리 오히려 예루살렘이며, 요한복음이 마지막으로 완성된 곳이 수리아 안디옥인 데 비해서, 바울은 헬라 문화의 중심지 가운데 하나인 길리기아 다소 출신인 데다가 그의 서신 기록 대상들이 주로 헬라파 사람들이란 점을 기억할 필요가 있다. 요한이 좀 더 유대적이라면 바울은 좀 더 헬라적이라고 말할 수 있다는 것이다.

그래서 프레드릭 그랜트Frederick. C. Grant가 요한복음 해석과 관련해서 지난 세기에 있었던 중요한 변화 가운데 하나가 "요한복음이 바울에 의존했다는 이론이 널리 포기되었다"[32]라는 점이라고 지적한 점 그리

---

[32] "the widespread abandonment of the theory that the Fourth Gospel was de-

고 "요한 신학의 기초는… 바울의 교훈이 아니라 초기 이방 기독교의 전체 초석"[33]이라고 생각하는 것이 더 옳을 것이다.

---

pendent upon Paul." Cf. F. C. Grant, *The Gospels*, p. 165.

[33] *Ibid.*, p. 167.

예수가 예레미야라는 일부 여론

주후 30년경에 유대 땅 갈릴리에서 예수는 "회개하라. 하나님 나라가 가까웠다"라고 말하면서 그 나름의 신앙 운동을 시작했다. 곧바로 많은 사람이 제자가 되어 그를 따랐다. 예수가 많은 병자를 고쳐주었을 때 "모든 사람이 놀라 하나님께 영광을 돌리며 심히 두려워하여 이르되 오늘 우리가 놀라운 일을 보았다"(눅 5:26)라고 했고, 예수가 설교를 했을 때는 "무리들이 그의 가르치심에 놀라니 이는 그 가르치시는 것이 권위 있는 자와 같고 그들의 서기관들과 같지 아니함이라"(마 7:28-29)라고 했다.

자연히 유대인 무리들 가운데서는 예수의 정체를 두고 도대체 "이 사람은 누구인가?Who is this man?"("τίς οὗτός ἐστιν") 하는 의문과 질문이 계속 생겨날 수밖에 없었다(눅 7:49; 8:25; 9:9). 누가복음 9장 7-9절을 보면, 분봉 왕 헤롯이 예수에 관한 소문을 듣고는 "이 사람은 누구인가?"라고 물으며 예수를 만나고 싶어 했다는 이야기도 나온다. 이때 헤롯이 예수에 대해 들었던 소문이란 "어떤 사람은 (세례) 요한이 죽은 자들 가운데서 다시 살아났다고도 하며, 어떤 사람은 엘리야가 나타났다고도 하며, 어떤 사람은 옛 선지자 한 사람이 다시 살아났다고도 함이라"(눅 9:7-8)라고 했다.

그런데 분봉 왕 헤롯의 이 이야기는 흥미롭게도 예수가 그의 공생애 활동이 한참 진행되었을 즈음에, 자신의 정체에 대해 다른 유대인 무리들이 어떻게 생각하고 있는지 알아보고 싶어서 제자들에게 "사람들이 나를 누구라고 하느냐?"(막 8:27)라고 무리들의 여론에 대해 물어보았던 것과 내용이 완전히 일치한다. 제자들이 예수의 질문에 대해 보고한 내용이 공관복음에 다음과 같이 기록되어 있다.

"여짜와 가로되 세례 요한이라 하고, 더러는 엘리야, 더러는 선지자 중의 하나라 하나이다"(막 8:28).
"대답하여 가로되 세례 요한이라 하고, 더러는 엘리야라, 더러는 옛 선지자 중의 하나가 살아났다 하나이다"(눅 9:19).
"가로되 더러는 세례 요한, 더러는 엘리야, 어떤 이는 예레미야나 선자자 중의 하나라 하나이다"(마 16:14).

"사람들이 예수를 누구라고 하느냐?"라는 질문에 대한 제자들의 대답이 이와 같이 세 가지 형태로 제시된다. 우선 우리는 제자들이 대답했다는 세 가지 형태의 본문을 통해 그 당시 유대인들이 일반적으로 예수를 세례 요한, 엘리야, 선지자 중의 하나로 알고 있었음을 알게 된다. 그러나 우리는 마태복음이 전해주는 제자들의 대답에서는 한 가지 독특한 점을 발견하게 된다. 즉 당시 유대인들 가운데 예수를 '예레미아'라고 생각한 사람들이 일부 있었다는 마태복음의 기록이다. 마태복음 저자는 마가복음을 문서 자료로 이용했던 것으로 알려져 있는데, 마태복음 저자가 마가복음이 전하는 내용과는 달리, 아니 마가복음의 기록 내용에 첨가해서, 당시 예수를 예레미야로 생각하는 사람들이 일부 있었다는 사실을 구체적으로 밝히는데, 과연 그 이유와 의도가 무엇인지 알아보자.

1. 예수가 세례 요한이란 소문

사람들이 예수를 '세례 요한'이라고 생각했다는 소문에는 그만한 이유가 있다. 세례 요한은 "모든 사람들로부터 참 선지자로 여김을 받는"(막 11:32) 그러나 "선지자보다 더 나은 자"(마 11:9)였고, 심지어 "모든 사람들이 요한을 혹 그리스도신가 심중에 생각하는"(눅 3:15) 그런 인물이었다. 예수도 나중에 "여자가 낳은 자 중에 세례 요한보다 큰 이가 없다"(마 11:11)라고까지 아주 높이 평가했을 정도였다. 그래서 세례 요한이 나타나 세례 운동을 시작했을 때, "온 유대 지방과 예루살렘 사람이 다 나아가 자기 죄를 자복하고 요단 강에서 그에게 세례를 받았다"(막 1:5).

예수도 공생애 활동에 나서기 전에, 먼저 요단 강에 나가 세례 요한에게서 세례를 받았고(막 1:9; 마 3:13-15), 그 때문에 예수가 세례 요한의 제자였다는 소문까지 돌았다. 더구나 예수가 갈릴리에서 공생애 활동을 시작할 때 그의 첫 메시지는 "회개하라. 천국이 가까웠다"(마 4:17)였는데, 예수의 이 말은 이미 세례 요한이 유대 빈들에 나타났을 때 선포했던 메시지("회개하라. 천국이 가까웠다", 마 3:2)를 그대로 반복한 것에 지나지 않았다.

더군다나 예수가 30세쯤 되어 "가르치심을 시작하실 때"(눅 3:23)는 마침 "분봉 왕 헤롯이 그의 동생의 아내 헤로디아의 일과 또 자기가 행한 모든 악한 일로 말미암아 요한에게 책망을 받고 그 위에 한 가지 악을 더하여 요한을 옥에 가두었을"(눅 3:19-20) 때였다. 세례 요한이 옥에 갇히게 됨으로써 세례 요한이 더 이상 어떤 활동도 할 수 없게 되었을 때 그의 뒤를 이어 나타난 것이 예수였다. 그래서 예수의 공생애 활동은 "요한이 잡힌 후에"(막 1:14) 시작되었다. 다른 사람들 눈에 예수는 세례 요한의 제자 혹은 그의 후계자처럼 보였을 수 있다. 그래서 나중에 예수의 소문이 퍼졌을 때 "사람들 가운데 더러는 세례 요한이 죽은 자 가운데서 살아났다"라고 말하고, 헤롯 역시 예수의 소문을 듣고는 "내가 목을 벤 그 요한이 살아난 것이다"라고 말하기까지 했다(막 6:14-16).

2. 예수가 엘리야라는 소문

사람들이 예수를 '엘리야'라고 생각했던 데에도 그만한 이유가 있다. 복음서를 보면, 특히 누가복음에서는 엘리야와 엘리사가 예수 사역을 위한 중요한 모델이다. 예를 들어, 예수의 나사렛 회당 설교(눅 4:16-30) 가운데 나오는 엘리야와 엘리사 이야기는 이방인들에 대한 예수 선교의 예표가 되었다. 이런 관점은 예수가 나인성 과부의 죽은 아들을 살려준 이야기(눅 7:11-17)가 엘리야가 사르밧 과부의 죽은 아들을 다시 살려준 이야기(왕상 17:17-24)를 그대로 '모방imitatio'[1]하고 있는 사실에서 잘 드러난다. 엘리야가 그 당시 그만큼 북부 이스라엘을 대표하는 중요한 선지자였기 때문일 것이다.

예수 당시 유대 백성들은 로마의 압제 밑에서 신음하면서 자신들을 구원해줄 '메시아'를 간절히 기다렸다. 그런데 유대인들의 묵시 사상 가운데는 "마지막 날이 이르기 전에 하나님께서 엘리야를 보내 주신다"(말 4:5)라는 믿음이 있었다. 그리고 마지막 구원의 날에 메시아가 오기 전에 먼저 '엘리야'가 올 것이란 기대와 소망도 생겨났다. 바로 이런 믿음의 연장선 위에서 길을 예비하기 위해 예수보다 먼저 온 세례 요한을 '엘리야'로 보는 시각(마 11:9)도 생겼다. 그래서 누가는 요한이 "엘리야의 심령과 능력을 가지고 주 앞에 먼저 갈 것이라"(눅 1:17)라고 구체적으로 밝히기도 한다. 세례 요한이 맨 처음 빈 들에서 나타날 때 구약의 엘리야처럼 "낙타털옷을 입고 허리에 가죽띠를 띠고 메뚜기와 석청을 먹고 살았다"[2]라고 말한 것도 그 때문이다. 물론 누가가 요한을 엘리야와 동일시하는 것은 아니지만, 요한을 엘리야처럼 마지막 때의 예비적인 인물로, 길을 예비하러 온 인물로 소개한다.

---

[1] T. L. Brodie, "Towards Unravelling Luke's Use of the Old Testament: Luke 7:11-17 as an Imitatio of I Kings 17:17-24," *New Testament Study* 32(1986), pp. 147-167.

[2] 세례 요한이 엘리야처럼 "낙타털옷을 입고 허리에 가죽띠를 띠고 메뚜기와 석청을 먹고 살았다"라는 표현은 누가복음에서는 찾아볼 수 없고, 마가복음 1:6과 마태복음 3:4에서만 나온다.

3. 예수가 선지자 중의 하나라는 소문

예수가 선지자 중의 하나라는 인식은 아마도 사람들 가운데 가장 널리
퍼진 소문이었을 것이다. 예수를 만난 수가 동네 사마리아 여인은 곧바
로 "주여, 내가 보니 선지자로소이다"(요 4:19)라고 고백했다. 예수께서
광야에서 무리들을 배불리 먹이셨을 때, 사람들은 예수께서 행하신 이
표적을 보고 "이 사람은 참으로 세상에 오실 그 선지자"(요 6:14)라고
말했다. 예수가 과부의 죽은 아들을 살리셨을 때, 주변의 모든 사람이
"하나님께 영광을 돌려 이르되 큰 선지자가 우리 가운데 일어나셨다"
(눅 7:14)라고 말했다. 날 때부터 맹인이었던 청년이 예수를 만나 눈을
뜨게 되었을 때 사람들이 그에게 "너는 그를 어떠한 사람이라 하느냐?"
라고 물었고, 돌아온 대답은 "그는 선지자니이다"(요 9:17)였다.

예수를 '선지자'로 생각하는 사람들이 많이 있었지만 복음서를 보면
예수 자신도 자신을 선지자로 생각했다. 예수가 고향 사람들에게 배척
을 받았을 때, 예수는 "선지자가 고향에서는 환영을 받는 자가 없느니
라"(막 6:4; 마 13:57; 눅 4:24; 요 4:44)라고 말하면서 고향을 떠나심으로
써 자신이 선지자임을 스스로 밝힌 바 있다. 또 예수가 예루살렘으로
올라가는 길에서 어떤 바리새인을 통하여 헤롯이 자신을 죽이려고 한
다는 말을 들었을 때, 예수는 "오늘과 내일과 모레는 내가 갈 길을 가야
하리니 선지자가 예루살렘 밖에서는 죽는 법이 없느니라"(눅 13: 33)라
고 말씀하셨다. 이 말씀도 예수가 자신을 선지자로 인식하고 있다는
것을 잘 보여준다. 그러니까 예수 당시 사람들이 예수를 선지자로 알고
있었다는 대답은 새삼스런 이야기가 아닌 셈이다.

4. 예수가 예레미야라는 소문

"사람들이 나를 누구라 하느냐?" 하는 예수의 질문에 대한 대답과 관련하여 마태복음 저자가 전해주는 본문은 다른 공관복음서의 평행 본문들과 공통점 혹은 유사점이 많다. 가령 대표적인 것이 사람들 가운데서는 예수를 세례 요한이나 엘리야 혹은 선지자 중의 하나로 알고 있었다는 기록이 그러하다. 그러나 그런 공통의 내용 이외에 오직 마태복음에서만 사람들이 예수를 '예레미야'로 알고 있다는 언급이 추가된 것은 좀 의외이다. 오직 마태복음에서만 예수가 여러 예언자적 인물들과 비견하여 언급되는 가운데 특별히 '예레미야'가 하나 더 추가되는 것이 아주 특이하기 때문이다. 그럼에도 이 점에 대해 학자들이 별로 관심을 보이지 않은 것은 유감이다. 마태가 '예레미야'를 하나 더 첨가함으로써 자신의 독특한 관점을 드러내는 점을 간과는 결과가 되기 때문이다.

그런데 다행히도 일찍이 카미냑J. Carmignac이 「왜 마태복음 16:14에서 예레미야가 언급되었는가?」란 논문[3]을 발표함으로써 이제 우리는 마태복음 저자의 의도를 좀 더 잘 이해할 수 있게 되었다. 그는 이 논문에서 다음과 같이 말한다. 예레미야란 이름이 첨부된 것은 다른 예언자들이 거론되는 가운데 어쩌다가 우연히 선택되어서 언급된 것이 아니다. 또한 그렇다고 예레미야가 다른 예언자들보다 더 특별히 뛰어난 인물이라서 언급된 것도 아니다. 마태복음 저자가 보기에는 예레미야

---

[3] J. Camignac, "Pourquoi Jeremie est-il mentionne en Matthieu 16.14?", in G. Jermias(ed.), *Tradition un Glaube: Festgave fuer K. G. Kuhn* (Goettiingen: Vendenhoeck & Puprecht, 1971), pp. 283-198. Cf. R. H. France, *Matthew: Evangelist and Teacher*, pp. 213-214.

와 예수의 사역 사이에 한 가지 아주 분명한 공통점parallel이 있기 때문에, 마태로서는 예수의 정체성을 밝히는 문제와 관련해서 예레미야의 이름을 의도적으로 여기에 첨가한 것이라고 주장한다.

도대체 예레미야가 어떤 선지자이기에 마태는 그토록 중요한 베드로의 신앙고백과 관련하여, 아니 예수의 정체성과 관련하여, 그의 이름을 예수에 빗대어 언급한 것일까? 우리는 먼저 예레미야가 이스라엘 백성들의 마음속에선 '저주의 심판을 선포한 예언자a prophet of doom', 바벨론에 굴복할 것을 선포한 예언자, 하나님이 예루살렘을 방어할 것이란 희망을 선포하지 않은 예언자, 아니 거기서 더 나아가 특히 예루살렘 성전의 전적인 멸망을 예언한 선지자로 기억된다는 점에 주목할 필요가 있다. 예레미야 26장 6절을 보면 예레미야가 하나님의 메시지, 곧 "내가 이 성전을 실로와 같이 되게 하고 이 성을 세계 모든 민족의 저주꺼리가 되게 하리라"라는 말씀을 선포하자 "제사장들과 선지자들과 모든 백성이 그를 붙잡고 이르되 네가 반드시 죽어야 하리라. 어찌하여 네가 여호와의 이름을 의지하고 예언하여 이르기를 이 성전이 실로와 같이 되겠고, 이 산이 황폐하여 주민이 없으리라 하느냐?"(26:8-9)라고 반박한다. 예루살렘 성전과 예루살렘 멸망에 대한 예레미야의 이런 저주와 심판의 메시지 때문에 탈무드에는 "예레미야는 멸망이 전부다!"(Jeremiah is all destruction!)란 말까지 나온다.

기독교의 모든 전승이 예수를 예레미야처럼 예루살렘 성전과 예루살렘에 대해 부정적인 관점으로 보는 것은 아니다. 그러나 복음서를 주의 깊게 읽어볼 경우 우리는 금방 예수가 이스라엘 백성들, 특히 그들의 지도자들에 대한 저주 선언과 함께 예루살렘 성전의 멸망을 예언하면서, 마치 구약의 예레미야 선지자처럼 이스라엘의 애국적인 가치를 위해 투쟁한 인물 중 한 사람이었다고 생각할 수도 있게 된다. 마태복음이 다른 어느 복음서보다도 그런 인상을 위한 훨씬 많은 근거를 보여 주는 것이 사실 아닌가?

마태복음의 예수는 구약의 예레미야 선지자처럼 예루살렘과 예루살렘 성전에 대해 아주 부정적인 관점을 드러낸다. 예수는 예루살렘에 입성하자마자 곧바로 성전에 들어가서 성전 뜰 안에서 제사용 짐승들을 팔고 사는 사람들을 다 내어 쫓았고, 성전세 징수를 위해 돈을 바꾸어주는 사람들의 상과 비둘기 파는 사람들의 의자를 둘러 엎으셨다. 이것은 성전 제사 제도에 대해 전면적인 부정을 의미하는 일종의 도전이었다(마 21:12-13). 그러고는 "내 집은 기도하는 집이라 부를 것이다"라고 말하면서 그런데 "너희는 그것을 강도의 소굴로 만들었다"라고 탄식했다. '강도의 굴혈'이란 표현 자체가 바로 예레미야가 예레미야 7장 11절에서 사용했던 표현 그대로이다.

마태복음의 예수는 23장에 소개된 일련의 저주 선언들 가운데서도 "예루살렘아, 예루살렘아, 선지자들을 죽이고 네게 파송된 자들을 돌로 치는 자여"(마 23:37)라고 예루살렘을 저주했고, 이어서 "보라 너희의 성전은 하나님께로부터 버림을 받을 것이다"(마 23:38)라고 예루살렘 성전에 대해서까지 저주 선언을 퍼부었다. 그러고는 성전에서 나와서 제자들에게 예루살렘 성전 건물들을 가리키며 "너희가 이 모든 것을 보지 못하느냐 내가 진실로 너희에게 이르노니 돌 하나도 돌 위에 남지 않고 다 무너지리라"(마 24:2)라고 말씀하기도 했다.

나중에 예수가 산헤드린에서 심문을 받을 때 주요 고소 내용 가운데 하나가 예수가 성전을 모독했다는, 이른바 성전모독죄였다는 사실을 기억할 필요가 있다(마 26:61). 마태는 예수가 성전에 들어가 성전 제사

제도를 저주한(마 21:12-14) 일에 이어서 예수가 열매 맺지 못한 무화과나무를 저주한 일(마 21:18-22)을 그것과 나란히 소개함으로써, 하나님이 기뻐 받으시는 열매가 없는 성전 제사 제도와 열매가 없는 무화과나무가 똑같이 저주를 받은 것으로 읽게 만들었다. 그러고는 그 이후에 제자들에게 성전 건물을 가리키면서 "내가 진정으로 너희에게 말한다. 여기 돌 하나도 돌 위에 남지 않고 다 무너져버릴 것이다"(마 24:2)라고 예언한다. 예루살렘 종교 지도자들은 분명히 예수가 성전에 위협이 되는 인물이라고 생각했고, 그래서 그를 제거하려고 애썼다.

이런 사실은 마가복음에서도 아주 분명히 드러난다. 그러나 마가복음에서는 성전모독죄를 단순히 '거짓 증거'(막 14:56)라고 그리고 "손으로 지은 이 성전을 내가 헐고 손으로 짓지 아니한 다른 성전을 사흘에 지을 것이라"(14:58)라는 말을 통해, 고소 내용의 정치적 색채가 좀 약화되어 있는 것이 사실이다. 그러나 마태는 거짓 증인을 얻지 못했다는 말을 하면서도 '두 사람'(마 26:60)의 일치된 고소가 있어서 증거로 효력이 있음을 언급한다. 더구나 마태복음의 예수는 이미 "성전보다 더 큰 이가 여기 있다"(마 12:6)라고 주장함으로써 성전에 대한 공격 의도를 드러낸 바 있기도 하다.

결국 마태복음에서 예수는 예루살렘 성전에 도전하고, 성전을 저주하고, 성전이 파괴될 것을 예언한 인물로 소개된다. 그래서 결국 예수는 성전모독죄로 십자가형을 당하게 되었다. 더구나 예수가 십자가에 처형을 당하는 장면에서도 오직 마태만이 지나가던 행인이 예수를 모욕하면서 "성전을 헐고 사흘 만에 짓겠다던 사람아, 네가 하나님의 아들이거든, 네 자신을 구원하고 십자가에서 내려오라"(마 27:40)라고 조롱하는 말을 소개한다. 예수의 성전에 대한 도전과 성전에 대한 저주가

마태복음에서 얼마나 중요한 주제인가를 보여주는 점이다. 구약 예언
자들 중 예루살렘 성전의 멸망을 예언한 예언자가 바로 예레미야가 아
니었던가? 그렇다면 예수 당시 그리고 마태복음이 기록될 당시에도 많
은 사람이 예수를 예레미야의 이미지로 이해했다는 것은 오히려 당연
한 일이 아니었겠는가?

예수의 무죄를 증언한 빌라도의 아내

예수의 수난 이야기 마지막 클라이맥스 가운데 하나인 빌라도에 의한 마지막 사형 언도 장면(막 15:6-15; 마 27:15-26; 눅 23:17-25)을 보면, 로마 총독 빌라도는 예수를 놓아주려는 의도를 드러내고 있는 반면에 유대인들 무리들, 특히 그들을 선동한 대제사장과 장로들은 예수의 십자가 처형을 완강히 요구하는 것이 대조적으로 나타난다. 복음서 저자들은 일관성 있게 로마 총독 빌라도가 예수가 무죄함을 알고 있었고 예수를 방면해주려 했다고 전한다.

마태복음 저자는 빌라도가 "그들(대제사장들)의 시기로 예수를 넘겨준 줄 앎이러라"(마 27:18)라고 말했는데, 이는 마가복음의 증언(막 15:10)과도 일치한다. 더구나 마태복음을 보면, 빌라도가 예수를 십자가에 못 박으라고 외치는 무리들을 향해 "어쩜이냐? 무슨 악한 일을 하였느냐?" 하고 반문하는데, 이 말은 빌라도가 예수의 유죄에 관해서는 아직 아무런 확신도 갖고 있지 않았음을 보여준다. 물론 복음서들에서 빌라도가 예수의 무죄를 알고 있었고, 풀어주려고 했다는 듯이 기록되어 있는 사실 자체가 예수가 로마법에 따라 십자가에 못 박힐 만한 죄를 범하지 않았다는 초대교회의 변증적 입장을 반영해준다. 그리고 로마가 세계를 지배하던 당시의 정치적인 상황에서 가능한 한 로마 당국과의 우호적인 관계를 유지해야 로마 세계에서 교회가 교회로 살아남아 효과적으로 선교할 수 있다는 교회 측의 사정과 전략이 반영된 것도 어느 정도 사실이다. 그래서 마가복음과 마태복음의 경우와 달리 누가복음에서는 좀 더 분명히, 좀 더 명백하게 예수의 무죄가 로마 총독 빌라도 자신의 입을 통해 공인되기도 한다. 누가복음의 경우 빌라도 총독이 예수를 두고 "내가 보니 이 사람에게 아무 죄가 없도다"라고 세 번씩이나 강조하고(눅 23:4, 15, 22), 요한복음에서도 빌라도가 예수의 무죄를 세 번이나 강조한다(요 18:38; 19:4, 6).

그런데 우리는 마태복음에서도 바로 이런 의도를 드러내는 독특한 이야기 그러나 다른 복음서들에서는 전혀 찾아볼 수 없는, 오직 마태복음에서만 읽을 수 있는 특별한 이야기 하나를 만나게 된다. 곧 빌라도가 재판석에 앉아 예수를 심문할 때, 빌라도의 아내가 사람을 보내어 빌라도에게 예수의 심판에 영향을 미칠 수 있는 말을 전해주는 이야기이다(마 27:19). 그런데 마태가 전해주는 빌라도의 예수에 대한 마지막 재판 이야기(마 27:15-26)를 그의 문서 자료로 생각되는 마가복음의 평행 본문(막 15:6-15)과 비교해보면, 마태는 마가복음 본문 이야기를 그대로 소개하지 않는다. 마태는 마가가 전해준 이야기에 다음과 같은 세 가지 언급을 더 첨가하여 확대한다.

1) "총독이 재판석에 앉았을 때에 그의 아내가 사람을 보내어 이르되 저

옳은 사람에게 아무 상관도 하지 마옵소서. 오늘 꿈에 내가 그 사람으로 인하여 애를 많이 태웠나이다 하더라"(마 27:19).

2) "빌라도가 아무 성과도 없이 도리어 민란이 나려는 것을 보고 물을 가져다가 무리 앞에서 손을 씻으며 이르되 이 사람의 피에 대하여 나는 무죄하니 너희가 당하라"(27:24).

3) "백성이 다 대답하여 이르되 그 피를 우리와 우리 자손에게 돌릴지어다"(27:25).

위의 세 구절이 마태가 이용했던 그의 문서 자료인 마가복음에도 나오지 않는 그리고 다른 어떤 복음서들도 전혀 없는 이야기들이란 점에서 우리는 빌라도의 아내와 관련된 이 세 구절이 마태 자신의 구성이라고 결론지을 수밖에 없다.[1] 그렇다면 마태가 이 세 구절을 여기에 첨가한 의도와 목적은 무엇일까?

1. 예수의 무죄를 증언한 빌라도 아내

마태가 전하는 빌라도 아내의 이야기가 다른 어느 복음서들에서도 없

---

[1] 로버트 펑크(Robert W. Funk)와 The Jesus Seminar는 빌라도 아내의 꿈 이야기를 가리켜 "마태가 꾸며낸 이야기"(a Matthean fabrication)라고 주장한다. Cf. *The Acts of Jesus: What did Jesus Really do?* (NY: HaperCollins, 1998), p. 259. 다른 한편, 데이비스(W. D. Davies)와 데일 엘리슨(Dale C. Allison)도 이 빌라도 아내의 이야기를 가리켜서 "허구적인 에피소드"(fictional interlude)라고 말한다. Cf. *A Critical and Exegetical Commentary on the Gospel according to St. Matthew* (ICC, Edinburgh), III, p. 587.

는 내용이기에 그런 일이 실제로 있었다고 믿기 어려운 점이 있다. 무엇보다도 예수의 심문과 처형 당시에 빌라도의 아내가 빌라도와 함께 예루살렘에 있었을 가능성이 전혀 없기 때문이다. 다른 복음서 전승이나 역사적 문서들 가운데 그런 언급이나 암시가 전혀 없다. 더구나 로마의 역사가 수에토니우스Suetonius에 따르면, 아우구스투스 황제가 총독들이 자신의 임지로 떠날 때 아내를 데리고 가는 것을 허락하지 않았고, 다만 겨울철에 아내가 방문할 수 있게 했을 뿐이다. 디베료Tibelius 황제 당시에 황제가 양자로 택했던 칼리굴라Gaius Geaesar Germanicus 때문에 이 법이 엄격하게 적용되지 않은 적이 있기는 하지만 대체로 지켜졌던 것으로 알려졌다. 또 빌라도가 자신의 무죄의 표시로 물을 가져다가 손을 씻는 행동(마 27:24)도 로마적이라기보다는 오히려 유대적이다.[2] 그래서 예수의 피에 대한 책임을 회피하기 위해 물을 가져다가 무리들 앞에서 손을 씻고 있는 빌라도의 행동이 전혀 로마 사람답지 않다는 문제가 제기되기도 했다.[3]

더구나 이것은 '꿈' 이야기이다. 게다가 마태복음에서는 '꿈'이 여러 번 하나님의 계시 수단으로 사용된다. 마태는 이미 복음서의 서두에서 예수의 탄생 이야기와 관련하여 여러 번 꿈을 하나님의 계시 수단으로 소개한 바 있다. 요셉에게 여러 번 꿈을 통해 하나님의 계시가 주어진

---

[2] 죽은 사람의 피와 관련하여 손을 씻는 것에 관한 구약 율법 규정이 신명기 21장에 나온다. 신명기를 보면 피살된 시체가 들에 엎드러진 것을 발견했을 때, "그 피살된 곳에서 제일 가까운 성읍의 모든 장로들은 그 골짜기에서 목을 꺾은 암송아지 위에 손을 씻으며 말하기를 우리의 손이 이 피를 흘리지 아니하였고 우리의 눈이 이것을 보지도 못하였다"라고 말한다(신 21:6-7).

[3] Cf. J. C. Fenton, *The Gospel of Saint Matthew* (Pelican Gospel, Baltimore: Penguin Books, 1963), p. 436.

것 이외에 이방인 박사들에게도 꿈을 통해 하나님의 계시가 주어진 바 있다(요셉의 꿈 - 1:20, 2:13, 2:19, 2:22; 박사들의 꿈 - 2:12 등).[4] 그런데 마태는 그의 복음서 말미에서, 곧 예수의 십자가 처형 이야기와 관련해서, 다시 빌라도 아내의 '꿈' 이야기를 일종의 계시 수단으로 이용한다.

그런데 마태가 소개하는 '꿈' 이야기 가운데서 우리가 주목해야 할 점은 하나님의 백성인 유대인들과 하나님을 모르는 이방인들이 대조적인 모습으로 소개된다는 것이다. 이른바 유대인들은 예수를 배척하는데 오히려 이방인들이 예수를 영접한다. 마태복음 서두에 나오는 예수의 탄생 이야기를 보면, 헤롯 왕과 유대 종교 지도자들은 예수를 죽이려고 하는데 이방인 동방 박사들은 오히려 아기 예수를 죽이려는 헤롯 왕의 지시를 따르지 않고 꿈을 통한 하나님의 계시를 따라, 다른 길로 자기 나라에 돌아감으로써 아기 예수의 생명을 구할 수 있었다. 그런데 마태복음 말미에 나오는 예수의 수난 이야기에서도 마태는 다시 꿈과 관련하여 똑같은 주제를 다시 다룬다. 유대인들이 예수를 "십자가에 못 박으라"고 소리 지르면서(마 27:22) 오히려 바라바를 놓아달라고 외쳤지만(27:21), 이방인이었던 빌라도의 아내는 오히려 예수의 재판을 주도하는 남편 빌라도에게 사람을 보내어 다음과 같이 당부한다: "당신은 그 의로운 사람에게(τῷ δικαίῳ ἐκείνῳ) 아무 상관도 마십시오. 오늘 꿈에 내가 그분 때문에 몹시 괴로웠습니다(πολλὰ ἔπαθον)"(새번역, 27:19).

빌라도 아내의 이 말에는 두 가지 중요한 의미가 내포되어 있기에

---

4 "꿈에"(in a dream)란 문구는 신약성서에서 오직 마태복음에서만 모두 6번 나온다(1:20; 2:12, 13, 19, 22; 27:19).

이 구절에 대한 올바른 이해가 중요하다. 그런데 유감스럽게도 우리말 『개역 성경』의 번역이 헬라어 원문의 의미를 정확히 밝히는 데 상당히 미급하기 때문에, 여기서는 오히려 헬라어 원문의 의미를 좀 더 잘 밝혀주는『새번역 성경』의 번역을 중심으로 살펴보도록 하겠다. 첫째, 빌라도 아내가 예수를 가리켜 "그 의로운 사람"(ὁ ἐκεῖνος δίκαιος)이라고 말한 점이다. 마태가 예수의 재판 과정에서 빌라도의 아내 이야기를 소개하는 이유는 분명하다. 즉 예수의 무죄를 강조하기 위한 것이다. 그래서 데이비스Davies와 앨리슨Allison은 "여하간 빌라도의 아내가 여기에 소개되는 것은 예수가 십자가에 달려서는 안 될 것을 알고 있는 또 다른 사람을 하나 더 첨가하는 것이다"[5]라고 말하데, 이것을 프랑스France의 말로 표현하자면 "예수가 법적으로 무죄하다는 인상을 강조하기 위해서"이다.[6]

누가복음에서는 빌라도가 세 번에 걸쳐 예수의 무죄를 분명히 언급한다(눅 23:4, 14, 22). 그 때문에 누가복음에서는 빌라도가 재판장이 아니라 오히려 예수의 변호사로 등장한다는 지적도 있다.[7] 그런데 마태복음에서는 빌라도가 직접 예수의 무죄를 공식적으로 선언하는 이야기가 없는 대신에 "빌라도가 누가복음에서 했던 역할을 마태복음에서는 빌라도의 아내가 하고 있다."[8] 결국 마태복음에서 빌라도의 아내는

---

5   Cf. W. D. Davies and D. C. Allison, *The Gospel according to St. Matthew* (ICC, Edinburgh), III, p. 587.

6   R. T. France, *Matthew* (Tyndale New Testament Commentary, Eerdmans, 1985), p. 390.

7   Cf. Charles H. Talbert, *Reading Luke: A Literary and Theological Commentary on the Third Gospel* (New York: Crossroad, 1982), p. 217.

8   "Functionally, then, Pilate has role in Luke that Pilate's wife has in Matt." Cf.

예수의 무죄를 증인하는 예수의 변호사 역할을 하고 있다고 보아야 할 것이다.

둘째, 그녀가 예수 때문에 "몹시 괴로웠다"(πολλὰ ἔπαθον)라고 말한 점이다. 이 헬라어 문구는 예수의 수난 예고 가운데서 예수가 "대제사장과 서기관들에게 많은 고난을 받을 것(πολλὰ παθεῖν)"(마 16:21)이라고 말했을 때의 문구와 아주 동일하다. 마태는 이 중요한 문구를 예수의 고난과 빌라도 아내의 고난에 각기 사용함으로써, 마치 빌라도의 아내가 예수의 고난에 동참했음을 뜻하려 했던 것이 아닌가 하는 생각을 가능하게 해준다. 아마도 이런 의미로 읽혀진 것 때문에, 나중에 외경 가운데 하나인 〈빌라도 행전the Acts of Pilate〉 2장 1절에서는 빌라도의 아내가 하나님을 예배하는 자와 유대 종교의 신봉자로,[9] 기독교 전통 일부에서는 빌라도의 아내가 '순교자'로,[10] 또 몇몇 초기 정통 교회, 특히 희랍 교회와 에티오피아 교회들에서는 그녀를 성자聖者로 숭상하기도 했다.[11]

마태가 예수에 대한 빌라도의 십자가 처형 언도와 관련하여 빌라도 아내의 꿈 이야기를 소개하는 것은 또 다른 의미에서 빌라도 아내를 하나님께서 믿을 만한 꿈들을 보내주었던 요셉(1:20; 2:13, 19, 22) 및 동방 박사(2:12) 등과 비슷한 인물로 만들어 부각시키는 것이라고 생각할 수도 있다.[12] 즉 마태는 이방인 여인이었던 빌라도의 아내가 하나

R. E. Brown, *The Death of the Messiah: A Commentary on the Passion Narratives in the Four Gospels* (NY: Doubleday, 1993), p. 789.

[9] R. E. Brown, *The Death of the Messiah*, p. 806.

[10] Cf. Davies and Allison, *Matthew*, III. p. 587, n.39.

[11] Cf. E. Schweizer, *The Good News According to Matthew* (Atlanta: John Knox Press, 1975), p. 508.

님의 중요한 계시를 받을 만한 사람이었음을, 여자도 꿈을 통해 하나님
의 계시를 받을 수 있음을 보여주려고 했던 것이라고 생각된다.

다른 한편으로 어거스틴은 이브가 그녀의 남편 아담을 움직여 죽음
에 이르게 하는 결정을 하게 했던 경우와는 반대로 빌라도의 아내 프로
큘라Procula[13]가 그녀의 남편을 움직여 생명에 이르게 하는 결정을 하게
만든 일과 대조하고 있다.[14] 이런 관점에서 본다면 빌라도의 아내는 하
나님의 계시를 받은 여인으로서만이 아니라 남편을 움직여 생명에 이
르게 할 수도 있는 여인으로 돋보이게 되는 셈이다. 이렇게 생각할 경
우, 마태복음을 기록한 저자는 분명히 남자만을 중요시하는 당시의 가
부장적 사고방식을 넘어선 사람, 그래서 여성을 아주 긍정적으로 바라
보는 사람이라고 말할 수도 있을 것이다.

2. 예수의 무죄를 알고 있었던 빌라도

빌라도는 분명히 예수의 무죄를 알고 있었던 것으로 보인다. 마태복음
저자의 증언에 따르면, 빌라도는 분명히 예수를 놓아주려고 했다. 빌
라도가 무리들에게 "내가 누구를 너희에게 놓아 주기를 원하느냐? 바
라바냐? 그리스도냐?"라고 물었지만 빌라도는 이미 "그들이 시기로 예

---

[12] Davies and Allison, *Matthew*, III, p. 587.

[13] 빌라도 아내의 이름이 좀 더 온전한 형태로는 클라우디아 빌리아 프로큘라(Claudia
Vilia Procula)이며, 아우구스투스 황제의 딸인 율리아(Julia)의 막내딸로 알려져 있기도
하다.

[14] Cf. Sermo 150(121 De tempore; PL 39, 2038).

수를 넘겨준 줄 앎이더라"(마 27:18)라고 했다. ~~유대인~~ 종교 지도자들이 '시기' 때문에 예수를 넘겨준 것이지 예수에게 무슨 죄가 있어서가 아니라는 의미가 분명해 보인다. 빌라도가 "예수를 십자가에 못 박으라" 하는 무리들의 소리를 듣고 "어쩜이냐? 무슨 악한 일을 하였느냐?"(27: 23) 하고 반문한 점만 보더라도 빌라도는 예수가 처형당할 만한 이유에 대해 아무런 확신이 없었던 것으로 보인다. 이런 빌라도에게 "당신은 그 의로운 사람에게 아무 상관도 마십시오. 오늘 꿈에 내가 그분 때문에 몹시 괴로웠습니다"라는 아내의 말은 예수의 무죄에 대한 확신에 또 다른 확신을 더해주는 일이 되었을 것이다. 빌라도는 결국 예수의 무죄함을 이중으로 알게 된 셈이다. 하나는 자신이 확인한 사실(종교 지도자들의 '시기') 때문이고, 다른 하나는 자기 아내가 전해준 "예수는 의인이라"는 전언[15] 때문이다.

그런데 빌라도는 계속 "예수를 십자가에 못 박으라"는 무리들의 외침을 들으면서 "도리어 민란이 나려는 것을 보고"(마 27:24),[16] 물을 가져다가 무리 앞에서 손을 씻으며 이르되 "이 사람의 피에 대하여 나는 무죄하니 너희가 당하라" 하고 말한다. 빌라도가 예수의 십자가 처형과 관련하여 자기의 손을 씻는 이야기가 외경 〈베드로 복음서〉 11장 4절에서도 나온다: "빌라도가 응답하여 말하였다. '나는 하나님의 아들의 피에 대해 깨끗하다. 이것은 모두 너희들이 한 짓이다.'" 그러나 거

---

[15] 누가복음 23:47에 따르면, 예수의 십자가 처형을 진두지휘하던 로마의 백부장이 예수가 숨지는 것을 보고 했던 말이 "이 사람은 정녕 의인이었도다"라는 고백이었다. 그러니까 마태복음에서는 이방인 빌라도의 아내의 입을 통해, 누가복음에서는 이방인 백부장의 입을 통해 예수가 '의인'임을 선포하는 셈이다.

[16] 로마 총독의 가장 중요한 임무 가운데 하나가 점령지에서 반란 운동이 일어나지 않도록 하여 주둔 지역의 사회적 안정을 유지하는 것이었다.

기서는 빌라도의 이 말이 재판 장면에서가 아니라 예수가 부활하여 빈 무덤이 된 상황과 관련되어 나온다. 빌라도가 예수의 죽음에 대해 자기 는 아무런 책임이 없다는 식으로 뒤로 빠지는 모습에 대한 전승이 결국 두 형태로 전해진 셈이다. 이것은 곧 예수의 십자가 처형 언도와 관련 하여 빌라도 총독이 상당히 우유부단했고, 무책임한 인상을 남겼다는 반증일 수도 있다.

여기서 우리는 한편으로 예수의 무죄를 확신하고 대제사장과 장로 들과 무리들의 주장에도 불구하고 남편인 빌라도에게 사람을 보내 "당 신은 그 의로운 사람에게 아무 상관도 마십시오"라고 적극성을 보이는 빌라도의 아내와 다른 한편으로 종교 지도자들과 무리들의 "십자가에 못 박으라" 하고 외치는 소리에 질려서, 또한 "민란이 나려는 것"을 두 려워하여 "물을 가져다가 손을 씻으며 이 사람의 피에 대해 나는 무죄 하니 너희가 당하라"(마 27:24)라고 말하며 뒤로 물러서는 빌라도 총독 의 모습이 아주 대조적으로 나타나는 점에도 주목할 필요가 있다. 아마 도 마태는 여성인 빌라도의 아내가 남성이며 총독이었던 빌라도보다 도 예수의 십자가 처형 문제와 관련하여 더 중요하고도 올바른 판단과 처신을 했던 모범으로 생각했던 것 같다. 예수를 '의로운 사람'으로 인 식했던 그리고 예수처럼 '많은 고난'을 겪은 뒤에 남편에게 "아무 상관 도 하지 말라" 하고 말할 수 있었던 빌라도의 아내의 모습이 "아무 성과 도 없이 도리어 민란이 나려는 것을 보고"(27:24) 물을 가져다가 손을 씻으며 "나는 무관하니 너희가 당하라" 하고 책임을 회피하는 듯한 빌 라도의 모습보다는 훨씬 더 긍정적으로 보이지 않는가 말이다.

3. "그 피를 우리와 우리 자손에게 돌릴지어다"

빌라도가 예수를 재판하는 장면의 바로 직전에 마태는 예수가 죄 없이 죽음을 당하게 된 것을 깨달은 가룟 유다가 스스로 뉘우치고 은 삼십을 대제사장들과 장로들에게 돌려주며 "내가 무죄한 피blood($\tau\grave{o}$ $\alpha\hat{\iota}\mu\alpha$)를 팔고 죄를 범하였도다"(마 27:4)라고 고백했다는 사실을 언급한다. 그리고 바로 이어서 마태는 다시 빌라도가 예수의 십자가 처형 언도를 앞두고 물을 가져다가 손을 씻으면서 "이 사람의 피($\tau\grave{o}$ $\alpha\hat{\iota}\mu\alpha$)에 대하여 나는 무죄하니 너희가 당하라"(27:24) 하고 말한 사실을 전한다. 그리고는 또다시 유대인의 '모든 백성들'이 다 "그 피($\tau\grave{o}$ $\alpha\hat{\iota}\mu\alpha$)를 우리와 우리 자손에게 돌릴지어다"(27:25)라고 말했다는 것을 기록했다. 예수의 '피'($\tau\grave{o}$ $\alpha\hat{\iota}\mu\alpha$)란 단어를 중요 연결어(key-word 혹은 catch-word)로 이용하여 예수의 십자가 죽음, 곧 '예수의 피'에 대한 책임이 누구에게 있는지를 세 부류 사람의 말을 통해 밝히고 있는 셈이다.

> 가룟 유다: "내가 무죄한 피($\tau\grave{o}$ $\alpha\hat{\iota}\mu\alpha$)를 팔고 죄를 범하였도다"(27:4).
> 빌라도 총독: "이 사람의 피($\tau\grave{o}$ $\alpha\hat{\iota}\mu\alpha$)에 대하여 나는 무죄하다"(27:24).
> 유대 백성: "그 피($\tau\grave{o}$ $\alpha\hat{\iota}\mu\alpha$)를 우리와 우리 자손에게 돌릴지어다"(27:25).

이런 기록 가운데 드러나는 마태의 의도는 분명하다. 예수의 십자가 죽음과 관련하여 우선 예수의 죽음이 '무죄한 죽음'임을 강조하는 것이다. 가룟 유다가 예수의 죽음을 두고 자기가 "무죄한 피를 팔았다"며 자기가 "죄를 범하였다"고 스스로 고백하지 않는가? 그리고 빌라도도 '예수의 피'에 대해 자신의 무죄를 강조하지만, 빌라도가 말한 '이 사람'

이란 문구가 다른 사본들 가운데서 '이 의로운 사람'이라고 표현된 점으로 보아 빌라도의 아내가 말했듯이 예수가 '의인'임을, 곧 '예수의 무죄함'을 어느 정도 인정한 것으로 보이기도 한다. 이런 점에 비해서 유대 백성들만은 예수의 피를 자신들에게 돌림으로써 예수의 죽음의 책임을 스스로 인정하는 셈이다. 유대인들이 나서서 스스로 예수의 죽음, 곧 예수의 피에 대한 책임을 자기들과 자기 자손들에게 돌리라고 말하는 것은 좀 이해하기 어렵다. 기독교인들의 〈사도신경〉에서도 예수는 "본디오 빌라도에게 고난을 받으사 십자가에 못 박히셨다"라고 말하지 않는가? 그런데 마태복음에서 예수 죽음의 책임을 '온 백성'("πᾶς ὁ λαός",[17] 27:25)이 스스로 자기들과 자기 자손들에게 돌리라고 말하는 것은 아마도 분명히 유대인 자신들의 실제 고백ipsissima verba이 아니라, 예수 죽음의 책임을 로마인에게서 유대인에게로 돌리려는, 즉 초대교회의 친로마적이며 반유대교적인 변증 의도에서 나온 유대교인들에 대한 초대 기독교인들의 일종의 저주 선언 같은 것이라고 보아야 마땅하다.

---

[17] 〈개역개정〉 성경에서는 "백성이다"라고 번역했고, 〈새번역〉 성경에서는 '무리'라고만 번역했는데, 헬라어 원문에서는 유대인들이 '온 백성'(all the people)이란 의미이다. 마태복음이 기록될 당시 유대인들 가운데 예수를 믿는 사람들이 상당히 많았음을 감안할 때, 여기서 마태가 "온 백성이 다" 예수의 피를 자기들에게 돌리라고 말했다고 기록한 것은 역사적 사실에 대한 기록이 아니라 교회와 회당 간의 갈등과 대립이 심화되던 때에 예수를 믿는 자들이 예수의 죽음의 책임을 '유대 백성'들에게 돌리는 변증적 언급으로 보는 게 옳을 것이다.

4. 맺는말

마태는 그의 복음서 서두에서 예수가 처음으로 이 땅에 탄생했을 때, 이방인들인 동방 박사들이 제일 먼저 아기 예수를 찾아와 경배하며 예물을 바쳤는데, 유대인들 특히 그 지도자들인 헤롯 왕과 대제사장과 율법 학자들은 오히려 아기 예수를 잡아 죽이려고 했다는 이야기로 그의 복음서를 시작했다(마 2장). 그런데 마태는 그의 복음서 말미에서 예수가 십자가 처형 언도를 받을 때, 이방인인 빌라도의 아내는 예수가 무죄한 것을 알고 그를 살리려 했는데, 유대 백성들 특히 그 지도자인 대제사장과 장로들과 율법 학자들은 예수를 잡아 죽이려고 애를 썼다는 이야기로 그의 복음서를 끝낸다(마 27장). 결국 마태복음은 "유대인들의 배척과 이방인들의 영접"[18]이란 주제로 시작해서 같은 주제로 끝나는 셈이다.

---

[18] 이런 점에서 우리는 마태복음을 친이방적 복음서, 혹은 이방적 편향성을 가진 복음서라고 말할 수도 있을 것이다. Cf. E. L. Abel("Who Wrote Matthew?," *NTS* 17, p. 150, n.6)은 스트레커(G. Strecker)를 인용하면서 "an allegedly pro-gentile gospel"이란 용어를 사용한다. 그리고 클라크(K. W. Clark)는 "The Gentile Bias in Matthew"란 논문(*JBL* 66, 1974, pp. 165-172)에서 마태복음이 이방인 저자가 이방인 독자를 위해서 기록한 '친이방적 복음서'라고 주장한다.

마르다와 마리아 자매

복음서에서는 '마르다와 마리아 자매' 이야기가 두 곳에서 그러나 서로 다른 형태의 내용으로 소개된다. 하나는 예수가 여행 중에 마르다와 마리아 자매의 집을 찾았을 때의 이야기(눅 10:38-42)이고, 다른 하나는 예수가 마르다와 마리아 자매의 '형제'인 나사로가 죽었다는 소식을 듣고 찾아가 나사로를 살려냈을 때의 이야기(요 11장)이다. 누가복음의 이야기는 '어떤 마을'(눅 10:38)에서 있었던 일이고, 요한복음의 이야기는 '베다니란 마을'에서 있었던 일이다. 누가복음에서는 '마르다와 마리아' 자매만 언급되는데, 요한복음에서는 '마르다와 마리아'가 나사로의 '자매'로 언급된다. 이런 사소한 차이점들이 있기는 하지만 두 이야기는 모두 '베다니'란 마을에 살던 '나사로'의 두 자매에게 있었던 서로 다른 두 개의 이야기라고 여겨진다. 서로 다른 성서 저자가 비록 다른 형태의 이야기지만 각각 마르다와 마리아 자매 이야기를 전해준다는 사실은 아마도 초대교회 안에서 마르다와 마리아 자매가 분명히 기억

될 만한 중요한 여인들이었기 때문일 것이다. 더구나 요한복음은 "예수께서 본래 마르다와 그 동생과 나사로를 사랑하셨다"(요 11:5)라고 전해주지 않는가? 그런데 서로 완전히 다른 두 이야기를 소개하는 누가복음과 요한복음 저자의 의도와 관점도 아주 다르기 때문에, 여기서는 두 이야기를 따로 구분해서 다루는 가운데 마르다와 마리아 자매의 이야기를 전해주는 누가와 요한의 의도가 각각 무엇인지 알아보고자 한다.

1. 누가가 전해주는 '마르다와 마리아 자매 이야기'

누가복음에 따르면, 예수가 여행 중에 어떤 동네에 들어갔는데 마르다가 예수를 자기 집에 모셔 들였다. 예수가 여행 중에 마르다와 마리아 자매가 살고 있는 집에 아무런 부담 없이 들어가 쉴 수 있었던 것은 그만큼 예수와 마르다와 마리아 간의 관계가 이미 친밀한 사이였음을 시사한다. 누가가 전하는 이야기(눅 10:38-42)에 따르면, 모처럼 자기 집을 갑자기 방문한 예수를 잘 대접하기 위해서 마르다는 "준비하는 일이 많아 마음이 분주했다"(10:40). 반면에 마리아는 "주님의 발 앞에 앉아 그의 말씀을 듣고 있었다"(10:39). 바쁘게 준비하던 마르다가 예수에게 동생 마리아로 하여금 잠깐 자기가 하는 일을 거들도록 말씀해달라고 부탁했는데, 의외로 예수는 자신을 대접하기 위해 바쁘게 일하는 마르다 편을 들지 않고 도리어 예수의 발 앞에 앉아 말씀을 듣는 마리아의 편을 들면서 마리아가 "좋은 편을 택하였다"(10:42)라고 칭찬했다.

누가가 전해주는 마르다와 마리아 자매 이야기는 두 여인을 대조적으로 비교하는 데 초점이 있는 것으로 보인다. 예수를 대접하기 위해서 여러 가지 일로 바쁜 마르다와 예수의 발아래 앉아서 그의 말씀을 듣는 마리아가 대조된다. 마르다가 당시 일반적으로 볼 수 있는 여인상을 대변한다면, 마리아는 당시 유대 여인으로서는 흔히 볼 수 없는 좀 특별한 여인상을 대표한다. 예수의 발 앞에 앉아 있는 마리아의 자세나 그녀가 예수의 '말씀'에 귀를 기울이고 있는 것은 종교적 교육을 뜻하는 것으로 해석될 수 있다. 그 당시에는 랍비들이 여인들에게 토라를 가르치지 않았기에 여인들은 배울 수도 없었다.

이 이야기에 나오는 마리아와 마르다는 또 다른 의미에서 예수를 대하는 사람들의 대조적인 모습을 보여준다. 마리아는 오직 예수 자신에게만 전념하는 사람을 나타낸다. 그녀는 또 주님에게 무엇인가를 받기 원하는 사람이다. 반면에 마르다는 마음이 여러 군데로 분산되어 예수에게만 전적으로 집중하지 못하는 사람이다. 이유는 그녀가 "많은 것으로 섬기려 하기" 때문이다(40절). 예수를 위해 무엇인가를 하겠다는 그녀의 욕심이 오히려 그녀로 하여금 예수에게 집중하지 못하게 만들고, 결국 예수에게 그녀가 필요로 하는 것을 받지 못하게 만든다. 이런 대조적인 모습에서 마리아는 하나님을 전적으로 사랑한다는 것이 무엇을 의미하는지 잘 보여주는 구체적인 증거로 해석될 수 있다. 마치 바로 앞에 나오는 선한 사마리아인의 비유에서 사마리아인이 자기 이웃을 사랑한다는 것이 무엇을 의미하는지 잘 보여주는 구체적인 사례가 되고 있는 것과도 같다.

이렇게 볼 경우 선한 사마리아인의 비유와 마르다와 마리아 자매 이야기가 연속으로 편집된 이유는 아마도 독자들에게 두 큰 계명의 의미를 해설해주기 위한 목적 때문이라고 해석할 수도 있다. 곧 이웃을 사

랑한다는 것은 사마리아인처럼 행동하는 것을 의미하며, 하나님을 사
랑한다는 것은 마리아처럼 행동하는 것을 의미하는 것으로 말이다. 그
리고 이것이 바로 하나님의 계약 백성에 속하는 사람들이 보여주어야
하는 두 가지 특징이다: 곧 하나님으로부터 받아서(말씀 듣는 일을 통해
서) 다른 사람, 곧 이웃에게 무엇인가를 주는 것이다. 전자가 없다면
후자는 원하는 마음조차 생기지 않거나, 또는 나눠줄 것이 아무것도
없는 상태가 되고 만다.

그런데 마르다는 예수에게 "주여 내 동생이 나 혼자 일하게 두는 것
을 생각하지 아니하시나이까? 그를 명하사 나를 도와주라 하소서"(10:
40)라고 불만을 터뜨리는데, 마르다의 요구에 대한 예수의 대답(10:
41-42)은 사본들 간에 차이가 있다. 권위 있는 사본들 중에도 다음과
같은 두 가지 의미의 서로 다른 본문이 존재한다: (1) "마르다야, 네가
많은 일로 염려하고 걱정하고 있다. 그러나 한 가지가 필요하다(one
thing is needful).": (2) "마르다야, 네가 많은 일로 염려하고 걱정하고
있다. 그러나 몇 가지나 혹은 하나가 필요하다(few thing are needful or
one)." 어떤 해석이 최선의 것인지 결정하기는 어렵다. 그러나 (1)을
택할 경우 그 의미는 마리아가 필요한 한 가지를 택했는데, 그것은 곧
제자직으로, 섬기러 오신 분을 대접하는 주인hostess이 되려고 하기보
다는 오히려 예수에게 무엇인가를 배우며 받아들이는 것이다. "마르다
는 자기가 주인이고 예수가 손님이라고 생각하는 잘못을 범하고 있다.
실제는 그 반대이다. … 인자는 섬김을 받으러 온 것이 아니라 섬기러
왔다."[1] (1)의 본문을 택할 경우 마리아는 "주님의 입으로 나오는 말씀

---

1 Frederick W. Danker, *Jesus and the New Age: A Commentary on St. Luke's Gospel*

으로” 사는(신 8:3; 눅 4:4; 요 6:27) 사람의 훌륭한 모델이 되는 셈이다. 그리고 여기서 “예수의 말씀을 듣는 것은 아주 다른 종류의 영양을 섭취하는 것이 된다.”[2] 만약 (2)를 택할 경우, 즉 RSV의 독법(“few things are needful or one”)을 택할 경우, 그 요점은 “주요 식사main course는 이미 끝났기 때문에 올리브 하나나 둘이면 이제 충분할 것이다”[3]란 뜻으로 해석할 수도 있다.

이 본문에서 필요한 ‘한 가지’가 과연 무엇을 뜻하는 것일까? 예수께서는 본래 음식 한 가지면 충분하다고, 그러니 음식 대접을 위해서 많은 일로 염려하고 걱정할 필요가 없다는 뜻으로 말씀하셨을 수도 있다. 어쩌면 필요하다고 말씀하신 한 가지가 마리아가 택했던 ‘좋은 편’을 가리키는 것일 수도 있다. 만약 그렇다면 그 한 가지란 예수의 말씀을 듣는 것이다. 그렇다면 그 ‘좋은 편’은 예수께서 그의 제자들에게 주시는 은사인 “영원한 생명에 이르게 하는 양식”(요 6:27)일 수 있다. 그 본문을 어떤 의미로 읽든 요점은 하나님을 사랑하는 것은 예수에게 복종하며 그에게서 받는 것이라는 걸 뜻한다.

다른 한편으로 최근에 이르러 몇몇 여성 신학자는 마리아가 그 당시 여성들의 전통적이며 기본적인 역할을 제쳐놓고 남자들과 똑같이 말씀을 배우는 일에 나선 것을 예수가 칭찬하며 높이 평가한 것으로 읽으면서, 이런 이야기를 소개하고 있는 누가복음 저자를 높이 평가한다.

(Philadelphia: Fortress Press, 1988), pp. 225-226. 슈바이처(E. Schweizer)는 다음과 같이 말한다: “Although Jesus is often served, it is ultimately always he who serves. ⋯ To receive Jesus means to receive his word.” Cf. *The Good News According to St. Luke*, p. 189.

2   *Ibid.*, p. 189.

3   Danker, *Jesus and the New Age*, p. 225.

마르다가 부엌을 여성들의 주요 활동 영역으로만 알고 있는 여인들을 대표한다면, 마리아는 잠시나마 다른 여성들과 달리 남자처럼 말씀을 배우는 강의실을 선택하는 그런 여인들을 대표하는 것으로 여겨지기 때문이다. 그런데 본문에서 예수는 부엌에만 머무르는 여인이 아니라 남자와 똑같이 서재와 강의실을 택하는 여인을 높이 평가하여 칭찬하고 있지 않는가? 이런 관점에서 볼 때, 마리아가 "좋은 편을 선택했다"는 예수의 말씀은 "그녀가 부엌을 선택하지 않고 오히려 서재를 선택했다"라는 말이 된다. 그래서 부부 신약성서 학자인 이블린Frank Evelyn과 스태그Frank Stagg는 이 본문의 메시지를 가리켜 "여인이 부엌에만 머무르도록 강요받지 않고, 서재를 택할 수 있는 권리를 옹호해준다"[4]라고 말하기도 했다.

분명히 이 이야기에서 예수에게 칭찬을 받은 마리아의 모습은 가말리엘의 발 앞에서 율법을 배웠던 바울의 모습이고(행 23:3), 거라사의 귀신들렸던 사람이 예수에게 고침을 받은 뒤에 예수의 발 앞에 앉아 있었던 모습(눅 8:35)을 떠오르게 한다. 그 당시 유대교 랍비들이 일반적으로 여자들에게 말씀을 배우는 일을 허락하지 않았던 것에 비해서 예수는 오히려 랍비들과는 달리 여성들이 말씀 배우는 일을 허용 혹은 권장하고 있을 뿐만 아니라 옹호해줌으로써 여성도 남성과 동등할 수 있음을, 그래서 여성 해방의 원리를 친히 행동으로 보이며 가르치고 계심을 강조해주고 있는 것으로 해석할 수도 있다.

---

[4] Cf. *The Woman in the World of Jesus* (Philadelphia: The Westminster Press, 1978), p. 119. 이 책에서 이 본문 연구 부분의 제목이 바로 "Kitchen and Study"였다.

2. 요한이 전해주는 '마르다와 마리아 이야기'

누가복음에 나오는 마르다와 마리아 자매 이야기가 그 나름대로 아주 중요한 교훈을 주고 있기는 하지만, 누가는 그 이야기를 위해서 단지 다섯 구절로 소개하고 있을 뿐이다. 그러나 요한복음에 나오는 마르다와 마리아 자매 이야기(요 11:1-12:8)가 비록 누가가 다루었던 주제와는 아주 다른 이야기, 즉 죽은 지 나흘이나 되는 나사로를 예수께서 살려내는 이야기와 관련된 아주 다른 이야기이기는 하지만, 그래도 요한복음 11장과 12장에 걸쳐 아주 길게 모두 65구절로 구성되었다. 분명히 요한복음 저자가 마르다와 마리아 자매를 더 충분히 소개할 만큼 훨씬 더 의미 있고 중요한 인물들로 생각했기 때문일 것이다.

요한이 전하는 마르다와 마리아 자매 이야기는 누가복음과 달리 예수가 죽은 지 나흘이나 되는 나사로를 다시 살린 이야기의 틀 속에서, 그 이야기와 관련하여 소개된다. 그래서 이야기 자체도 베다니란 동네에 마르다와 마리아와 나사로가 살고 있었는데 나사로가 병이 들어 죽게 되었다는 언급으로 시작한다. 그런데 마르다와 마리아와 나사로 세 남매의 이름이 거론될 때마다 마르다의 이름이 마리아보다 먼저(11:1; 11:5), 심지어 남자인 나사로보다 먼저 언급되는 점으로 미루어 보아(11:5; 12:2), 아마도 마르다가 장녀이고 나사로는 마르다의 동생("ὁ ἀδελφὸς")이었을 것으로 여겨진다.[5] 그리고 "예수께서 본래 마르다와 그 동생과 나사로를 사랑하셨다"(11:5)라는 말로 보건대, 예수와 마르다,

---

5 따라서 우리말 번역 성경에서 '형제'(ὁ ἀδελφὸς)를 '오라버니'(11:2, 19, 21, 23, 32)라고 번역한 것은 잘못된 번역일 수 있다. 우리말 '오라버니'는 '손위 오빠'를 가리키기 때문이다.

마리아, 나사로의 관계는 아주 친밀한 특별한 관계였을 것이다. 특히 나사로를 두고 그 누이들이 "주여 보시옵소서 사랑하는 자가 병들었나이다"(11:3)라고 말한 점, "예수께서 본래 (마르다와 그 동생과) 나사로를 사랑하셨다"(11:5)라고 말한 점, 또 "유대인들이 말하되 보라 그(=나사로)를 얼마나 사랑하셨는가"(11:36)라고 말한 점들 때문에 요한복음에서 정체가 드러나지 않는 '사랑하는 제자'가 바로 '나사로'를 가리키는 것이라는 주장이 제기되기도 했다.[6]

1) 모범적인 신앙고백을 한 마르다

비록 이야기 전체의 주제가 병이 들어 죽은 지 나흘이 된 나사로를 예수가 다시 살린 이적 이야기이지만, 이 이야기 전체를 주도하는 인물은 분명히 나사로가 아니라 그의 남매인 마르다이다. 예수께서 오신다는 말을 듣고 곧 나가 예수를 맞이한 사람이 마르다였고 (마리아는 오히려 집에 앉아 있었다, 11:20), 예수께 "주께서 여기 계셨더라면 내 오라버니가 죽지 아니하였겠나이다. 그러나 나는 이제라도 주께서 무엇이든지 하나님께 구하시는 것을 하나님이 주실 줄을 아나이다"(11:21-22)라고 당당히 말함으로써 예수의 구원 능력에 대한 확고한 믿음을 드러낸 사람도 마르다였다. 그리고 예수께서 "나는 부활이요 생명이니 나를 믿는 자는 죽어도 살겠고, 무릇 살아서 나를 믿는 자는 영원히 죽지 아니하리니 이것을 네가 믿느냐?"라고 물었을 때, 곧바로 "주여, 그러하외다. 주는 그리스도시오 세상에 오시는 하나님의 아들이신 줄 내가 믿나

---

[6] Cf. Vernard Eller, *The Beloved Disciple: His Name, His Story, His Thought* (Michigan: Wm B. Eerdmans, 1987).

이다"(11: 27)라고 훌륭한 신앙고백을 한 사람도 마르다였다.

여기서 우리가 특히 주목해야 할 점은 예수가 병들어 죽은 나사로를 나흘 만에 다시 살려냈다는 사실보다는 오히려 마르다가 "나는 부활이 요 생명이니 나를 믿는 자는 죽어도 살겠고, 무릇 살아서 나를 믿는 자 는 영원히 죽지 아니하리니 이것을 네게 믿느냐?"라고 물었을 때, 마리 아가 예수를 두고 "당신은 그리스도시요, 세상에 오시는 하나님의 아 들입니다"라고 말했던 그 신앙고백이다. 왜냐하면 이 고백은 초대교회 안에서 아주 중요했기 때문이다. 요한복음 저자 자신이 요한복음의 기 록 목적을 두고 "오직 이것을 기록함은 너희로 예수께서 하나님의 아들 그리스도이심(Jesus is the Christ, the Son of God)을 믿게 하려 함이라" (요 20:31)라고 말하지 않았던가? 그렇다면 최소한 마르다는 요한복음 을 기록하는 목적에 가장 부합하는 가장 모범적인 신앙고백을 한 신앙 적인 여인일 것이다.

그런데 아마도 사려 깊은 독자라면 마르다의 이 신앙고백이 마태복 음에서 예수가 가이사랴 빌립보에서 제자들을 향해 "너희는 나를 누구 라 하느냐?"라고 물었을 때 베드로가 대답했던 말인 "당신은 그리스도 시요 살아 계신 하나님의 아들이십니다"(마 16:18)와 거의 똑같다는 사 실을 간파했을 것이다. 마르다의 신앙고백과 베드로의 신앙고백 사이 에 문구상의 유사성이 매우 뚜렷하고 분명하기 때문이다. 헬라어 원문 에서는 두 신앙고백의 내용이나 표현이 놀라울 정도로 더 비슷하다. 아니 나중에 첨가된 괄호 안의 수식어를 빼버린다면 신앙고백 내용 그 자체는 완전히 똑같다. 베드로가 하나님이란 단어 앞에 '살아 계신'이 란 수식어를 첨가한 것과 달리 마르다가 하나님이란 단어 앞에 '세상에 오시는'이란 수식어를 붙인 것이 조금 다를 뿐, 핵심 내용은 글자 그대

로 똑같은 고백이다:

베드로: "σὺ εἶ ὁ Χριστὸς ὁ υἱὸς τοῦ Θεοῦ(τοῦ ζῶντος)."

마르다: "σὺ εἶ ὁ Χριστὸς ὁ υἱὸς τοῦ Θεοῦ(ὁ εἰς τὸν κόσμον ἐρχόμενος)."

마태복음에서는 이 모범적인 신앙고백이 가이샤라 빌립보에서 예수의 열두 제자 중 '첫 번째'[7] 수제자인 베드로의 입을 통해 고백된 것으로 소개된다. 그리고 바로 이 위대한 신앙고백 때문에 베드로는 예수에게 "바 요나 시몬아 네가 복이 있도다. 이를 네게 알게 한 이는 혈육이 아니요 하늘에 계신 네 아버지시니라"라는 축복 선언과 함께 "너는 베드로라. 내가 이 반석 위에 내 교회를 세우리라"라며 천국 열쇠와 함께 하늘과 땅에서 모든 것을 매고 푸는 권세를 부여받았던 것으로 전해진다(마 16:17-19).

그런데 이상하게도, 아니 놀랍게도 베드로의 이 위대한 신앙고백이 "예수가 그리스도이며 하나님의 아들이심을 믿게 하기 위한 것"(요 20:31)이 기록 목적이라고 밝힌 요한복음에서는 소개되지 않는다. 아마도 더 놀라운 사실은 베드로가 가이사랴 빌립보에서 했다는 그 위대한 신앙고백이 요한복음에서는 베드로가 아닌 마르다의 입을 통해 소개되는 것이다. 요한복음은 베드로가 했다는 그 위대한 신앙고백을 베드로가 아닌 마르다의 입을 통해서 소개한다. 도대체 그 이유가 무엇일까?

---

[7] 마태복음 10:1에 나오는 열두 제자의 명단을 헬라어 원문 성경을 통해서 읽을 경우, 베드로의 이름 앞에 'πρῶτος'('first')란 부사가 첨가되어 있다. 바로 이 부사(πρῶτος) 때문에 베드로는 교회 역사 가운데서 '으뜸 제자', 곧 '수제자'로 알려지게 되었다. 그러나 유감스럽게도 우리말 번역 성경들에서는 이 점이 분명하게 번역되지 않았다.

그 이유를 알아보기 위해서는 요한복음을 기록한 신앙 공동체가 초대 교회 안에서 베드로가 대표하는 열두 제자 그룹이 이끌던 주류에 속한 공동체가 아니라[8] 비주류에 속한 그리고 아마도 여성들이 상당히 주도적인 역할을 하던 종파적 공동체였기 때문일 것이라는 점을 기억할 필요가 있다. 슈나켄부르크Schnackenburg는 요한복음 기자가 이 위대한 신앙고백을 여자인 마르다의 입을 통해 소개하는 이유에 대해 여인들도 베드로처럼 모범적인 신앙고백을 할 수 있으며 모범적인 기독교인이 될 수 있다는 것을, 그래서 남자와 여자 사이에 아무런 차이가 없다는 것을 강조하기 위함이라고 추정한다.[9] 더 나아가 우리는 베드로와 열두 제자를 중심으로 발전하던 초대교회의 주류에서 베드로가 단연 중요한 지도자였기에 베드로를 위대한 신앙고백을 했던 모범적인 인물로 소개했지만, 당시 비주류에 속해 발전하던 요한 공동체에서는 오히려 마르다가 베드로와 거의 동등한 지도적인 위치에 있던 인물이었기에 요한복음 저자는 그녀의 입을 통해서 그런 모범적이며 표준적인 신앙고백을 소개하고 있는 것이라고 추측해볼 수도 있다.

더구나 마르다는 다만 그 위대한 신앙고백 때문만이 아니라 고백 후에 했던 일 때문에도 더욱 주목을 받는다. 마르다가 신앙고백을 한 직후에 했던 일은 자기 동생 마리아에게 가서 그녀를 예수에게로 이끌어 낸 일이다(11:28). 마르다의 이 행동은 요한복음 1장에 나오는 '소명 설화the call narratives'의 문학적 구조를 그대로 반영해준다. 요한복음 1장

---

[8] '열두 제자의 명단'이 복음서들 중 오직 요한복음에서만 나오지 않는 이유가 바로 여기에 있는 것으로 보인다.

[9] Ben Witherington III, *Women and Genesis of Christianity* (Cambridge: Cambridge University Press, 1990), pp. 108-109.

에서 안드레는 예수를 따라가서 그와 함께 하루를 지낸 뒤 곧바로 자기 형제인 시몬 베드로에게 가서 그를 예수에게로 인도한다. 두 번째 소명 설화에서 예수가 빌립을 불렀을 때에도(1:43) 빌립이 했던 최초의 일 은 나다나엘에게 찾아가서 그를 예수에게로 인도한 일이다. 이런 점을 고려할 때 마르다의 행동은 제자로서 다른 사람을 예수께로 인도하는 전형적인 '전도'의 행동이라고 볼 수밖에 없다.

그뿐만 아니다. '유월절 엿새 전에' 예수께서 다시 베다니 마르다의 집을 찾았을 때 마르다는 다시 살아난 나사로와 그녀의 동생 마리아와 함께 예수를 위한 잔치를 베푼 적이 있다. 그때 마르다가 식탁에서 '섬 겼다'(διακονεῖν)고 했다(12:2). 식탁에서 마르다가 '섬겼다'

는 이 말이 주후 30년경 예수의 삶의 자리에서는 별로 중요한 의미 가 없었을 수도 있다. 그러나 요한이 그의 복음서를 기록하던 1세기 말경에는 '집사'(διακονοσ)란 교회 직분이 '감독'이나 '장로'란 직분과 함께 이미 존재하고 있었을 뿐만 아니라 그 자격 규정이 논의될 정도로 제도화되었다는 사실을 우리는 바울의 후기 서신으로 알려진 '목회 서 신들'을 통해 이미 잘 알고 있다(딤전 3:8-13). 더구나 사도행전 6장에 서도 '식탁 봉사'(헬라어로는 "διακονεῖν")를 위해 사도들이 특별한 사람 들을 택하여 안수했던 것도 잘 알고 있다. 따라서 요한이 이 단어를 마 르다가 했던 일과 관련하여 사용했다는 것은 이미 다른 교회들에서 '안 수받은' 사람들이 하는 특별한 기능을 요한의 공동체에서 마르다와 같 은 여인들이 실제로 담당하고 있었기 때문이라고 생각할 수도 있다. 만약 이것이 사실이라면 마르다는 요한의 신앙공동체 안에서 상당히 중요한 역할을 담당하던 지도자일 가능성도 있다.

2) 발을 씻어주는 모범을 보인 마리아

누가복음에서 마리아는 예수의 접대를 위해 여러 가지로 분주한 마르다와 비교해서 예수의 발 앞에 앉아 말씀을 듣는, 그렇지만 마르다보다는 '더 좋은 편을 택한' 것 때문에 예수에게 칭찬을 받은 여인으로 소개된다. 그런데 요한복음에서는 마리아가 독자적이고 적극적으로 예수를 섬기는 모습으로 소개됨으로써 누가복음의 경우보다는 중요성이 훨씬 더 크게 부각된다. 요한복음에서는 마르다가 그녀의 위대한 신앙고백 때문에 매우 중요시되는데, 마리아의 경우도 마르다에 못지않게 아니 더 높이 평가된다. 마르다는 나사로 이야기에 등장해서 위대한 신앙고백을 한 것 때문에 높이 평가되지만(11:17-27), 마리아는 나사로의 이야기에서만(11:28-37) 아니라 뒤이어 소개되는 이야기, 곧 예수의 발에 향유를 발에 붓고 씻어주는 이야기(12:1-8)에서도 예수의 장례를 미리 준비한 여인으로 아주 높이 평가된다.

우선 마리아의 역할이 나사로를 다시 살리는 일과 관련해서도 마르다에 못지않았던 것으로 전해진다. 마르다의 경우, 그녀가 예수께 "주께서 여기 계셨더라면 내 오라비가 죽지 아니하였겠나이다"(11:21)라고 말했을 때, 예수는 생명과 부활에 대한 마리아의 잘못된 이해를 교정해주었다(11:23-26). 그 결과 마르다가 예수를 하나님의 아들 그리스도로 신앙고백하기에 이렀다. 그런데 마리아의 경우도 그녀가 다시 마르다가 했던 똑같은 말로 "주께서 여기 계셨더라면 내 오라비가 죽지 아니하였겠나이다"(11:32)라고 말하며 눈물을 흘리며 울었다. 그러자 예수께서는 "심령에 비통히 여기시고 불쌍히 여기사"(11:33) 눈물까지 흘리시며 나사로를 어디 두었느냐고 물으시고 무덤에 가서 "큰 소리로 나사로야 나오라" 하고 부르셨고, 죽은 자가 수족을 베로 동인 채 나왔다고 했다. 결과적으로 예수는 마리아의 그 말과 행동 때문에 혹은 그 결과로 나사로를 살리는 이적을 행하셨던 것처럼 기록되어 있다. 따라서 이 이야기에서 나사로의 부활 이적은 마리아의 신앙고백의 결과로 행해진 것이기보다는 오히려 마리아의 눈물에 대한 예수의 동정 때문에("심령에 통분히 여기시고 민망히 여기사… 눈물을 흘리시며", 33절) 행하신 것이라고 읽을 수 있다. 나사로의 부활 이야기에서 마리아의 역할이 쉽게 간과되어서는 안 되는 이유이다.

그러나 마리아와 관련하여 더 중요한 것, 그래서 우리가 더욱 주목해야 할 것은 마리아가 예수를 위해 베푼 잔치에서 예수의 발에 향유를 발라 그의 장례를 준비했던 것이다(12:1-8). 예수에게 향유를 바른 여인의 이야기는 다른 복음서들에도 모두 나온다(막 14:3-9; 마 26:6-13; 눅 7:36-38). 그렇지만 요한복음의 마리아 이야기만은 저자의 독특한 의도 때문에 다른 복음서들에 나오는 평행 본문과 다르게 손질되어 있다. 가령 마가와 마태에서는 예수에게 향유를 부은 여인이 익명의 '한 여인'(막 14:3; 마 26:7)이고, 누가의 경우는 '죄 많은 여인'(눅 7:36)이다. 그런데 요한복음에서만 그 여인이 베다니의 마리아(요 12:3)이고 마르다의 자매이다. 더 중요하고 의미 있는 차이점은 마가복음과 마태복음에서는 여인이 향유를 부은 곳이 예수의 '머리'이다(막 14:3; 마 26: 7). 그러나 요한복음에서는 마리아가 향유를 부은 곳이 예수의 '발'이다(요 12:3).[10]

---

[10] 누가복음의 경우도 "죄 많은 여인"이 향유를 부은 곳이 예수의 발이지만(눅 7:38), 누가의 이야기는 다른 복음서들과는 아주 다른 이야기, 곧 예수의 장례와 관련된 이야기가 아니고 집을 방문한 손님에 대한 접대 이야기라서 다른 복음서에 나오는 이야기의 평행 본문이라고 말할 수 없다.

다른 복음서들에서는 여인이 향유를 부은 곳이 예수의 '머리'였다고 기록되어 전해졌는데, 요한복음 저자는 그것을 예수의 '발'이라고 바꾸었다. 왜 그랬을까? 이 대답은 마리아가 예수의 발을 씻어주는 이야기(12장)에 이어서 예수가 제자들의 발을 씻어주는 이야기(13장)를 소개하기 위해서였다. 다시 말하자면 13장에서 예수가 제자들의 발을 씻어주는 이야기를 소개하고 그 이야기와 연관하기 위해서 요한복음 저자는 의도적으로 여인이 향유를 부은 곳이 '머리'가 아니라 '발'이었다고 바꾼 것이다. 바로 이런 의도 때문에 요한복음 저자는 12장에서 마리아가 향유를 예수의 발에 부은 뒤에 "자기 머리털로 그의 발을 닦았습니다"(요 12:3)라는 말을 했고, 이어서 13장에서도 예수께서 "제자들의 발을 씻기시고 그 두르신 수건으로 닦아주시기 시작했습니다"(13:5)라는 말을 첨가했다.[11] 이렇게 요한복음 저자는 마리아의 행동과 예수의 행동을 의도적으로 똑같은 형태로 기록하여 연결한다. 마리아가 예수의 발을 씻긴 행동이 잔치가 베풀어지는 자리에서 식사 준비의 행동으로 언급되는데(12:2), 예수께서 제자들의 발을 씻긴 행동도 마지막 만찬이 베풀어지는 자리에서 식사 준비의 행동으로 언급되는 점도 두 이야기의 연관성을 확실히 하기 위한 것으로 보인다.

놀랍게도 요한복음 저자는 이런 의도적인 편집 작업을 통해서 결과적으로는 베다니의 마리아 행동이 마치 예수 행동의 모델이나 모범인 양 소개한다. 즉 예수는 베다니의 마리아가 먼저 자신의 발을 씻기고 닦아준 것처럼, 자신도 제자들의 발을 씻기도 닦아줌으로써 결국 베다

---

11 실제로 요한은 이 두 경우 모두에서 똑같은 헬라어 동사인 'ἐκμάσσω'를 사용함으로써 두 행동을 서로 연관하려는 의도를 드러낸다.

니의 마리아가 예수 행동의 모범처럼 소개되는 것이다. 예수께서 제자들의 발을 씻기신 뒤에 "내가 너희에게 행한 것 같이 너희도 행하도록 내가 본을 보여준 것이다"(13:15)라고 말씀하시는데, 요한복음에서는 이미 베다니에서 마리아가 예수에게 그 본을 먼저 보여주었던 것으로 기록되었다는 말이다. 제자들에게 본을 보여주신 분이 예수라면, 예수에게 먼저 그 본을 보여준 사람은 베다니의 마리아였다.

그런데 본문의 이야기와 관련해서 예수의 발을 씻어준 여인과 제자들의 발을 씻어준 예수 간의 대조만 중요한 것이 아니다. 예수의 발을 씻어준 여인과 예수를 배반한 유다 간의 대조가 또한 중요한 이슈이다. 요한은 실제로 12장에서 마리아가 향유로 예수의 발을 씻어준 신실한 봉사의 행위를 13장에서 반복적으로 언급되는(13:2, 26-30) 가룟 유다의 배반 행위와 대조하여 언급한다. 그리고 그 마리아와 가룟 유다의 중간에서 예수가 두 인물을 연결시켜준다. 12장에서 예수의 발을 씻어주는 마리아와 13장에서 제자들의 발을 씻어주는 예수가 본문의 문맥상 밀접히 연결되는 것과 마찬가지로, 13장에서 제자들의 발을 씻어주는 이야기 가운데서도 제자들의 발을 씻어주는 예수와 예수를 배반하는 가룟 유다가 반복적으로 언급되면서 예수와 밀접히 연관되기도 한다. 특히 본문의 문맥 가운데서 주목할 점은 예수의 발에 향유를 붓는 마리아와 그런 행위에 이의를 제기하는 가룟 유다가 대조적으로 언급된다는 점이다. 다른 평행 본문에서와는 달리 오직 요한의 본문에서만 여인의 행동에 대해 불만을 표시한 사람이 가룟 유다였다는 점이 구체적으로 밝혀진다(마가복음에선 '어떤 사람', 마태복음에선 '제자들'). 더구나 본문 가운데서 가룟 유다를 가리켜 '장차 예수를 잡아 줄'(12:4) 사람이라고 못 박는 대신에 예수가 "그 여인이 하는 대로 가만 두어라 그는

니의 장시 날을 위하여 그렇게 한 것이다"(12:7)라고 말함으로써 마리
아의 행위를 인정하고 옹호한다. 결과적으로 요한복음 저자는 예수를
위해 참된 봉사를 하는 마리아를 "예수를 잡아 넘길" 유다보다 더 참되
고 진실한 제자로 부각시키고 있는 셈이다. 예수를 배반하여 죽게 만든
유다와 오히려 유다의 배반 때문에 죽게 된 예수의 죽음을 위해 미리
기름을 바르는 마리아의 대조는 요한복음 저자가 독자들에게 주는 의
미 있는 메시지였을 것이다. 이처럼 요한복음 저자에게는 마리아가 유
다와는 아주 다른 그러나 예수와는 아주 비슷한 행동을 하는 사람으로
드러난다. 요한이 이런 기록을 복음서에 남길 수 있었던 것은 아마도
마리아가 그가 속해 있던 요한의 신앙공동체 안에서 높이 인정받는 모
범적인 신앙인이었기 때문일 것이다.

12

이름 없는 사마리아 여인

사마리아 지역 수가Sychar란 도시에 살던 '이름 없는 한 사마리아 여인의 이야기'(요 4:3-42)는 복음서들 가운데서 오직 요한복음에만 나온다. 그런데 이 이야기가 실제로 있었던 역사적 사실에 대한 보도가 아니라 오히려 요한 공동체가 독자들에 대한 교육을 목적으로 구성한 이야기가 아닌가 하는 의문이 제기된 바 있다. 실제로 벌어졌던 이야기라고 믿기 어려운 내용들이 많이 포함되어 있기 때문이다. 물론 예수에 관한 복음서의 기록들 전부가 역사적 사실에 대한 보도를 목적으로 한 것은 아니다. 요한복음을 기록한 저자 자신이 분명하게 밝혔듯이 요한복음의 기록 목적은 다음과 같다: "오직 이것을 기록함은 너희로 예수께서 하나님의 아들 그리스도임을 믿게 하려 함이요 또 너희로 믿고 그 이름을 힘입어 생명을 얻게 하려 함이니라"(20:31). 한 마디로 역사적 목적이 아니라 신앙적이고 목회적인 목적이란 뜻이다.

　요한복음 4장에 소개되는 사마리아 여인의 이야기 경우에도, 우리는 이야기 내용의 사실 여부에 관심을 갖기보다는 오히려 이 이야기를 기록한 요한복음 저자의 의도와 목적이 무엇인지에 더 관심을 갖고 본문을 주의 깊게 살펴볼 필요가 있다.

1. 사마리아인이 된 예수

예수 당시 "유대인들은 사마리아인들과 서로 상종하지 아니했다"(요 4:9). 이 구절에 나오는 헬라어 동사의 본래 의미는 "유대인이 사마리아인과는 그릇을 함께 사용하지 아니했다"라는 뜻이다. "그릇을 함께 사용한다"라는 의미의 헬라어 'συγχρῶνται'란 동사는 유대인들이 부정하다고 생각하는 사마리아인이나 이방인들의 그릇으로 함께 먹거나 마시는 것을 금지한 정결법을 암시한다. 당시 유대교의 율법은 유대인과 사마리아인의 접촉 자체가 부정하다고 생각하여 엄격히 금지하고 있던 터였다. 그래서 일반적으로 유대인들은 북쪽 갈릴리에서 남쪽 예수살렘으로 내려가거나 남쪽 예루살렘에서 북쪽 갈릴리로 올라갈 때 일부러 사마리아 지역을 우회하는 길을 택하기까지 했다.

그런데 요한복음 4장에 나오는 '이름 없는 사마리아 여인'의 이야기를 보면, 예수가 유대를 떠나 갈릴리로 가실 때 사마리아를 통과하여야 했고 그래서 사마리아 지역에 있는 수가라 하는 도시에 이르게 되었다는 말이 나온다. 그렇다면 예수가 사마리아 지역에 있는 수가라는 도시에 "야곱의 우물이 있는"(4:6) 곳까지 '제자들'(4:8)과 함께 들어갔다는 말이다. 상식을 뒤엎는 놀라운 일이다. 유대인 예수가 어떻게 제자들과 함께 사마리아인의 도시에 들어갈 수 있단 말인가? 열두 제자를 택한 후에 그들을 전도 파송하면서 "이방인의 길로도 가지 말고 사마리아 인의 도시에도 들어가지 말고 오히려 이스라엘 집의 잃어버린 양에게 로 가라"(마 10:5-6)라고 명령했던 분이 바로 예수가 아니었던가? 놀라 운 것은 그것만이 아니다. 더 놀라운 사실은 예수가 대낮에('제 육시쯤', 즉 정오경에) 공공장소에서, 마침 '야곱의 우물'에 물을 길러 나온 '사마 리아 여자'에게 "물을 좀 달라"고 요청한 일이다(4:7). 사마리아 여자 자신도 놀라서 "당신은 유대인으로서 어찌하여 사마리아 여자인 나에 게 물을 달라 하나이까?"(4:9)라고 되묻지 않았던가? 당시 유대 사회에 서는 남자가 여자와는, 심지어 자기 아내와도 공개적인 장소에서는 별 로 말을 하지 않던 때인데, 대낮에 유대인 남자가 사마리아 여인에게 물을 달라고 말을 거는 것 자체가 놀라운 일일 수도 있다. 더구나 "유대 인과 사마리아인이 그릇을 함께 사용하지 않는다"라는 정결법을 고려 할 때, 예수가 어떻게 사마리아 여인이 사용하던 그릇으로 떠주는 물을 마실 수 있단 말인가?

놀라운 일은 이것으로 끝나지 않는다. 예수는 사마리아 여인과 더불 어 야곱의 우물물과는 달리, 다시는 목마를 일이 없는, 영원히 목마르 지 않는 영생에 이르게 하는 생수에 대해서, 마치 랍비가 종교 교육을 하듯 설명해준다. 그뿐만 아니라 심지어 여인의 사생활에 관한, 즉 그 녀의 다섯 남편에 관한 이야기까지 대화의 주제로 끌어들인다. 이 여인 은 이미 '다섯 남편'을 두었고(4:18) 지금 함께 살고 있는 남편도 결코 남편이라고 할 수 없는 남자라면, 이 여인은 분명히 이미 여러 남자에 게 버림을 받았고 지금도 버림을 받고 있는 여인이다. 따라서 아내로서 또는 어머니로서의 대접을 제대로 받아보지도 못한 여인, 그래서 아마 도 도덕적으로나 사회적으로 완전히 버림을 받은 여인이었을 것이다.

이 여인이 남들이 별로 이용하지 않는, 동네에서 멀리 떨어져 있는 이 우물에, 그것도 사람들의 이용이 드문 태양이 뜨겁게 내리쬐는 '제6시쯤' 되는 대낮에 찾아올 수밖에 없었던 것도 아마 그녀가 그만큼 사회적으로 다른 사람들과 쉽게 어울릴 수 없는 여인이었음을 뜻하는 것일 수 있다. 그런데 예수는 유대인들에게 멸시와 천대의 대상이 된 "사마리아인", 그중에서도 '이름조차 없는 한 여인'을 만나 그녀의 사생활에 관해 적절치 못한 대화까지 나눈다. 당시로서는 있을 수 없는 일이다. 제자들조차도 예수가 여자와 말씀 나누는 것을 이상히 여겼을 정도였다(4:27).

그런데 이 이름 없는 사마리아 여인의 이야기와 관련하여 가장 놀라운 사실은 본문 이야기의 마지막 부분에서 나온다. 예수와의 긴 대화를 통해 사마리아 여인이 마침내 예수가 메시아, 곧 그리스도인 줄로 깨닫고 시내로 들어가서 사람들에게 "와서 보라. 이 사람은 그리스도가 아니냐"(4:29)라고 전하니 "그 도시 중에 많은 사람이 예수를 믿었다"(4:39)라고 한다. 그러나 많은 사마리아 사람이 이 여인을 통해 예수를 믿게 되었다는 사실이 놀라운 일은 아니다. 정작 정말로 놀라운 일은 "사마리아인들이 예수께 와서 자기들과 함께 유하시기를 청하니 거기서 이틀을 유하셨다"(4:40)는 사실에 있다. 유대인 예수가 '거기서' 즉 사마리아인들의 도시인 '수가'에서 '이틀 동안'을 사마리아인들과 함께 거하셨다는 말은 곧 예수가 이틀 동안 사마리아인들과 함께 그들의 그릇으로 먹고 마시며, 그들의 침상에서 주무셨다는 이야기이다. 유대인 예수가 도대체 어떻게 그럴 수 있단 말인가?

그러나 이와 같은 놀라운 의문은 우리가 다음과 같은 두 가지 사실을 가정할 때 쉽게 풀린다. 첫째, 예수가 사마리아인이라고 생각하면 아무것도 문제될 것이 없다.[1] 진허 놀랄 일이 아니라는 말이다. 흥미롭게도 요한복음 8장 48절을 보면 예수와 논쟁을 벌이던 유대인들이 예수를 향해 "우리가 너를 사마리아 사람이라 또는 귀신이 들렸다 하는 말이 옳지 아니하냐?"라고 공개적으로 질문한 적이 있다. 예수를 '사마리아인'이라고 생각하는 사람들과 또 예수를 '귀신들린 사람'이라고 생각하는 사람들이 많이 있었다는 말이다. 유대인들의 이 질문과 관련하여 정말로 흥미로운 것은 예수가 "나는 귀신 들린 것이 아니요"(4:49)라고 분명히 밝히면서도 "사마리아인이 아니냐"라는 질문과 관련해서는 아무런 언급도 하지 않고 그냥 회피해버림으로써 마치 예수가 사마리아인일지도 모른다는 여운을 그냥 남겨 놓았다는 데 있다. 그리고 이것이 바로 요한복음 저자의 의도적 기록일 수 있다는 말이다. 실제로 요한복음 4장에 나오는 예수는 마치 사마리아인처럼 행동하지 않는가?

둘째, 이런 이야기를 요한복음에 기록한 요한복음의 저자가 바로 사마리아인이라고 가정하는 경우이다. 요한복음 저자 자신이 사마리아인이었기 때문에 그가 요한복음 4장에서 의도적으로 예수를 마치 사마리아인 것처럼 기록하였고, 그렇게 기록한 목적은 분명히 좀 더 많은 사마리아인을 훨씬 쉽게 예수에게로 인도하기 위한 것이었다고 생각할 수 있기 때문이다.[2] 앞에서 이미 지적했던 바와 같이 요한복음을 기

---

[1] 실제로 웨슬리 뷰캐넌(G. Wesley Buchanan)은 "요한복음 저자는 기독교로 개종한 사마리아인이다"라고 주장한 바 있다. Cf. Oscar Cullmann, *The Johannine Circle* (London: SCM Press, 1976), p. 51에서 재인용.

[2] Cf. E. Freed, "Did John Write His Gospel Partly to Win Samaritan Converts?" *NovT* 12(1970), p. 243. 존 보먼(John Bowman)은 "요한복음은 사마리아 사람들을 위해 기록되었을 것이다"라고 주장하기도 했다. Cf. *The Samaritan Problem: Studies in the Relationships of Samaritanism, Judaism, and Early Christianity* (Pennsylvania:

록한 목적 자체가 역사적 사실을 정확히 그대로 전해주는 데 있었던 것이 아니라 "오직… 예수가 하나님의 아들 그리스도임을 믿게 하려 하려는"(요 20:31) 데 있었기 때문이다.

2. 말씀의 전도자가 된 사마리아 여인

예수가 사마리아 지역의 '수가'란 도시에 들어가 우물가에서 만났던 여인은 "이름 없는 사마리아 여인"이었다. '이름 없는'이라는 표현과 '사마리아인'이라는 표현 그리고 '여인'이란 표현 자체가 모두 유대 사회에서는 부정적이며 경멸적인 용어들이었다. 그런데 예수는 사마리아 지역에 들어가 수가란 도시에 사는 사마리아 여인을 만나 아주 '파격적으로' 그녀와 함께 오랜 시간 동안 아무런 허물없이 대화를 나누었다. 다른 사마리아 남자들처럼 말이다. 요한복음 3장에서는 예수가 '밤중에' 찾아온 '유대인 관원' 니고데모를 만나 그와 오랜 시간 대화했는데, 요한복음 4장에서는 예수가 '6시쯤', 곧 대낮에 '이름도 없는 한 사마리아 여인'과 다시금 오랜 동안 대화를 나누었다. 예수에게는 유대인과 사마리아인, 남자와 여자 간의 차이가 없었다.

　이 사마리아 여인이 비록 본문 이야기의 처음에는 그녀의 깨끗해 보이지 않는 복잡한 과거 때문에 좀 부정적으로 여겨졌다. 그러나 본문 이야기 가운데서는 상당히 긍정적인 모습으로 소개된다. 이 점은 요한복음 저자가 이 여인의 이야기를 소개하기까지의 본문 구성과 편집 과

The Pickwick Press, 1975), p. 57.

정에서도 어느 정도 잘 드러난다. 즉 요한복음 2장, 3장, 4장의 연속된 대화들 가운데서 나타나는 예수에 대한 반응들을 보면, 처음에는 불신 앙에서 시작하여 부적절한 신앙을 거쳐 좀 더 적절한 신앙으로 변화되는 경향을 보이는데, 이 과정에서 이 사마리아 여인은 좀 더 적절한 신앙의 모델처럼 제시되는 듯하다.[3] 다시 말해서 요한복음 2장의 성전 숙정 사건에서 유대인들은 예수의 표적에 대해 공개적으로 회의적인 태도를 보이고(2:18-20), 3장의 니고데모는 예수의 표적 때문에 예수를 믿지만 예수에 대해 아직 적절한 이해를 갖지 못한 사람으로 소개된다(2:23ff.). 반면에 4장의 사마리아 여인은 예수와의 대화를 통해 예수가 그리스도(메시아, 4:25-26, 29)임을 알아채고 그것을 다른 사람들에게 전해준다. 그래서 '수가'란 도시의 사마리아인들이 사마리아 여인의 말 때문에 예수를 믿게 되었다("διὰ τὸν λόγον τῆς γυναικὸς μαρτυρούσης", 4:39, 42).

사마리아 여인은 예수를 만나 대화하는 과정을 통해 점차로 예수에 대한 올바른 이해에 도달하는 신앙인의 모델처럼 소개되기도 한다. 처음에는 이 사마리아 여인이 예수를 '유대인'으로만 알았는데(4:8), 다음으로는 '야곱보다 더 위대한 분'(4:12)으로, 그 후에는 '주님'(4:15)으로 그리고 마지막에 가서는 '그리스도'(메시아, 4:29)로 인식하게 되었다. 그리스도에 대해 점진적으로 올바른 이해에 도달한 이 여인은 아마도 요한 공동체에서 올바른 신앙고백에 다다르려는 신자들을 위한 교육적인 모델로 이용되었을지도 모른다.

---

[3] R. E. Brown, "Role of Women in the Fourth Gospel," *The Community of the Beloved Disciple* (New York: Paulist Press, 1979), p. 187.

더구나 이 사마리아 여인은 자신만 올바른 신앙에 도달한 인물로 소개되는 것이 아니라, 다른 사람들을 그리스도에 대한 신앙으로 이끈 선교적 역할을 감당해낸 인물로 묘사되는 점에도 주목할 필요가 있다. 요한복음 4장 28절에 따르면 이 여인은 물동이를 버려두고 동네에 들어가 다른 사람들에게 자신이 만난 사람이 그리스도라는 것을 증거했다. 실제로 사마리아 동네 사람들은 "여인의 말 때문에"("διὰ τὸν λόγον τῆς γυναικός", 4:39, 42) 많이 믿게 되었다. 그런데 요한복음 저자에게 이 헬라어 표현은 아주 중요한 의미를 갖는다. 왜냐하면 그 문구를 요한복음 17장 '예수의 제사장적 기도문' 중에서도 의미 있게 사용하기 때문이다. 요한복음 17장 20절에서 예수는 "내가 비옵는 것은 이 사람들만 위함이 아니요 또 저희 말을 인하여 나를 믿는 사람들도 위함이니"("πιστευόντων διὰ τοῦ λόγου αὐτῶν εἰς ἐμέ")라고 기도한다. 즉 요한은 사마리아 여인과 마지막 만찬 석상의 제자들이 모두 설교를 통해 다른 사람들에게 말씀을 전해주는 사람들이라는 것을 그리고 바로 이런 점에서 사마리아 여인이 마지막 만찬 석상의 제자들과 마찬가지로 말씀으로 다른 사람들을 믿게 만드는 인물임을 밝히고 있는 셈이다. 따라서 요한복음 저자에게 제자들이란 예수에 대한 신앙을 말씀의 증거를 통해 다른 사람들에게 전해주는 사람들이다. 이 점에서 4장의 사마리아 여인은 17장에서 마지막 만찬 석상에 참여했던 다른 제자들과 별다른 차이가 없는 동등한 제자처럼 소개되는 것이 아닌가?[4]

---

4 요한복음에서만 예수의 마지막 만찬에 참석한 사람들이 '열두 제자'가 아니라 그냥 '제자들'이다. 부활 현현 이야기의 경우에도 마찬가지이다. 요한복음에서만 예수는 다른 공관복음에서와 같이 "열한 제자들에게"(막 16:14; 마 28:16-17; 눅 24:33) 나타나신 것이 아니라 "제자들에게"(요 20:19) 나타나셨다. 이렇게 요한이 '열두 제자'만을 특별히 중요하게

더구나 이 이야기에서 사마리아 여인이 정말로 '선교사' 혹은 '전도
자'로서 역할과 기능이 있다는 사실은 예수가 사마리아 여인의 말 때문
에 많은 사마리아 사람이 믿게 되었다는 말씀(4:49)을 하기 직전에, 4
장 38절에서 예수가 제자들과 관련하여 '보낸다' 혹은 '파송한다'는 의
미를 가진 "ἀποστελλειν"이라는 중요한 단어를 사용하는 데서도 더
욱 잘 드러난다.[5] 뒤에 계속되는 말씀으로 보아 이 여인은 나중에 사도
들 혹은 제자들이 거두게 될 추수를 위해 미리 씨를 뿌리고 준비한 사
람이었다. 예수는 제자들과의 대화 가운데서 "눈을 들어 밭을 보라. 이
미 곡식이 익어 추수하게 되었다"(4:35)라고 말한다. 그런데 이 말은 사
마리아 동네 사람들이 여인의 말을 듣고 자기를 만나러 나오는 것을
가리키는 것이다. 마태복음 9장 37-38절("추수할 것은 많되 일꾼은 적도
다")에서 알 수 있듯이 '추수'란 말 자체는 분명히 선교적 용어이다. 그
런데 더욱 흥미 있는 것은 사마리아 동네 사람들이 예수에게 나오는
것이 "한 사람은 뿌리고 한 사람은 거둔다"(4:37)라는 말을 정당화한다
는 것이다. 즉 예수는 제자들에게 "내가 너희를 보내어 너희가 수고하
지 않은 것을 거두게 했다. 수고는 남들이 했는데 너희는 수고의 결실

부각하지 않고 오히려 모든 '제자들'을 똑같이 중요하게 부각하는 분명한 경향을 보이는
것을 가리켜 에른스트 케제만(Ernst Kaesemann)은 요한복음에서 나타나는 "모든 제자
들의 제자직"(the priesthood of all believers)이라고 불렀고(cf. *The Testament of
Jesus: A Study of the Gospel of John in the Light of Chapter 17* (Philadelphia: Fortress
Press, 1969, p. 29), 다른 한편으로 로버트 카이저(Robert Kysar)는 "교회 내 지도력의
민주화"(the democratization of leadership in the community)라고 말했다(cf. *The
Fourth Evangelist and His Gospel*, Minnesota: Augsburg, 1975, p. 247).

5   요한복음 17:18에서도 이 동사는 선교사적인 의미("아버지께서 세상에 나를 보내신
    것 같이 나도 저희를 세상에 보내었습니다")로 사용되었는데, 거기서도 이 동사가 "저희
    말을 인하여 나를 믿는 사람들"(요 17:20)을 위한 기도에 앞서 사용되었다.

에 참여하게 된 것이다"(4:38)라고 설명한다. 사마리아 선교와 관련해서 이 말이 무엇을 의미하든지 간에 이 이야기 자체 안에서는 여인이 이미 씨를 뿌렸고 그래서 사도들의 추수 작업이 준비되었다는 뜻이다. 비록 추수 작업을 위해 남자 제자들이 보내졌지만 그 추수 작업을 위한 결정적인 역할, 곧 씨를 뿌려 추수를 가능하게 만든 사람은 사마리아 여인이었다. 아마도 요한복음 저자는 남자 제자들만이 선교 활동에 중요한 역할을 했다는 일반적인 생각에 반대하고 있는 듯하다.

또 다른 의미에서 이 사마리아 여인은 보통 평신도 전도자의 모델처럼 제시되는 것으로도 생각된다. 이 사마리아 여인은 처음에 예수에게 '전도를 받은 사람the evangelized one'이었는데, 나중에는 자기 동네 사람들을 인도해서 예수를 믿게 만든 '전도하는 사람the evangelist'이 되었다는 것을 알 수 있다. 즉 처음에는 예수가 이 여인을 해방시켜 새로운 삶을 살게 해주었는데, 그 후에는 이 여인이 이 새로운 삶 가운데서 다만 '받은 자'로 머물지 않고 '주는 자'로 변화되었다. 자신만이 해방받은 자가 되는 것으로 끝나지 않고 동료 사마리아인들을 폐쇄된 지방색에서 해방시켜 유대인들과 친교를 맺도록 이끌어내기도 했다는 말이다.

만일 요한복음 1장에 나오는 남자들, 예를 들어 베드로를 예수께 인도한 안드레와 나다나엘을 예수께 인도한 빌립 등이 요한복음에서 최초의 생명 구원자soul winners로 소개된다면, 요한복음 4장에서 등장하는 이 사마리아 여인은 최초의 '말씀 전도자evangelist'로 소개되는 셈이다.6 스태그Stagg는 사마리아 여인에 대한 요한복음의 기록을 살펴본

---

6 Evelyn & Frank Stagg, *The Woman in the World of Jesus* (Philadelphia: The West-minster Press, 1978), p. 117.

뒤에 다음과 같이 결론을 맺는다: "이런 이야기를 구성한 사람은 그가 누구든지 간에 여인을 '말씀의 사역자'로 나타내는 것을 주저하는 문화적이며 신학적인 장애에서 해방된 사람일 것이다. 요한복음을 만들어 내고 그것을 받아보게 될 공동체는 분명히 그런 관점을 수용할 것으로 기대되는 공동체였을 것이다."[7]

3. 맺는말

요한복음에만 나오는 이름 없는 사마리아 여인의 이야기를 통해서 우리는 요한복음 저자가 품고 있는 '예수'와 '사마리아 여인'에 대한 생각이 어떠한지 이해할 수 있다. 첫째, 요한복음 저자의 '예수에 대한 생각'은 요한복음 서두에 나오는 이른바 '서문'에서부터 드러난다. 바울은 예수를 가리켜 '본래 하나님과 동등한 분'이지만 '자기를 비워' '종의 모습'으로, '사람의 모양'으로 자기를 낮추신 분이라(빌 2:6-8)고 말했는데, 요한도 그와 비슷하게 예수는 '태초에 하나님과 함께 계셨던'(1:1, 3) '하나님'(1:2)이지만 '육신이 되어'(1:14) '세상에' 내려오신 분이라고 말한다.

그런데 요한복음 4장에서 예수는 유대인임에도 부정한 땅으로 생각되는 사마리아 땅으로 다시 한번 내려가셨다. 그뿐만 아니라 스스로 자기를 낮추어 이름조차 없는 사마리아 여인과 거리낌 없이 대화를 나누는 것을 넘어서, 나중에는 사마리아 사람들의 요청을 받아들여 그들

---

7 *Ibid.*, p. 237.

의 동네에서 그들과 '이틀 동안'을 함께 유숙했다. 예수가 육신('σὰρξ')을 입고 사람이 되기를 꺼려하지 않으셨듯이, 여기서도 사마리아 사람(여인)과 '같은 그릇을 함께 사용하는 것'을, 사마리아 사람들과 함께 먹고 마시며 자는 것을 전혀 꺼려하지 않는다. 요한복음의 예수에게는 분명히 "유대인이나 헬라인, 남자나 여자, 자유인이나 노예 간에 아무런 차이가 없이, 모두 하나였다"(cf. 갈 3:28). 그래서 사마리아 지역 수가란 도시에 들어가 '사마리아인처럼' 그리고 '사마리아인 같이' 처신하는 것이다. 예수에게는 유대인이나 사마리아인 모두 똑같은 '사람', 곧 독립된 인격일 뿐이다.

둘째, 요한복음 저자의 '여인에 대한 생각'은 다른 복음서들의 경우와 달리 요한복음에서만 여인들이 아주 중요한 역할을 하는 것으로 소개되는 점에서 잘 드러난다. 다음과 같은 점들이 그러하다. 요한복음은 예수의 모친이 가나의 혼인 잔치를 주도하는 이야기에서 시작해서 마지막 십자가 처형 장면에서 예수의 모친이 예수 대신 요한을 아들로 받아들이고, 요한은 예수의 모친을 어머니로 모시는 이야기로 끝난다. 베드로를 교회의 반석으로 세우고 천국의 열쇠를 갖게 만든 그의 위대한 신앙고백이 요한복음에서는 베드로가 아닌 마르다의 입을 통해 고백된다. 막달라 마리아는 부활하신 예수의 첫 목격자로 사도들에게 예수의 부활 소식을 전해준 이른바 '사도들에게 보내진 사도'로 소개된다. 그리고 4장에서 '이름 없는 사마리아 여인'이 '말씀의 사역자'로 부각된다. 이처럼 요한복음에는 여인들이 중요한 역할을 하는 이야기가 많이 나온다. 벤 위더링턴Ben Witherington은 요한복음에 이처럼 다른 복음서들에서 보기 힘든 '여성 중심의 이야기들'이 많이 나오는 이유에 대해서 요한 공동체가 "초대교회 안에서 여성들이 주요 역할을 맡는

섯에 반발하는 경향에 내해 반대하기 때문"[8]이라고 결론짓는다. 다른 한편 케제만Kaesemann은 "요한복음의 가장 흥미 있는 특징은… 요한복음에서 여성의 역할이 아주 강조되어 제시된다는 점이다. … 다시금 우리는 요한이 남자나 여자의 구별이 없다는 표어와 구호를 외치는 열광주의적 전통 안에 있다는 것을 인식하게 된다"[9]라고 말한다. 누가복음 저자를 가리켜 인도주의적 관점에서 예수 당시 '불쌍한 사람들'에 속하는 여성들의 해방과 인권 회복을 위해 옹호한 '여성 해방운동의 선구자'라고 말할 수 있다면, 요한복음 저자는 거기서 더 나아가 교회 안에서 여성의 교도권(가르치며 선교하는 권위)을 옹호했던 사람, 곧 여성의 성직 참여권을 주장한 최초의 인물이었다고까지 말할 수 있을 것이다.

8   Ben Witherington III, *Women and Genesis of Christianity*, p. 236.
9   E. Kaesemann, *The Testament of Jesus According to John 17*, p. 31.

13

'사도들에게 보내진 사도' 막달라 마리아

1. '막달라 마리아'란 이름의 여인

신약성서에는 '마리아'란 이름을 가진 여인이 일곱 명이나 등장한다.[1] 따라서 '막달라 마리아'란 이름은 다른 마리아들과 구별하여 '막달라'라는 지역 출신의 마리아를 가리키는 명칭이다. '막달라Magdala'는 갈릴리 호수의 서쪽에 있는 작은 어촌이다. 막달라 마리아가 "일곱 귀신에 들렸다가"[2] 예수에게 고침을 받은 여인(눅 8:2)이었다는 말로 미루어 보

---

[1] '막달라 마리아' 이외에 '예수의 모친' 마리아, '야고보와 요세의 어머니' 마리아(막 15:40; 마 27:56; 눅 24:10), '글로바의 아내' 마리아(요 19:25), '나사로의 누이' 마리아(요 11:1), '요한 마가의 어머니' 마리아(행 12:12) 그리고 로마 교회를 위해 '많이 수고한' 마리아(롬 16:6)가 있다.

[2] '일곱 귀신'이란 말은 '많은 귀신'(many demons)(눅 8:30)을 가리키는 표현에 지나지 않는 것으로, "귀신에게 강력하게 사로 잡혀 있었음"(the severity of the possession)을 의미하는 것 이외에 다른 것이 아니다. Cf. E. Earle Ellis, *The Gospel of Luke* (The

아서 아마도 예수의 갈릴리 사역 초기에 예수를 만나서 귀신의 지배에서 해방되는 경험을 통해서 예수의 제자가 된 여인일 것이다. 실제로 외경인 〈베드로 복음서〉에서는 막달라 마리아를 가리켜 분명히 '주님의 제자'라고 밝혀져 있다(2:1). 이런 점으로 보아 그녀는 아마도 고침을 받은 직후 곧바로 예수를 따라 그의 사역에 동참하여 재산을 바쳐가면서 예수를 지원했던 여인이었다고 생각된다(cf. 눅 8:1-3).

막달라 마리아에 대해서는 과거부터 교회 안에 두 가지 상반된 견해가 있었다. 하나는 막달라 마리아가 예수의 여성 제자 가운데 가장 특출한 인물이었다는 견해였고, 다른 하나는 막달라 마리아가 예수에게 큰 죄를 용서받고 회개한 창녀라는 견해였다. 그러나 후자의 견해는 "역사적 근거가 전혀 없는 순전한 픽션"[3]에 지나지 않는다. 막달라 마리아의 이름이 예수에게 용서함을 받고 구원을 받은 죄 많은 여인에 대한 이야기(눅 7:36-50) 직후에(눅 8:2)에 소개된 것 때문에 막달라 마리아를 이 여인과 동일시하는 경향이 생겼고, 이것이 이후에 막달라 마리아가 창녀였다는 생각으로 발전했던 것으로 보인다. "그러나 여기는 물론이고 복음서 다른 어느 곳에서도 막달라 마리아가 누가복음 7장 이야기에서 언급된 죄 많은 여인이라는 암시는 전혀 없으며, 또 귀신에 사로잡혔다는 사실 자체가 죄의 상태로 여겨지지도 않았다"[4]는 점을 기억할 필요가 있다. 따라서 막달라 마리아를 '창녀'로 보는 생각은 아

New Century Bible Commentary, Grand Rapids: Wm. B. Eerdmans Pub. Co., 1987), p. 128.

[3] "pure fiction with no historical foundation." Cf. R. W. Funk and The Jesus Seminar, *The Acts of Jesus: What did Jesus really do?* (New York: HarperCollins, 1998), p. 476.

[4] F. W. Danker, *Jesus and the New Age: A Commentary on St. Luke's Gospel*, p. 173.

무런 근거가 없는 상상이다.

2. 복음서에서 만나는 막달라 마리아

19세기 독일의 신학자였던 마틴 켈러Martin Kaehler는 복음서들을 가리켜 "확대된 서론이 첨부된 수난 설화"[5]라고 말한 적이 있다. 예수의 수난 설화가 복음서의 핵심이란 의미이다. 그런데 복음서 전승의 핵심이라고 말할 수 있는 예수의 수난 이야기의 마지막 클라이맥스인 십자가 처형crucifixion, 매장burial, 빈 무덤empty tomb 이야기 가운데서 '막달라 마리아'란 여인이 그 사건들의 가장 중요한 목격자로 언급되는 점에 주목할 필요가 있다. 물론 막달라 마리아의 이름과 더불어 다른 여인들의 이름도 십자가 처형과 매장, 빈 무덤의 목격자들 명단에 나타난다. 그러나 오직 막달라 마리아의 이름만이 예수의 십자가 처형과 매장, 빈 무덤 이야기에서 일관성 있게 다른 어떤 여인들보다도 가장 앞서서 제일 먼저 언급된다.[6] 이것은 예수가 겟세마네 동산에서 체포될 때 다른 남성 "제자들이 다 예수를 버리고 도망하여"(막 15:50) 그 이후부터 두 번 다시 예수의 근처에 모습을 드러내지 않은 사실과 크게 대조된다.

---

5   Martin Kaehler, *The So-called Historical Jesus and the Historic-Biblical Christ*, trans. by Carl E. Braaten (Philadelphia: Fortress Press, 1964), p. 80. n.11.

6   요한복음의 십자가 처형 현장에서만(요 19:25) '막달라 마리아'가 맨 마지막에 언급되는데, 아마도 '예수의 모친'이 제일 먼저 언급되는 관계로 마지막에서 언급된 것으로 보인다. 그러나 헬라어 문장에서 첫 번째 강조점이 문장 서두이고, 두 번째 강조점이 문장 마지막인 점을 고려한다면, 요한복음 19:25의 명단 마지막에서 '막달라 마리아'가 언급된 것도 의미가 있다.

막달라 마리아는 예수의 갈릴리 공생애 사역에서 그를 통해 병 고침을 받은 이후부터 그의 사역 마지막 순간까지 충실하게 예수를 끝까지 따랐던 것으로 알려졌다.

막달라 마리아가 예수가 십자가에 처형될 때와 매장될 때 그리고 예수가 부활한 빈 무덤에서 목격자로, 그것도 다른 여인들보다 가장 먼저 언급되는 점으로 미루어 볼 때 그녀는 그만큼 초대교회 안에서는 가장 돋보이는 인물이었을 것이다. 아마도 '막달라 마리아'는 초대교회 안에서 실제로 예수의 모친 마리아 다음으로 가장 중요한 여인으로 생각되었던 듯하다. 이 점은 막달라 마리아에 대한 언급 횟수가 복음서에서 예수의 모친 마리아 다음으로 가장 많이 나오는 점으로도 알 수 있다.[7]

물론 예수의 마지막 순간들에 대한 목격자의 명단에 나오는 여인들의 이름이 복음서들마다 조금씩 다르고, 더욱이 목격자로 언급된 여인들의 숫자도 복음서마다 다른 것이 사실이다. 가령 막달라 마리아와 함께 목격자로 언급되는 여인들 중 '살로메'는 마가복음에서만 나오는 여인이고, '세배대의 아들들의 어머니'는 마태복음에서만 등장하며, '요안나와 야고보의 어머니인 마리아'는 누가복음에서만 그리고 '예수의 어머니'는 요한복음에서만 찾을 수 있다. 그리고 누가복음만이 이름을 밝힌 여인들 이외에 별도로 '갈릴리에서 따라온 여인들'(눅 23:49, 55) 혹은 '다른 여인들'(눅 24:10)이 더 있었다고 언급하기 때문에 목격자들의 숫자는 이름이 밝혀진 여인들의 숫자보다 훨씬 더 많았다고 보는

---

[7] 예수의 모친 '마리아'의 이름은 복음서들에서 모두 18번 나온다(막 6:3; 마 1:16, 18, 20; 2:11; 13:55; 눅 1:27, 30, 34, 38, 39, 41, 46, 56; 2:5, 16, 19, 34). 반면에 '막달라 마리아'의 이름은 복음서들에서 모두 14번 나온다(막 15:40, 47; 16:1, 9; 마 27:56, 61; 28:1; 눅 8:2; 24:10; 요 19:25; 20:1, 11, 16, 18).

 인물 중심의 복음서 연구

것이 옳을 것이나. 그럼에도 막달라 마리아의 이름만은 모든 복음서에서 일관되게 그리고 공통적으로 다른 어느 여인들에 앞서서 가장 먼저 빠짐없이 언급된다는 점이 더욱 중요한 의미를 갖는다. 복음서들이 밝힌 목격자들의 명단을 살펴보면 다음과 같다.

십자가 처형의 목격자:

"막달라 마리아와 젊은 야고보와 요세의 어머니 마리아 그리고 살로메"(막 15:40).

"막달라 마리아와 야고보와 요셉의 어머니 마리아와 세베대의 아들들의 어머니"(마 27:61).

"갈릴리로부터 따라온 여자들"(눅 23:49).

"예수의 어머니와 이모와 글로바의 아내 마리아와 막달라 마리아"(요 19:25).

예수 매장의 목격자:

"막달라 마리아와 요세의 어머니 마리아"(막 15:47).

"막달라 마리아와 다른 마리아"(마 27:61).

"갈릴리로부터 따라온 여자들"(눅 23:55).

예수 빈 무덤의 목격자:

"막달라 마리아와 야고보의 어머니 마리아와 살로메"(막 16:1).

"막달라 마리아와 다른 마리아"(마 28:1).

"막달라 마리아와 요안나와 야고보의 어머니인 마리아, 그리고 다른 여인들"(눅 24:10).

"막달라 마리아"(요 20:1, 11-18).

막달라 마리아의 중요성은 다만 그녀가 십자가 처형과 매장, 빈 무덤의 목격자들 중에서 빠짐없이 제일 먼저 언급된다는 사실에만 있는 것은 아니다. 요한복음에 따르면 막달라 마리아는 안식 후 첫날 새벽에 예수의 무덤을 찾아가 무덤이 비어 있는 것을 발견한 '최초의 여인'이었다.[8] 또한 요한복음에 따르면 부활하신 예수가 막달라 마리아에게 직접 나타나 마치 "목자가 자기 양의 이름을 각각 불러 인도하여 내듯이"(요 10:4) "마리아야!"라고 그녀의 이름을 직접 불렀다. 요한복음에서는 막달라 마리아가 빈 무덤의 첫 목격자이고 부활하신 예수를 처음 만난 최초의 사람일 뿐만 아니라, 예수의 명에 따라서 예수가 부활했다는 소식을 형제들과 제자들(요 20:17-18)에게 전해준 최초의 인물이었다. 이 때문에 막달라 마리아는 "사도들에게 보내진 사도"(the apostle to the apostles: apostola apostolorum)라고 불리기도 한다.[9] 예수의 열두 제자는 막달라 마리아를 통해서 예수의 부활 사실을 전해 받은 사람들이었을 뿐이다.

초대교회 안에서는 부활하신 예수가 제일 먼저 자신을 "게바(=베드로)에게 보이시고, 그 후에 열두 제자에게…. 그리고 맨 나중에 만삭되지 못하여 난 자와 같은" 바울에게도(고전 15:5) 보이셨다는 전승이 지

---

[8] 마태복음에서는 "막달라 마리아와 다른 마리아"(마 28:1), 누가복음에서는 "막달라 마리아와 요안나와 야고보의 어머니인 마리아"(눅 24:10)가 빈 무덤을 처음 찾아간 것으로 기록되어 있으나, 요한복음에서는 오직 '막달라 마리아' 혼자였다(요 20:1).

[9] R. E. Brown, "Role of Women into Forth Gospel," In: *The Community of the Beloved Disciple* (New York: Paulist Press, 1979), p. 190. 브라운은 또 이것을 가리켜 "여인에게 사도에 준하는 역할을 부여하는 현상"이라고 지적한다. Cf. *Ibid.*, p. 189.

배적으로 전해졌던 것으로 보인다. 그런데 그런 상황에서 부활하신 예수를 '제일 먼저 만나본 최초의 인물'이 베드로 등의 열두 제자나 바울과 같은 남성 제자들이 아니라 막달라 마리아였다는 기록 그리고 베드로와 다른 제자들은 막달라 마리아를 통해서 예수의 부활 소식을 전해 받았다는 복음서들의 증언은 그만큼 막달라 마리아가 초대교회 안에서 다른 어느 제자들보다도 앞서는 중요한 인물이었다는 점을 시사해 주는 분명한 증거이다.

그러나 막달라 마리아가 예수의 십자가 처형과 매장, 빈 무덤의 목격자들 가운데서만 중요한 인물로 언급되는 것이 아니다. 물론 막달라 마리아의 이름은 복음서에서는 대부분 예수의 십자가 처형과 매장, 빈 무덤 이야기 가운데서 나온다. 그러나 누가복음 8장 1-3절을 보면, 우리는 막달라 마리아가 예수의 공생애 사역과 관련해서도 다른 열두 사도와 똑같이 아주 중요한 역할을 했다는 사실을 확인할 수 있다. 예수의 부활 직후에 초대교회에서 가롯 유다를 대신하여 맛디아를 선택할 때, 사도의 자격으로 고려되었던 것이 "요한의 세례로부터 우리 가운데서 올려져 가신 날까지 주 예수께서 우리 가운데 출입하실 때에 항상 우리와 함께 다니던 사람 중에서 하나를 세워 우리와 더불어 예수께서 부활하심을 증언할 사람"(행 1:21-22)이라는 점이었다. 이 점을 염두에 둘 때 막달라 마리아도 맛디아만큼이나 사도의 조건에 잘 부합하였다. 실제로 막달라 마리아는 예수의 공생애 사역 때부터 다른 사도와 동등한 존재로 인식되었고, 다른 사도들과 똑같이, 그들과 함께 예수의 사역에 동참했던 것으로 보인다. 누가복음 8장 1-3절이 바로 그런 사실에 대한 분명한 증거 가운데 하나일 수 있다.

흔히 예수가 그의 열두 제자를 데리고 전도 활동을 한 것으로 알고 있지만, 우리는 누가복음 8장 1-3절을 통해서 예수가 유대 나라의 온 도시와 마을을 두루 다니시며 하나님 나라를 선포하며 복음을 전파할 때, 예수의 열두 제자만이 아니라 '여러 명의 여인들'이 함께 참가하여 동행했음을 알게 된다. 그리고 누가복음 8장 1-3절을 보면 그 여인들은 "막달라 마리아와 헤롯의 시종 구사의 아내 요안나와 수산나와 그 밖의 여러 다른 여인들"이었다. 여기서도 우리는 막달라 마리아의 이름이 다른 여인들보다 가장 먼저 언급된다는 사실과 또한 '막달라 마리아와 요안나와 수산나'처럼 이름이 밝혀진 세 여인 이외에 이름이 밝혀지지 않은 '여러 다른 여인들'이 더 있었다는 사실을 알게 된다. 이 '여러 다른 여인들'의 숫자가 실제로 몇 명이었는가에 따라서 우리는 예수의 전도 사역에 참여한 여인들의 숫자가 열두 제자의 숫자에 비해 어느 정도였는지 가늠해볼 수 있을 것이다. 그러나 그것은 더 이상 알 수 없는 상태이다.

특히 이 '여러 다른 여인들'과 함께 먼저 '막달라 마리아와 요안나와 수산나'라고 이름이 밝혀진 세 명의 여인은 마치 예수의 열두 제자 중 핵심 세 제자(triumvirate 혹은 inner group)에 해당하는 핵심 여성 제자들이었을 것이라고 추측할 수 있다. 세 여인의 이름이 별도로 명시된 사실은 "이들이 팔레스틴 교회에서 중요한 인물이었다"[10]는 것을 암시하는 것으로도 볼 수 있기 때문이다. 그리고 만일 여기서 막달라 마리아와 함께 이름이 언급된 '요안나'가 누가복음 24장 10절에서 막달라 마리아와 함께 예수의 빈 무덤을 찾았던 '요안나'와 같은 인물이라면, 이 요안나도 막달라 마리아와 더불어 예수의 공생애 사역 초기부터 예

---

[10]　E. E. Ellis, *The Gospel of Luke*, p. 124.

수의 마지막 순간이라고 말할 수 있는 빈 무덤까지 예수를 가까이서 도왔던 중요한 여성 제자였다고 생각하는 것이 옳을 것이다.

그런데 여기서도 우리가 또 주목해야 할 점 중 하나는 '막달라 마리아'의 이름이 다른 어느 여인들보다 항상 앞서서 가장 먼저 언급되고 있다는 사실이다. 또한 막달라 마리아를 비롯한 이 여인들이 "자기들의 재산으로 예수의 일행을 섬겼다"(눅 8:3)는 사실인데, 역시 여기서도 막달라 마리아가 가장 중심적인 인물처럼 언급된다. 더구나 "각 성과 마을에 두루 다니며 하나님의 나라를 선포하여 복음을 전하는" 예수의 공생애 사역에 적지 않은 돈이 필요했을 터인데, 이런 비용 조달에 막달라 마리아를 비롯한 이 여인들의 물질적 헌신과 도움이 있었다는 언급에 주목할 필요가 있다. 예수가 십자가에 처형되고 매장된 다음에도 "안식 후 첫날 새벽에" 값비싼 향품을 준비해서 빈 무덤을 찾았던 사람들 역시 "막달라 마리아와 요안나와 야고보의 어머니 마리아"였다(눅 24:1-10). 막달라 마리아는 요안나와 함께 예수의 공생애 사역 처음부터 끝까지 예수의 곁을 지키면서 가진 것을 모두 바쳐 충성을 다했던 아주 신실하고도 중요한 인물이었음에 틀림없어 보인다.

3. 외경에서 만나는 막달라 마리아

막달라 마리아가 예수의 공생애 사역과 관련해서 아주 중요한 역할을 했다는 사실은 정경 복음서들 이외에도 몇몇 외경을 통해서 더 확실하게 알 수 있다. 오히려 정경보다는 외경 문서들에서 막달라 마리아의 중요성과 수월성이 더 분명히 부각된다. 막달라 마리아를 중심인물로

다루는 대표적인 외경 복음서인 〈마리아 복음서〉[11] 자체가 바로 그 증
거이다. 왜냐하면 〈마리아 복음서〉는 분명히 막달라 마리아를 지도자
로 추종하는, 달리 말해서 막달라 마리아가 중요한 지도자로 활동하고
있던 신앙 공동체에서, 나중에 그녀를 기리며 그녀의 이름으로 기록한
문서라고 여겨지기 때문이다. 마치 마태복음이 열두 사도 가운데 한
사람인 마태를 추앙하는 공동체의 산물이고, 요한복음이 사도 요한의
이름을 기리는 공동체의 산물이며, 야고보서가 주님의 형제인 야고보
를 추종하는 공동체의 산물이듯이 말이다.

더구나 우리는 〈마리아 복음서〉의 내용을 통해서 막달라 마리아가
초대교회 안에서 얼마나 중요한 인물이었는지 더 잘 확인할 수 있게
된다. 우선 〈마리아 복음서〉 5장을 보면, 다른 제자들이 "우리가 어떻
게 세상에 나가… 하늘나라 복음을 전파합니까? 만약 그들이 그분(=주
님)을 살려두지 않고 죽였다면 어떻게 그들이 우리를 살려두겠습니
까?"라고 말하면서 두려움에 사로잡혀 주저할 때, (막달라) 마리아가 일
어나 "당신들의 마음을 그렇게 우유부단하게 놔두지 마시오. 그의 은
혜가 당신들 모두 안에 있을 것이고, 당신들을 지켜주실 것이기 때문입
니다"라고 말하면서 그들의 마음을 주님께로 돌리며 용기를 북돋운다.
여기서 우리는 복음 전파에 용기를 잃고 있는 다른 제자들을 격려하는
막달라 마리아의 지도자적인 모습을 보게 된다.

〈마리아 복음서〉 6장 1-4절을 보면, 베드로가 마리아에게 "자매여,

---

[11] 〈마리아 복음서〉는 1938년과 1983년에 출판된 두 개의 3세기경 헬라어 사본과 1955년에
출판된 좀 더 긴 5세기경의 콥트어 번역본을 통해 알려졌는데, 원본 저자가 누구인지
그리고 어디서 기록되었는지 아직 알려진 바는 없다. 다만 1세기 말이나 2세기 초에
애굽이나 수리아에서 기록된 것으로 추측되고 있을 뿐이다.

우리는 구주께서 다른 여인들보다 당신을 더 사랑하신 것을 알고 있소. 당신이 알고 있지만, 우리가 들어보지 못했던 구세주의 말씀을 우리에게 말해주시오"라고 부탁하자, 마리아가 기억나는 대로 다 말해주었다는 기록이 나온다. 이 기록을 통해서 우리는 주님이 마리아를 다른 어떤 여인보다 더 사랑했다는 점과 또 주님이 베드로 등 다른 제자들이 알지 못하는 말씀들을 마리아에게만 말해준 것들이 있다는 사실도 알게 된다. 또 이런 기록은 마리아가 자신만이 듣고 알고 있는 예수의 말씀들을 베드로와 같은 제자들에게 별도로 전해주는 중개자 역할도 했다는 것을 알 수 있다. 막달라 마리아가 제자들의 그룹 안에서 얼마나 중요한 인물이었는지 알 수 있는 단서이다.

또 〈마리아 복음서〉 10장을 보면, 막달라 마리아가 주님께서 그녀에게 말씀하신 것을 다른 제자들에게 전해주었을 때 안드레가 자기는 주님께서 그런 말씀을 했다고 믿지 못하겠다고 말했고, 베드로는 "과연 구세주께서 우리 모두가 듣지 못하게 공개적으로 말씀하지 않고 그 여인에게 은밀히 말씀했단 말인가? 그분은 그녀가 우리보다 더 훌륭하다는 점을 지적하시고자 했던 것은 아니지 않소?"라고 마리아에 대해 의문을 제기했다. 그러나 레위는 베드로에게 "베드로여, 당신은 늘 화를 내는 경향이 있고… 지금도 당신은 마치 그녀가 당신의 적이나 되는 것처럼 그 여인을 의심하면서 성을 내고 있소. 만일 구주께서 그녀를 훌륭하게 생각하셨다면, 당신이 누구기에 그녀를 무시한다는 말이오?"라고 말한 것으로 기록되어 있다. 우리는 이런 기록을 통해서 막달라 마리아가 자주 다른 제자들에게 주님께서 하신 말씀을 전해주었다는 사실 그리고 예수의 남성 제자들이 막달라 마리아에 대해 은밀히 시샘을 하며 상당히 경쟁심을 갖고 있었다는 사실을 알게 된다. 또한 그만큼 막달라 마리아가 제자들 가운데서도 그리고 주님에 의해서도 높이 인정을 받았음을 확인할 수 있다.

이런 점은 또 다른 외경인 〈빌립의 복음서〉에서도 "그들이 그에게 말했다. '왜 당신은 그녀를 우리 모두보다 더 사랑하십니까?' 구주께서 대답하셨다. '내가 너희를 그녀처럼 사랑하지 않는단 말이냐?'" 하는 말이 나오는데, 이 말씀 역시 다른 제자들 눈에는 예수가 자기들보다도 막달라 마리아를 더 사랑하는 것으로 생각되었고 막달라 마리아가 다른 제자들에게 시기와 질투의 대상이 되었다는 것을 반영해준다.

또 다른 외경인 〈도마복음서〉에는 다음과 같은 말씀이 소개된다: "시몬 베드로가 그들에게 말했다. 마리아로 하여금 우리 가운데에서 떠나게 하자. 여인들은 생명에 합당치 않기 때문이다. 예수께서 말씀했다. 보라. 나는 그녀가 너희 남자들처럼 산 영혼이 되게 하기 위하여 그녀를 남자로 만들도록 그녀를 인도할 것이다. 남자가 된 모든 여인이 하늘나라에 들어갈 것이기 때문이다"(말씀 114). 여기서도 우리는 막달라 마리아가 열두 제자에게 경쟁과 견제의 대상이 되고 있다는 것을 그러나 그럼에도 예수에게는 더 강력한 지지와 인정을 받는 중요한 인물이었음을 확인할 수 있다.

3세기 혹은 4세기경의 문서로 추정되는 나그함마디 문서 중에 〈피스티스 소피아Pistis Sophia〉를 보면, 막달라 마리아가 요한과 더불어 예수의 우편과 좌편에 앉아 있는 것으로 묘사된다. 또 예수가 열한 명의 제자와 대화를 나누는데, 대화 중에 막달라 마리아가 가장 탁월하여 가장 많은 대화를 나누는 인물로 등장한다. 그래서 베드로가 불평하면서 "주님, 우리에게서 기회를 다 가로채 가는 이 여인을 더 이상 참아줄 수가 없습니다. 이 여인을 자기 혼자만 여러 번 말하고 우리는 도무지 말할 기회를 주지 않습니다"(1:36)라고 말한다. 그러자 마리아는 주님께 "주님, 저는 저 베드로가 무섭습니다. 그가 나를 위협하며 우리 종족을 미워하고 있습니다"(2:72)라고 말한다. 그러나 예수께서는 친히 막달라 마리아에게 "너의 마음이 너희 모든 형제들보다도 더 하나님 나라를 향하고 있다"라고 인정해주신다(26:19-20). 이런 기록을 통해서도 우리는 베드로와 막달라 마리아가 서로 갈등하며 대립하는 관계에 있었다는 것과 함께 막달라 마리아가 베드로에 대등하거나 또는 오히려 그를 압도하는 지도자적 위치에 있었다는 것을 확인할 수 있다.

4. 맺는말

우리는 정경 복음서를 통해서도 막달라 마리아가 예수의 갈릴리 사역 초기부터 두각을 나타내던 인물이었다는 것을(눅 8:1-3), 특히 예수의 십자가 죽음과 매장, 부활 이야기와 관련해서 더욱 아주 중요한 목격자로 등장한, 그래서 더욱 확고한 교회 지도자로 인정받았다는 것을 확인할 수 있었다. 특히 예수 부활의 목격자가 사도의 자격 가운데 하나였고, 또 고린도전서 15장 3-8절에서 엿볼 수 있듯이 부활의 목격자라는 것이 초대교회 안에서 권위의 서열과도 관계가 있는 것이었기에, 예수 부활의 첫 번째 목격자이고 예수의 부활 소식을 사도들에게 전해준 사실 때문에 막달라 마리아는 예수의 죽음 이후에 초대교회 안에서 거의 사도와 같은 지위에 올라서 '초대 기독교 운동의 지도자'[12]가 된 것이

---

[12] R. W. Funk and The Jesus Seminar, *The Acts of Jesus: What did Jesus really do?*,

거의 확실해 보인다.

　그런데 외경 문서들을 보면 막달라 마리아는 다른 남성 제자들보다 더 예수에게 사랑을 받는 제자였을 뿐만 아니라, 주님과의 대화 가운데서도 다른 남성 제자들보다 더 탁월한 능력을 보인 것으로 여겨진다. 주님께서도 개인적으로 막달라 마리아와 말씀을 나누는 기회가 더 많았고, 그 때문에 막달라 마리아는 다른 남성 제자들보다 더 많이 주님의 말씀을 들었다. 그래서 나중에 주님께 들은 말씀들을 다른 제자들에게 전해주기도 했을 만큼 제자들 중 아주 특별한 제자였다. 그래서 베드로를 비롯한 다른 남성 제자들의 시기와 질투의 대상이 되기도 했지만, 주님에게 확고한 신뢰를 받는 여성 제자이기도 했다. 이런 점들 때문에 초대교회 안에서는 나중에 막달라 마리아를 신앙의 지도자로 추종하는 사람들이 많이 생겼던 것으로 보인다. 이런 사실은 그녀가 죽은 뒤에 그녀를 기리며 그녀의 이름으로 〈마리아의 복음서〉를 기록한 사실에서도 잘 확인할 수 있다.

---

p. 476.

'숨어 있는 제자' 니고데모

니고데모는 복음서 전승 가운데서도 오직 요한복음에서만, 그것도 예수와 관련해서 단지 세 번만 언급되는 인물이다. 첫 번째로 그의 이름이 언급되는 곳은 요한복음 3장 1-21절, 곧 니고데모가 '밤에' 예수를 찾아와 '거듭남'에 대해서 예수와 더불어 대화를 나누는 장면에서이다. 예수의 공생애 활동 초기에 벌어진 일이다. 두 번째로 니고데모가 언급되는 곳은 요한복음 7장 45-53절, 즉 예수를 체포하는 문제를 두고 바리새인들 간에 논쟁이 벌어졌을 때 니고데모가 다른 바리새파 사람들과는 달리 예수를 변호하는 장면에서이다. 그리고 마지막 세 번째로 니고데모가 등장하는 곳은 아리마대 요셉이 빌라도의 허락을 받아 예수의 시신을 자신의 새 무덤에 매장할 때, 니고데모가 "몰약과 침향 섞은 것을 백 리트라쯤 갖고 왔다"라고 전해주는 요한복음 19장 38-42절의 본문, 곧 예수의 십자가 죽음 직후에 있었던 매장 이야기 가운데서이다.

요한복음에 따르면 니고데모는 '바리새파 사람'이면서 '유대인들의 지도자'(ἄρχων τῶν Ἰουδαίων)[1]였다(3:1). 유대교 안에서 상당히 중요한 인물이었다는 말이다. 그러나 요한복음에 나오는 니고데모에 관한 몇몇 진술을 보면, 그가 유대교 안에서만 아니라 초대교회 안에서도, 특히 요한의 신앙 공동체 안에서 아주 중요한 인물이었던 듯하다. 그는 비록 밤중이기는 하지만 예수를 찾아와 예수의 말씀을 들었고(3:1-10), 다른 바리새인들이 예수를 체포하려고 논의할 때 오히려 예수에 대해 호의적이며 변호적인 태도를 보였다(7:45-52). 그뿐만 아니라 예수가 십자가에 달려 죽은 뒤 마지막 매장당할 때 "몰약과 침향을 섞은 것을 백 리트라쯤" 들고 와서 예수의 매장에 실질적인 도움을 주었다(19:38-42). 이런 점들을 볼 때 그는 초대교회 안에서도 중요한 인물이었을 것이다. 그럼에도 니고데모에 대해서는 별로 알려진 것이 없을 뿐만 아니라 대부분 사람이 니고데모를 중요한 사람으로 생각하지 않는다. 그렇다면 니고데모는 과연 어떤 인물이었을까?

---

[1] 헬라어 'ἄρχων τῶν Ἰουδαίων'(요 3:1)을 〈개역〉에서는 '유대인들의 관원'(요 3:1)이라고 번역했는데, 〈개역 개정〉에서는 '유대인의 지도자'라고 번역했다. 그런데 〈개역 개정〉에서는 똑같은 헬라어 단어 'ἄρχων'을 같은 요한복음 안에서 '당국자'(7:26, 48), 또는 '관리'(12:42), '임금'(12:31, 14:30, 16:11) 등으로 다양하게 번역하여 그 진짜 의미가 무엇인지 분명하지 않다. 〈새번역〉에서는 '유대 의회원'이라고 번역하여 그가 산헤드린 공회원임을 가리켰다.

1. 요한복음 세 본문에 나오는 니고데모의 정체

우선 요한복음이 전해주는 세 본문 이야기를 통해 그가 어떤 인물인지 살펴보자. 첫 번째 본문(3:1-10)을 보면 니고데모는 '밤중에' 예수를 찾아온 인물이다. 앞에서도 잠깐 지적한 바와 같이 그는 '바리새인'이었고, '유대인의 지도자'(개역 개정) 혹은 '산헤드린 공회원'(새번역)이었으며, 예수 자신도 그를 '이스라엘의 선생'(3:10)이라고 인정한 바 있다. 니고데모가 예수를 '랍비'라고 호칭한 점, '하나님께로부터 오신 선생'으로 알고 있다고 고백한 점(3:2) 그리고 무엇보다도 니고데모가 예수의 말씀을 듣고 싶어, 다른 말로 한다면 무엇인가 더 배우고 싶어 찾아온 것으로 보이는 점 등으로 볼 때 니고데모는 예수에 대해 아주 호의적이었던 것이 분명하다. 그가 예수에게 "사람이 늙으면 어떻게 날 수 있사옵니까?"라고 묻고 다시 "어찌 그러한 일이 있을 수 있나이까?"라고 '거듭남'에 대해서 반복하여 질문하고 있는 점, 그러면서도 두 사람의 대화 대부분이 예수의 말씀으로 구성되어 있는 점에서도 그런 면을 잘 엿볼 수 있다. 양식 비평적으로 말한다면, 니고데모와 예수 간의 대화는 분명 '논쟁 설화' 형식은 아니고 오히려 '사제지간의 대화' 형식이라고 보아야 할 것이다. 본문 가운데 등장하는 인물도 오직 예수와 니고데모 두 사람뿐이다. 니고데모가 예수를 가리켜 '랍비'라고 부른 점[2] 그리고 '하나님께로부터 오신 선생'으로 알고 있다고 고백한 점으로 미

---

[2] 요한복음 1:49에서는 예수를 가리켜 "하나님의 아들이시오 이스라엘의 왕이십니다"라고 고백한 나다나엘이 예수를 가리켜 "랍비여"라고 불렀고, 요한복음 1:38에서는 예수를 따라온 요한의 두 제자가 예수를 가리켜 "랍비여"라고 불렀다. 마태복음 26:26에서는 열두 제자 가운데 한 사람인 가룟 유다가 예수를 "랍비여"라고 불렀다.

루어 판단한다면, 그는 예수 앞에서 자기 스스로를 '제자'라고 생각했던 인물일 수도 있다. 이 점은 그가 두 번째로 등장하는 본문 가운데서 좀 더 잘 드러난다.

두 번째 본문 이야기가 소개되기 직전에 요한복음 저자는 예수를 두고 '이 사람이 참으로 선지자'라고 또는 '그리스도'라고 말하는 사람들(요 7:40-41)이 있었는가 하면, "그리스도가 어찌 갈릴리에서 나오겠느냐?"라고 말하는 사람들도 있어서 "예수로 말미암아 무리 중에서 쟁론"(7:43)이 있었다고 전한다. 그런 와중에 대제사장들과 바리새인들은 사람들을 보내 예수를 붙잡아오게 했다. 바리새인들이 "당국자들이나 바리새인 중에 그를(=예수를) 믿는 자가 있느냐? 율법을 알지 못하는 이 무리는 저주를 받은 자로다"(7:48-49)라고 말하면서 예수를 체포하는 행동을 정당화할 때, '그들(=바리새인들) 중에 한 사람'이었던 니고데모가 나서서 "우리의 율법으로는 먼저 그의 말을 들어보거나 또 그가 하는 일을 알아보지도 않고 사람을 처단할 수는 없지 않소?"(〈새번역〉7:51)라고 이의를 제기하면서 예수를 체포하려는 그들의 행동이 불법적이라는 점을 지적한다. 이 말을 듣고 그들은 니고데모를 향해 "너도 갈릴리에서 왔느냐? 찾아보라. 갈릴리에서는 선지자가 나지 못하느니라"라고 말하면서 니고데모를 비판했다.

우리는 이 두 번째 이야기에서도 니고데모가 다른 바리새인들과는 달리 예수에 대해 아주 호의적인 태도를 취한 것을 알 수 있다. 예수가 말한 것과 행한 것을 알아보기도 전에 예수에 대해 심판하는 것은 '율법'의 가르침이 아니라고 지적함으로써 예수를 변호하는 입장을 분명히 드러냈기 때문이다. 더구나 다른 바리새인들이 동료 바리새인인 니고데모를 향해 "너도 갈릴리에서 왔느냐?"라고 반문하며 공격한 점에 주목할 필요가 있다. "너도 갈릴리에서 왔느냐?"라는 이 질문은 곧 니고데모에게 "너도 갈릴리 사람이냐?"라고 물은 질문이고, 여기서 '갈릴리 사람'이란 말이 갈릴리 나사렛 출신의 예수를 의미하는 것일 수도 있지만 오히려 그를 믿고 따르는 예수의 제자들을 가리키는 말일 수도 있기 때문이다.[3] 이런 점들로 미루어 볼 때 니고데모가 예수에 대해 호의적으로 변호한 것은 그가 예수를 믿고 따르는 제자였을 가능성을 암시하는 것일 수 도 있다. 이런 점은 니고데모가 등장하는 세 번째 이야기에서 더 잘 드러난다.

세 번째 본문 이야기(요 19:38-42)를 보면, 예수가 십자가에 달려 죽은 직후에 '예수의 제자'(19:38)일 뿐만 아니라 니고데모와 마찬가지로 '산헤드린 공회원'이었고(눅 23:50) '선하고 의로운' 사람인 아리마대 요셉[4]이 빌라도의 허락을 받아 예수의 시신을 자신의 새 무덤에 장사지내고자 했을 때 니고데모가 "몰약과 침향 섞은 것을 백 리트라쯤 갖고 와서"(19:39) "유대 사람들의 장례 풍속대로 향료를 바르고 고운 베로 감아"(19:2) 새 무덤에 모실 수가 있게 되었다. 여인들이 안식 후 첫날 예수께 바르기 위해 향품을 준비하여 무덤을 찾았다는 다른 복음서들의 기록들(막 16:1; 눅 24:1)을 보면, 예수가 매장되기 전에 적절한 장례

---

[3] 베드로가 대제사장의 여종 앞에서 예수를 모른다고 부인할 때, '곁에 선 사람들'이 다시 베드로에게 "당신이 갈릴리 사람이니 틀림없이 예수와 한 패일 거요"(막 14:70, 〈새번역〉)라고 말한 것에서도 드러나듯이, "네가 갈릴리 사람이냐"라고 물은 것은 "네가 예수와 한 패" 곧 "예수의 제자가 아니냐"라고 물은 것과도 같다.

[4] 외경 〈베드로 복음서〉에서는 아리마대 요셉이 '빌라도와 주님의 친구'(the friend of Pilate and the Lord)라고 소개된다(2:1). 아리마대 요셉으로서는 빌라도가 "친구이기에 예수의 시체를 쉽게 요청했고 곧바로 허락을 받은 것으로 보인다. 그러나 정경 복음서들의 경우와 달리 〈베드로 복음서〉에서는 아리마대 요셉이 빌라도에게 가서 그의 매장을 위해서 주님의 시신을 요구한 때가 예수의 십자가 처형이 있기 전이었다(2:1).

절차를 제대로 마치지 못했기 때문에 여인들이 예수가 매장된 지 사흘 후에 향료를 준비하여 빈 무덤을 찾았던 것으로 보인다. 그러나 그와 달리 요한복음에서는 니고데모가 예수의 매장 이전에 이미 향료를 준비하여 매장 절차를 "유대인의 장례법대로"(19:40) 잘 마친 것으로 나온다. 요한복음에서는 이처럼 예수가 매장될 때 이미 니고데모가 준비한 향품으로 예수의 시신에 바르는 절차를 끝낸 것으로 되어 있기 때문에, 여인들이 사흘 후에 향품을 준비하여 무덤을 찾았다는 언급[5]은 나오지도 않는다. 결국 요한복음의 이런 기록은 니고데모가 여인들이 예수의 장례를 위해 미처 하지 못했던 일을 미리 대신했다는 것을 의미한다. 이것 역시 니고데모가 예수를 믿고 따르던 여인들처럼 예수를 믿고 따르던 제자였을 가능성을 시사해준다.

2. 요한복음에 나오는 '숨어 있는 기독교인들'[6]

마가복음에 따르면 아리마대 요셉은 "존경받는 공회원이요 하나님의 나라를 기다리는 자"(막 15:3)이다. 누가복음 저자는 아리마대 요셉을 가리켜 "공회 의원으로 선하고 의로운 사람"이라고 소개한다(눅 23:50). 아리마대 요셉이 이처럼 산헤드린 공회의 의원으로 유대교의 고위 관

5　마태복음 28:1에서는 "막달라 마리아와 다른 마리아가 무덤을 보러 갔습니다"라고만 언급되어 있고 '향료'를 가지고 무덤을 찾았다는 언급은 전혀 나오지 않는다.

6　이 용어를 레인몬드 브라운(Raymond E. Brown)이 요한 공동체의 구성원을 언급하는 가운데 사용하는데, 그가 말한 '숨어 있는 기독교인들'(the Crypto-Christians)이란 '회당 안의 유대 기독교인'(Christians Jews within the Synagogues)을 의미한다. Cf. *The Community of the Beloved Disciple* (New York: Paulist Press, 1979), p. 71.

리 가운데 한 사람이고 또한 '선하고 의로운 사람'이며 '하나님의 나라를 기다리는 사람'이었다는 말은 결국 그가 독실한 유대교 신자라는 의미로 읽힌다.[7] 그런데 마태복음 27장 57절과 요한복음 19장 38절에서는 아리마대 요셉을 가리켜 '예수의 제자'라고 분명히 밝힌다. 그렇다면 왜 마가복음과 누가복음은 아리마대 요셉이 '예수의 제자'라는 사실에 대해서 아무런 언급이 없었는지 의문이 든다. 마가와 누가는 그가 '예수의 제자'란 사실을 몰랐을까? 아니면 알았지만 일부러 언급을 하지 않은 것일까? 만약 의도적으로 밝히지 않은 것이라면 그 이유는 무엇일까? 이런 의문의 실마리는 요한복음 저자가 아리마대 요셉을 가리켜 "예수의 제자이나 유대인이 두려워 그것을 숨겼다"(요 19:38)라고 말한 데서 찾아볼 수 있을 것이다. 예수를 믿고 따르는 제자들 가운데 유대인들이 두려워서 자신들의 믿음과 기독교인으로서의 정체성을 공개적으로 드러내지 못하고 오히려 감추었던 사람들이 있었다는 말이기 때문이다.

이런 사실은 요한복음에 나오는 또 다른 언급에서도 확인할 수 있다. 요한복음 12장 42절을 보면 "의회원 중에서도 예수를 믿는 사람이 많이 있었으나 바리새파 사람들을 꺼려 고백은 하지 않았습니다"라는 말이 나온다. 다시 말하자면 유대인들 중에는 그리고 산헤드린 공회원과 같은 고급 "관리 중에도"(12:42, 개역 개정) 예수를 믿는 사람들이 많이 있었지만 그들은 바리새파 사람들이 두려워 자기가 예수를 믿는다는 말을 공개적으로 하지 못한 채 자신의 신분을 감추고 있었다는 뜻이

---

7 외경 〈베드로 복음서〉에 "유대인들이… 요셉이 얼마나 많은 선을 행했는지 알고 있었기에 그에게 그의 시신을 주어 매장하게 하였다"(6:3)라는 말이 나오는 것을 보더라도 요셉이 유대인들에게 존경과 신임을 받고 있었음을 알 수가 있다.

다. 요한복음 저자가 "예수의 제자이나 유대인이 두려워 그것을 숨겼다"(요 19:38)라고 한 말이나 "의회원 중에서도 예수를 믿는 사람이 많이 있었으나 바리새파 사람들을 꺼려 고백은 하지 않았습니다"(요 12:42)라고 했던 말의 의미를 좀 더 분명히 이해하려면 먼저 요한복음이 기록되던 당시 예수를 믿는 사람들이 처해 있던 역사적 상황이 어떠했는지에 대해 알아볼 필요가 있다.

우선 우리는 초대교회의 왕성하고 활발한 선교 활동의 첫 대상이 유대교인들이었다는 사실을 기억할 필요가 있다. 가장 가까운 그리고 가장 쉽게 만날 수 있는 선교의 대상이 그들이었기 때문이다. 실제로 초대교회의 활발한 선교 활동으로 인해 수많은 유대인이 예수를 믿고 세례를 받기 시작했다. 사도행전의 증언에 따르면 베드로의 오순절 설교 말씀을 듣고 "그의 말을 받아들인 사람들은 세례를 받아 그날에 신도의 수가 약 삼천 명이나 더 늘었습니다"(행 2:46, 새번역)라고 했고, 베드로가 다시 의회 앞에서 설교했을 때에는 "말씀을 들은 사람 중에 믿는 자가 많으니 남자의 수가 약 오천이나 되었더라"(행 4:4)라고 했다. 비록 이 숫자가 좀 과장되었다는 점을 감안한다고 하더라도, 초대교회 시절에 유대인들 가운데서 예수를 믿는 사람들의 숫자가 상당히 많이 늘어나고 있었다는 사실만은 부인할 수 없을 것이다. 당시 상당수의 유대인이 이렇게 유대교에서 기독교로 개종하였다는 사실은 결국 유대교의 다른 한쪽에서는 대대적인 붕괴가 시작되었다는 것을 의미할 수도 있다.[8] 더구나 이렇게 놀랍게 늘어난 제자들 가운데는 '허다한 제사장의

---

8 물론 당시 예수를 믿기 시작한 유대인들 대부분은 여전히 자신들을 유대교인이라고 생각했지 새로운 종교로 개종한다고 여기지는 않았을 것이다. 따라서 그들에게 예수를 믿고 따른다는 것이 유대교를 떠난다는 걸 의미하지는 않았을 것이다.

무리'(행 6:7)가 있었고, 바리새파에 속했다가 신도가 된 사람들(행 15:5, 새번역) 그리고 심지어 산헤드린 '공의회 의원들'(눅 23:50)도 있었다.[9] 기독교의 팽창은 결국 그 당시 유대교의 존립에 큰 위협이 될 수밖에 없었다.

더구나 주후 70년에 유대 나라와 함께 예루살렘이 멸망을 당한 후 유대교 자체가 큰 위기에 직면하게 되었다. 유대교는 제사 중심의 종교인데, 예루살렘 성전이 "돌 위에 돌 하나 남지 않고" 다 허물어짐으로 인해서 더 이상 제사를 드릴 수 없게 되었다. 유대인들의 신앙생활의 중심지가 사라져버린 것이다. 성전이 없는 유대교, 제사가 없는 유대교가 되어버렸고, 제사장 계급들도 이제는 더 이상 제사드릴 일이 없어짐으로써 일순간에 실직자가 되어 역사의 무대에서 사라졌다. 그래서 이제 유대교는 근본적인, 아니 혁명적인 변화를 겪게 되었다. 한 마디로 제사장들이 주도하던 제사 중심의 종교에서 랍비들이 주도하는 율법 중심의 종교로 탈바꿈하게 된 것이다. 성전 중심의 종교에서 회당 중심의 종교로 바뀌며 이른바 랍비적 유대교the Rabbinic Judaism가 시작된 것이다. 그러니까 당시 유대교는 외적인 정치적인 위협과 함께 내적인 위협, 즉 팽창하는 기독교로부터 오는 위협에도 직면하고 있었던 셈이다.

이런 내적인 위협에 직면하여 유대 당국은 특히 주후 85년경 랍비 가말리엘 2세가 최고 지도자로 있을 때에 랍비들의 총회를 소집하여 내부적으로 유대교의 와해를 막고 내적인 결속 강화를 위한 조치의 일환으로 몇 가지 중요한 결정을 한 바 있다. 첫 번째는 유대인들 중에서

---

9   아리마대 요셉과 니고데모가 바로 여기에 속할 것이다.

"누구든지 예수를 (믿고 그를) 그리스도로 시인하는 자는 출교하기로 결의"(요 9:22)한 것이 바로 그것이었다. 여기서 '출교黜敎'라고 번역된 헬라어 원어는 '회당으로부터의 축출'을 뜻하는 'ἀποσυνάγωγος'[10]란 단어이다. 예수를 믿는다는 것이 확인되는 순간 유대인들은 더 이상 회당 출입이 금지되었다. 이것은 곧 유대 사회로부터의 파문과 축출을 의미하는 것이었다.[11] 바로 이런 조치 때문에 유대인들 가운데서 이미 예수를 마음속으로 받아들여 믿으면서도 가정생활이나 사회생활을 불가능하게 만드는 유대 사회로부터의 축출이나 파문을 두려워하여 기독교인의 정체성을 숨긴 채 회당 예배에 그냥 형식적으로 참석하는 사람들이 늘어났다.

이런 사실이 나중에 점차 알려지자 유대 당국자들은 그런 사람들을 색출해내기 위한 두 번째 조치를 취했다. 회당 예배에 이른바 〈18 기도문the Eighteen Benediction〉을 채택하여 도입하는 결정을 하였는데, 문제는 그 기도문들 가운데 비르카트 하-미님The Birkat ha-Minim(이단자들을 위한 저주 기도문)으로 알려진 〈12번째 기도문〉이었다. 그 기도문의 내용은 다음과 같다.

"박해자들에게는 소망이 없게 하시고,

오만의 지배를 우리 시대에 당장 근절시키시고,

---

[10] ἀποσυνάγωγος(apo-synagogos)란 헬라어 단어가 모두 기독교인들에 대한 박해와 관련하여 요한복음에서 세 번(9:22, 12:42, 16:2) 사용되었다. 특히 16:2에서는 회당에서 출교시킬 뿐만 아니라 죽이기까지도 했다는 점이 암시되어 있다.

[11] 회당 당국의 이런 조치들에 대해서는 J. Louis Martyn, *History & Theology in the Fourth Gospel* (Nashville: Abingdon, 1979), pp. 37-62를 참고할 수 있다.

기독교도들과 미님ﾞﾞﾞﾞﾞﾞﾞﾞ(이단자)들을 일순간에 멸하시고,

그들의 이름을 생명의 책에서 도말하여,

의인들과 함께 기록되지 않게 하옵소서."

이 기도문이 '박해자들'의 '오만의 지배'를 근절해달라는 말로 시작하기에 유대나라를 지배하며 멸망시키려는 로마 당국을 겨냥한 것이라고 볼 수도 있다. 하지만 이 기도문의 주요 목적은 무엇보다도 먼저 유대인들 마음속에 새로운 종교인 기독교로 개종하려는 생각을 사전에 봉쇄하려는 일종의 세뇌 교육에 있었다. 또 거기서 더 나아가 이미 기독교 신앙을 받아들여 예수를 믿으면서도 일상적인 가정생활이나 사회생활을 그대로 유지하기 위해서 공개적으로 개종 사실을 밝히지 않은 채 숨어서 그대로 회당 예배에 참석하는 소위 '숨어 있는 기독교인들the crypto-Christians or the secret disciples'을 색출해내서 축출 조치 혹은 파문 조치를 취하기 위한 것이었다. 회당 예배에 참석하여 이 기도문을 다 같이 한목소리로 드리게 되어 있는데, 이때 '숨어 있는 기독교인들'은 자연히 이 기도문의 대목에서 주저하게 될 것이고 그럴 경우에 '숨어 있는 기독교인들'을 쉽게 색출할 수 있을 것이라고 생각했던 듯하다.

이런 역사적 상황을 고려할 때 우리는 요한의 신앙 공동체 안에는 예수를 믿고 받아들인 사람들이 많이 있었는데 그들 중 상당수가 '숨어 있는 기독교인들' 혹은 '비밀 제자들'이었다는 사실을 알 수 있다. 아리마대 요셉이 "예수의 제자이나 유대인이 두려워 그것을 숨겼다"(요 19:38)라는 말에서 아리마대 요셉이 바로 그런 '숨어 있는 기독교인'이었다는 것을 알게 된다. 그리고 비록 요한복음 저자가 니고데모를 가리켜

'숨어 있는 기독교인'이라고 밝히지는 않았지만, 그가 예수의 장례를
위해 "몰약과 침향 섞은 것을 백 리트라쯤 가져왔다"(요 19장)라고 언급
한 점으로 미루어 니고데모도 아리마대 요셉과 마찬가지로 '숨어 있는
기독교인'이었던 듯하다. 두 사람 모두 '숨어 있는 기독교인'으로서 아
리마대 요셉은 예수의 시신 매장을 위해 자신의 새 무덤[12]을 제공했고,
니고데모는 예수 시신의 정상적인 장례를 위해 "몰약과 침향을 섞은"
향료를 제공한 것이다. 이렇게 함으로써 이들은 지금까지 숨겨진 상태
에서 '커밍아웃'하여 뛰쳐나온 최초의 두 사람이 된 셈이다. 요한복음
저자는 아마도 회당 안에 여전히 숨어 있는 다른 사람들에게 이들처럼
똑같은 길을 따라가도록 권고하는 교육적 의미를 갖고 이들에 대해 기
술했을 것이다.

바로 여기에서 우리는 니고데모가 했던 중요한 역할과 그의 정체성
을 분명히 볼 수 있다. 다른 공관복음 전승들을 보면 예수가 십자가 위
에서 숨을 거둔 뒤에 아리마대 요셉이 빌라도의 허락을 받아 "세마포를
사서 예수를 (십자가에서) 내려다가 그것으로 싸서 바위 속에 판 무덤에
넣었다"(막 15:46; 마 27:59-60; 눅 23:53)라고 했다. 이것을 다른 말로 한
다면 아리마대 요셉이 예수의 시신을 십자가에서 내려 세마포로 싸서
곧바로 돌무덤에 넣었다는 말이고, 이것은 결국 예수가 유대인의 장례
법에 따라 정상적으로 매장되지 못했다는 말이 된다. 그런데 요한복음
을 보면 아리마대 요셉이 예수의 시신을 십자가에서 내려 매장하기 직
전에 니고데모가 "몰약과 침향 섞은 것을 백 리트라쯤 가지고 와서…

---

[12] 마태복음 27:60을 보면 아리마대 요셉이 예수의 시신을 '자기의 새 무덤'에 모셨다고
    했고, 외경인 〈베드로 복음서〉 6:4에서는 아리마대 요셉이 "주님을 모셔다가… '요셉의
    정원'이라고 불리는 자신의 무덤으로 가져갔다"라고 기록되어 있다.

유대인의 상례법대로 그 향품과 함께 세마포로"(요 19:40) 싸서 "아직 사람을 장사한 일이 없는 새 무덤"에 안치한 것으로 기록되어 있다. 결국 니고데모는 이 과정에서 예수의 시신이 "유대인의 장례법대로" 매장될 수 있게 만든 아주 중요한 인물인 셈이다. 이 점을 두고 레이몬드 브라운R. E. Brown은 니고데모가 "장례 양식을 최소한의 형태에서 관례적인 형태로 바꾸어놓았다"라고 말한 바 있다.[13]

이런 모든 점으로 미루어 볼 때 니고데모도 아리마대 요셉과 마찬가지로 회당 안에 '숨어 있던 기독교인'이었다고 생각하는 것이 옳을 것이다. 실제로 에른스트 헨헨E. Haenchen은 니고데모를 가리켜 "그도 역시 예수의 은밀한 제자로 생각된다"[14]라고 말한 바 있다. 이처럼 니고데모를 예수의 '은밀한 제자' 또는 '숨어 있는 기독교인'이라고 생각할 때, 우리는 왜 니고데모가 예수께 '밤에' 찾아왔는지(3:2), 왜 그가 예수를 체포한 대제사장들과 바리새인들 앞에서 당당히 "예수가 공정한 심판을 받을 권리"가 있음을 변호했는지(7:50-52) 그리고 마지막으로 왜 그가 아리마대 요셉이 예수의 시신을 거두어 장례를 지낼 때 향료를 들고 나타나 그 장례를 도와주었는지(19:39-40)를 잘 이해할 수 있게 된다. 요한복음 저자가 니고데모를 가리켜서 "예수께 밤에 찾아왔던 사람(ὁ ἐλθὼν πρὸς αὐτὸν νυκτός)"(19:39)이라고 부른 것도 결국은 그가 사람들의 눈을 피하기 위해 '밤에' 예수를 찾을 수밖에 없었던 '은밀한 제자'였음을 가리키는 것이다. 따라서 우리는 무디 스미스D. Moody

---

[13] R. E. Brown, *The Death of the Messiah: A Commentary on the Passion Narratives in the Four Gospels* (New York: Doubleday, 1994), p. 1278.

[14] E. Haenchen, *A Commentary on the Gospel of John*, trans. by R. W. Funk (Philadelphia: Fortress Press, 1984), p. 196.

Smith가 말했던 것처럼[15] 니고데모가 처음에는 유대 회당 속에 숨어 있었지만 예수의 마지막 장례 순간에 드디어 기독교인으로 '커밍아웃'한 '숨어 있는 기독교인'이었다고 생각하는 것이 옳을 것이다.

---

[15] "even if Nicodemus has remained within the Jewish community until now(cf. 12:42), he here <u>comes out of the closet</u>, so to speak, in order to serve Jesus." Cf. *The Theology of the Gospel of John* (Cambridge University Press, 1995), p. 43.

15

신분을 감춘 '사랑하는 제자'

오직 요한복음에서만 익명으로 등장하는 '사랑하는 제자'(13:23; 19:26f; 20:2-10; 21:7, 20-23; 21:24, cf. 18:15)의 정체에 대한 논란은 복음서 연구가들의 일치된 의견에 이르지 못한 채 계속 '수수께끼 중의 수수께끼'로만 남아 있다. 여기서는 먼저 1장에서 '사랑하는 제자'의 정체를 밝히기 위한 여러 연구와 가설을 살펴본 이후에, 2장에서는 필자가 나름대로 요한복음이 기록되던 당시의 요한 공동체의 역사적 상황을 근거로 연구했던 결론, 곧 "사랑하는 제자는 '예수의 제자이나 유대인이 두려워 그것을 숨겼던'[1](요 19:38) 그러나 예수가 십자가에 처형되자 드디어 자기의 신분을 드러내고 '예수의 시체를 가져다가 유대인의 장

---

1 요한복음 12:42를 보면, 유대인 "관리 중에도 그(=예수)를 믿는 자가 많되 바리새인들 때문에 드러나게 말하지 못하니 이는 출교를 당할까 두려워함이라"라는 말이 나오는데, 아리마대 요셉도 이미 예수를 믿는 제자였지만 바리새인들 때문에 드러나게 자신의 정체를 밝힐 수 없었던 '숨어 있는 비밀 제자'(the crypto-secret disciple)였던 것이 틀림없다.

례법대로 그 향품과 함께 세마포로 싸서'(요 19:40) '아직 사람을 장사한 일이 없는 새 무덤'(요 19:41)에 장사 지내준 아리마대 요셉이다"라는 연구 내용을 소개하고자 한다.

1. '사랑하는 제자'의 정체를 밝히려 했던 여러 시도

1) 열두 제자 중 하나인 '야고보의 형제 요한'이 '사랑하는 제자'라는 가설

요한복음에서만 익명으로 수수께끼처럼 등장하는 '사랑하는 제자'(13: 23; 19:26f; 20:2-10; 21:7, 20-23; 21:24, cf. 18:15)의 정체에 대한 전통적이며 보수적인 견해는 그가 열두 제자 중 한 사람인 세배대의 아들이며 야고보의 형제인 '요한'(막 1:19-20)이란 주장이다. 이런 주장은 요한복음의 사도성과 신빙성을 강조하기 위해 요한복음의 저자가 사도 요한이라고 주장하는 것과 맥을 같이 한다. '사랑하는 제자'가 예수의 마지막 만찬에 참석했다는 사실(13:23) 그리고 요한복음은 "본 자가 증언"(19:35)한 것이고 "증언한 일들을 기록"(20:24)한 것이란 점 등은 예수 사역의 동행자이며 목격자였던 사도 요한이 '사랑하는 제자'이며 또한 요한복음 저자라고 생각하는 것이 당연해 보이기도 한다.

이상하게도 요한복음에서는 '사도 요한'이란 이름이 한 번도 사용된 바 없는데,[2] 이것은 요한이 요한복음을 기록하면서 자신의 이름을 일

---

2 공관복음에서는 요한이 갈릴리 바다에서 예수에게 부름을 받은 처음 제자 가운데 하나로 상당히 부각되어 있는데, 요한복음에서는 그의 이름에 대한 언급이 전혀 없다. "the fourth gospel's silence concerning the sons of Zebedee—a strange silence." Cf. Robert Kysar, *The Fourth Evangelist and His Gospel: An examination of contemporary scho-*

부러 밝히지 않은 채 그냥 익명으로 예수께서 '사랑하는 제자'라고만 빗대서 언급하고 있는 것이라고 여겨졌다. 더구나 요한복음에서 '사랑하는 제자'가 등장할 때마다 베드로가 함께 언급되는데(13:23-24; 18:15; 20:2; 21:7, 20), 이것은 예수의 사역 중 베드로와 요한이 야고보와 함께 예수와 아주 가까운 '삼인방the triumvirate 제자'로 알려진 사실과 또 예루살렘 초대교회 안에서 '베드로와 요한'이 늘 함께 언급되는 것을 상기시켜주며(행 3:1,11; 4:13; 8:14), 이것 역시 요한이 '사랑하는 제자'를 가리키는 것으로 이해할 수 있는 열쇠가 될 수 있다는 생각을 가능하게 해준다. 그 밖에도 요한복음을 보면 예수가 십자가에 처형될 당시 곁에 예수의 모친과 예수 '모친의 자매'('his mother's sister')[3]가 함께 있었는데(19:25), 이 예수 '모친의 자매'가 요한의 형제인 '야고보의 어머니'(막 16:1)라면 예수와 요한은 이종사촌으로 서로 혈연관계였을 가능성이 있으며, 바로 이런 관계가 예수가 십자가 위에서 마지막으로 '사랑하는 제자'에게 자기 어머니를 맡기는 말을 남긴 것과 또한 '사랑하는 제자'가 예수의 말을 따라 예수를 대신해서 예수의 모친을 자기 집에 모셨다고 하는 말(요 19:27)을 쉽게 이해할 수 있게 해준다.

그러나 이처럼 '사랑하는 제자'가 세배대의 형제인 사도 요한이란 주장을 그대로 받아들이기에는 다음과 같은 문제점들이 있다. 첫째, 요한이 '사랑하는 제자'라고 생각할 경우 "본래 학문이 없는"(행 4:13) 갈릴리 어부 출신이었던 요한이 지금의 요한복음을 기록한 저자라고 생각하기 힘들다는 점이 있다. 더구나 '사랑하는 제자'는 '대제사장과

---

larship (Minnesota: Augsburg Publishing House, 1975), p. 89.

3 〈새번역〉 성경에서는 '이모'라고 번역되어 있다.

아는 사람'(18:15)이라고 했는데, 북부 지방 갈릴리 어부 출신인 요한이 남부 지방 유대 나라의 행정 중심지 예루살렘의 지배 계급에 속하는 '대제사장과 아는 사람'이라고 생각하기도 어렵다.

둘째, 갈릴리 해변에서 제자로 부름을 받았던 요한은 물론 다른 예수의 제자들도 대부분 갈릴리 출신들로서 예수의 갈릴리 사역에 동행하며 동역했다. 그런데 '사랑하는 제자'는 예수의 갈릴리 사역에서는 전혀 등장한 적이 없는데, 이것은 그가 거기에 없었기 때문인 것으로 보아야 한다(가령 변화산 장면이나 겟세마네 장면 등). 그는 오직 예수가 예루살렘에 입성한 이후에만 예루살렘에서 등장한다. '사랑하는 제자'가 갈릴리 바다에서 부름을 받아 갈릴리 사역에 늘 동행했던 요한이라고 보기 어려운 지점이다.

셋째, 요한복음에서는 '열두 제자'의 명단은 물론이고 그들이 제자로 부름을 받은 이야기에 대한 언급도 거의 없다. 오로지 제자들과 관련하여 '열둘'이란 단어가 복음서 전체에서 3번 사용되었을 뿐이다(요 6:67, 70, 71). 요한복음에서 볼 수 있는 열두 제자에 대한 이와 같은 무관심[4]은 베드로를 무시하는 경향[5] 및 갈릴리를 경시 혹은 천시하는 경향[6]과도 맥을 같이 한다. '사랑하는 제자'가 갈릴리 출신 제자인 사도

---

4 요한복음은 예수의 열두 제자 명단을 소개하지 않는 유일한 복음서이다. 또한 열두 제자 중 처음 네 명의 어부 제자들이 갈릴리 해변에서 그리고 마태가 세관에서 제자로 부름을 받는 이야기들도 전혀 소개하지 않는다.

5 요한복음에서는 베드로가 예수에게 직접 부름을 받은 '첫 번째' 제자가 아니라 안드레의 전도를 통해 예수에게 나온 제자이며(1:40-42), 가이사랴 빌립보에서 했다는 베드로의 신앙고백도 요한복음에서만 나오지 않는다. 그리고 요한복음에선 늘 '사랑하는 제자'에 의해 주도되는 제자일 뿐이다.

6 요한복음에서만 "나사렛에서 무슨 선한 것이 나겠느냐"(1:46); "그리스도가 어찌 갈릴리에서 나겠느냐"(7:41); "상고하여 보라. 갈릴리에서는 선지자가 나지 못하느니라"(7:52)라

요한이라면 그의 손에서 이런 기록이 나왔다고 생각하기 어렵다.

넷째, '사랑하는 제자'가 요한이라면 요한복음의 패턴인 갈릴리/베드로, 예루살렘/사랑하는 제자란 대립 형식에도 잘 들어맞지 않는다. '사랑하는 제자'는 분명히 열두 제자에는 속하지 않은 인물로 보인다. 이것은 요한복음의 신앙공동체가 열두 제자가 주도하는 주류 공동체에서는 완전히 독립된 종파적 공동체란 주장과도 맥을 같이 한다. 따라서 우리는 '사랑하는 제자'의 정체를 사도 요한이 아닌 다른 인물에서 찾아보아야 할 것이다.

2) "마가라 하는 요한"(행 12:12)이 '사랑하는 제자'라는 가설

'사랑하는 제자'를 세배대의 아들이요 야고보의 형제인 '사도 요한'이 아니라 '마가라 하는 요한'이라고 보는 가설이다. 이 가설의 근거로는 다음과 같은 점들이 지적된다.[7] 첫째, '마가라 하는 요한'은 예루살렘에 살았으며, 그의 집은 초대교회의 중심적 회합 장소로 사용되곤 했다(행 12:12). 이것은 요한복음에서만 나오는 예수의 예루살렘 사역들, 가령 유대 관원인 니고데모가 밤에 예수를 찾아온 이야기(요 3:1-12), 예수가 예루살렘 양문 곁에 있는 베데스다란 연못에서 맹인을 고쳐준 이야기(5:1-9) 등등 그리고 요한복음에서 나타나는 예루살렘에 대한 강조들, 특히 '사랑하는 제자'가 예수의 예루살렘 사역 가운데서만 등장하는 것에 대한 좋은 설명이 될 수 있다. 둘째, '마가라 하는 요한'과 베드

는 말씀들, 곧 갈릴리를 멸시 혹은 천시하는 말씀들이 소개된다.

[7] Cf. S. S. Smalley, *John-Evangelist and Interpreter* (Greenwood: The Attic Press, 1978), pp. 77-78; R. E. Brown, *The Gospel According to John: Introduction, Translation and Notes*, Vol. I (Anchor Bible, New York: A Gardon City, 1970), xcv-xcvi.

로는 사도행전에서도 서로 만나고 있을 뿐만 아니라(12:12), 베드로전서 5장 13절에서는 베드로가 '마가'를 가리켜 '내 아들'이라고 말하는 등 자신과 가까운 신앙적 관계를 언급한다. 이것은 요한복음에서 '사랑하는 제자'가 '베드로'와 함께 자주 언급되는 것(요 13:23-24; 18:15; 20:2; 21:7, 20)을 잘 설명해준다. 셋째, '마가라 하는 요한'이 레위인이었던 바나바(행 4:36)의 생질(골 4:10)이었다는 사실은 '사랑하는 제자'가 '대제사장과 안면이 있는 인물'(요 18:15)이었다는 사실을 잘 설명해준다.

그러나 이 가설을 그대로 받아들이는 데에는 다음과 같은 문제점들이 있다. 첫째, 만약 '마가라 하는 요한'이 마가복음의 저자라는 일부 학자들의 주장이 맞는다면,[8] 그가 또한 요한복음의 저자이거나 요한복음의 형성에 결정적인 영향을 준 인물인 셈인데, 그렇게 생각하기 어렵다. 둘째, '마가라 하는 요한'은 분명히 열두 제자 가운데 한 사람이 아니었고, 그래서 예수의 갈릴리 사역이나 예루살렘 사역에서 중요한 역할을 한 인물도 아니었다. 그러나 '사랑하는 제자'는 적어도 예수의 예루살렘 사역에서는 아주 중요한 역할을 했다. '마가라 하는 요한'과 '사랑하는 제자'를 동일 인물로 보기 어려운 이유이다.

3) '사랑하는 제자'는 '이상적인 혹은 상징적인 제자'라는 가설

요한복음에 등장하는 '사랑하는 제자'를 실제의 역사적 인물이 아닌 일종의 상징적인 혹은 이상적인 제자를 가리키는 것으로 보는 가설이다.

---

8 파피아스(Papias)가 마가복음의 저자로 언급했던 마가가 사도행전에 여러 번 등장하는 '마가라 하는 요한'과 동일 인물이란 주장이 자주 제기된 바 있다.

'사랑하는 제자'가 요한복음에서 주로 예수의 수난과 부활의 장면에서만 나타나는 점을 근거로 수난과 부활 신앙을 가진 이상적인 제자를 가리키는 것이라고 이해하기도 했다. 이와 달리 '사랑하는 제자'는 모범적인 기독교인을 의미하는 것으로 해석할 수도 있다. 신약성서에서 '사랑하는'이란 형용사는 동료 기독교인을 부를 때 자주 사용하는 형태이기 때문이다. 그래서 로와지Loisy는 '사랑하는 제자'가 '완전한 기독교인 제자'를 상징한다고 말했고, 주엘리처Juellicher와 파셔Fascher, 크래프트Kraft는 '일종의 이상적인 제자'를 뜻한다고 보았다. 다른 한편으로 그레고리 대제Gregory the Great는 '사랑하는 제자'는 '회당'을, 베드로는 '교회'를 나타낸다고 보기도 했고, 반대로 불트만Bultmann은 '사랑하는 제자'가 '이방 기독교'를 그리고 베드로가 '유대 기독교'를 대변한다고 보기도 했다. 반면에 크라게루Kragerud는 '사랑하는 제자'가 영적인 집단의 대변자이고, 베드로는 교권주의 직무the ecclesiastic office의 대변자라고 보기도 했다.[9]

다른 한편으로 이와 비슷하면서도 좀 다르게 요한복음 저자가 '사랑하는 제자'의 이름을 밝히지 않고 끝까지 익명성을 유지한 데는 나름대로의 목회적인 의도가 있었기 때문이라는 주장도 제기된 바 있다. 윌리엄 와티William W. Watty는 그의 논문[10]에서, 요한복음 저자가 그의 복음서를 기록할 때, 그는 예수의 1세대 제자들과 2세대 제자들 간의 통합을 염두에 두고 있었고 이 때문에 '사랑하는 제자'를 계속 익명으로 소

---

[9] Cf. R. E. Brown, *The Gospel According to John*, I. xciv-xcv; S. S. Smalley, *John: Evangelist and Interpreter*, pp. 78-79.

[10] "The Significance of Anonymity in the Fourth Gospel," *Expository Times* 90 (1979), pp. 209-212.

개하였는데, "그의 이름을 밝히지 않은 채, 익명으로 남아 있게 함으로써" 나중에 다른 제자들, 아무리 그가 최근에 또는 늦게 제자가 되었다고 하더라도 자기가 예수에게 사랑을 받는 제자가 될 수 있다고 생각할 수 있게 했다는 것이다. 다른 말로 한다면 사랑하는 제자를 독자들에게 자신들과 동일시할 수 있는 대표적인 인물로 생각할 수 있게 익명으로 남겨둠으로써 독자들에게 기독교 공동체들 가운데서 1세대 제자들을 넘어서서 그들과 하나가 되려고 애쓰게 하려는 목회적인 관심을 드러내고 있다고 보는 것이다.[11]

무디 스미스도 이와 비슷하게 '사랑하는 제자'가 요한복음 저자에게는 예수의 곁에 가장 가까이 있었던 제자란 의미에서 일종의 '모범적인 제자'를 가리키며, 그가 예수와 같은 시대에 살고 있던 제자들을 위한 모델이 아니라 미래 제자들을 위한 모델이라고 주장한다(cf. 요 17:20; 20:29). 아마도 바로 이런 이유 때문에 그의 이름이 구체적으로 거명되지 않은 채로 남아 있는 것이라고 말한다. 왜냐하면 예수의 어떤 제자들 그리고 예수의 모든 제자가 다 '사랑하는 제자'가 될 수 있기 때문이다. 그래서 예수가 사랑하는 그런 제자는 곧 교회라고 여긴다.[12]

그러나 이런 가설들의 가장 큰 문제점은 요한복음에서 '사랑하는 제

---

[11] Kevin Quast, *Peter and the Beloved Disciple: Figure for a Community in Crisis* (JSNT Supplement series 32, Sheffield: JSOT Press, 1989), p. 20.

[12] "In his closeness to Jesus, he is the paradigmatic disciple, a model not so much for the disciples contemporary with Jesus as for future disciples. Perhaps for this reason he remains unnamed, for any and all disciples of Jesus may become beloved disciple. Such disciple, whom Jesus loves, are the church." Cf. D. Moody Smith, *The Theology of the Gospel of John* (Cambridge: Cambridge University Press, 1995), p. 155.

자'는 실제의 역사적 인물로 베드로와 함께 등장한다는 점이다. 만약 '사랑하는 제자'가 이상적인 혹은 상징적인 제자라면 베드로도 실제의 인물이 아니라 이상적이며 상징적인 인물이라고 생각해야 할 것이다. 그래서 케빈 콰스트Kevin Quast는 '사랑하는 제자'를 역사적인 실제의 인물로 보아야 할 이유를 다음과 같이 제시한다.[13] 첫째, 초대교회 여러 공동체에서는 각각 자신들의 신앙과 실행의 정당성과 권위를 부여하기 위해서 예수의 제자의 증언을 직접 갖고 있다는 주장을 하는 습관들이 있었는데, 만약 '사랑하는 제자'가 실제의 인물이 아니라면 그런 권위에 대한 호소를 베드로와 비교해서 주장하는 것이 쓸데없는 일이 될 것이다. 둘째, '사랑하는 제자'의 익명성 자체가 그가 실제의 역사적 인물임을 암시한다. 실제로 오스카 쿨만Oscar Cullmann도 "사랑하는 제자의 이름이 밝혀지지 않은 사실 자체가 그가 역사적 인물임을 암시한다. 외경 복음서들은 그들의 전설적인 설명들을 익명의 인물과 관련시키는 대신 알려진 인물과 연관시키는 경향이 있다"라고 말한 바 있다. 마지막으로 요한복음 21장 20-23절에서는 '사랑하는 제자'의 죽음에 대한 오해가 암시되어 있는데, 우리는 군터Gunther가 "단지 상징적인 인물의 죽음에 대해서는 오해가 일어나지 않는다"라고 지적했던 말을 분명히 기억할 필요가 있다. 따라서 이 가설들은 모두 '사랑하는 제자'의 정체를 밝히는 데는 아무런 도움도 되지 못한다.

---

[13]　Kevin Quast, *Peter and the Beloved Disciple: Figures for a Community in Crisis*, pp. 16-17.

4) 맛디아(행 1:26)가 '사랑하는 제자'라는 가설

에릭 티투스Eric L. Titus는 오래 전에 발표한 그의 논문[14] 가운데서 예수의 부활 승천 직후 열한 사도가 결원이 된 가룟 유다의 자리를 채우기 위해 선택한 '맛디아'(행 1:15-26)가 '사랑하는 제자'일 가능성이 있다는 주장을 제기한 바 있다. 그렇게 생각할 수 있는 근거로 그는 다음과 같은 점들을 지적한다. 첫째, 가룟 유다를 대신할 수 있는 사도의 자격 가운데 '부활의 증인'이어야 한다는 규정(행 1:22)이 있는데, 이 말은 베드로와 함께 예수의 부활의 증인이었던 '사랑하는 제자'(요 20:8)에게 가장 잘 어울린다. 둘째, 가룟 유다를 대신할 수 있는 사도의 또 다른 자격으로 "요한이 세례 주던 때부터 시작하여 예수께서 우리를 떠나 하늘로 올라가시던 날까지 줄곧 우리와 같이 다니던 사람"(행 1:22)이어야 한다는 규정이 있는데, 만일 요한복음 1장 35-40절에서 안드레와 함께 등장하는 이름이 밝혀지지 않은 제자가 '사랑하는 제자'일 경우 맛디아도 예수의 공생애 사역 처음부터 따라다니던 제자였다고 보아야 한다. 요한복음에서는 13장부터 '사랑하는 제자'가 등장하는데, 요한복음 저자가 그때까지 '사랑하는 제자'와 이름이 밝혀지지 않은 제자를 분명하게 동일시하지 않은 이유는 13장에 와서야 비로소 가룟 유다의 배반과 이탈이 언급되고 있기 때문이라는 것이다. 다시 말해서 요한복음에서 가룟 유다의 배반이 언급되면서 비로소 '사랑하는 제자'에 대한 연급이 나오는 이유가 바로 가룟 유다의 자리를 '사랑하는 제자'가 대신하게 됨을 의미하기 때문이라는 것이다. 사도행전 1장에서 가룟 유다를 대신해서 예수의 열두 제자 반열에 들어서게 된 '맛디아'

---

14 E. L. Titus, "The Identity of the Beloved Disciple," *JBL* 69(1950), pp. 323-328.

의 이야기와 요한복음 13장에서 '사랑하는 제자'가 처음으로 가룟 유다의 배반에 대한 언급과 관련하여 등장하는 이야기를 서로 연결해 '사랑하는 제자'의 정체를 밝히려 했다는 점에서 아주 흥미 있는 가설이다.

그러나 티투스의 이 가설에서 문제가 되는 것은 요한복음 1장 35-40절에 등장하는 '이름이 밝혀지지 않은 제자'를 '맛디아'로 그리고 '사랑하는 제자'로 곧바로 동일시하는 그의 가설 이외에도 가룟 유다를 유대교를 상징하는 인물로 그리고 맛디아를 초대교회를 상징하는 인물로 보는 데 있다. 이렇게 되면 '사랑하는 제자'를 실제의 역사적 인물로 보지 않는 여타 견해와 다르지 않게 된다. 또한 그는 자신의 가설을 주장하기 위해서 요한복음 저자가 사도행전을 알고 있었을 뿐만 아니라 사도행전을 문서 자료로 사용했다는 또 다른 가설을 내세우는 것이 된다. 결국 그의 가설은 너무나도 가설 위에 세워진 가설이라는 인상을 그리고 억지로 대안을 찾으려는 시도에 지나지 않는다는 인상을 면할 수 없어 보인다.

5) '나사로'가 '사랑하는 제자'라는 가설

버나드 엘러Vernard Eller는 그의 저서인 *The Beloved Disciple: His Name, His Story, His Thought* (Michigan, Grand Rapids: William B. Eerdmans, 1987)에서 "요한복음에서만 등장하고 있는 익명의 '사랑하는 제자'는 나사로이다"라는 주장을 제기한 바 있다.[15] '사랑하는 제자'가 나사로

---

15 버나드 엘러 이전에 이미 이런 생각을 피력했던 사람으로 Floyd V. Filson("Who was the Beloved Disciple?," *JBL* 68, 1949, pp. 83-88)과 J. N. Sanders("Those whom Jesus Loved(Jn xi,5)," *NTS*, 1954/5, pp. 29-41; "Who was the Disciple whom Jesus Loved" in F. L. Cross(ed.), *Studies in the Fourth Gospel*, pp. 72-82)가 있다.

라고 생각할 수 있는 근거로 그는 다음과 같은 점들을 지적한다.

첫째, 나사로는 요한복음에서 실제로 '예수의 사랑을 받은 자'로 묘사된 유일한 남성 제자이다.

> "주님 보십시오. 당신이 사랑하는 사람이 앓고 있습니다"(요 11:3).
> "예수께서는 마르다와 그의 자매와 나사로를 사랑하셨습니다"(요 11:5).
> "예수께서 눈물을 흘리셨습니다. 그래서 유대 사람들은 보시오, 그가 얼마나 나사로를 사랑하셨는가?"(요 11:35-36).

오직 요한복음에서만 '사랑하는 제자'를 언급했던 요한복음 저자 자신이 나사로를 언급하면서 '예수의 사랑을 받은 자'라고 분명히 밝히고 있는 점이 '사랑하는 제자'를 '나사로'라고 생각하게 만드는 가장 중요한 이유와 근거이다. 그리고 요한복음에서는 11장에서 예수가 나사로를 다시 살린 이야기 이후에서부터 비로소 '사랑하는 제자'란 명칭이 사용되는 점도 '사랑하는 제자'가 나사로라는 사실을 뒷받침해주고 것으로 보인다.

둘째, 요한복음 13장의 마지막 만찬 장면에서 예수의 품에 기대었던 것이 예수의 열두 제자 중 한 사람인 요한이라면, 이것은 분명히 예수의 편애를 나타내는 것이고 마땅히 예수의 다른 제자들에게 질투를 불러일으킬 수도 있었다. 그들은 이미 예수의 뒤를 따르면서도 자기들끼리 자기들 가운데 누가 더 큰 자인가에 대해 길에서 서로 다툰 바도 있기 때문이다. 그러나 만일 "예수의 품에 의지하여 누었던"(요한 13:23) "제자가 바로 직전에 예수께서 죽은 후 나흘 만에 다시 살려낸"(요 11:44) 나사로였다면 그리고 그가 열두 제자와 함께 여행하거나 함께 지내던 자가 아니었다면, 아마도 마지막 만찬 석상에 참석했던 예수의 제자들이 기꺼이 그에게 예수의 곁에 가장 가까운 영광의 자리를 양보해주었을 것이다. 그를 가리켰던 '사랑하시는 제자'란 명칭과 함께 말이다.

셋째, 나사로는 '베다니 사람'(요 11:1)이라고 했기에 분명히 예루살렘 지역 출신이었을 터이다. 또한 상류 사회 인사였던 점으로 미루어 대제사장과도 안면이 있었을 것이다. 그래서 요한복음 18장 15절 이하에 기록되어 있는 대로 쉽게 대제사장의 집에 출입할 수 있었고, 그래서 문지기에게 말하여 베드로를 들여보낼 수도 있었을 것이다. 그러나 '사랑하는 제자'가 갈릴리 어부 출신인 요한이라면 이런 일은 거의 불가능했다.

넷째, 십자가 밑에 있었던 '사랑하는 제자'(19:23-27)가 나사로라고 생각할 경우, 예수께서 모친을 그에게 맡긴 것이 이해된다. 공관복음에 따르면 갈릴리 제자들은 겟세마네 동산에서 예수가 체포될 때 이미 모두 달아나버렸다. 마지막 순간까지 예수의 모친과 함께 십자가 밑에 남아 있던 '사랑하는 제자'가 예수의 십자가 처형 이후 예수의 모친 마리아에게 가까운 곳에 있는 베다니에 거처를 제공해줄 수 있었던 나사로(그리고 그의 누이 마리아)였다고 생각하는 것이 아주 타당해 보인다.

다섯째, 비록 요한복음 21장이 본래 요한복음의 일부가 아니라 후대의 첨가 부분이라고 하지만, 여기에 등장하는 '사랑하는 제자'가 나사로라고 생각하는 것은 결코 어려운 일이 아니다. 예루살렘 부근에서 잘 알려졌던 제자인 나사로를 다시 갈릴리 지역에 등장시키는 것이 '사랑하는 제자'인 나사로의 중요성을 드러내주는 일이 될 수 있기 때문이다. 이런 모든 점은 요한복음의 수수께끼 같은 인물인 '사랑하는 제자'

가 나사로였을 가능성을 강하게 암시해주는 요인들이라고 볼 수 있다. 더구나 요한복음 21장 7절에서 사랑하는 제자가 부활하신 예수를 제일 먼저 알아볼 수밖에 없었던 이유도 나사로는 죽은 이후 나흘이나 지난 다음에 "나사로야 나오라"라는 예수의 말씀을 듣고 걸어 나왔던 인물이기 때문이었다.

그러나 이런 가설의 문제점에 대해 이런 비판이 제기된다. 첫째, 요한복음에는 나사로와 관련하여 그의 말이나 행적에 대해 아무것도 기록된 게 없다. 분명히 요한복음에서 사랑하는 제자가 참 제자직과 관련하여 일종의 모범처럼 등장한다. 이처럼 요한복음에서 아무런 말 한마디도, 아무런 행적 하나도 기록되어 있지 않은 나사로가 어떻게 요한공동체에서 참 제자직의 모범인 사랑하는 제자와 동일시될 수 있겠는가?

둘째, 나사로가 요한복음에서는 '제자'로 불린 적도 없다. 그는 부활하신 예수를 보았던 제자들의 명단에도 나타나지 않는다(요 20:19-22). 심지어 디베랴 바닷가에 있었던 제자들의 이름에서도 나타나지 않는다(요 21:2). 더구나 요한복음에서는 나사로가 예수를 믿고 따랐다는 말도 없다. 그를 예수의 제자로 볼 수 있는 증거 자체가 전혀 없다.

셋째, 나사로가 11장에서 맨 처음 소개된 이후 12장 이후에서는 전혀 그 이름이 다시 나타나지 않는다. 요한복음의 전반부 마지막 클라이맥스에서 소개되는 나사로의 부활 이야기가 복음서의 후반부 마지막 클라이맥스에서 소개되는 예수의 부활 이야기와 밀접히 연관되어 있고, 또 어떤 의미에서 그것을 위한 일종의 예고적 본문이란 점을 감안할 때, 요한복음에서 나사로가 최소한 예수의 부활 현장인 빈 무덤 이야기 가운데서 등장할 만한데도 일절 언급이 없다. 나사로가 예수의 빈 무덤 앞에 서서 자신의 부활을 돌이켜 생각했을 것이란 생각을 쉽게 할 수 있지 않은가? 더구나 "같은 인물이 13-21장에서는 계속 익명으로 언급되다가 오직 11-12장에서만 그 이름이 언급되었다고 믿기가 어렵다."[16]

넷째, 나사로는 요한복음에서 오직 11-12장에서만 알려지고 있을 뿐이지, 요한복음 이외의 다른 신약성서 문서들에서는 전혀 언급되지 않는다. 그래서 심지어 그의 존재 자체를 의심하는 비평가들이 있기도 하다. 그가 다시 살아났다는 전승 자체가 요한복음에서만 전해지기 때문이다. 우리가 그에 대해 거의 아무것도 알고 못하는 나사로가 어떻게 참 제자의 모델인 '사랑하는 제자'와 동일시될 수 있겠는가?

다섯째, 만약 우리가 본문 이야기 자체를 진지하게 취급할 경우 나사로가 죽은 지 나흘이 지나 부활한(요 11장) 이후 얼마 지나지도 않아서 예수의 부활 현장인 빈 무덤에 베드로보다도 더 빨리 뛰어서 예수의 무덤에 도달했다는 이야기 역시 믿기 어렵다. 그런 상황을 상정한다는 것은 독자들에게 믿을 수 없는 것을 믿도록 요구하는 것이다.

여섯째, 요한복음 11장 3절과 36절에서 나사로를 가리켜 '예수가 사랑한 제자'라고 기록된 것 때문에 나사로를 '사랑하는 제자'라고 주장하는 것에도 문제가 있다. 본문을 보면 분명히 저자는 예수께서 마리아와 마르다도 함께 사랑했다고 기록하고 있기 때문이다. 그리고 13장 1절에서는 예수께서 그의 모든 제자를 끝까지 사랑하셨다고 말하기도 한다. 더구나 13장 34절에서 예수는 새 계명을 주면서 "내가 너희를 사랑한 것같이 너희도 서로 사랑하라" 하고 말씀하심으로써 나사로만

---

[16] R. E. Brown, *The Gospel According to John*, p. xcv.

아니라 제자들 모두를 사랑하셨다는 것이 분명히 드러난다.[17]

일곱째, 요한복음에서는 '나사로'를 가리켜 '제자'라고 부른 적이 없다. 예수께서는 나사로를 살리신 뒤에 "그의 제자들과 함께"(11:54)에브라임으로 가셨다는 말에서 볼 수 있듯이 '나사로'는 예수의 '제자들'과 구별되어 언급되고 있어서 나사로를 '제자'로 보기 힘들다.[18]

6) '도마'가 '사랑하는 제자'라는 가설

제임스 찰스워스James H. Charlesworth는 비교적 최근에 출판한 그의 저서인 *The Beloved Disciple: Whose Witness Validates the Gospel of John?*에서 요한복음 연구 가운데서 그 정체가 아직도 분명히 밝혀지지 않은 '사랑하는 제자'가 예수의 열두 제자 가운데 하나였던 도마였을 가능성이 많다고 강력히 주장한다. 그의 주장을 요약하면 다음과 같다.

(1) 요한복음 20장 25절을 보면 도마는 다른 제자들이 부활하신 예수를 만나보았다는 말을 듣고 "나는 내 눈으로 그의 손에서 못 자국을 보고 내 손가락을 그 못 자국에 넣어보고 또 내 손을 그의 옆구리에 넣어보지 않고는 결코 믿지 못하겠소"라고 말한다. 그런데 찰스워스는 이 구절을 토대로 먼저 "도마가 예수의 옆구리에 자신의 손을 넣어보고 싶어 했던 이유가 무엇이었을까?"라고 질문을 제기한다. 그는 이 질문이 '사랑하는 제자'의 정체를 밝히는 데 중요한 열쇠가 된다고 여긴다.

본문의 전후 문맥을 보면 숫자와 이름이 밝혀지지 않은 한 그룹의

---

17 Cf. J. H. Charlesworth, *The Beloved Disciple: aWhose Witness Validates the Gospel of John?* (Pennsylvania: Trinity Press International, 1995), p. 288-291.

18 Cf. J. A. T. Robinson, *The Priority of John* (Oregon: Wipf and Stock Pub., 2011) p. 106.

제자늘이 예수께서 십자가에 처형당한 후 예루살렘 성내에서 문을 잠근 채 숨어 있었는데, 그때 예수께서 그들 가운데 나타나셔서 제자들이 부활하신 예수를 만나보게 된다. 예수는 그들에게 자신의 손과 옆구리의 상처를 보여준다. 그런데 요한복음 저자는 예수의 손과 옆구리에서 못 자국과 창 자국을 보았던 제자들이 누구였는지 전혀 밝히지 않는다. 다만 도마는 그때 그 제자들과 함께 있지 않았다는 점만을 밝힘으로써 (20:24) 이야기의 초점을 도마에게 돌릴 뿐이다.

그런데 본문을 보면 다른 제자들이 도마에게 말해준 것은 오직 "우리가 주님을 보았소"라는 말 뿐이었다(손의 못 자국과 옆구리의 창 자국에 대한 아무런 언급도 없이 말이다). 그런데 부활하신 주님을 뵈었다는 제자들의 말에 대한 도마의 반응이 아주 놀랍고도 의미 있다. 제자들이 도마에게 그들이 예수의 손이나 옆구리에서 상처를 보았다는 말을 한 적이 없는데도 도마는 그들에게 "나는 내 눈으로 그의 손에서 못 자국을 보고 내 손가락을 그 못 자국에 넣어보고 또 내 손을 그의 옆구리에 넣어보지 않고는 결코 믿지 못하겠소"라고 말한다. 찰스워스는 바로 여기에 '사랑하는 제자'의 정체를 밝힐 수 있는 중요한 열쇠가 숨겨져 있다고 말한다. 즉 도마는 예수의 손에 못 자국과 함께 특히 예수의 옆구리에 상처가 있었다는 사실을 어떻게 알았을까?

도마는 예수의 십자가 처형 장소에 있지도 않았기에 예수의 손에 못 자국은 물론이고 예수의 옆구리에 창이 찔렸던 상처에 대해서는 알 수 없었다. 물론 그 당시의 모든 유대인은 십자가에 죽은 사람의 손과 발에 못 자국이 남아 있을 것이란 사실은 다 알고 있었을 것이고, 그래서 손의 못 자국을 보고 거기에 손가락을 넣어보아야 하겠다는 도마의 말을 그런 각도에서 이해할 수도 있을 것이다. 그러나 옆구리의 상처에 대한 도마의 관심과 언급은 아주 예외적인 것이다! 찰스워스에 따르면 예수의 옆구리에 난 상처는 예수만이 당했던 독특한 상처였고, 또한 그 사실을 기록한 것은 복음서들 가운데 오직 요한복음 저자뿐이었다. 다른 복음서들에 예수의 옆구리 상처에 대한 언급이 전혀 없는 것으로 보아서 예수의 옆구리 상처는 분명히 널리 알려져 있던 사실도 아니었을 것이다. 그렇다면 도대체 예수의 옆구리에 생겼던 상처를 직접 보고 알고 있었던 사람은 누구인가?

찰스워스에 따르면 요한복음에서 예수의 옆구리 상처를 보았던 사람은 십자가 처형 현장에서 예수 가까이에 끝까지 남아 있었던 '사랑하는 제자'뿐이다. 비록 예수의 십자가 처형 현장에 예수의 모친과 이모 글로바의 아내 마리아와 막달라 마리아가 더 있었기는 하지만, 요한복음 저자는 그들이 예수의 옆구리 상처의 목격자라고 언급한 적이 없을 뿐만 아니라 그 세 여인 가운데 누구도 도마에게 예수의 옆구리 상처에 대해 미리 말해주었을 가능성도 없다. 실제로 본문에 그런 언급이나 지시가 전혀 없다. 따라서 도마가 다른 사람들이 전해주는 말을 듣고 예수의 옆구리에 창 자국이 있다는 사실을 알았을 것이라고 생각하는 것은 위험한 상상('eisegesis')에 지나지 않을 뿐이다.

요한복음 저자는 요한복음 19장 34절에서 "군인 하나가 창으로 예수의 옆구리를 찌르니 피와 물이 나왔다"라고 기록한 직후에 19장 35절에서 "이 사실은 목격한 자가 본 대로 증거한 것이기 때문에 그의 증거는 참 됩니다"라고 밝힌다. '목격한 자'란 요한의 이 표현은 삼인칭 단수 남성[he who saw it]으로 표기되어 있다. 그렇다면 이 목격자는 오직 '사랑하는 제자'일 수밖에 없다(그가 십자가 처형 현장에 있었던 유일한 남성 제자였으니까). 그런데 본문을 보면 부활하신 주님을 만나본 제자들은 도마에게 "우리가 주님을 보았소"라고만 말했지 예수의 상처에 대해서는 아무런 말도 한 적이 없었다. 그런데도 제자들의 증거에 대한 도마의 반응을 보면 도마는 예수의 옆구리 상처에 대해 이미 알고 있었던 것이 아주 분명하다. 그렇다면 도마는 예수의 옆구리 상처를 어떻게 알고 있었을까?

요한복음 19장 34절 이외에는 신약성서 어느 곳에서도 예수의 옆구리 상처에 대한 언급이 없다. 따라서 예수의 옆구리 상처가 널리 알려진 전승이었을 것이라고 생각할 수도 없다. 그런데 요한복음 19장에 따르면 예수의 십자가 처형 현장에 있었던 것으로 언급되는 유일한 남자 제자는 사랑하는 제자 한 사람뿐이다. 더구나 복음서 기자는 "목격자"로서의 "그의 증거가 참 되다"(요 19:35)라고 강조하고 있지 않은가? 요한복음에는 사랑하는 제자가 도마를 만났다는 기록도 그리고 그에게 예수의 옆구리 상처에 대해 말해주었다는 기록도 없다. 그런데도 요한복음 20장을 보면 예수의 옆구리 상처에 대해 알고 있었던 제자는 오직 도마뿐이다. 그렇다면 사랑하는 제자가 바로 도마라고 생각할 수밖에 없지 않겠는가?

(2) 요한복음에서는 오직 가룟 유다와 도마만이 '열두 제자 중 하나'라고 분명하게 밝혀진다(6:71; 20:24). 베드로는 단지 추론적으로만 열두 제자에 속해 있는 것으로 나타날 뿐이다(6:67-68). 요한복음의 저자 마음속에서는 분명히 가룟 유다와 도마, 이 두 사람이 서로 밀접히 연결되어 있었던 것으로 보인다. 어떤 연관성이 있었을까? 아마도 요한복음 저자는 가룟 유다와 도마를 대조적으로 소개함으로써 독자들에게 어떤 메시지를 전하려고 했을 것이다. 만일 가룟 유다가 '열두 제자 중 하나'로서 예수를 배반한 자라면 그 반대 인물은 '열두 제자 중 하나'

로서 예수의 마지막 처형 현장까지 지키며 목격자로 등장하고 있는 '사
랑하는 제자'일 수밖에 없다. 예수는 가룟 유다의 배반으로 십자가의
고통을 당하게 되었지만 십자가 위에서 사랑하는 제자로 인해서 위로
를 받고 그에게 자기의 모친을 맡길 수 있었다. 만일 사랑하는 제자가
도마라면 요한복음에서 예수는 '열두 제자 중 하나'에 의해 배반당하고
'열두 제자 중 하나'에 의해서 위로를 받으며 마지막 유언을 남기고 있
는 셈이다. 더구나 요한복음에서 '사랑하는 제자'가 이상적인 제자로
묘사되는 점을 고려할 때 요한복음 20장 28절에서 베드로가 아닌 도마
가 예수를 향해서 "나의 주님, 나의 하나님"이라는 이상적인 신앙고백
을 하고 있는 점도 주목할 일이다.

（3）요한복음 21장 21-22절을 보면 베드로가 사랑하는 제자를 가
리키면서 부활하신 예수께 "주님 이 사람은 어떻게 되겠습니까?"라고
물었을 때, 예수께서는 "내가 올 때까지 그를 살아 있게 하는 것이 나의
뜻이라 한들 네게 무슨 상관이 있느냐?"라고 말씀하신다. 이 말씀으로
미루어 사랑하는 제자는 예수의 재림 때까지 죽지 않고 살아 있을 제자
로 알려져 있었다. 반면에 요한복음 21장 18-19절에서는 베드로의 순
교가 분명히 암시된다. 초대교회에서 순교가 이상적인 제자상의 한 단
면으로 생각되었다면, 순교의 죽음에 대한 언급이 전혀 없는 사랑하는
제자는 이상적인 제자상에 어울리지 않는 셈이다. 그러나 요한복음 저
자는 그의 복음서에서 도마를 기꺼이 예수를 위해 순교할 준비가 되어
있는 자, 더 나아가 다른 제자들에게 주와 함께 순교할 것을 권면하는
자로 묘사한다: "그때에 디두모라고도 하는 도마가 동료 제자들에게
우리도 주와 함께 죽으러 가자"(요 11:16). 오직 요한복음에만 나오는
이 본문에서는 도마가 거의 다른 제자들을 이끄는 지도자의 모습으로

나타난다.[19] 만약 도마를 '사랑하는 제자'라고 상정할 경우, '사랑하는 제자'가 순교자의 죽음을 죽지는 않았지만 이상적인 제자로 살아남아서 기꺼이 주님을 위해 순교당할 준비를 하고 또 그것을 다른 제자들에게 권면하는 자로 등장하는 셈이다. 더구나 만일 도마가 '사랑하는 제자'라면 오직 그만이 예수께서 십자가에 달리실 때 예수의 곁에 끝까지 남아 있었던 제자가 아니었는가?

(4) 포트나Fortna는 일찍이 요한복음에서 '사랑하는 제자'에 관한 본문들과 20장 24-29절에 나오는 도마의 질문에 관한 이야기가 복음서 저자에 의해서 요한복음 이야기에 공헌한다고 주장한 바 있다. 그런데 찰스워스는 '사랑하는 제자'에 관한 본문과 도마의 이야기들이 복음서 저자에 의해서 요한복음 이전 전승에 첨가된 것이라고 주장한다. 그리고 포트나의 경우 '사랑하는 제자'와 도마는 서로 다른 인물이지만, 찰스워스에 따르면 이 두 제자는 동일한 인물의 두 얼굴이다. 요한복음 20장에서 '사랑하는 제자'가 어느 누가 예수의 시신을 가져갔다는 막달라 마리아의 보고를 믿지 않았던 것처럼, 도마도 부활하신 예수를 보았다는 다른 제자들의 말을 믿지 않았다. '사랑하는 제자'나 도마는 요한복음에서 의심 많은 제자로서의 비슷한 성격을 반영한다. 이런 점을 보더라도 복음서 저자는 두 사람이 아닌 한 사람, 곧 도마인 '사랑하는 제자'를 소개하는 것이라고 생각할 수 있다는 것이다.

(5) 요한복음에서 도마는 11장에서 처음으로 소개되는데, 마지막으로 20장에서 다시 한 번 더 소개된다. 그런데 요한복음에서 '사랑하

---

[19] Cf. A. Smith, "The disciples followed Thomas, who for the moment had become the leader"; R. F. Collins, "11:16 presents Thomas as the courageous one and as a leader among the disciples of Jesus."

는 제자'에 관한 이야기들은 모두 이 두 장章 사이에서 나온다. 즉 '사랑
하는 제자'에 관한 이야기들은 모두 도마에 대한 이야기 사이에 끼어
있다는 말이다. 그리고 13장 23절에서 '사랑하는 제자'를 가리켜 '제자
중 하나'라고 말하고, 20장 24절에서 도마를 가리켜 '열둘 중 하나'라고
말함으로써 요한복음 저자는 개념적으로 '사랑하는 제자'와 도마를 연
관시키고 있는 것으로 보인다. 요한복음 저자가 반복적으로 '제자 중
하나' 혹은 '열둘 중 하나'란 문구를 사용하는 것은 '사랑하는 제자'를
도마와 동일시하기 위한 수단에 지나지 않는 셈이라는 주장이다.

　(6) 요한복음에는 예수의 열두 제자 명단이 없는 것으로 유명하다.
따라서 예수의 제자들이 어떤 인물들이었는지 쉽게 알 수 없다. 그러나
요한복음 1장을 보면 예수에게는 이미 제자가 다섯 명 있었던 것으로
알려져 있다: 세례 요한의 제자였다가 예수를 따라갔던 안드레와 또
다른 한 제자(사랑하는 제자?) 그리고 시몬 베드로와 빌립과 나다나엘이
다. 이 다섯 제자가 소개된 이후에 여섯 번째로 소개되는 것이 가룟 유
다이다. 그리고 유다에 이어서 일곱 번째로 소개되는 것이 도마이다.
요한복음 저자는 오직 유다와 도마에 대해서만 '열둘 중 하나'라고 밝
힌다. 유다가 여섯 번째로 소개되었다는 것은 '여섯'이란 숫자가 갖고
있는 '불완전성'의 상징 때문에 유다를 불완전한 제자로 소개하는 것이
고, 도마가 일곱 번째로 소개되었다는 것은 '일곱'이란 숫자가 갖고 있
는 '완전성'의 상징 때문에 도마를 완전한 이상적인 제자로 소개하고
있다는 것이다. 더구나 요한복음에서 도마가 일곱 번째 제자로 소개된
직후에 '사랑하는 제자'가 이상적인 제자로 등장한다. 요한복음에서 완
전한 이상적인 제자로 부각되는 것이 '사랑하는 제자'라면 요한복음 저
자의 마음속에서는 도마가 바로 '사랑하는 제자'를 의미한다고 생각하

는 게 옳을 것이라는 말이다.

그러나 '사랑하는 제자'를 '도마'라고 주장하는 찰스워스의 이런 해석에 대해서는 다음과 같은 비판이 제기되기도 했다.

첫째, 예수의 옆구리 상처를 '사랑하는 제자'인 도마만이 보고 알고 있었다는 가정 자체에 문제가 있다. 왜냐하면 비록 그 상처에 언급이 다른 복음서에서 나타나지 않는다고 해서 그 전승이 초대교회 안에서 전혀 알려진 바 없다고 가정하기 어렵다(cf. argument from silence?). 구전 시대가 오랫동안 지속되는 가운데, 다른 복음서 기자들은 나름대로의 이유와 목적 때문에 그 사실을 언급하지 않은 것뿐이라고 생각할 수도 있기 때문이다. 따라서 '도마 가설'은 예수의 옆구리 창 자국을 현장에서 목격했던 다른 목격자들의 존재(예수의 모친 마리아와 다른 여인들)와 그들의 구전 전승에 대한 가능성을 너무나 도외시하는 셈이다. 더구나 옆구리의 창 자국에 대한 언급이 도마의 '실제적인 육성 말씀'(ipsissima verba)이라기보다는 오히려 복음서 저자의 이해와 지식이 본문 가운데서 도마의 입으로 표현된 것이라고 생각할 경우는 더욱 그러하다.

둘째, 요한복음에서 제자들 간의 대조와 대립은 분명히 베드로와 '사랑하는 제자' 간의 대조와 대립이지 유다와 도마 간의 대립은 아니다. 더구나 도마를 '사랑하는 제자'와 동일시할 경우 요한복음에서 베드로와 도마 간의 대립과 대조를 가정해야 하는데, 그런 경우라면 예수의 열두 제자 내부 간의 갈등을 전제하는 것이 된다.

셋째, '사랑하는 제자'를 의심 많은 제자로 생각하여 도마와 동일시하는 데도 문제가 있다. 막달라 마리아가 빈 무덤을 보고 베드로와 '사랑하는 제자'에게 그 소식을 전했을 때 베드로와 사랑하는 제자가 함께 무덤을 향해 달려갔는데, 그것은 의심이 많아서라기보다는 오히려 확인하기 위해서였다. 베드로도 '사랑하는 제자'와 함께 빈 무덤으로 달려갔는데, 그렇다면 베드로도 의심 많은 제자로 생각되어야 하지 않은가? 더구나 사랑하는 제자는 무덤에 먼저 도착했음에도 들어가 확인하지 않았는데, 베드로는 나중에 도착하여 무덤 안으로 들어가 예수의 머리를 쌌던 수건과 삼베를 확인하였다. 베드로가 훨씬 더 의심이 많은 제자로 나타나고 있지 않은가? 이런 여러 문제점 때문에도 우리는 '사랑하는 제자'를 도마라고 여기는 찰스워스의 주장에 쉽게 동의할 수 없다. 그렇다면 '사랑하는 제자'가 정말 누구인지 우리는 다른 대답을 찾아볼 수밖에 없다.

2. '사랑하는 제자'는 '아리마대 요셉'이다

요한복음에서만 등장하는 '사랑하는 제자'의 정체를 밝혀보려는 요한복음 연구가들의 연구가 오랫동안 계속되어왔지만[20] 여전히 미해결의 문제로, 곧 '수수께끼 중의 수수께끼'로 남아 있다. 그러나 필자는 '사랑하는 제자'가 등장하는 요한복음 본문들(13:23; 18:15[21]; 19:26; 20:2; 21:

---

[20] '사랑하는 제자'의 정체를 밝히려는 여러 시도와 그 결론에 대한 포괄적인 목록을 위해서는 다음의 책을 참조하라: James H. Charlesworth, *The Beloved Disciple: Whose Witness Validates the Gospel of John?* (Pennsylvania: Trinity Press International, 1995), p. 11. 이 책에서는 '사랑하는 제자'라고 생각할 수 있는 모든 가능한 인물, 가령 사도 요한, 상징적인 인물, 맛디아, 벤야민, 요한 마가, 나사로 등 여러 가설에 대한 비평적인 고찰이 나온다. 이 책의 저자 자신은 '사랑하는 제자'로 제일 가능성이 있는 사람이 도마라는 새로운 가설을 제시한다(특히, pp. 225-287).

[21] 요한복음 저자는 이 구절에서 '다른 제자'라고만 말한다. 그러나 20:2에서 '다른 제자'를 구체적으로 그리고 분명하게 사랑하는 제자와 동일시한다. 브라운(R. E. Brown)은

7)을 특히 요한복음이 기록되던 당시의 요한 공동체의 역사적 상황과 연결해 주의 깊게 연구한 결과로 얻은 결론은 다음과 같다: "사랑하는 제자는 '예수의 제자이나 유대인이 두려워 그것을 숨겼던'[22](요 19:38) 그러나 예수가 십자가에 처형되자 드디어 자기의 신분을 드러내고 '예수의 시체를 가져다가 유대인의 장례법대로 그 향품과 함께 세마포로 싸서'(요 19:40) '아직 사람을 장사한 일이 없는 새 무덤'(요 19:41)에 장사 지내준 아리마대 요셉이다." 이런 결론을 내리게 된 연구의 근거가 무엇인지 우선 '사랑하는 제자'가 등장하는 본문들부터 하나씩 주의 깊게 살펴보기로 하자.

예수께서는 예루살렘에 입성하신(요 12:12-15) 후에 "유월절 전에"(13:1) '제자들'과 더불어 마지막 만찬을 가졌다. 비록 요한복음에는 이 만찬이 있었던 장소에 대해서 그리고 이 장소를 제공한 사람에 대해서는 아무런 언급이 없다. 하지만 이 마지막 만찬이 예루살렘 성내의 어떤 집에서 있었을 것이란 점에 대해서는 거의 의심할 여지가 없다. 그런데 요한복음에 따르면 이 마지막 만찬 석상에서 처음으로 '사랑하는 제자'가 첫 모습을 드러낸다(요 13:23). 그것도 예수의 품에 가까운 영광의 자리에 앉아 있는 아주 중요한 제자의 모습으로 등장한다. 그러나

'다른 제자'가 '사랑하는 제자'를 가리킨다는 주장이 F. Neirynck, *ETL* 51(1975), pp. 115-51에 의해서 설득력 있게 제시된 것으로 여긴다. Cf. *The Community of the Beloved Disciple* (New York: Paulist Press, 1979), p. 82, n.155. 이 문제에 관한 좀 더 상세한 논의는 이하 관련된 본문 연구를 참조할 수 있다.

[22] 요한복음 12:42를 보면, 유대인 "관리 중에도 그(=예수)를 믿는 자가 많되 바리새인들 때문에 드러나게 말하지 못하니 이는 출교를 당할까 두려워함이라"라는 말이 나오는데, 아리마대 요셉도 이미 예수를 믿는 제자였지만 바리새인들 때문에 드러나게 자신의 정체를 밝힐 수 없었던 '숨어 있는 비밀 제자'(the crypto-secret disciple)였음이 틀림 없다.

이 사랑하는 제자의 이름은 요한복음 어느 곳에서도 밝혀지지 않는다. 이 사람은 과연 누구일까? 그런데 분명히 이 제자는 열두 제자 중의 하나는 아닌 듯하다.[23] 요한복음에서는 이 마지막 만찬에 참석한 사람들을 가리켜 '열두 제자'라고 말하지 않고 그냥 '제자들'[24]이라고만 언급할 뿐이다.

그렇다면 아마도 이 마지막 만찬 석상에서 처음으로 그리고 익명으로 그 모습을 나타낸 '사랑하는 제자'는 바로 이 만찬의 자리를 제공해 준 익명의 '집주인'이 아니었을까 하는 생각을 해볼 수 있다. 그렇게 추측할 때 우리는 그가 예수와 가장 가까운 옆자리에 앉았던 이유를 잘 이해할 수 있게 된다. 그가 바로 만찬 장소를 제공한 집주인이었고, 또 그 만찬을 친히 주선했던 장본인이었기에 그는 만찬 석상에서 위대한 손님이신 예수의 바로 옆자리에서 예수를 모시면서 만찬을 주도하며

---

[23] 오늘날 대부분의 요한복음 연구가들은 사랑하는 제자가 열두 제자 중의 하나는 아니라고 생각한다. Cf. O. Cullmann, *The Johannine Circle: Its Place in Judaism Among the Disciples of Jesus and in Early Christianity—A Study in the Origin of the Gospel of John* (London: SCM Press, 1976), p. 78; R. E. Brown, *The Community of the Beloved Disciple* (New York: Paulist Press, 1979), pp. 33-34; R. Schnackenburg, *The Gospel According to St. John* (New York: Seabury, 1980), III, pp. 383-387; Vernard Eller, *The Beloved Disciple: His Name, His Story, His Thought* (Michigan: Eerdmans Publishing Company, 1987), pp. 24, 37, et passim.

[24] 공관복음서들에서는 예수께서 마지막 유월절 식사를 '열두 제자'와 더불어 가지셨던 것으로 기록되어 있다(막 14:17; 마 26:20; 눅 26:14). 그러나 요한복음에서는 '제자들'과 마지막 만찬을 하신 것으로 기록되어 있다(13:5,22). 여기서 '제자들'이 열두 제자를 가리키는 것인지는 전혀 분명치 않다. 공관복음에서는 예수의 부활 현현도 '열한 제자'에게 나타나는데(막 16:14; 마 28:16-17; 눅 24:33), 요한복음에서는 그 주간의 첫날 저녁에 문을 잠그고 있던 '제자들'에게 나타난 것으로 기록되어 있다(20:19). 요한복음 저자는 그의 복음서에서 의도적으로 '열두 제자'란 표현을 피하면서 그냥 '제자들'이란 말을 좀 더 넓은 의미로 사용하는 경향이 있다.

참석자들을 내접할 수 있었던 것으로 추정할 수 있다. 예수의 가장 가까운 자리에 앉아 있었던 제자가 열두 제자 가운데 하나라고 생각할 경우, 베드로가 예수에게서 멀리 떨어진 자리로 밀려나 앉아 있었던 이유를 이해하기 어렵게 된다. 또한 그 경우에 분명히 그 제자는 다른 제자들의 시기와 질투의 대상이 되었을 수도 있다. 그러나 그 제자가 바로 만찬의 자리를 제공해주고 만찬을 준비해주었던 그리고 직접 만찬에 참석하여 손님들을 대접하던 집주인('host')이라고 생각한다면 다른 제자들도 영광의 자리라고 할 수 있는 예수의 가장 가까운 옆자리를 아무런 이의 없이 그에게 기꺼이 양보했을 것이다. 그래서 그는 예수의 바로 옆 가장 가까운 자리에 앉을 수 있었을 것이다. 결국 사랑하는 제자가 누구인가 하는 질문은 곧 예루살렘에 살고 있던 그리고 유월절을 앞두고 예수와 그의 제자들을 위해 만찬 장소를 제공해준 이 익명의 제자가 누구인가 하는 질문과 밀접한 관련이 있는 것으로 보인다. 그런데 복음서의 모든 증거는 마지막 만찬의 장소를 제공해준 익명의 사람과 그 만찬 자리에서 처음으로 모습을 드러내는 익명의 '사랑하는 제자'가 동일한 인물일 가능성을 전혀 배제하지 않는다.

그렇다면 예수와 그 일행을 위해 마지막 만찬의 장소를 제공했던 이 집주인이 요한복음에서 계속 익명으로 등장하는 이유는 무엇인가? 공관복음에서도 예수와 그의 일행을 위해서 자신의 다락방을 유월절 식사를 위한 장소로 제공했던 사람의 이름과 정체는 밝혀지지 않았다.[25]

---

[25] 존슨(L. Johnson)은 익명의 이 집주인을 요한 마가와 동일시한(in *ExpTim* 77, 1965~66, pp. 157-158). 그러나 다른 한편으로 에델스하임(Edelsheim)은 이 집 주인이 마가의 아버지(행 12:12)라고 생각한다(*Life*, ii. p. 485). 하지만 스웨트(H. B. Swete)는 이런 생각을 배격하면서 다음과 같이 말한다: "그(=집주인)를 마가의 아버지라고 생각하는

공관복음에 따르면 예수께서는 예루살렘에 입성하신 후에 유월절 식사를 위해 큰 다락방을 미리 예약해놓으셨던 것으로 보인다(막 14:12-17; 마 26:17-20; 눅 22:7-14). 그래서 유월절이 다가오자 제자들이 예수께 유월절 식사를 어디서 준비하는 것이 좋겠느냐고 물었고, 예수는 자기의 제자 두 사람을[26] 보내시면서 예루살렘 성안으로 들어가면 물동이를 메고 가는 사람을 만날 터인데 그를 따라가서 그가 들어가는 집주인에게 "선생님께서 제자들과 함께 유월절 식사를 할 방이 어디 있느냐고 말씀하십니다"라고 말하면, 그 사람이 이미 자리가 준비된 큰 다락방을 보여줄 것이니 거기서 유월절 음식을 준비하라고 지시하신다. 이야기 자체가 예수께서 미리 은밀하게 만찬을 준비해놓으셨다는 것을 암시해준다.[27] 그러나 예수께서는 다락방이 있는 그 집의 주인에 대해서는, 특히 그의 이름과 주소에 대해서는 제자들에게 전혀 아무런 언급도 하지 않았다. 아마도 그 집 주인의 정체를 그리고 그와의 만남을 비밀에 부치기를 원했기 때문일 것이다. 배반자인 유다가 곁에 있었기 때문에 그래서 그가 이루시고자 하는 모든 일을 다 이루기 전에 체포되는 것을 바라지 않았기 때문일 것이다. 예수께서 제자들에게 물동이를

추측이 흥미 있는 것이기는 하지만, 사도행전 12:13이 제시하는 미약한 단서 이외에는 어떤 증거로도 뒷받침되고 있지 않다"(*The Gospel According to St. Mark*, p. 310).

26 누가복음 22:8에 따르면 이 '두 제자'는 베드로와 요한으로 밝혀졌다.

27 예수께서 식사 장소를 미리 예약해놓은 것인지(pre-arrangement) 아니면 예수께서 미리 모든 것을 알고 계셨던 것인지(foreknowledge)에 대해 논란의 여지가 있기는 하지만, 예수께서 제자들을 향해서 그 집주인에게 "내가 내 제자들과 함께 유월절 음식을 먹을 나의 객실이 어디 있느냐?"(막 14:14)라고 '나의 객실'이라고 말씀했던 사실에서도 이미 집주인과 방을 사용할 약속, 곧 예약한 것이 암시되어 있다. 그래서 마샬(Mashall)도 그의 누가복음 주석에서 "역사적 근거는 사전에 미리 예약한 것에 있다"라고 말한다. Cf. I. H. Mashall, *The Gospel According to Luke*, p. 789.

어깨에 메고 가는 사람을 찾으라고 지시한 것도 아마 미리 사전에 약속되었던 신호였을지 모른다. 물동이를 메는 일은 그 당시 여인들이 하는 일이지 남자가 하는 일은 아니었기 때문이다. 남자들은 보통 가죽으로 만든 물통을 날랐다. 따라서 물동이를 어깨에 메고 나르는 남자는 수많은 무리 속에서도 쉽게 눈에 띄었을 것이다.

비록 요한복음이 전해주는 마지막 만찬이 공관복음이 전해주는 다락방에서의 유월절 식사와 같은 것이 아니라고 추정되기는 하지만,[28] 요한복음에서도 공관복음들에서와 마찬가지로 예수의 마지막 만찬이 있었던 집이나 그 집주인에 대해서 그리고 만찬을 위한 그와의 사전 약속 등에 대해서 전혀 아무런 언급도 하지 않은 채 더욱 철저히 비밀에 붙이고 있다는 점에 대해서 특별히 주목할 필요가 있다. 그래도 공관복음에서는 식사 장소를 위해 예수와 집주인 간에 미리 은밀한 약속이 있었다는 암시가 어느 정도 나타나기도 하지만, 요한복음에서는 그런 암시까지도 철저히 비밀에 덮인 채 아무런 언급도 나타나지 않기 때문이다. 요한복음이 공관복음서들보다 더 철저하게 만찬 장소와 만찬을 위한 사전 약속은 물론 그 집 주인의 정체에 대해 비밀을 지킨 이유는 무엇일까? 아마도 그 까닭은 요한복음이 기록되던 당시의 역사적 상황을 고려할 때[29] 그 집주인이 그 당시 '숨어 있는 기독교인' 혹은 '은

---

28 공관복음에 따르면 다락방에서의 식사는 유월절 절기 첫째 날인 니산 월 15일에 있었다. 그러나 요한복음에서는 예수의 마지막 만찬이 유월절이 시작되기 전인 예비일에, 곧 니산 월 14일에 있었다. 따라서 공관복음에서는 분명히 예수의 마지막 만찬이 신성한 예식을 갖춘 유월절 식사였지만 요한복음에서는 일상적인 보통의 저녁 식사였다. Cf. J. Jeremias, *The Eucharistic Words of Jesus* (Philadelphia: Fortress Press, 1977), pp. 16-20; R. E. Brown, *The Gospel According to John* (New York: Doubleday, 1970), II. p. 555.

밀한 제자' 가운데 한 사람이었을 가능성에서 찾는 것이 타당하다.

그런데 요한복음 19장 38절에 따르면 아리마대 요셉은 "예수의 제자였으면서도 유대 사람들이 무서워서 그것을 감추어왔던" 사람이었다. 이 요셉은 산헤드린 공회원이었고 부자였다. 또한 아리마대 출신이기는 했지만 예루살렘에 거주하던 예수의 '제자'였다. 예수를 죽이는 일을 결정했던 산헤드린 공회원 중의 한 사람이면서 동시에 예수의 제자이기도 했던 이 요셉은 분명히 자신의 정체성에 대해 심각하게 갈등하고 고민했을 것이다. 요셉은 바로 자신의 이런 문제점 때문에 그 당시에 자신의 정체와 이름을 공공연히 드러낼 수 없었을 것이다. 그래서 요한복음에서도 그의 이름과 정체는 복음서의 마지막 부분까지 거의 밝혀지지 않은 채 감추어져 있다. 요한복음 12장 42절에 따르면 "의회원 중에서도 예수를 믿는 사람들이 많이 있었으나 바리새파 사람들을 꺼려 고백은 하지 않았습니다. 그들이 회당에서 쫓겨날까 두려워했기 때문입니다"라는 말이 나온다. 이 구절은 분명히 요한복음이 기록될 당시 유대교 회당과의 갈등 속에서 어쩔 수 없이 숨어서 예수를 믿어야 했던, 그래서 자신의 정체와 이름이 밖으로 드러나는 것을 두려워하여 익명으로 숨어 있던 제자들이 많이 있었음을 시사해주는 분명한 본문 증거 가운데 하나이다. 그런데 바로 공회원이었던 아리마대 요셉이 그런 제자들 중의 한 사람이었음이 틀림없어 보인다.[30] 이 점은 요한복음

---

29 이 역사적 상황에 대해서는 cf. J. Louis Martyn, *History and Theology in the Fourth Gospel* (Nashville: Abingdon Press, 1979); *The Gospel of John in Christian History* (New York: Paulist Press, 1978), 특별히 Chapter 3.

30 아리마대 요셉과 함께 예수의 시신을 거두어 장례를 치러주었던 니고데모도 '숨어 있는 기독교인' 중의 하나였을 것으로 보인다. 요한복음 3:1에 따르면 니고데모 역시 아리마대 요셉처럼 '의회 의원'이었고 "밤중에 예수를 찾아왔던"(요 3:2; 19:39) 점이 강조되는

에서만 아리마내 요셉을 가리켜 "그는 예수의 세자이면서도 유내 사람들이 무서워 그것을 감추어왔습니다"(19:38)라고 분명히 지적하는 사실에서도 명백히 드러난다. 여기에서 명확해지는 사실 중의 하나는 아리마대 요셉이 요한복음에서 '숨어 있는 제자' 중의 하나라는 사실이다. 그래서 자신의 이름이 공공연하게 알려지기를 원치 않았을 것이고 그의 이름과 정체가 많은 사람들 가운데서 익명으로 가려져 있었을 것이다. 따라서 요한복음에서도 그는 계속 신비스런 익명의 제자로 등장할 수밖에 없었을 것이다.

그런데 이 '사랑하는 제자'는 요한복음에서 오직 복음서의 후반부인 이른바 '영광의 책the Book of Glory' 혹은 '수난의 책the Book of Passion'에서만 그리고 좀 더 구체적으로는 마지막 만찬이 있은 이후부터만 등장한다(요 13:23; 18:15; 19:26; 20:2; 21:7). 요한복음에서 그토록 중요한 역할을 하는 '사랑하는 제자'가 왜 요한복음의 전반부에서는 전혀 등장하지 않고 오직 후반부에서만 등장하는가 하는 의문이 오래전부터 제기되어왔다. 그 의문도 '사랑하는 제자'가 바로 아리마대 요셉이라고 생각할 경우 쉽게 풀린다. 그는 예루살렘에 거주하던 제자였기 때문에 자연히 예수의 갈릴리 활동과 관련하여 등장할 기회는 거의 없었다. 그렇기에 예수 및 그의 제자들이 예루살렘에 입성한 후 그들을 자기 집에 모셔다가 마지막 만찬을 함께 나누는 장면에서부터 드디어 그의

것으로 유추하면 거의 틀림없다. 어니스트 헨헨(E. Haenchen)도 니고데모가 예수의 장례를 위해서 미리 "몰약에 침향을 섞은 것을 백 리트라쯤" 준비하였다가 예수의 시신에 "향료를 바르고 고운 베로 감은"(19:39-40) 사실을 근거로 판단할 때 "그도 역시 예수의 은밀한 제자(a secret disciple of Jesus)로 생각된다"라고 말한다. Cf. *A Commentary on the Gospel of John*, tran. by R. W. Funk (Philadelphia: Fortress Press, 1984), p. 196.

존재와 역할이 두드러지게 나타날 수밖에 없었을 것이다.[31] 그런데 요한복음에서는 아리마대 요셉이란 이름도 오직 복음서 후반부의 수난 설화에서만, 그것도 수난 설화의 마지막 클라이맥스인 예수의 죽음 장면에서만 나타난다. 따라서 '사랑하는 제자'를 아리마대 요셉이라고 생각할 때 우리는 왜 사랑하는 제자가 요한복음에서 복음서의 후반부에서만 그 모습을 나타내고 있는가 하는 의문을 어느 정도 이해할 수 있다. 더구나 예루살렘 성내에 거주하면서 예수와 그의 일행을 위한 만찬을 준비할 수 있는 집을 소유한 사람은 산헤드린 공회원으로서 부자였던 아리마대 요셉과 같은 사람이었을 것이다.

예수께서 대제사장의 집으로 끌려갈 때 베드로와 '다른 제자'[32] 하나가 그의 뒤를 따라갔다. 베드로는 예수의 제자라는 그의 정체가 문을

---

[31] 버나드 엘러(Vernard Eller)는 요한복음 저자가 "예수의 공생애 활동 중 갈릴리 부분에서 사랑하는 제자의 장면을 소개하지 않는 유일한 이유는 사랑하는 제자가 거기 없었기 때문일 것이다"라고 말한다. Cf. *The Beloved Disciple: His Name, His Story, His Thought*, p. 48.

[32] 여기에서 언급되는 '다른 제자'가 과연 '사랑하는 제자'인가 하는 문제에 관해서는 학자들의 의견이 갈라진다. W. Heitmueller(*Die Schriften des NT*, Goettingen: Vandenhoeck Ruprecht, 1918, I: p. 168), M. Dibelius(*From Tradition to Gospels*, pp. 216-17), Neirynck(*Ephemerides Theologicae Lovanlenses* 51, 1975, pp. 113-114) 등은 둘을 동일 인물로 보는 데 반해서 Schnackenburg(*St. John*, 3:235)와 Lindars(*The Gospel of John*, p. 548)와 J. H. Charlesworth(*The Beloved Disciple*, pp. 341-359)는 같은 인물로 보는 것에 반대한다. 다른 한편으로 Bernard(*The Gospel According to St. John*, 2:593)와 Brown(*Gospel*, 2:823)은 증거가 너무 애매해서 정확히 밝히기 어렵다는 견해를 보인다. 그러나 복음서 저자 자신이 요한복음 20:2에서 '사랑하는 제자'와 '다른 제자'가 같은 인물임을 분명히 밝히고 있는데다가 초기의 몇몇 사본 증거(אXΛΘ 등)이 '다른 제자'란 말 앞에 정관사를 첨가함으로써 그가 사랑하는 제자임을 분명히 밝힌다는 점으로 미루어 동일 인물로 보는 것이 타당할 것이다. 여기에 대한 반론을 위해선 Charlesworth, *The Beloved Disciples*, pp. 336-359를 참조하라.

지키는 여종에게 발각되어서 더 이상 들어가지 못했는데(18:17), 다른 제자는 '대제사장과 아는 사이'(18:15)였기 때문에 아무런 문제없이 대제사장의 집 안으로 들어갈 수 있었다.[33] 아리마대 요셉은 예루살렘 공회원이었기 때문에 대제사장과 아는 사이였으며, 산헤드린 공의회가 모이는 장소인 대제사장의 집에는 회의가 소집될 때마다 수시로 출입했다. 따라서 숨어 있던 은밀한 제자였던 그는 요한복음 18장 15절 이하에 기록된 대로 예수의 뒤를 따라 대제사장의 집 안뜰까지 쉽게 들어갈 수가 있었다. 그러나 베드로는 달랐다. 베드로가 대문 밖에 서서 들어가지 못하고 있을 때 "대제사장과 안면이 있는 그 다른 제자가 나와 문지기 소녀에게 말하여 베드로를 데리고 들어갈 수 있었다"(요 18:16). 이와 같은 요한복음의 기록도 사랑하는 제자가 산헤드린 공회원으로서 대제사장과 잘 아는 사이였던 아리마대 요셉이라고 생각할 때 가장 잘 이해될 수 있다.

예수께서 십자가에 달리셨을 때 다른 제자들은 다 도망했고, 처형장에는 예수의 어머니와 이모와 글로바의 아내 마리아와 막달라 마리아

---

[33] 애보트(E. A. Abbott)는 이 제자가 열두 제자 중의 하나인 배반자 유다라고 생각하며, 그가 이미 예수를 팔아넘기기로 대제사장과 약속을 했던 자이기 때문에 그가 대제사장의 집에 나타나는 것은 전혀 문제가 되지 않는다고 보았다. 최근에 와서는 찰스워스가 다시금 이런 주장을 내세운다. 그러나 브라운(R. E. Brown)은 요한복음 저자가 이 제자를 유다로 보고 있다는 증거는 하나도 없다고 지적한다. 다른 한편으로 틴달(E. A. Tindall)은 이 제자가 니고데모라고 생각한다. 니고데모가 산헤드린 공회의 의회원이기 때문에 대제사장의 집에 자유롭게 들어갈 수 있었다는 것이다. Cf. Brown, *Gospel*, II. p. 822. 그런데 버나드(J. H. Bernard)는 그가 니고데모나 아리마대 요셉일 것이라고 추측한다 (*Gospel According to St. John*, Edinburgh: T. & T. Clark, 1928, II. pp. 593-594). 니고데모도 아리마대 요셉과 마찬가지로 '숨어 있는 기독교인' 즉 '은밀한 제자'라면 똑같은 이유에서 우리는 이 제자를 아리마대 요셉이라고 생각할 수 있을 것이다.

이외에 남자로는 오직 사랑하는 제자가 있었을 뿐이다(요 19:25).[34] 예수가 처형을 당하는 현장에 그의 제자가 어떻게 모습을 드러낼 수 있었을까? 마가복음에 따르면 예수의 열두 제자는 예수가 겟세마네 동산에서 체포될 때 이미 다 도망을 가지 않았던가(막 14:50). 그러나 사랑하는 제자가 아리마대 요셉이라고 생각할 경우 우리는 그가 그곳에 쉽게 나타날 수 있었던 이유를 잘 이해할 수 있게 된다. 숨어 있던 은밀한 예수의 제자이기는 했지만 그는 예수의 처형을 결정했던 산헤드린 공회원이었다. 그가 처형 현장에 모습을 드러내는 것은 결코 이상한 일이 아니다. 그런데 예수는 십자가 위에서 어머니에게 사랑하는 제자를 가리키면서 "어머니, 보십시오. 당신의 아들입니다"라고 말하고는 사랑하는 제자에게는 "보라, 네 어머니다"라고 말씀하심으로써 자신의 어머니를 사랑하는 제자에게 맡긴다. 그래서 "그때부터 그 제자가 예수의 어머니를 자기 집에[35] 모셨다"(19:26-27)라고 기록되어 있다. 아리마대 요셉이 '사랑하는 제자'라고 생각할 때, 이미 예수의 마지막 만찬을 위해 자기 집을 제공했고 또 식사를 준비해주었던 이 아리마대 요셉

---

[34] 이 장면은 공관복음에 없는 내용이다. 그뿐만 아니라 부분적으로는 공관복음의 내용과 모순되기도 한다. 왜냐하면 공관복음에서는 여인들이 오직 멀리서만 바라보았을 뿐이었는데(막 15:40; 마 27:55; 눅 23:49), 요한복음에서는 여인들이 예수의 십자가 가까이에 있었던 것으로 기록되어 있기 때문이다. 그러나 공관복음서 기자들 중에서는 오직 누가만이 요한복음에서와 마찬가지로 십자가 처형 현장에 여자들과 함께 남자가 있었다는 것을 언급한다(누가복음 23:49를 보면 남성형으로 "예수의 아는 자들"이란 표현이 나온다).

[35] 헬라어 원문에서는 "εις τα ιδια"란 표현으로 요한복음 1:11과 16:32에서도 사용된 바 있는 문구이다. 브라운(R. E. Brown)은 여기서는 그 문구가 "to his own home"이란 의미를 가질 수 있으며, 또한 "into his care"란 의미를 가질 수도 있다고 말한다. Cf. *The Gospel According to John*, II. p. 907.

이야말로 그 당시로선 예수의 말씀에 따라 가장 손쉽게 예수의 모친을 자기 집에 모실 수 있는 제자였을 것이다. 그의 집이 가까운 예루살렘 성내에 있지 않은가?

더구나 그가 이미 예수와 그의 제자들의 마지막 식사를 위해서 장소와 음식을 마련해주는 등 세심한 배려를 베풀었던 제자라는 사실을 염두에 둘 때, 그가 예수 및 그의 일행이 유월절을 위해 예루살렘에 머무는 동안 그들을 위해 자기의 집을 항시 제공해주었을 가능성도 배제할 수 없다. 이런 점을 고려할 때 그가 예수를 위해서, 예수의 뒤를 이어서, 혹은 예수를 대신해서 그의 모친을 보살피는 일을 맡게 되었다는 것은 결코 이해하기 어려운 일이 아니다. 따라서 예수의 십자가 처형 현장에 있었을 뿐만 아니라 예수의 시신을 거두어 매장하는 일을 직접 주도했고, 안식 후 첫날 새벽에 빈 무덤까지 목격하고 확인한 제자는 분명히 아리마대 요셉이었을 것이다. 요한복음 본문은 사랑하는 제자가 "이 모든 일에 대하여 증거하고 또 이 사실을 기록한 사람"(21:24)이라고까지 증거하고 있지 않은가?

아리마대 요셉이 예수의 시체를 거두어 장사를 지낸 직후에 막달라 마리아가 빈 무덤을 보고 달려와 '베드로와 사랑하는 제자'에게 누가 주님을 무덤에서 가져간 것 같다고 보고한다(요 20:2). 두 제자가 곧 일어나 무덤을 향해 뛰어갔는데, 베드로가 아닌 '다른 제자' 곧 '사랑하는 제자'가 먼저 무덤에 도착한다(20:4). 사랑하는 제자가 아리마대 요셉이라고 생각할 경우 예수의 시신을 장사지냈던 장본인이기에 요셉은 예수의 시신이 없어졌다는 소식을 듣고 크게 놀랐을 것이다. 그래서 누구(베드로)보다도 더 빨리 무덤을 향해 달려갔을 것이다. 더구나 예수의 시신을 장사지냈던 장본인이기 때문에 무덤의 정확한 위치도 다른 어느 누구보다도 잘 알고 있지 않았겠는가. 베드로는 예수가 어느 곳에 어떻게 장례되었는지에 대해서 아무것도 목격한 바가 없었다. 따라서 베드로는 예수의 시체가 없어진 곳을 찾기 위해서 예수를 장례 지내준, 그래서 예수의 시체가 있었던 곳을 가장 잘 알고 있는 요셉의 뒤를 따를 수밖에 없었을 것이다(20:6).

21장에 나오는 부활 현현 이야기를 보면, 제자들이 고기잡이를 위해서 디베랴 바다에 나아가 밤새도록 고기를 잡으려고 했으나 한 마리도 잡지 못했을 때, 부활하신 예수께서 그들에게 나타나 "그물을 배 오른편에 던지라" 하고 지시하신다. 그리고 그 지시대로 했을 때 많은 고기를 잡게 되었는데, 그때 제일 먼저 부활하신 예수를 알아보고 베드로에게 "저분이 주님이시다"라고 소리 지른 사람이 '사랑하는 제자'였다(21:7). 사랑하는 제자가 부활하신 예수를 제일 먼저 그리고 가장 잘 알아볼 수 있었던 것은, 그가 예수의 제자들 중에서는 가장 마지막으로 십자가에 처형되신 예수와 십자가에서 끌어 내려진 시신으로서의 예수를 가장 가까이서 목격했던 사람이었기 때문이다. 예수께서 체포되어 대제사장의 집에서 심문당하고 십자가에서 처형당하고 매장당하던 그 마지막 순간들에 계속 예수와 함께 있으면서 예수의 최후 모습을 가까이서 목격했던 유일한 남성 제자가 바로 아리마대 요셉이 아니었던가? 이것이 그로 하여금 부활하여 제자들에게 가까이 다가오시는 예수를 다른 어떤 제자들보다도 먼저 알아볼 수 있게 했던 요인이었을 것이다.

'사랑하는 제자'는 요한복음에서 거의 참 제자직의 모델, 혹은 마땅히 따라야 할 이상적이며 모범으로 묘사된다.[36] 그런데 아리마대 요셉이 '사랑하는 제자'라고 생각할 경우, 아리마대 요셉도 가히 제자직의 모델로 잘 이해될 수 있다. 왜냐하면 그는 무엇보다도 '예수의 제자'(요 19:38)였고 명망 있는 산헤드린 공회원이요(막 15:43=눅 23:50) 부자(마 27:57)이면서도 하나님의 나라를 기다리고 있던 경건한 사람(막 15:43= 눅 23:51)이었기 때문이다. 또한 착하고 의로운 사람이었고(눅 23:50) 예수의 죽음을 결정한 산헤드린의 결정에 대해 반대했던 사람(눅 23:50) 이었기 때문이다. 그뿐만 아니라 그는 예수와 그 제자들의 마지막 만찬 장소를 위해 자기 집을 제공했다. 또한 예수께서 체포되었을 때 다른 제자들은 모두 다 예수를 버리고 도망했지만 그는 베드로보다 앞서서 대제사장의 집 뜰까지 예수의 뒤를 따랐다(요 18:15). 나아가 예수께서 십자가에 달리셨을 때도 끝까지 현장을 지켰고 처형당한 예수를 대신 해서 예수의 모친을 책임졌다.

그리고 예수께서 십자가에 처형된 후 그는 사회적인 손실과 개인적 인 위험에도 불구하고 감히 빌라도에게 나아가 예수의 시신을 요구하 였고, 자신이 마련해놓았던 새 무덤을 예수께 드려 그를 거기에 장례 지냄으로써 마지막까지 예수의 제자로서 자신의 본분을 다했다. 또한 예수께서 부활하신 이후 제자들에게 다시 나타났을 때에도 그가 제일 먼저 예수를 알아봄으로써 영적인 통찰력에서도 다른 어떤 제자들보 다 더 뛰어남을 보여주었다. 그는 요한복음에서 실제로 모범적인 제자 의 모습을 두루 갖추고 있다.

이런 모든 점으로 미루어 볼 때, 요한복음에서 '사랑하는 제자'라고

---

36 무디 스미스(D. Moody Smith)는 요한복음에서 '사랑하는 제자'는 모범이 되는 제자이고 또한 예수 시대의 제자들을 위해서가 아니라 미래의 제자들을 위한 모델이라고 말한다. Cf. *The Theology of the Gospel of John* (Cambridge: Cambridge University Press, 1995), p. 155.

불리는 익명의 제자는 예수와 그의 제자들에게 마지막 식사를 위해 자기의 집을 만찬 장소로 제공했던 익명의 예루살렘 사람, 곧 "바리새파 사람들을 꺼려"(12:42) 하고 "유대 사람들이 무서워"(19:38) 자신의 정체를 드러내지 못하고 감추다가 복음서의 마지막 클라이맥스에서 드디어 커밍아웃하여 자신의 정체와 이름을 드러낸 산헤드린 공회원이며 부자이면서도 '예수의 제자'(19:38)였던 아리마대 요셉임이 거의 틀림없어 보인다. 요한복음 안에서 아리마대 요셉보다 더 가능성이 있는 인물은 없기 때문이다.

찰스워스는 사랑하는 제자의 정체를 밝히려고 시도했던 그의 최근 연구서에서[37] 최소한 요한복음에서 '사랑하는 제자'의 정체를 밝히기 위해서는 다음과 같은 8가지 조건을 충족시켜야 한다고 주장하였다: (1) 사랑의 기준이다. 복음서 저자가 그를 가리켜 '사랑하는 제자'라고 부른 이유가 무엇인지 설명되어야 한다. 즉 '사랑하는 제자'는 '예수에게 사랑을 받을 만한' '제자'여야 한다. (2) 익명성의 기준이다. 요한복음에서 사랑하는 제자의 이름이 분명히 밝혀지지 않은 이유가 무엇인지 설명되어야 한다. (3) 예수와의 밀접성closedness의 기준이다. 사랑하는 제자가 마지막 만찬 때에 영광의 자리라고 말할 수 있는 예수의 가장 가까운 자리에 앉을 수 있었던 이유가 무엇인지 설명되어야 한다. (4) 후대성lateness의 기준이다. 즉 사랑하는 제자가 요한복음의 후반부에 가서야, 즉 마지막 만찬이 열린 13장 이후에야 비로소 그 모습을 나타내는 이유가 무엇인지 설명되어야 한다. (5) 십자가의 기준이다. 복

---

[37] James H. Chralesworth, *The Beloved Disciple: Whose Witness Validates the Gospel of John?*, p. xiv-xviii.

음서 저자가 예수의 십자가 처형 현장에 다른 제자들은 제외하고 사랑하는 제자를 등장시킨 이유가 무엇인지 설명되어야 한다. (6) 신빙성 commendation의 기준이다. 요한복음의 저자가 "우리는 그(=사랑하는 제자)의 증거가 참되다는 것을 알고 있습니다"(21:24)라고 특별히 사랑하는 제자의 신빙성을 강조하는 이유가 무엇인지 설명되어야 한다. (7) 두려움과 죽음의 기준이다. 요한 공동체의 멤버들이 사랑하는 제자의 죽음에 대해 관심을 기울이며 걱정한 이유가 무엇인지 설명되어야 한다. (8) 베드로의 기준이다. 요한복음에서 사랑하는 제자는 베드로와 밀접히 연관되어 나타난다. 거의 두 사람 간에는 경쟁과 갈등rivalry이 있는 것으로 묘사되는데 그 이유가 무엇인지 설명되어야 한다는 것이다.

그런데 아리마대 요셉이 바로 '사랑하는 제자'라고 상정할 경우 이 모든 기준에 아주 잘 어울린다.[38]

(1) 분명히 아리마대 요셉은 '예수의 제자'였으며(19:38), 따라서 당연히 예수의 사랑의 대상이었을 것이다. 요한복음 저자는 사랑하는 제자가 처음 등장하는 마지막 만찬에 관한 이야기를 시작하면서 "예수께서 자기가 세상을 떠나 아버지께로 돌아가실 때가 이른 줄 아시고 세상에 있는 자기 사람들(=제자들)을 사랑하시되 끝까지 사랑하시니라"(13:1)라고 말하지 않았던가? 그렇다면 아리마대 요셉은 예수께서 끝까지 사랑하셨던 예수의 제자 중의 한 명임이 틀림없지 않은가?

(2) '사랑하는 제자'가 요한복음에서 그 이름을 밝히지 않은 채 계속 익명으로 등장하는 이유는 앞에서 충분히 설명한 바와 같이 그 자신이

---

[38] 그러나 찰스워스는 '사랑하는 제자'가 될 수 없는 사람들의 목록 가운데서 아리마대 요셉을 꼽는다. 그는 아리마대 요셉 이외에 "니고데모와 빌라도, 익명의 사마리아 여인"을 '사랑하는 제자'가 아닌 사람이라고 지적한다. cf. *Ibid.*, p. xiv.

그 당시 '숨어 있는 기독교인'이었기 때문이다. 요한복음 저자는 "의회원 중에서도 예수를 믿은 사람이 많이 있었으나 바리새파 사람들을 꺼려 고백은 하지 않았다"(12:42)라고 말했고, 나중에는 아리마대 요셉을 가리켜 분명히 "그는 예수의 제자였으면서도 유대 사람들이 무서워 그것을 감추어왔습니다"(19:38)라고 밝힌다. 비록 그가 예수의 제자이기는 했지만(요 19:38; cf. 마 27:57), '부자'(마 27:57)요 '산헤드린 공회원'(막 15:43; 눅 23:50)으로서 누리고 있던 사회적 지위와 명성 때문에 "유대 사람들이 무서워"(19:38) 그리고 "바리새파 사람들을 꺼려서" 공개적으로 예수에 대한 신앙고백을 하지 않고 "그것을 감추어왔다"(19:38). 요한복음 저자 자신도 예루살렘 성내에서 예수와 그의 일행을 위해서 마지막 만찬 장소를 제공한 사람의 정체와 이름에 대해서는 아무런 언급도 하지 않는다. 예루살렘 성내에 집을 갖고 있었던 익명의 사람으로만 신비스럽게 언급할 뿐이다. 그가 '숨어 있는 제자'였기 때문이었을 것이다. 그런데 예수께서 십자가에서 운명하시는 것을 본 뒤에, 특히 빌라도에게 나아가 예수의 시신을 요구하여 친히 자신의 무덤에 장례를 치름으로써 그는 이제 더 이상 익명으로 '숨어 있는 기독교인'으로만 남아 있을 수 없게 되었다. 그는 예수의 시신을 요구하여 장례 지내준 사실 때문에 이제는 빌라도는 물론이고 그 주변의 사람들에게도 자신이 예수의 제자라는 사실을 감출 수가 없었다. 따라서 이제는 더 이상 익명으로 남아 있을 수도, 익명으로 남아 있을 필요도 없었을 것이다. 그래서 마지막 순간에 요한복음의 클라이맥스에서 드디어 그의 이름이 아리마대 요셉으로 밝혀진 것이다.

(3) 아리마대 요셉이 '사랑하는 제자'라고 상정할 경우, 그가 마지막 만찬 석상에서 예수의 가장 가까운 영광의 자리에 앉을 수 있었던 이유

는 식사 장소가 그의 집이었고 더구나 그는 만찬 장소를 제공했을 뿐만 아니라 아마도 친히 만찬을 주도했던 집주인이었기에 당연히 가장 중요한 손님이었던 예수의 가장 가까이에서 시중을 들 수밖에 없었을 것이다. 또한 다른 제자들도 그 점을 인정하고 기꺼이 그 자리를 그에게 양보했을 것이다.

(4) 사랑하는 제자가 복음서의 후반부에서, 좀 더 구체적으로 예수의 마지막 만찬 때부터 비로소 그 모습을 드러내는 이유는 그가 예루살렘에 거주하는 사람(=제자)이었기 때문이다. 산헤드린 공회원으로서 주로 예루살렘에 거주하던 아리마대 요셉으로서는 예수의 초기 갈릴리 활동과 관련해서 그 모습을 드러낼 여지가 별로 없었을 것이다. 예수께서 갈릴리 활동을 마치고 예루살렘에 입성하신 이후에 특히 예수와 그의 일행을 위해 마지막 만찬 장소로 자신의 집을 제공하고 그 만찬을 준비하고 대접함으로써 비로소 그는 그 모습을 나타내게 된 것이다. 예루살렘 성내의 집 주인이 아리마대 요셉이라고 생각할 경우 그의 집에서 예수의 마지막 만찬이 벌어지는 것과 관련해서 '사랑하는 제자'가 처음으로 언급되는 것은 아주 자연스럽다. 또한 사랑하는 제자가 아리마대 요셉이라고 상정할 경우 그리고 사랑하는 제자가 요한복음 구성과 형성에 큰 영향을 미쳤다고 볼 경우, 왜 요한복음이 주로 예루살렘 전승으로 구성되어 있고[39] 공관복음에 많이 나오는 갈릴리 전승이 상

---

39 "요한복음 전승이 형성 발전된 곳은 갈릴리나 북부지방이 아니라 예루살렘과 남부지방이다." Cf. C. H. Dodd, *Historical Tradition in the Fourth Gospel* (Cambridge: Cambridge University Press, 1979), pp. 245-246; 요한복음에서는 예수에게 "정말로 중요한 사역이 일어난 곳은 예루살렘이었다. … 갈릴리는 기껏해야 종속적인 활동 분야였다"(p. 431); "요한 전승의 고향 그리고 요한 전승의 형성 장소는 남부 팔레스틴 유대교의 핵심부였다." Cf. John A. T. Robinson, "The Destination and Purpose of St. John's

당 부분 요한복음에 나타나지 않는지[40] 잘 이해할 수 있게 된다.

(5) 사랑하는 제자가 십자가 처형 장소에 등장하는 이유는 무엇일까? 다른 제자들은 예수께서 체포되었을 때 이미 모두 도망하였다(막 14:50; 마 26:56). 예수가 처형되는 그 현장에 어떻게 그의 제자들이 모습을 드러낼 수 있었겠는가? 그러나 사랑하는 제자가 아리마대 요셉이라고 생각한다면 문제는 다르다. 그는 산헤드린 공회원이었기 때문에 예수께서 심문을 당하던 현장인 대제사장의 집 뜰이나 또한 처형을 당하던 현장인 골고다에도 어느 누구보다도 쉽게 그 모습을 드러낼 수 있었을 것이다. 외경인 〈베드로 복음서〉(2:3)의 기록이 맞는다면, 그는 빌라도의 친구가 아닌가? 그들의 지도자가 처형되는 현장에 '숨어 있는 기독교인'이었던 아리마대 요셉 이외에 어느 누가 감히 그 모습을 나타낼 수 있겠는가?

(6) 아리마대 요셉 곧 사랑하는 제자는 예수의 마지막 만찬 때(13:21-30), 예수께서 체포되어 산헤드린 공의회에서 심문당할 때(18:15-24), 예수께서 십자가에 처형당할 때(19:25-27) 그리고 매장당할 때(19:38-42)와 부활의 현장인 빈 무덤을 찾았을 때(20:1-10) 등등 아주 중요한 사건들의 직접적인 목격자였다. 그래서 21장의 저자는 "이 모든 일에 대하여 증거하고 또 이 사실을 기록한 사람이 바로 이 제자입니다. 우리는 그의 증거가 참되다는 것을 알고 있습니다"(21:24)라고 고백했

Gospel," *New Testament Issues,* ed. by R. Baty (New York: Harper & Row, 1970), p. 199; "요한복음 기자의 독특한 지리적 관심이 집중되고 있는 곳은… 무엇보다도 예루살렘과 그 주변 지역이다"(p. 302).

[40] Cf. J. M. Bassler, "The Galileans: A Neglected Factor in Johannine Community Research," *CBQ* 43(1981), pp. 243-257; C. H. Dodd, *Historical Tradition,* pp. 16, 245.

던 것이 아니겠는가?

(7) 요한복음의 독자들이 사랑하는 제자의 죽음에 대해서 관심을 기울이며 걱정하는 이유는 무엇인가? 일반적으로 인정되고 있듯이 사랑하는 제자는 요한 공동체의 창설자이면서 실질적인 지도자였을 것이다.[41] 또한 요한복음 형성에 중요한 역할을 했을 것이다. 아리마대 요셉이 산헤드린 공회원이었다는 사실은 유대 사회에서 지도자급에 속했다는 말인데, 분명히 그는 요한 공동체에서도 능히 지도자가 될 수 있었을 것이다. 그런 인물의 죽음이 요한 공동체에서 그리고 그 공동체의 산물인 요한복음에서 큰 관심거리가 될 수밖에 없었을 것이라는 사실은 오히려 당연한 일이 아닌가?

(8) 요한복음에서 '사랑하는 제자'가 주로 베드로와 함께, 베드로와 나란히 등장하는 이유는 무엇인가? 요한복음 연구가들 가운데서 널리 인정되는 바와 같이, 요한의 공동체는 베드로가 주도하는 정통 주류에 속하는 공동체가 아니라 그 주류에서 벗어난 비주류에 속하는 종파적 공동체였다.[42] 그래서 베드로와 사랑하는 제자 간의 관계가 흔히 대립과 경쟁으로 나타난다.[43] 이것은 요한의 공동체 안에서 자기들의 실질

---

[41] R. Alan Culpepper, *The Johannine School: An Evaluation of the Johannine School Hypothesis Based on an Investigation of the Nature of Ancient Schools*, SBLDS No. 26 (Missoula: Scholars Press, 1975), p. 265; R. E. Brown, *The Community of the Beloved Disciple* (New York: Paulist Press, 1979).

[42] Cf. E. Kaesemann, *The Testament of Jesus: A Study of the Gospel of John in the Light of Chapter 17* (Philadelphia: Fortress Press, 1969), p. 39; O. Cullmann, *The Johannine Circle*, p. 52.

[43] 최근에 와서 이런 이해와는 약간 다른 관점이 제기되기도 했다. Cf. Kevin Quast, *Peter and the Beloved Disciple: Figures for a Community in Crisis* (Sheffield: JSOT Press, 1989).

적 지도자인 '사랑하는 제자'를 정통 주류에 속하는 기독교 공동체의 지도자였던 베드로에 못지않은, 아니 베드로보다도 더 중요한, 더 훌륭한 제자로 강조하기 위해서 사랑하는 제자를 베드로와 나란히 등장시키면서 의도적으로 사랑하는 제자의 중요성을 더욱더 부각하려는 의도에서 나온 것으로 해석된다. 분명히 요한 공동체는 부자이며 의로운 사람으로서 산헤드린 공회원까지 지냈던 유대교 내의 지도자급에 속했던 인물인 사랑하는 제자를 갈릴리의 어부였던 베드로보다 더 훌륭한 제자로 확신하고 있었을 것이다.

이상에서 살펴보았듯이, 사랑하는 제자의 정체를 밝히기 위한 전제 조건이라고 찰스워스가 제시했던 8가지 기준criterion에 요한복음에서 아리마대 요셉만큼 잘 부합하는 인물도 없다. 따라서 요한복음에 등장하는 '사랑하는 제자'가 바로 아리마대 요셉이라는 주장은 이제 거의 부정하기 어려운 가설로 여겨진다.

16

엠마오로 가던 두 제자

복음서는 "확대된 서론이 첨가된 수난 설화"[1]라고 말해도 과언이 아니다. 즉 복음서의 핵심이 예수의 수난 이야기에 있다는 말이다. 그런데 예수의 수난 이야기는 그 마지막 클라이맥스인 예수의 부활로 끝난다. 예수 자신이 그의 공생애 활동 가운데서 여러 번 "인자가 많은 고난을 받고 장로들과 대제사장들과 서기관들에게 버린 바 되어 죽임을 당하고 제삼 일에 다시 살아나야 하리라"[2]라고 예고했던 말씀을 보더라도, 복음서에 나오는 예수의 수난 이야기는 예수가 십자가에 달려 죽었다가 사흘 만에 다시 살아나셨다는 '부활 이야기'로 끝나는 것이 일반적이다.

---

[1] Martin Kaehler, *The So-called Historical Jesus and the Historic, Biblical Christ*, Trans. by Carl E. Braaten (Philadelphia: Fortress Press, 1964), p. 80, n.11.

[2] 예수의 수난 예고는 3차에 걸쳐 반복적으로 주어졌다(막 8:31; 9:31; 10:33-34; 마 16:21; 17:22; 20:17-18; 눅 9:22; 9:43: 18:32-33).

그런데 예수가 십자가에 달려 죽었다가 사흘 만에 다시 살아나셨다
는 복음서들의 '부활 이야기' 전승은 맨 처음에 '빈 무덤 이야기'the empty
tomb'에서 시작했던 듯하다. 최초에 기록된 것으로 알려진 마가복음은
'빈 무덤 이야기'(막 16:1-8)로 끝맺는다.[3] 예수가 부활했다는 증거로 맨
먼저 알려진 것이 막달라 마리아와 야고보의 어머니 마리아와 살로메
가 예수의 몸에 향료를 발라드리려고 안식 후 첫날 이른 아침에 무덤을
찾아갔는데, 가서 보니 무덤이 비어 있었다는 것이다. 그리고 여인들
은 그곳에서 천사를 만나 그 천사에게 예수가 부활했다는 소식을 들었
다는 것이 거의 전부였다.

그런데 "여자들이… 새벽에 무덤에 갔다가 그의 시체는 보지 못하
고 와서 그가 살아나셨다 하는 천사들의 나타남을 보았다"(눅 24:23)는
여인들의 증언만 가지고는 예수께서 부활했다는 메시지를 설득력 있
게 전하기 어려웠을 것이다. 그 당시 유대법에 따르면 남자들의 경우에
는 두 사람 이상의 증언이 있을 때 그 효력이 인정되었지만, 여인들의
증언은 법적으로 그 효력을 전혀 인정받지 못했다. 더구나 여인들이
본 것은 빈 무덤과 오직 "예수께서 다시 살아나셨다고 전하는 천사들의
환상"(눅 24:23)뿐이었다.

게다가 그 당시 유대 종교 지도자들은 예수를 매장한 직후에 빌라도
에게 예수가 살아 있을 때 자기가 죽은 지 사흘 만에 다시 살아날 것이
라고 말한 것 때문에 혹시 제자들이 와서 시체를 훔쳐 가서는 백성들에
게 그가 죽은 자 가운데서 다시 살아났다고 말할지 모르니, 사흘이 되

---

[3] 오늘날 복음서 연구가들에 따르면 마가복음은 본래 빈 무덤 이야기를 전하는 16:1-8로
끝났고 16:9-20 부분은 나중에 다른 복음서들의 부활 현현 기록들을 참고해서 추가로
첨가된 본문이라는 점에 대해 대체로 의견이 일치한다.

는 날까지는 경비병들을 시켜 무덤을 잘 지켜야 한다고 부탁까지 한 바 있다(마 27:62-66). 실제로 유대 종교 지도자들은 나중에 경비병들에게 돈까지 집어주며 "예수의 제자들이 밤중에 와서 너희가 잠든 사이에 시체를 훔쳐 갔다고 말하라"(마 28:11-15)라는 소문이 전해지던 상황이었다.

그래서 '빈 무덤 이야기' 형태로 시작한 예수의 부활 이야기는 곧바로 다시 예수의 '부활 현현 이야기들the resurrection appearances'로 발전한다. 예수의 제자들 가운데 부활하신 주님을 직접 자기 눈으로 보았다고 말하는 사람들이 있었고, 또 예수께서 제자들에게 친히 나타나 부활하신 자신의 몸을 직접 보여주었다는 이야기들이 나오기 시작했다. 마태복음 28장 9절에 따르면 부활하신 예수가 빈 무덤 곁에서 여인들에게 나타나 "평안하냐?" 하고 물으셨고, 여인들은 가까이 가서 그의 발을 붙잡고 엎드려 경배하였다. 요한복음 20장 11-18절에 따르면 막달라 마리아가 예수의 시신이 없는 것을 보고 울고 있을 때 예수께서 "마리아야!" 하고 이름을 부르셨고, 마리아는 돌아서서, "랍오니여!"라고 대답했으며, 대화를 나눈 뒤에 "막달라 마리아가 가서 제자들에게 내가 주를 보았다"라고 말해주기도 했다. 요한복음 20장 19-23절에서는 예수가 제자들이 모여 있는 곳에 직접 오셔서 "너희에게 평강이 있을지어다"라고 말씀하시며 손과 옆구리의 못 자국과 창 자국을 보여주시기도 했다.

이런 기록들은 분명히 여인들의 증언에 대한 의심과 유대 종교 지도자들의 헛된 소문을 뒤집어엎기에 충분한 반론이 될 수 있다고 생각했을 것이다. 예수는 분명히 그가 예고하셨던 대로 십자가 처형 이후 사흘 만에 다시 부활하셨고, 그 점에 대해서는 이제 더 이상 별다른 논란

이 없어진 것처럼 보인다. 최초로 기록되어 나온 마가복음이 '빈 무덤 이야기'로 끝이 나고 있는 반면에, 그 이후에 나온 마태복음과 누가복음 및 요한복음에서 이처럼 예외 없이 예수의 '부활 현현 이야기들'이 여러 형태로 첨부되어 끝나는 사실에서 우리는 '부활 현현 이야기들'이 '빈 무덤 이야기'를 보완하기 위해 뒤이어 구성된 것임을 알 수 있다.

그런데 예수의 '부활 현현 이야기'와 관련해서 또 다른 문제가 생겼다. 예수가 부활한 자신의 몸을 여러 사람에게 나타내 보이셨다고 했는데, 그렇다면 부활하신 예수를 제일 먼저 만난 최초의 목격자는 누구인가(who)? 하는 문제와 또 예수가 최초로 부활한 자신의 몸을 나타내 보이신 곳이 어디인가(where)? 하는 문제였다. 이 두 질문은 초대교회의 역사적 발전과 관련된 중요한 질문이었다.

1. 누구에게 제일 먼저 나타내 보이셨는가?

'부활 현현 이야기'와 관련해서 가장 중요한 관심사 가운데 하나는 부활하신 예수가 부활한 자신의 몸을 그의 제자들 가운데 특히 누구에게(to whom) 제일 먼저 나타내 보여주셨는가 하는 문제였다. 왜냐하면 그것은 '권위의 순서'와 직접 관련된 중요한 문제였기 때문이다. 부활하신 예수를 제일 먼저 목격한 사람, 즉 부활하신 예수가 자신의 몸을 제일 먼저 나타내 보여준 사람이 예수께서 가장 신임한, 그래서 초대교회 안에서는 예수의 뒤를 잇는 가장 권위 있는 인물로 여겨졌기 때문이다.

이와 관련하여 바울이 고린도전서에서 예수께서 십자가에 죽으셨다가 사흘 만에 다시 살아나셔서 부활한 자신의 몸을 나타내 보여준 사람들이 명단을 소개하는 것에 잠깐 주목해보자: "맨 처음으로 게바(=베드로)에게 나타나 보이시고, 다음에 열두 제자에게 나타나셨으며, 다음에 오백 명이 넘는 형제들에게 동시에 나타나셨고… 그 다음에는 야고보에게 나타나셨고, 그 후에 모든 사도들에게 나타나셨습니다. 그리고 맨 나중에 달이 차지 못해서 난 자와 같은 내게도 나타나셨습니다"(고전 15:5-8).[4]

하지만 복음서들 가운데서 제일 먼저 기록된 것으로 알려진 마가복음에 따르면, 부활하신 예수를 빈 무덤가에서 제일 먼저 만나 뵌 인물은 막달라 마리아였다(막 16:9). 물론 이 구절이 마가복음의 본래 일부가 아니라 후대에 첨가된 본문으로 알려져 있지만, 마가복음 이외의 다른 복음서들의 증언을 보더라도 예수께서 부활하신 후 제일 먼저 자신의 몸을 보여준 사람은 베드로나 열두 제자가 아니라 오히려 '막달라 마리아'(마 28:8-10; 요 20:16-18)였던 것으로 전해진다.

더구나 이 점에서 누가복음은 아주 다르다. 누가복음에서는 부활하신 예수의 첫 목격자가 막달라 마리아를 비롯한 다른 여인들이 아니다. 누가복음 24장 1-12절을 보면 '막달라 마리아와 요안나와 야고보의 어머니인 마리아' 세 여인 이외에 '다른 여인들'도 안식 후 첫날 이른

---

[4] 이 명단은 간혹 초대교회의 권위의 서열을 밝혀주는 것으로 여겨지기도 했다. 그러나 부활 목격자에 대한 바울의 이 명단은 복음서들의 증거와 다른 것으로 알려졌다. 복음서들의 거의 일치된 증거에 따르면 부활하신 예수를 제일 먼저 만나본 사람은 결코 베드로도 열두 제자도 아니고 오히려 여인들이었다. 더구나 바울은 부활하신 예수의 목격자가 될 수도 없었다. 바울은 예수가 십자가에 못 박혔다가 사흘 만에 다시 살아났을 당시에 아직 유대교에서 기독교로 전향한 상태도 아니었고, 도리어 기독교인들의 박해자로 활동했다(행 9:1-2 참조).

새벽에 예수의 무덤을 찾아갔다가 '빛나는 옷을 입은 두 사람'(24:4)으로부터 예수가 "다시 살아나셨다"(24:6)는 말을 듣고 그 소식을 사도들에게 전해주었다는 이야기는 나온다. 하지만 그곳 빈 무덤에서 그 여인들이 부활하신 예수를 직접 만나보았다는 이야기는 전혀 나오지 않는다. 마태복음과 요한복음의 기록과는 아주 다른 점이다. 누가복음에서는 여인들이 빈 무덤을 찾아가 천사에게 예수가 다시 살아났다는 소식을 들었던 것은 사실이나 그들이 거기서 부활하신 예수를 만난 것은 아니었다.

그러나 다른 복음서들과의 더 중요한 차이점은 오직 누가복음에서만 부활하신 예수가 '그날에', 즉 부활하신 안식 후 첫날에, '예루살렘에서 이십오 리 되는 엠마오라 하는 마을'로 가는 길에서 '두 사람'(24: 13)에게, 즉 '글로바'(눅 24:18)[5]와 또 다른 한 사람[6]에게 나타나셨다고 전

---

[5] '글로바'(Cleopas)란 이름은 신약성서 다른 곳에서는 전혀 나타나지 않는다. 요한복음 19:25를 보면 예수가 십자가에서 처형당할 때 그 현장에 예수의 어머니와 이모, 막달라 마리아와 함께 '글로바'(Clopas)의 아내가 있었다는 언급이 나오기는 한다. 그러나 대부분의 주석가들은 'Cleopas'는 헬라어 이름 Kleopatros의 축소형이고, 'Clopas'는 셈족 이름에 가깝기 때문에 이 둘이 같은 사람이라고 보지 않는다. 그러나 그 당시 유대인들과 헬라인들이 함께 섞여 살고 있던 때이고 유대인들이 간혹 그들의 셈족 이름과 함께 유사한 발음의 헬라어 이름을 사용하기도 했기 때문에 동일 인물에 대한 이름이 서로 다른 발음 형태로 알려졌을 가능성도 배제할 수는 없다. 만약 동일 인물이라면 '글로바'는 일찍부터 예수의 추종자였을 것이다. 다른 한편으로 엘리스(E. E. Ellis)는 유세비우스(3, 11, I)에 따른다면 "글로바"는 예수의 삼촌(uncle), 곧 예수의 아비인 "요셉의 형제이며, 주후 70년 이후 예루살렘 교회의 지도자였던 시므온의 아버지"라고, 그래서 만일 유세비우스의 말이 맞는다면 엠마오 이야기는 본래 예수 가족의 전승이었다고 말한다. Cf. *The Gospel of Luke* (Grand Rapids: Wm. B. Eerdmans, 1987), p. 277.

[6] 이 제자의 이름이 구체적으로 밝혀지지는 않았지만 초대교회 당시 '브리스길라와 아굴라'의 경우처럼(행 18:2, 18, 26; 롬 16:3; 고전 16:19; 딤후 4:19) '부부 전도자들' 혹은 '부부 선교사들'(missionary couple)이 함께 활동했던 점으로 미루어 볼 때, '글로바'와 함께

하는 점이다(눅 25:13-35). 그러니까 글로바와 또 다른 한 사람이 부활하신 예수를 엠마오로 가는 도중에 만나보았다는 누가의 이야기는 누가복음에서 그 '두 사람'이 '막달라 마리아'보다도 먼저 그리고 '열한 제자'보다도 먼저 부활하신 예수를 직접 만나보았다는 이야기란 점에서 아주 중요한 의미를 갖는다. 오직 누가만이 전해주는 이 독특한 이야기의 의미가 무엇인지 그리고 이 이야기를 통해 누가가 전하려는 메시지가 무엇인지 주의 깊게 살펴보자.

2. 어디에서 제일 먼저 나타내 보이셨는가?

예수께서 부활하신 자신의 몸을 제일 먼저 '누구에게' 보이셨는가 하는 문제도 중요했지만, 그에 못지않게 중요했던 것은 '어디에서'(where) 부활하신 몸을 제일 먼저 나타내 보이셨는가? 하는 질문이었다. '누구에게?'가 권위의 순서와 관련된 질문이었다면 '어디에서?'는 초대교회의 중심지 혹은 초대교회의 발상지가 어느 곳인가 하는, 다시 말해 예루살렘인가 아니면 갈릴리인가 하는 문제와 관련해서 중요한 의미를 갖는다.[7]

마가복음과 마태복음에서는 무덤에 나타난 천사가 "전에 예수께서 말씀하시던 대로 그는 너희들보다 먼저 갈릴리로 가실 것이니, 거기서 그를 뵐 것이라"(막 16:7; 마 28:7)라고, 즉 부활하신 예수께서 '갈릴리'에

있었던 다른 제자는 아마도 그의 아내였을 가능성이 있다.

[7] 유대 기독교는 '예루살렘'을 기독교의 발상지로 생각하지만, 이방 기독교는 도리어 '이방의 갈릴리'(마 4:15)를 기독교 신앙의 출발지라고 주장한다.

서 제자들에게 나타나실 것이라고 각각 전한다. 그러나 누가복음에서는 "그들 중 둘이", 즉 제자들 중 두 사람이 '엠마오'로 가는 길에서 부활하신 예수를 만나는데, 이곳은 예루살렘에서 불과 이십오 리 정도 떨어진 곳이다. 마가와 마태가 말하는 '갈릴리'가 아니라 예루살렘 근처이다. 요한복음에서는 누가와 비슷하게 그러나 좀 더 분명히 예수가 부활한 자신의 몸을 제일 먼저 제자들에게 나타내 보이신 곳이 '예루살렘'이었다(요 20:11에서는 '무덤 밖', 곧 예루살렘 성 밖이고, 요 20:19에서의 '집'은 예루살렘 성 안이다). 이런 차이점 때문에 마가복음과 마태복음을 가리켜서는 '갈릴리 중심의 복음서', 누가복음과 요한복음을 가리켜서는 '예루살렘 중심의 복음서'라고 부르는 것이다.

3. 어떻게 부활하신 예수를 알아볼 수 있는가?

예수의 부활과 관련된 논란은 부활하신 예수가 '누구에게' 나타났고 또 '어디서' 나타나셨는가 하는 문제만이 중요했던 것이 아니다. 초대 교인들 가운데서는 부활하신 예수께서 제자들에게 나타나 자신의 몸을 보여주셨다고들 말하지만, 그때 제자들이 그 예수를 '어떻게'(how) 알아보고 인식할 수 있었는가 하는 문제가 별도로 제기되기도 했다. 이런 질문이 제기될 수밖에 없었던 이유는 복음서들이 기록되기 훨씬 전에 바울이 고린도전서 15장에서 부활의 문제를 다루면서, 썩지 않을 '영의 몸'이 썩을 '육의 몸'과 아주 다르다고 가르쳤기 때문이다.[8] 사람들은

---

[8] 바울은 "죽은 자들이 어떻게 다시 살아나며 어떤 몸으로 올 것입니까"(고전 15:35)라고

자연히 부활한 예수의 모습이 부활하기 전 육신의 예수 모습과는 아주 다를 것이라고 생각했다. 이런 상황에서 부활하신 예수를 만나보았다는 사람들의 경우, 그들이 만난 사람이 부활하신 예수인지 어떻게 알아볼 수 있었을까 하는 의문을 가질 수밖에 없었다.

이런 의문의 흔적은 누가복음 24장 37절에서도 찾아볼 수 있다. 그 구절을 보면, 부활하신 예수께서 제자들 가운데 나타나셨는데도 제자들이 그를 알아보지 못하고 "유령을 보는 것"이라고 생각했다는 말이 나온다. 육신의 예수를 잘 알고 있는 제자들이었지만 부활하신 예수를 알아보는 데는 문제가 좀 있었다는 말이다. 그래서 부활하신 예수께서 자신의 '손과 발'을 보여주었고 제자들이 그것을 직접 만져본 이후에야 비로소 부활하신 예수이신 줄로 확신하게 된다(눅 24:38-40).

이런 문제는 요한복음에서도 똑같이 나타난다. 요한복음 21장 4절을 보면 "날이 밝아 올 때에" 부활하신 예수께서 디베랴 바다에서 고기를 잡는 제자들에게 나타났지만 "제자들은 그가 예수이신 줄 알지 못했다." 그러나 예수께서 십자가에서 운명하시던 마지막 순간까지 곁에 남았고(요 19:26) 그 이후 빈 무덤에 직접 와서 맨 처음으로 예수의 부활을 확인했던(요 20:2) '사랑하는 제자'만이 다른 제자들에게 "저분이 주님이시다"(요 21:7)라고 말해주었을 때야 비로소 부활하신 예수를 알아보게 되었다고 기록되어 있다.

묻는 사람들에게 주는 대답 형태로 다음과 같이 말한다: "하늘에 속한 몸도 있고, 땅에 속한 몸도 있습니다. 하늘에 속한 몸들의 영광과 땅에 속한 몸들의 영광이 다릅니다. 죽은 자들의 부활도 이와 같습니다. 썩을 것으로 심고, 썩지 않을 것으로 다시 살아납니다. 육의 몸으로 심겨 영이 몸으로 다시 살아납니다. 육적인 몸이 있으면 영적인 몸도 있습니다"(고전 15:40-44). 이런 대답은 부활 이전의 몸과 부활 이후의 몸이 서로 다르다는 점을 강조하는 것으로 보인다.

이 밖에도 요한복음 20장 19절 이하를 보면, 제자들이 유대인들이 무서워서 집의 문을 모두 잠그고 숨어 있었을 때 부활하신 예수께서 그들 앞에 나타나 직접 자신의 "두 손과 옆구리를 보여"주자 "제자들이 주를 뵙고 기뻐했다"(요 20:20). 또 의심 많은 도마가 "나는 내 눈으로 그의 손에서 못 자국을 보고 내 손가락을 그 못 자국에 넣어보고 또 내 손을 그의 옆구리에 넣어보지 않고는 결코 믿지 못하겠다"(요 20:25)라고 말했을 때, 부활하신 예수께서 도마에게 "네 손가락을 이리 내밀어 내 손을 만져보고, 네 손을 펴서 내 옆구리에 넣어보라"(요 20:27) 하고 말씀하신 이후에야 도마가 부활하신 예수를 알아보고 "나의 주님, 나의 하나님"(요 20:28)이라고 고백한 것으로 기록되어 있다. 이런 점들로 미루어 볼 때 요한복음의 저자는 부활하신 예수를 알아볼 수 있는 길 가운데 하나가 예수의 손과 옆구리의 못 자국과 창 자국을 직접 확인해 보는 일이라고 생각했던 듯하다.

이처럼 부활하신 예수를 어떻게 알아보고 인식할 수 있는가 하는 문제가 초대교회 안에서 중요한 문제로 제기되었는데, 복음서 중에서는 오직 누가복음과 요한복음만이 이 문제를 좀 더 진지하게 다룬다. 그러나 특히 누가복음은 '엠마오로 가던 두 제자'에게 나타난 부활한 예수 이야기를 통해서 엠마오로 가던 제자들이 길에서 부활하신 예수를 만나 어떻게 그를 알아보게 되었는지, 다시 말해서 부활하신 예수를 인식하게 되는 과정을 어느 정도 상세히 전해준다. 바로 이런 점에서 엠마오로 가는 제자들이 경험한 과정은 후대 기독교인들이 부활하신 예수를 만나보기 위한 중요한 매뉴얼로 이용할 수도 있을 것이다.

4. '엠마오로 가던 두 제자'[9]가 부활하신 예수를 알아보게 된 과정

누가복음에 따르면 엠마오로 가던 제자들이 부활하신 예수를 길에서 만나 함께 걸으며 한동안 서로 이야기하면서 말을 주고받았음에도 불구하고 처음에는 전혀 "예수를 알아보지 못했다"(눅 24:16). 부활하신 예수를 알아보기가 그렇게 쉽지 않다는 의미이다. 그러나 길에서 오랜 동안 대화하는 가운데, 특히 "모세와 모든 예언자들로부터 시작하여 성서 전체에서 자기 자신에 대한 일"(눅 24:27)에 대한 예수의 말씀(눅 24:25-27)을 듣고 난 뒤에, 또 특히 날이 저물어 함께 머무르며 예수와 더불어 식사를 하면서 드디어 "그들의 눈이 열려 (부활하신) 예수를 알아보게 되었다"(눅 24:31). 누가는 그의 복음서 마지막 부분에서 엠마오로 가던 제자들이 길에서 부활하신 예수를 만난 이야기를 소개함으로써 1세기 말경에 역사적인 예수를 전혀 만나본 적이 없는 자기 시대 제자들, 곧 누가복음의 독자들이 부활하신 예수를 알아볼 수 있는 길이 무엇인지에 대해서 나름의 교훈을 주려고 했던 듯하다. 누가가 주려고 했던 교훈은 다음과 같다.

첫째, 부활하신 예수와의 만남은 '계시적인 만남'이란 메시지이다. 부활하신 그리스도는 역사적인 예수와 달리 우리가 육신의 눈으로 언제나 어디서나 쉽게 만나서 금방 알아볼 수 있는 분이 아니라 오직 믿

---

9 헬라어 원문(눅 24:13)에서는 '제자들'이란 말이 없이 그냥 "그들 중 둘"(two of them)이라고만 언급되었을 뿐이다. 그러나 '그들'(them)이란 인칭대명사가 바로 앞 이야기에 나오는 "열한 사도와 다른 모든 이들"(눅 24:7)을 가리키는 것이기에, 또한 이들이 예수를 두고 "그는 하나님과 모든 백성 앞에서 말과 일에 능하신 선지자"(24:19)라고, 그래서 "우리는 이 사람이 이스라엘을 구속할 자라고 바랐노라"(24:20)라고 말한 것으로 보아, 이 두 사람을 '제자들'로 추정하는 데는 아무 문제가 없다.

음의 눈으로만 볼 수 있는 분이다. 객관적으로 누구에게나 다 나타나는 분이 아니라 스스로 자신을 나타내 보여주는 사람에게 주관적으로만 보이는 분이다. 누가복음 24장 15절을 보면 "예수께서 (두 제자에게) 가까이 가셔서 그들과 함께 걸으셨다"라고 했다. 두 제자가 먼저 예수를 찾아 나온 것이 아니었다. 다시 말해 부활하신 예수와의 만남은 부활하신 예수의 주도initiative에 의해서, 믿음 가운데서 이루어지는 '계시적인 만남'이란 말이다.

이런 의미는 누가복음 24장 36절 이하에서도 그대로 드러난다. 부활하신 예수께서 제자들 가운데 서서 그들에게 인사했지만 제자들은 유령을 보는 것이라고 생각했을 뿐이다. 그래서 예수께서는 그들에게 "어찌하여 마음에 의심하느냐? 내 손과 내 발을 보고 나인 줄 알라. 또 나를 만져보라. 영은 살과 피가 없으되, 너희 보는 바와 같이 나는 있느니라"라고 적극적으로 자신을 드러내 보여준다. 부활하신 예수를 알아보고 인식하는 것이 인간의 능력에 달린 것이 아니라 계시에 달려 있다는 의미이다. 마태복음에서 베드로가 "당신은 그리스도시오 살아 계신 하나님의 아들입니다"라고 신앙고백을 했을 때, 예수께서는 "바요나 시몬아, 네게 복이 있도다. 네게 이것을 알게 한 이는 혈육이 아니요, 하늘에 계신 내 아버지시다"(마 16:17)라고 말한 것으로 기록되어 있는데 이것 역시 베드로가 예수를 '그리스도'와 '하나님의 아들'로 알게 된 것이 하나님의 계시 때문이란 의미로 해석되는 것과 마찬가지이다.

둘째, 엠마오로 가던 두 제자가 처음에는 "눈이 가리워져서 예수를 알아보지 못했는데"("μὴ ἐπιγνῶναι αὐτό", 눅 24:16) 나중에 "그들의 눈이 열려 (부활하신) 예수를 알아보게 되기"("ἐπέγνωσαν αὐτόν", 눅 24: 31)까지 다음과 같은 두 단계의 과정이 있었다는 것에 주목해야 한다. 첫 번째 단계는 엠마오로 가던 두 제자가 길에서 부활하신 예수를 만나 길게 대화하는 가운데 부활하신 예수께서 "모세와 모든 예언자들로부터 시작하여 성서 전체에서 자기 자신에 대한 일을 그들에게 설명해주는"(눅 24:27) 말씀을 듣는 과정이었고, 두 번째 단계는 날이 저물어 함께 머무르며 부활하신 예수와 함께 식사하는 가운데 예수께서 "떡을 들어 축사하시고 떼어 그들에게 주어"(눅 24:30) 먹게 하는 과정이었다. 주님이 "떡을 들어 축사하시고 떼어 그들에게 주었다"라는 이 문구는 예수의 마지막 만찬(막 14:22; 마 26:26; 눅 22:19)을 상기시켜줄 뿐만 아니라 그것이 실제로 초대교회의 성만찬 예식(고전 12:23-24)을 가리키는 전형적인 문구들이라는 점에 주목해야 한다.

엠마오로 가던 제자들이 길에서 부활하신 예수를 만났다는 이야기가 주는 교훈은 부활하신 예수께서 그의 제자들에게 나타나 자신을 보여주시되, 우리가 부활하신 예수를 만나 알아볼 수 있는 길은 결국 두 단계, 즉 첫 번째 단계로는 예수의 말씀을 듣는 가운데서, 두 번째 단계로는 떡을 떼는 일과 같은 성만찬 가운데서라는 점을 기억할 필요가 있다.[10] 본문 기록 가운데 두 제자가 처음에 "눈이 가리워져서 예수를 알아보지 못했다"(눅 24:16)라고 말했을 때와 나중에 두 제자가 "눈이 열려 예수를 알아보게 되었다"(24:31)라고 말했을 때 사이에는 예수의

---

[10] 부활하신 주님의 현현이 성만찬과 같은 식사와 연관되었다는 생각은 누가복음 24:41-42, 사도행전 1:4(여기서 '함께 계실 때'란 표현은 '함께 식사할 때'로 번역될 수도 있다), 사도행전 10:41, 요한복음 21:9-14 등에서도 나타난다. 누가복음의 속편인 사도행전에서 계속 '떡을 떼는 일'에 대한 언급이 여러 번 강조되는 것도 분명히 부활하신 예수와의 만남과 관련이 있다. 요한복음 21:13에서 부활하신 "예수께서 제자들에게 가까이 오셔서 떡을 들어 그들에게 주시고 생선도 주셨습니다"라고 말한 것도 성만찬적인 사상의 표현으로 여겨진다.

말씀(24:25-27)이 있었고, 또 같이 머물며 함께 식사할 때 예수께서 "떡을 들어 축사하시고 떼어 그들에게 준"(24:29-30) 성만찬이 있었기 때문이다.

따라서 '엠마오로 가던 두 제자'의 이야기는 우리가 부활하신 예수를 만나서 그를 '알아볼 수 있기' 위해서는 먼저 말씀을 듣는 일과 또 함께 음식을 나누는 등의 상당한 시간과 과정이 필요하다는 점을 가르치고 있는 것이라고 생각된다. 두 제자는 예루살렘에서 이십오 리(육십 스타디온) 떨어져 있는 엠마오로 가는 길에서 예수를 만나 함께 걸으면서 많은 대화를 나누었고, "저녁때가 되고 날이 이미 저물어" 같이 머무르며 함께 식사를 나누며 많은 시간을 함께 보냈고, 그런 이후에야 비로소 "그들의 눈이 열려 예수를 알아보게 되었다"라고 했기 때문이다.

이런 점을 고려할 때 엠마오로 가던 제자들에게 나타난 부활하신 예수 이야기는 우리가 부활하신 예수를 '어떻게' 만날 수 있고 '어떻게' 그를 알아볼 수 있는지에 대한 중요한 교훈을 주는 셈이다. 누가는 부활하신 예수를 만나 그를 알아보기 위해서는 먼저 주님의 말씀을 듣고 성만찬을 나누는 일이 필요하다는 점을 강조한다. 다른 말로 한다면 누가만이 전해주는 엠마오로 가는 제자들의 이야기는 우리가 육신의 눈을 통해서가 아니라 오직 믿음의 눈을 통해서만, 즉 '말씀'과 '성만찬'을 통해서 시간을 두고 점진적으로만 부활하신 예수를 만나볼 수 있다는 교훈을 주는 셈이다.

17

디아스포라 신학자 스데반

스데반은 초대 기독교의 역사적 발전 과정에서 결코 간과하거나 무시해서는 안 될 인물이다. 그는 유대교 안의 한 종파처럼 시작된 예수의 종교가 세계적인 종교로 탈바꿈하는 데 가장 중요한 역할을 했던 최초의 인물이라고 볼 수 있다. 그런데 유감스럽게도 스데반은 그만큼 잘 알려지지도 않았을 뿐만 아니라 오히려 잘 못 알려진 것[1] 때문에 그 이름에 합당한 충분한 인정을 받지 못했다. 그 이유는 스데반에 관한 자료부터가 충분하지 않은 것도 문제일 수 있다. 스데반에 관한 정보는 누가가 기록한 사도행전의 일부분에서만 찾아볼 수 있을 뿐이다.[2] 사도행전 6장에서 우리는 스데반이 초대교회 안에서 처음으로 그 모습을

---

1 많은 기독교인이 스데반을 비롯한 '일곱 사람'을 '집사'로 오해하는 것이 대표적이다. 아래에서 그 잘못에 대해 별도로 알아볼 것이다.

2 우리가 스데반에 대해서 알 수 있는 문서 자료는 신약성서 사도행전 6-7장뿐이다. 그 밖에 스데반의 이름이 나오는 구절들도 세 군데(행 8:2; 11:19; 22:20)가 전부이다.

드러내게 된 계기에 대한 설명을, 7장에서는 스데반의 사상을 엿볼 수 있는 그의 길고도 아주 중요한 설교를 그리고 마지막으로 그가 순교를 당하게 된 이야기를 만나게 된다.

1. '헬라파 기독교인들'의 지도자로 선택된 스데반

예수의 십자가 처형과 부활 승천 이후 그의 제자들은 유대교의 중심지인 예루살렘에서, 그러나 유대교나 유대인들과는 달리 예수를 메시아로 믿고 따르는 일종의 새로운 종파 형태로 모임을 시작했다. 그런데 초대교회 당시 예루살렘에는 두 종류의 기독교인이 있었다. 곧 히브리어인 아람어를 사용하는 본토박이 유대인 출신 기독교인들과 다른 여러 나라에 흩어져 살다가 예루살렘으로 돌아와 살던 헬라어를 사용하는 디아스포라 유대인 출신 기독교인들이 섞여 살았다. 그런데 예루살렘 교회 안에 헬라어만 사용하는 기독교인들과 히브리어만 사용하는 기독교인들 간에 언어 소통 문제가 심각할 수밖에 없었다. 더구나 열두 사도가 모두 히브리어를 하는 지도자들이라서 헬라어를 사용하는 기독교인들이 매일 구제금을 받는 일에서 소외당하는 일까지 생겨났다. 그래서 헬라어를 사용하는 기독교인들에게서 불만과 불평이 터져 나오는 등(행 6:1) 초대교회 안에 갈등과 균열의 징조가 드러났다.

제임스 던에 따르면 헬라파 기독교인들은 아마도 언어 소통의 문제 때문에 다른 기독교인들, 곧 히브리어를 사용하는 유대 기독교인과 함께 살지 못하고 오히려 그들로부터 격리되어 예루살렘의 어느 특정 구역에서 거의 게토와 같은 환경에서 살았고, 신앙생활도 자기들끼리만 모이는 회당을 사용하였던 것으로 보인다.[3] 이처럼 서로 격리되어 살았기 때문에 헬라파 교인들이 살고 있는 지역에서만 교인들에게 지급되던 구제금이 제대로 분배되지 않을 수 있었고, 그래서 이런 구제금 분배에서 나타나는 차별 때문에 "헬라파 유대인들이 자기의 과부들이 그 매일 구제에 빠지므로 히브리파 사람을 원망"(행 6:1)하기에 이르렀던 것으로 보인다.

이런 상황에 직면하자 초대교회를 지도하던 열두 사도는 초대교회 내의 평화와 계속적인 발전을 위해서 일단은 업무 분담의 형식으로 이 문제를 해결하려고 한다. 즉 열두 사도는 말씀을 전하는 일과 기도하는 일에만 힘쓰고, 구제금을 분배하는 일 같은 이른바 '공궤하는 일'을 위해서는 헬라어를 사용하는 이방 지역 출신 기독교인들 가운데서 "성령과 지혜가 충만한"(행 6:3) '일곱 사람'을 별도로 선택하여 그들에게 맡기기로 결정했던 것이다. 그러나 사실은 팔레스틴 본토박이 출신이었던 열두 사도가 히브리어를 하는 유대 기독교인들의 대표적인 지도자였듯이, 이 '일곱 사람'은 헬라어만을 사용하는 디아스포라 유대 기독교인들을 위한 그들의 실제적인 지도자들로 안수 받아(행 6:6) 새로 임명된 인물들이었던 것으로 보인다. 결국 열두 사도는 헬라어만 사용하는 디아스포라 유대 기독교인들을 위해 별도로 그들의 지도자들을 세워준 셈이다.[4]

---

[3] 사도행전 6:9를 보면 스데반과 변론한 사람들이 다른 곳에 있는 회당에 출석하는 사람들이란 점이 언급된다: "구레네인, 알렉산드리아인, 길리기아와 아시아에서 온 사람들의 회당에서 어떤 자들이 일어나 스데반과 더불어 변론하였다."

[4] 브랜든은 스데반을 중심으로 한 기독교인 그룹들을 가리켜 "본래의 (예루살렘) 공동체 및 그 추종자들에게서는 분리된 그리고 유대 기독교에 대해 어느 정도의 적대감(hostility)을 가진 것으로 특징지워진", "새로운 운동"(the new movement)이라고 말한다. Cf.

따라서 우리는 "처음부터 (예루살렘의) 초대 기독교 공동체는 어느 정도 상당히 서로 동떨어진 두 개의 그룹을 포용하고 있었다"[5]라는 사실을 염두에 둘 필요가 있다. 그래서 마틴 헹엘은 스데반을 비롯한 "일곱 사람이 실제로는 열두 사도에 종속돼서 가난한 사람들을 보살피는 인물들이 아니라, '헬라파'라는 독립된 공동체의 지도자 그룹이다"[6]라고 말하기도 했다. 따라서 우리는 마치 '열두 사도'가 예루살렘을 중심으로 주로 유대인 출신 히브리파 기독교인들을 위해 지도력을 발휘했던 '유대 기독교인들의 지도자들'이었듯이, 이 '일곱 사람'은 주로 이방 지역 출신인 헬라파 기독교인들을 상대로 지도력을 발휘하고 있었던 '헬라파 기독교인들의 지도자들'이었다고 보는 것이 마땅하다고 생각한다. 그래서 제임스 던은 다음과 같이 결론짓는다: "일곱 사람은 모두 헬라파 기독교인들이고, 그들은 마치 열두 제자가 히브리파 기독교인들을 대표하듯이, 헬라파 신도들을 위한 대변인으로 선택되었을 것이며… 그들은 이미 헬라파 기독교인들의 사실상 지도자들이었고, 아마도 헬라파 가정 그룹들 가운데서 등장하기 시작한 신흥 지도자들이었을 것이다."[7]

S. G. F. Brandon, *The Fall of Jerusalem and the Christian Church* (London: SPCK, 1981), p. 89. 다른 한편으로 제임스 던(James Dunn)은 히브리파와 헬라파 교인들을 두고 "two fairly distinct groups"라는 표현을 쓴다. Cf. *Unity and Diversity in the New Testament*, p. 269.

[5] James Dunn, *Unity and Diversity in the New Testament*, p. 269.

[6] Martin Hengel, *Between Jesus and Paul: Studies in the Earliest History of Christianity* (London: SCM Press, 1983), p. 13.

[7] James Dunn, *Unity and Diversity in the New Testament*, p. 270; 같은 의미에서 마틴 헹엘(Martin Hengel)은 "'일곱 사람'은 실제로 '열두 사람'에 종속되어 가난한 사람들을 돌보던 사람들이 아니라 헬라파 사람들로 구성된 독립된 공동체의 지도자 그룹이었다"라

스데반을 비롯한 '일곱 사람'이 열두 사도를 돕는 보조적인 역할만을 하는, 예를 들어 '공궤하는 일'만을 했던 사람들은 결코 아니었다. 사도행전 6장 1절에서 '일곱 사람'의 선택과 관련하여 그들의 주요 역할로 언급된 구제(διακονεῖν)란 헬라어가 나중에 빌립보서 1장 1절과 디모데전서 3장 8절 등에서 언급되는 집사(deacon)를 가리키는 헬라어 단어(διάκονος)와 어근이 같다는 사실 때문에 이 '일곱 사람'을 '일곱 집사(deacons)'로 오해하기도 했다. 더구나 우리나라 〈개역〉 성경에서, 특히 사도행전 21장 8절을 번역할 때 '일곱 사람' 중의 하나인 빌립을 가리켜 원문대로 "일곱 중 하나"("ὄντος ἐκ τῶν ἑπτὰ", "one of the seven")라고 정확히 번역하지 않고, "일곱 '집사' 중 하나"라고 원문에도 없는 '집사'란 말을 삽입하여 잘못 번역한 것 때문에 이 '일곱 사람'의 정체와 신분이 '집사'로 오해를 받게 되기도 했다.[8]

그러나 스데반을 비롯한 '일곱 사람'이 열두 사도와 동등한 위치에 있는 지도자들이었다는 사실은 다음과 같은 점들에서 잘 드러난다. 즉 스데반을 비롯한 '일곱 사람'은 열두 사도와 똑같이 "성령과 지혜가 충만한 사람들"(6:3)이었다. 스데반은 "은혜와 권능이 충만하여… 큰 기사와 표적을 행하였을"(6:8) 뿐만 아니라 열두 사도와 똑같이 하나님의

고 말한다(cf. *Between Jesus and Paul*, p. 13). 에드워드 슈바르츠(E. Schwartz)도 '일곱'을 '열둘'과 같은 명칭으로 이해한다. 그에 따르면 '열둘'이 이스라엘을 위한 명칭이듯이 '일곱'은 개종자들을 위한 명칭이었다. Cf. Gerd Luedemann, *Early Christianity according to the Traditions in Acts: A Commentary* (Minneapolis: Fortress, 1989), p. 79.

8 외국어 번역 성경 중에서는 *The New Testament: A New Translation* (Olaf M. Norlie)에서도 사도행전 21:8을 "one of the seven deacons"라고 잘못 번역하였다. 그러나 우리나라 〈개역〉 성경 사도행전 21:8에 대한 이 같은 잘못된 번역을 나중에 〈표준 새번역〉 성경에서 원문대로 "일곱 중 하나"라고 정확히 번역해 수정한 것은 그나마 다행이다.

말씀을 전하는 '설교'를 했고(행 7장 전체), 빌립도 "사마리아 도시로 내려가 사람들에게 그리스도를 전했고"(행 8:5) "더러운 귀신을 쫓아내며 중풍병자와 불구자들을 고쳐주는"(행 8:7) 등 큰 기사와 표적을 행했다(행 8:13). 빌립은 또한 에티오피아 여왕 간다게의 내시이며 그 여왕의 모든 재정을 맡은 고관에게 성서를 해석해주면서 예수의 복음을 전파했고(행 8:26-35), 나중에는 그에게 성례(곧 세례)를 집행해주기도 했다(행 8:38).

결국 '일곱 사람'은 열두 사도가 했던 일과 똑같은 일들을 했던 똑같은 지도자들이었다. '일곱 사람'의 대표로 등장하는 스데반과 빌립의 행적을 전해주는 사도행전 6-8장 어느 곳에서도 그들이 그들의 선택과 관련하여 주요 임무로 언급되었던 '공궤하는 일'을 했다는 이야기는 오히려 전혀 언급되지 않는다. '일곱 사람' 가운데 대표자의 한 사람으로 등장하는 스데반은 '구제하는 일'($\delta\iota\alpha\kappa\sigma\nu\iota\alpha$', 행 6:2)을 하는 자로 묘사되어 있는 것이 아니라, 도리어 열두 사도와 마찬가지로 권능 있는 설교자요 기적을 베푸는 자로 묘사되어 있을 뿐이다(6:2, 4:33, 5:12).[9] 따라서 스데반을 초대교회 안에 새로이 등장한 헬라파 기독교인들의 대표적인 지도자들 가운데 한 사람이었다고 보는 것이 옳을 것이다.[10]

---

[9] Gerhard Krodel, *Acts: Proclamation Commentaries* (Philadelphia: Fortress Press, 1981), p. 30.

[10] 이와 관련하여 우리는 초기 예루살렘 본토박이 출신 팔레스틴 유대 기독교의 대표적인 지도자가 '베드로와 요한'이었고, 예루살렘 디아스포라 출신 헬라적 유대 기독교의 대표적인 지도자가 '스데반과 빌립'이었으며, 그 이후 헬라적 이방 기독교의 대표적 지도자가 '바울과 바나바'라는 사실을 기억할 필요가 있다.

2. 스데반의 신학 사상

스데반을 비롯한 '일곱 사람'이 모두 이방 지역 출신들인 데다가, 헬라 문화의 영향 속에서 교육을 받으며 자라난 사람들이라서 예루살렘의 유대계 기독교 지도자들인 열두 사도와는 신학적으로 적지 않은 차이를 드러낸다.[11] 우리는 그 분명한 차이점을 누가가 사도행전 7장에서 소개하는 스데반의 설교 가운데서 찾아볼 수 있다. 스데반의 설교는 사도행전에 나오는 여러 설교[12] 중 가장 길면서도 매우 중요하다. 만일 우리가 베드로를 유대인 기독교의 대표적인 지도자로 여긴다면, 스데반은 헬라적 유대인 기독교의 대표적 지도자라고 볼 수 있다. 이 경우 스데반의 설교는 신약성서가 소개하는 헬라적 유대 기독교 혹은 디아스포라 유대 기독교 지도자의 대표적인 설교가 된다. 그리고 스데반의 설교는 히브리파 공동체의 지도자들, 곧 열두 사도에게는 결코 들을 수 없는 아주 놀랍고 새로운 메시지를 전해준다. 그것이 무엇인지 이제 살펴보기로 하자. 스데반의 설교는 크게 두 부분으로 나눌 수 있다. 이 두 부분의 설교 주제가 다르기 때문에 여기서는 구분해서 다뤄보겠다.

---

[11] 마틴 헹엘(Martin Hengel)도 예루살렘의 헬라파와 히브리파 사람들 간에 '교리 상의 차이'가 있었음을 지적하고(cf. *Between Jesus and Paul*, p. 55). 제임스 던(James D. G. Dunn)은 이것을 가리켜 "교회사에 나타난 최초의 신앙고백적 분열"이라고 말한다. Cf. *Unity and Diversity in the New Testament*, p. 268,

[12] 사도행전은 '사도들의 행적'(the Acts of the Apostles)이란 이름에 걸맞지 않게 '행적'보다는 오히려 '설교들' 혹은 연설문들을 많이 소개한다. 모두 24개의 설교나 연설문이 수집되어 있는 것으로 알려졌는데, 그중에 베드로의 설교가 9개(1:16-22, 2:14-36, 3:12-26, 4:8-12, 5:29-32, 8:20-25, 10:34-43, 11:5-17, 15:7-11)이고, 바울의 설교가 9개(13:16-41, 14:15-17, 17:22-31, 20:18-35, 22:1-15, 24:10-21, 26:2-23, 27:21-26, 28:17-20)이다.

(1) 설교의 첫 번째 부분: '이방 땅에도 계신 하나님'(행 7:1-34)

스데반의 설교 중 첫 번째 부분에서는 이방인들의 땅에도 현존해 계시는 하나님을 강조하는 데 초점이 맞추어져 있다. 스데반은 7장에 나오는 그의 설교 전반부에서 하나님은 거룩한 땅 팔레스타인에만 계시거나 팔레스타인에서만 그의 백성들에게 나타나시는 하나님이 아님을 강조한다. 곧 하나님은 이방인들의 땅에도 계시고 이방 땅에서도 수시로 나타나시는 분임을 역설한다. 스데반은 이 점을 구약성서의 이야기를 바탕으로 상세히 예증한다. 즉 하나님은 아브라함이 아직 메소포타미아에 있을 때에 그곳에서 "그에게 나타나셨으며"(7:2), 여러 조상이 요셉을 애굽에 팔았을 때에도 그곳에서 "하나님이 저와 함께 계셨으며"(7:9), 모세가 애굽에서 태어났을 때 "하나님이 보시기에 아름다웠으며"(7:20), "시내 산 광야 가시나무 떨기 불꽃 가운데서"(7: 30) 모세에게 나타나신기도 했다. 더구나 하나님은 그곳에서, 곧 이방인의 땅인 시내 산 광야에서 모세를 향해 "네 발의 신을 벗으라. 네가 서 있는 곳은 거룩한 땅이다"라고 말씀하셨다(7:33). 따라서 스데반의 설교에 따르면 하나님은 가나안 땅이며 거룩한 땅인 팔레스틴이나 예루살렘, 혹은 그곳 성전에만 현존해 계신 분이 아니라 이방 땅 어느 곳에서나 현존해 계시는 분이다. 사실상 그곳이 어느 곳이든지 하나님이 계시는 곳, 그가 나타나시는 곳이라면 그 모든 곳이 다 "거룩한 땅"이요 성지임을 강조한다. 가나안 땅 팔레스틴만을 성지로 보는 시각을 완전히 배격하고 있는 것이다.

스데반의 이런 설교는 성지 팔레스틴과 예루살렘에만 집착하는 다른 초대 기독교인들, 특히 히브리파 기독교인들의 편협한 민족주의 혹은 편협한 지역주의를 예리하게 비판하는 것이었고 또 그것을 넘어서

려는 강한 의지의 표현이라고 볼 수 있다. 온 세상을 하나님의 현현과 계시의 영역으로 보는, 그래서 '하나님의 우주 편재 사상omni-presence of God'을 보여주는 스데반의 이런 넓게 열린 사상 때문에 초기 기독교 는 '유대 기독교'의 편협한 민족주의와 지역주의를 극복할 수 있었고, 또 유대교 내의 종파적인 형태를 벗어나서 세계 종교로의 발전을 기대 할 수 있게 되었다. 그래서 스데반의 설교는 팔레스틴만이 거룩한 땅 성지이고 이방 땅은 우상의 땅이라고 생각하는 유대인들에게는 쉽게 받아들일 수 없는 상당히 충격적인 것이었다. 물론 예루살렘 교회의 지도자들인 열두 사도에게는 거의 기대할 수 없는 설교이기도 했다.

(2) 설교의 두 번째 부분: '성전에 계시지 않는 하나님'(7:35-53)

스데반 설교의 두 번째 부분인 후반부는 이스라엘의 우상 숭배를 공격 하는 내용이 중심이다. 스데반은 이스라엘 백성이 출애굽하여 시내 광 야에 이르렀을 때 그곳에서 '손으로 만든' '금송아지'를 섬겼던 사실을 언급하면서, '손으로 만든' 것이[13] 우상이라고 지적한다(7:41). 그런데 나중에 이스라엘 백성이 가나안에 들어와 솔로몬을 통해 예루살렘 성 전을 건축했는데 그 성전도 "손으로 만든" 것이라고 지적한다. 결국 '손 으로 만든' 예루살렘 성전도 우상이라고 규정하면서 스데반은 하나님

---

13 스데반이 성전을 가리켜 표현한 바 있는 '손으로 만든'(cheiropoiethos)이란 이 단어는 많은 헬라 사상가들이 우상 숭배를 비판할 때 사용한다. 그러나 더 중요한 것은 이 단어를 헬라적인 유대인들이 이교주의를 정죄할 때마다 거의 규칙적으로 사용했다. 70인역 성경 시대로부터 우상 그 자체를 나타낼 때는 물론 유대인들이 우상 숭배를 멸시할 때마다 흔히 사용했다. 그런데 스데반이 이 단어를 예루살렘의 성전에 대해 사용하면서 그 성전을 우상이라고 부르고 있는 것이다. Dunn, *Unity and Diversity in the New Testament*, p. 271.

이 손으로 만든 집에 거하지 않는 분이라고 역설한다(7:48).

다른 한편으로 스데반은 광야 시대의 '장막'과 예루살렘의 '성전'을 대비시킨다. 장막은 이스라엘의 '광야 교회'(7:38)가 생명의 도를 받고 하나님의 천사가 함께하던 광야 시대를 대표한다. 장막은 하나님이 시내 산에서 모세에게 일러준 대로 만든 것이고(7:44) 이스라엘이 가나안을 정복할 때까지 하나님이 늘 이스라엘과 동행하신 것을 상징한다. 그러나 성전은 솔로몬이 하나님을 위해 지어준 집으로(7:47) 예루살렘의 어느 한 장소에 고정되어 있는 '손으로 지은' 건물일 뿐이다. 하나님은 '손으로 지은'(7:48) 집에 거하시는 분이 아니다. 사람의 손으로 만든 작은 건물이 하나님께서 '안식할 처소'는 되지 못한다(7:49). 왜냐하면 "하늘이 그의 보좌요 땅은 그의 발등상"이기 때문이다. 곧 이 우주와 세계가 모두 하나님의 거처이다. 그래서 하나님은 "나를 위하여 무슨 집을 짓겠느냐?" 하고 반문하시기까지 했던 것이다. 스데반에게는 분명히 "손으로 만든" 예루살렘 성전보다는 오히려 조상들이 광야에 있을 때 하나님께서 모세에게 일러주신 그대로, 하나님께서 보여주신 모형 그대로 만든 "증거의 장막"이 훨씬 더 하나님 예배에 적절한 형태였던 것이다. "지극히 높으신 분은 사람의 손으로 만든 집에 계시지 않습니다"(7:48)라는 말로써 스데반은 놀랍게도 그리고 또 감히 솔로몬이 건축한 예루살렘 성전을 '우상'이라고 폄하하며 거부하는 것이다.

물론 신약성서에서는 성전 제도가 좀 더 나은 것으로, 곧 영적인 성전과 영적인 제사직과 영적인 제사로 종결되고 대치된다는 메시지가 여러 곳에서 나타난다(롬 12:1; 히 13:15f.; 벧전 2:5 등). 그러나 스데반의 설교에서 보듯이 성전을 우상이라고까지 지칭하며 성전 건축 자체가 애초부터 잘못이었다는 주장은 신약성서에서 유례를 찾아볼 수 없다.[14]

예루살렘 성전에 대한 스데반의 이 같은 비판과 거절은 결국 예루살렘 성전에 집착하는 그 지역 기독교인들, 곧 히브리파 기독교인들의 성전관을 배격하고 거절하는 것을 의미한다.[15] 스데반의 예루살렘 성전에 대한 이 같은 비판과 부정은 분명히 온 세계, 온 우주를 하나님의 집으로 내다보는 그의 보편주의 사상universalism이나 하나님의 우주 편재 사상에서 나온 것이라고 보아야 옳을 것이다.

하나님의 우주 편재 사상을 강조하면서 '손으로 만든' 하나님의 집인 예루살렘 성전을 폄하하고 비판한 것 때문에 스데반이 성전을 하나님의 거룩한 집으로 믿는 본토박이 히브리파 유대인들에게 죽임을 당하였지만, 여기에서 우리가 주목해야 할 아주 중요한 사실은 스데반의 사상이 예수에게 직접 영향을 받은 사상이란 점이다. 스데반이 강조하는 하나님의 우주 편재 사상은 '땅 끝까지' 복음을 전하라는 부활하신 예수의 명령에 따른 것이다. 또한 성전에 대한 스데반의 견해는 복음서에 나오는 예수의 말씀, 곧 마가복음 14장 58절과 요한복음 2장 19절에 나오는 예수의 말씀에 직접적으로 크게 영향을 받았다. 우리는 예수 자신이 이미 "손으로 지은 이 성전을 헐고 손으로 짓지 아니한 다른 성전을 사흘에 지으리라"(막 14:58)라고 말씀하신 분, 즉 '손으로 지은' 성

---

[14]　F. F. Bruce, *Peter, Stephen, James and John: Studies in Non-Pauline Christianity* (Grand Rapids: Eerdmans, 1979), p. 55.

[15]　예루살렘의 성전에 대한 이런 부정적인 견해가 사마리아인들의 예루살렘 성전관과 연관되어 있기 때문에 스데반을 사마리아 사람이라고 주장하는 학자도 있다. Cf. A. Spiro, "Stephen's Samaritan Background," in J. Munck, *The Acts of Apostles*, rev. by W. F. Albright and C. S. Mann, AB 31, 1967, Appendix VI, pp. 301-304. 그리고 스코비(C. H. H. Scobie)는 스데반의 설교에 사마리아적인 영향이 분명히 나타난다고 주장한다. Cf. "The Origin and Development of Samaritan Christianity," *NTS* 19(1972~73), pp. 391-400.

전을 부정하고 거절하신 분이라는 점을 기억해야 한다. 따라서 '손으로 지은' 성전을 우상으로 보는 스데반의 성전관은 바로 예수의 성전관을 그대로 이어받은 것이라고 보는 게 옳다.[16]

거룩한 땅 팔레스틴 중심주의, 예루살렘 중심주의, 성전 중심주의에 대한 이 같은 강한 비판 때문에 스데반은 그 당시 보수적인 유대인들에게 돌에 맞아 죽는 불행을 겪었다. 하지만 스데반이 갖고 있던 이런 탈팔레스타인, 탈예루살렘, 탈성전적인 세계주의적인 보편주의, 혹은 탈유대적인 이방 지향적 경향 때문에 초대 기독교는 드디어 예루살렘을 넘어 온 유대와 사마리아 그리고 땅 끝까지 복음을 전파하며 성장하는 세계적인 종교로 발전하는 길을 열게 된 것이다. 이런 의미에서 '헬라파 사람들과 특히 스데반이 사도 바울의 선구자'라고 말한,[17] 그리고 예루살렘에 있던 이 헬라파 사람들이야말로 '예수와 바울 사이'에서 교량 역할을 한 "바울 이전의 헬라적 공동체"였다고 말한[18] 헹엘의 말은 분명히 일리가 있다.

3. 초대 기독교 최초의 순교자 스데반

예수의 십자가 죽음 이후 기독교 역사상 최초의 순교자는 스데반이다. 바로 이 점에서 스데반의 순교는 중요한 의미가 있다. 그런데 우리는 오직 누가가 기록한 사도행전을 통해서만 스데반의 순교 장면에 관한

---

16 James Dunn, *Unity and Diversity in the New Testament*, p. 272.
17 Martin Hengel, *Between Jesus and Paul*, p. 2.
18 Hengel, *Ibid.*, p. 29.

이야기를 전해들을 수 있다. 더구나 흥미로운 사실, 아니 놀라운 사실은 누가가 스데반의 마지막 순교 장면을 예수의 마지막 십자가 처형 장면과 아주 비슷하게 전해준다는 점이다. 우리는 앞에서 스데반의 설교가 특히 성전과 관련하여 예수의 정신을 그대로 반영한 설교라는 점을 언급한 바 있다. 그런데 스데반은 예수의 정신을 그대로 따라 설교했을 뿐만 아니라 그의 마지막 죽음의 순간에서도 예수의 최후 십자가 장면 그대로 '예수처럼' 순교한 것으로 소개된다.

당시 유대인의 입장에서 본다면 스데반의 설교는 정말로 돌에 맞아 죽을 수밖에 없는 내용이었다. 스데반의 말이 유대인으로서는 도저히 그대로 받아들일 수 없는 신성 모독죄와 함께 성전 모독죄에 해당되었기 때문이다. 그래서 유대인들은 스데반을 끝내 성 밖으로 끌어내어 돌로 쳐 죽였다(7:58). 그런데 복음서에 따르면 예수 역시 신성 모독죄와 성전 모독죄로 성 밖으로 끌려 나가 골고다에서 처형당했다. 누가는 돌에 맞아 순교하는 스데반의 최후 장면을 놀랍게도 예수의 십자가 최후 장면과 아주 비슷했다는 점을 강조하여 보여준다.

누가가 전해주는 예수의 마지막 십자가 처형 장면을 보면, 예수는 마지막 숨을 거두기 전에 회개하는 강도를 향해 "네가 오늘 나와 함께 낙원에 있게 될 것이다"(눅 23:43)라는 말씀 이외에 두 개의 기도를 더 드렸다고 전해진다. 하나는 자신을 십자가에 못 박은 군인들을 위해서 "아버지, 저 사람들을 용서하여 주옵소서. 그들은 자기들이 무슨 일을 하는지 알지 못하옵니다"(눅 23:34)라는 용서의 기도였고, 다른 하나는 마지막 숨을 거두기 전에 "아버지, 내 영혼을 아버지의 손에 맡기옵니다"(눅 23:46)라는 영혼 위탁의 기도였다.

그런데 스데반 역시 돌에 맞아 죽어가면서 마지막으로 '예수처럼'

두 개의 기도를 드린 것으로 누가는 전한다. 그런데 놀라운 것은 그 두 개의 기도가 모두 예수가 십자가 위에서 드렸던 마지막 기도문을 거의 그대로 따른 것이라는 점이다. 하나는 스데반이 자기에게 돌을 던지는 사람들을 위해서 "주님, 이 죄를 저 사람들에게 돌리지 마옵소서"(행 7:60)라고 '예수처럼' 용서의 기도를 드린 것이고, 다른 하나는 마지막 숨을 거두기 직전에 "주 예수여, 내 영혼을 받아 주옵소서"(행 7:59)라고 '예수처럼' 영혼 위탁의 기도를 드린 것이다. 그런데 스데반은 순교하면서 예수의 기도문을 그대로 따라 드린 것만이 아니었다. 돌에 맞아 죽어가면서도 "무릎을 꿇고"(행 7:60) 기도했다고 전해진다. 예수께서 십자가 고난을 앞두고 감람산에서 기도하실 때, 예수 자신이 "무릎을 꿇고"(눅 22:41) 기도하신 것을 스데반도 들어서 알고 있었기 때문일 것이다. 이처럼 누가에 따르면 스데반은 그의 설교에서만 예수의 정신을 그대로 따른 것이 아니라, 그의 마지막 죽음의 순간에서도 예수의 모습과 정신을 그대로 따랐다. 아마도 누가는 이런 기록을 통해서 사도행전을 읽는 독자들에게 중요한 교훈, 즉 스데반처럼 말씀에 있어서만 아니라 삶과 죽음에 있어서도 '예수처럼' '예수를 본받는' 사람이 될 것을 가르치는 교훈을 주려고 했던 것으로 보인다.

스데반의 순교와 관련하여 우리가 마지막으로 주목해서 살펴볼 것이 하나 더 있다. 그것은 누가가 사도행전에서 스데반의 순교, 즉 스데반의 죽음을 거론할 때마다 사울을 언급한다는 사실이다. 사도행전의 기록들 가운데서 스데반의 죽음과 관련하여 사울의 이름이 거론되는 곳은 다음과 같은 세 구절이다.

"그들아… 그(=스데반)에게 달려들어 도시 밖으로 내치고 돌로 칠새 증인들이 옷을 벗어 사울이라 하는 청년의 빌 앞에 두니라"(행 7:57).

"사울은 그(=스데반)가 죽임 당함을 마땅히 여기더라"(행 8:1).

"주의 증인 스데반이 피를 흘릴 때에 내가 곁에 서서 찬성하고 그 죽이는 사람들의 옷을 지킨 줄 그들도 아나이다"(행 22:20).

사울은 바울의 유대식 이름이다.[19] 그런데 누가가 스데반의 죽음을 언급할 때마다 '바울'의 이름을 거론하는 이유는 무엇일까? 바울의 회심과 개종이 스데반의 죽음과 연관되어 있다고 생각했기 때문일 것이다. 스데반은 대제사장이 있는 공의회 앞에 끌려 나와서 그들 앞에서 긴 설교(행 7장)를 했고 그 때문에 순교를 당했다. 그리고 스데반이 순교를 당한 일의 여파로 사울이 대제사장의 공문을 받아가지고 기독교인들에 대한 박해에 나선다. 바울은 그 일로 다메섹에 갔다가 그곳에서 천상의 주님을 만나 회심하고 개종한다.

스데반이 그 생명을 다 했을 때 하나님은 또 다른 생명을 이미 준비하신 셈이다. 앞에서 '스데반은 바울의 선구자'라고 말한 바 있다. 아마도 누가는 바울이야말로 스데반의 뒤를 이은 인물, 즉 스데반의 순교를 목격하는 일을 통해 끝내 스데반의 뒤를 이어 그의 신학 사상에 따라 이방 선교에 나선 복음 전도자라는 점을 강조하려고 했을 것이다. 예수에게 요한이란 선구자가 있었듯이, 바울에게는 스데반이란 선구자가 있었다는 것을 말하고자 했으리라.

---

[19] 누가는 사울이 개종한 이후에 그리스-로마 세계로 전도 활동을 벌이기 시작하면서 유대식 이름인 '사울' 대신에 로마식 이름인 '바울'을 사용하는 경향을 보인다.

18

이방인 선교의 선구자 빌립

누가는 사도행전을 기록하면서 헬라파 기독교인 지도자들 '일곱 사람' 중 하나인 스데반을 먼저 소개한(행 6-7장) 후에, 바로 이어서 '일곱 사람' 중의 또 다른 인물인 빌립을 그가 한 사역을 중심으로 소개한다. 누가가 스데반을 그의 설교와 순교에 초점을 맞추어 소개한다면, 빌립의 경우는 그가 이룩한 성공적인 사역, 특히 사마리아 지역에 복음을 전해준 일(행 8:4-25)과 에티오피아 여왕 간다게의 내시이며 그 여왕의 모든 재정을 관리하는 고관에게 복음을 전하고 세례를 준 일(행 8:26-40), 곧 사마리아인과 이방인에게 복음을 전해준 일에 초점을 맞추어 기술한다. 빌립의 경우도 스데반의 경우와 마찬가지로 '공궤하는 일' 혹은 '구제하는 일'이 그의 주요 역할은 전혀 아니었다. 빌립 역시 스데반과 마찬가지로 열두 사도에 종속된 채 그들을 대신해서 공궤하는 일을 했던 사람이 아니다. 그는 헬라파 기독교인들의 대표적인 지도자 가운데 한 사람이었다. 누가는 좀 더 구체적으로 빌립을 가리켜 '전도자

the evangelist'라고 지칭한다(행 21:8).

열두 사도는 자기들은 말씀 전하는 일에만 전념하고 '접대하는 일to serve the table'은 '일곱 사람'을 선택하여 그들에게 맡기겠다고 말한다 (cf. 행 6:1-4). 그러나 스데반의 경우에서 보듯이 성령은 열두 사도가 자기들만 말씀 전하는 사역을 하기 원했던 것에 동의하지 않았던 것으로 보인다. 스데반도 열두 사도와 마찬가지로 말씀 전하는 일을 하였다. 그래서 스데반은 베드로가 했던 그 어떤 설교보다도 더 길고도 더 중요한 설교를 남겼다(행 7:2-53). 그런데 이제 8장에서도 빌립 역시 '접대하는 일'에 전념했던 것이 아니라 열두 사도처럼 복음을 전파한다. 그렇다고 열두 사도의 결정과 권위가 무시되거나 부인된 것은 아니지만, 여하간 열두 사도가 자기들만 말씀을 전하는 일을 하겠다고 생각한 것은 결코 하나님의 뜻은 아니었던 것으로 보인다. 이런 사실을 두고 후스토 곤잘레즈Justo L. Gonzalez는 이렇게 주장한다. "물론 일곱 사람을 선택하여 뽑기로 한 결정은 지혜로웠지만 성령은 열두 사도의 의도와는 달랐다."[1] "교회의 본래 결정에 따르면 그 일곱 사람의 역할은 순전히 행정적인 것이었다. 그러나 외부로부터의 도전이 그들에게 그 역할의 범위를 넘어서게 만들었다. 스데반이 부르심을 받았던 본래 소명이 처음에는 교회로부터 어느 정도까지만 제한되었다. 그러나 그의 최종 소명은 외부에서 왔다."[2]

---

[1] *Acts: The Gospel of the Spirit* (New York: Orbis Books, 2001), p. 100.
[2] *Ibid.*, p. 101.

1. 사마리아를 성공적으로 복음화한 전도자 빌립(행 8:4-25)

사도행전 8장 1-5절에 따르면 스데반의 설교와 그의 순교로 인해 예루살렘 교회에 대대적인 박해가 가해지자 많은 사람이 전국으로 흩어져 말씀을 전하기 시작했을 때 "빌립은 사마리아 도시로 내려가 사람들에게 그리스도를 전하기 시작했다." 빌립이 가서 그리스도를 전했던 것으로 알려진 '사마리아 도시'(8:5)는 그 당시 '세바스테Sebaste'라고 불리던 사마리아 자체일 수도 있고, 사마리아에 있는 세겜이란 도시일 수도 있다. 세바스테는 가장 이방적인 도시였고, 반면에 세겜은 가장 사마리아적인 도시였다. 그래서 많은 학자가 본문에 나오는 도시가 세겜을 가리키는 것으로 여긴다. 빌립이 그곳에서 한 일은 말씀을 전하는 일과 이적을 행하는 일이었다. 그래서 8장 6절에서는 "무리가 빌립의 말도 듣고 행하는 표적도 보았다"라고 기술한다.

그런데 우리는 여기서 사마리아 사람들이 예루살렘에 있는 성전에서의 예배를 반대하던 사람들이라는 사실을 먼저 기억할 필요가 있다(cf. 요 4:20-21). 흥미로운 사실은 스데반이 그의 설교 가운데서 손으로 지은 예루살렘 성전에 대해 강하게 비판했는데, 이제 스데반과 마찬가지로 일곱 지도자 가운데 한 사람인 빌립이 예루살렘에 있는 성전에서의 예배를 반대하던 바로 그 사마리아 사람들에게로 가서 그들 가운데서 활동하며 말씀을 전하고 있다는 점이다. 스데반과 빌립은 분명히 예루살렘 초대교회 안에서 중심에 있던 사람들이 아니었는데(즉 히브리파 사람들에 밀린 헬라파 사람들이었는데), 사마리아인들도 바로 유대인들의 사회에서는 중심에 서 있지 못하고 변두리로 밀려나 있었다. 변두리 인생과 그들의 생명에 관심을 가지는 사람은 역시 변두리에 있어 본 사람들이다.

사마리아 도시에서 빌립의 전도 활동은 아주 성공적이었던 듯하다. 그 점은 "빌립이 하나님 나라와 그리스도의 이름에 관한 복음을 전하니 남녀가 다 믿고 세례를 받았습니다"(8:12)라는 말에서 잘 드러난다. 이 처럼 사마리아 사람들이 하나님의 말씀을 받아들였다는 성공적인 소 식이 예루살렘에 있는 사도들에게까지 전해지자 예루살렘에 있는 사 도들이 베드로와 요한을 사마리아 사람들에게로 보냈다(8:14). 베드로 와 요한, 두 사도는 사마리아에 도착하여 사마리아 사람들이 모두 성령 을 받게 해달라고 기도했는데, 이것은 사마리아 사람들이 예수의 이름 으로 세례를 받았을 뿐 성령이 아직 아무에게도 내리지 않았기 때문이 다. 그래서 두 사도가 사마리아 사람들에게 안수하여 결국 그들은 성령 을 받게 된다(8:17).

빌립의 사마리아 전도 활동이 아주 성공적이었다는 또 다른 구체적 인 증거 가운데 하나는, 사마리아에서 '자칭 큰 자'(8:9), 가장 위대한 인물이라고 일컬어지고 사마리아 사람들에게도 "이 사람이야말로 큰 능력자로 알려진 하나님의 능력이다"[3](8:10)라고 높이 인정받던 마술 사 시몬[4]을 개종시킨 일이다. 사도행전 8장 13절을 보면 "시몬도 믿고

---

[3] "누가의 현재 문맥에서 이 표현은 시몬의 명성이 'divine man, a supernatural being in human form'을 의미하는 것으로 보인다." Cf. F. Scott Spencer, *The Portrait of Philip in Acts: A Study of Role and Relation* (Sheffield: JSOT Press, 1992), p. 92.

[4] 이 '시몬'이 후대 역사에서는 마술사 시몬(Simon Magus)로 알려졌는데, 이 시몬에 대한 연구 논문들은 아주 많다. 그 문헌들에 대한 두 개의 요약이 있는데, 하나는 W. A. Meeks, "Simon Magus in recent research," *RelStudRev*, 4(1977), pp. 137-142이고, 다른 하나는 K. Rudolph, "Simon-Magus oder Gnosticus? Zur Stand der Debatte," *ThRund*, 42(1977), pp. 279-359이다. 교부들의 문헌에서는 시몬이 영지주의의 창시자 (a father of Gnosticism)로 정죄된다. 물론 이것이 좀 과장이기는 하지만, 시몬과 초기

세례를 받은 후에 늘 빌립을 따라다녔습니다"라고 아주 분명히 증거한다. 그러나 이 마술사 시몬에게는 한 가지 중대한 문제가 있었다. 마술사 시몬은 능력자로서 능력에만 관심을 가졌지, 사마리아인들 가운데서 중요하게 생각되는 능력(가령 돈과 이적 행사)과 교회에서 중요하게 생각되는 능력 간의 차이를 알지 못했다. 마술사 시몬은 무리들이 자기를 향해 "하나님의 능력이다"라고 말하게 만들었던 그 능력과 시몬 베드로를 예수 그리스도의 사도로 만들어 사람들에게 성령을 받게 했던 능력 간의 차이를 전혀 알지 못했다. 그런 가운데 그는 베드로가 사마리아 사람들에게 안수하여 성령을 받게 하는 것을 보고 돈으로 그런 권능을 사고자 했고, 베드로에게 "너는 하나님의 선물을 돈으로 살 생각이었으니 너는 그 돈과 함께 망할 것이다"(8:20)라는 책망과 저주를 받았다. 물론 마술사 시몬이 곧바로 "당신들의 한 말이 조금도 내게 미치지 않도록 나를 위하여 주께 기도해 주십시오"(8:24)라고 회개의 뜻을 표명하기는 했지만, 그가 돈을 주고 성령의 능력을 사려고 한 것 때문에 그의 이름에서 유래된 영어 '시모니simony'가 '성직 매매'를 가리키는 단어로 발전하게 되었다.

　마술사 시몬과 관련하여 한 가지 밝혀야 할 것은 그와 관련된 본문에서 마술사 시몬이 사도들의 안수를 받고 성령을 받은 사람 가운데 하나인지에 대해 분명한 언급이 없다는 사실이다. 사도행전 8장 18-19절에서 사도들이 안수하여 사마리아 사람들이 성령을 받았을 "그때에 시몬은 사도들이 손을 얹어 성령을 받게 하는 것을 보고 사도들에게 돈을 내면서 내가 손을 얹는 사람마다 성령을 받도록 내게도 그 권능을

영지주의 간에 연관성이 있다고 생각할 만한 근거가 있다고 한다.

주십시오"라고 부탁했다는 기록으로 볼 때, 마술사 시몬은 안수를 받고 성령을 받은 사람은 아니었던 듯하다. 그의 생각이나 그의 행동으로 미루어 그는 분명히 성령을 받기에 합당한 자격을 갖추지는 못했던 것으로 생각된다.

이것과 관련하여 제임스 던은 사마리아 사람들과 시몬의 중요한 차이에 대해 다음과 같이 설명한다.[5] 누가는 사도행전 8장에서 사마리아 사람들의 이야기(5-8, 12, 14-17절)와 시몬의 이야기(9-11, 13, 18-24절)를 교대로 제시한다. 이것은 누가가 사마리아 사람들과 시몬의 차이를 대조하기 위한 것으로 보이는데, 둘 간의 중요한 차이는 참 기독교 신앙과 거짓 기독교 신앙의 차이이다. 처음에는 사마리아 사람들이 걸었던 길과 시몬이 걸었던 길은 비슷했다. 그래서 평행을 이룬다. 즉 사마리아 사람들이 마술을 믿는 데서 빌립에게로 돌아섰고, 시몬도 그랬다. 사마리아 사람들은 빌립을 믿었고 시몬도 빌립을 믿었다. 사마리아 사람들은 세례를 받았고 시몬도 세례를 받았다. 그러나 그 둘은 그 직후부터 달랐다. 사마리아 사람들은 성령을 받았다. 그러나 시몬은 저주를 받았다.[6] 이런 대조적인 기록을 통해서 누가는 사마리아 사람들은 성령을 받아 진정한 신앙에 도달했으나, 시몬은 오로지 외면적인 것만 보고 그것에만 관심을 가졌다는 점, 그래서 올바른 신앙에 이르지 못했다는 것을 말해준다. 누가에게는 '믿고 세례를 받는 것'이 올바른 기독

---

[5] James D. G. Dunn, *The Baptism of the Holy Spirit*, pp. 66-67.

[6] 사도행전 8:17에서 베드로와 요한 두 사도가 "그들에게 손을 얹으니 그들이 성령을 받았습니다"라고 말하지만, 베드로와 요한이 시몬에게는 안수한 것 같지 않으며, 그가 성령을 받은 것 같지도 않다. 17-18절을 주의 깊게 살펴보면, 시몬은 "두 사도가 손을 얹어 성령을 받게 하는 것을 보고", 즉 그들의 행동과 방법을 주의 깊게 살펴본 뒤에 돈을 주고 그 권능을 얻으려고 했고, 곧바로 베드로의 저주를 받았다.

교인이 되는 것이 아니라 '믿고 세례를 받고 성령을 받는 것'이 올바른 신앙에 도달하는 길이었다. 비록 시몬이 "믿고 세례를 받은 후에 늘 빌립을 따라다녔지만"(8:13) 그것이 그를 올바른 기독교인으로 인도한 것은 아니었다. 오늘날에도 시몬처럼 믿고 세례를 받은 뒤에도 참다운 기독교인이 되지 못하는 사람은 얼마든지 많지 않은가?

2. 사마리아 마술사 시몬을 제압한 빌립

누가는 빌립의 사마리아 전도 활동과 관련하여 사마리아에서 마술을 행하던 시몬이란 마술사 이야기를 전해준다. 표면상으로는 사도행전 8장에 나오는 사마리아 사건에서 빌립과 시몬이 직접 부닥치거나 서로 비교되는 것으로 보이지는 않는다. 그러나 사도행전 8장 5-24절을 좀 더 깊이 살펴보면 빌립과 시몬이 서로 비교되면서 소개되는 것을 알 수 있다. 특히 누가는 "빌립이 하나님 나라와 및 예수 그리스도의 이름에 관하여 전도함을 그들(사마리아 사람들)이 믿고 남녀가 다 세례를 받았다"(8:12)라는 말에 이어 마술사 "시몬도 믿고 세례를 받은 후에 진심으로 빌립을 따라다니며 그 나타나는 표적과 큰 능력을 보고 놀라니라"(8:13)라고 전해준다. 이 구절은 독립된 구절로 읽지 말고 도리어 빌립과 시몬을 비교하는 마지막 클라이맥스로 읽어야 한다.[7]

본문에 따르면 첫째, 빌립과 시몬 두 사람의 활동 무대는 모두 사마리아 '도시'이다(5, 8, 9절). 둘째, 두 사람 모두 이적을 행하고(6-7, 9,

---

[7] F. Scott Spencer, *The Portrait of Philip in Acts*, p. 88.

11절) 말씀을 선포하였다("λέγω", 6, 9절). 셋째, 두 사람 모두 사마리아 사람들의 관심을 크게 끌고 있었다(6-7, 9-10절). 넷째, 사마리아 사람들이 모두 두 사람의 말을 "열심히 잘 들었다"(6, 10절). 다섯째, 시몬은 사마리아 사람들에게 '큰 능력자'("ἡ δύναμις μεγάλη", 10절)라고 칭송을 받았고 백성들을 "미혹했다"(9, 11절). 그런데 사마리아 사람들은 빌립의 놀라운 이적들("δυνάμεις μεγάλας ἡ", 13절)을 보고 "놀랐다"[8](13절). 이런 기록들을 살펴보면 우리는 누가가 의도적으로 빌립과 시몬을 대비한다는 것을 알게 된다.

그러나 누가는 마술사 시몬을 '신적인 존재'로까지 소개한 후에 빌립과 비교 혹은 대비하면서도 끝내 빌립이 더 위대하다는 것을 보여준다. 빌립과 시몬이 똑같이 사마리아 도시에서 이적을 행하여 사람들의 관심을 사로잡았지만 "빌립이 하나님 나라와 그리스도의 이름에 관한 복음을 전하니 남녀가 다 믿고 세례를 받았습니다. 시몬도 믿고 세례를 받은 후에 늘 빌립을 따라다녔습니다"(8:12-13)에서 알 수 있듯이, 시몬은 기독교 복음을 믿고 세례를 받은 뒤 빌립의 추종자로 바뀌었다. 따라서 8장 13절은 "빌립의 승리를 알려주는 최고의 징표"이다.[9] 누가가 보기에 그리스도의 종들은 모두 뛰어난 이적 행사자들일 뿐만 아니라 남녀를 불문하고 하나님의 영광과 다른 사람들의 유익을 위해서 일했던 모델 인물들이다. 그중에서도 전도자 빌립은 마술사 시몬과의 만남을 통해 그런 일꾼들의 가장 뛰어난 대표자로 돋보인다.[10]

---

[8] 13절에서 "놀랐다"라고 번역된 헬라어나 9절과 11절에서 "미혹했다"라고 번역된 헬라어 원어는 똑같은 동사이다.

[9] Scott Spencer, *The Portrait of Philip in Acts*, p. 94.

[10] *Ibid.*, p. 103.

또한 빌립이 마술사 시몬을 만난 이야기를 통해서 누가가 빌립을 어떤 모습으로 보여주려고 했는지에 관심을 기울여보자. 무엇보다도 누가는 이 이야기를 통해서 빌립을 '모세와 같은 선지자'로 드러내려고 한 것으로 생각된다. 빌립이 사마리아 마술사인 시몬을 제압한 이야기는 모세가 바로 왕의 궁정에서 애굽의 마술사들을 압도한 이야기를 상기시켜주기 때문이다. 동시에 누가는 빌립이 마술사 시몬을 제압한 이야기를 예수가 그의 복음서에서 그리고 바울이 사도행전에서 귀신들을 제압한 이야기와 연관시키려 한 것으로 여겨지기도 한다. 누가로서는 시몬이란 마술사를 제압한 빌립을 '하나님의 손가락'(눅 11:20)으로 귀신을 제압했던 예수처럼 그리고 나중에 엘루마라는 마술사를 제압하고(13:9-11) 귀신 들린 여종에게서 귀신을 쫓아냈던(16:18) 바울처럼, 귀신과 마술사를 제압할 능력이 있는 사람으로 소개하려는 의도를 가졌던 것으로 생각된다.[11]

3. 이방인 에티오피아 내시를 개종시킨 빌립(행 8:26-40)

빌립은 사마리아에 복음을 전한 이후 천사의 지시에 따라 예루살렘에서 가자로 내려가는 길을 가다가 에티오피아 내시를 만난다. 그는 간다게 여왕의 내시로서 여왕의 모든 재정을 관리하는 고관이었다. 내시가 예루살렘에 예배드리러 왔다고 하는 언급(8:27)은 그가 이스라엘의 하나님을 믿기는 하지만 이스라엘의 율법이나 할례에는 아직 완전히 순

---

11 *Ibid*, p. 127.

복하지는 않은 '하나님을 경외하는 자God-fearer' 가운데 한 사람이라는 것을 알게 해준다.

빌립이 간다게 여왕의 궁정에서 재정을 관리하는 고관인 이 내시를 길에서 만났을 때 내시는 그가 탄 마차에서 "예언자 이사야의 글을 읽고 있었고"(8:28) 빌립이 그것을 들었다(8:30)고 했다. 분명히 내시가 그 당시 습관대로 큰 소리로 글을 읽고 있었기 때문일 것이다. 그가 읽던 본문(8:32-33)은 이사야 53장 7-8절로 알려졌다. 그러나 당시에는 성서에 장과 절의 구별이 아직 만들어지지 않았던 때라 빌립이 읽던 성서가 예언자 이사야의 글이라고 하면서 누가가 좀 더 구체적으로 53장 7-8절을 인용한 것은 본문 중 잘 알려진 부분을 일부 소개함으로써 이 내시가 읽던 성서가 대략 우리가 지금 알고 있는 이사야 53장이라는 것을 알려주는 것에 지나지 않는다. 내시가 이사야 53장을 읽는 것을 알고 빌립은 그에게 그가 지금 읽고 있는 말씀을 이해하겠느냐고 물었다. 그러자 내시는 빌립을 마차에 올라타도록 초청했고 예언자가 말하는 것의 의미를 설명해달라고 요청한다. 빌립은 이 내시에서 예언자 이사야의 말에 대해서만 설명해준 것이 아니라 "이 성경 말씀에서 시작하여", 즉 이사야 53장에서 시작해서 예수에 관한 복음을 설명해주었다. 이사야 53장은 출발점에 지나지 않았다.

비록 누가가 빌립이 내시에게 말씀을 전한 시간이 얼마나 되었는지(몇 시간 혹은 며칠이었는지)에 대해서는 아무런 언급도 하지 않았지만, 이사야 53장에서 시작해서 예수에 관한 복음을 전해주었을 때 내시는 마침 근처에 물이 있는 것을 발견하고 빌립에게 "내가 세례를 받는 데 무슨 거리낌이라도 있습니까?"라고 말하면서 세례받기를 원했다.[12] 빌립이 곧바로 마차를 세우고 내시에게 세례를 베푼 것으로 미루어 볼 때,

빌립은 내시의 질문에 대해 아무런 거리낌이 없다고 결론을 내렸고 또 그렇게 말해주었던 듯하다.[13] 세례를 베풀고 물에서 올라왔을 때 성령이 빌립을 데려가셨기에 내시가 더 이상 그를 볼 수 없었지만 내시는 기뻐하며 자기 길을 갔다고 본문은 전해준다.[14]

이 본문은 흔히 새로운 땅에 대한 새로운 선교의 시작으로 해석된다. 오늘날 많은 교인을 갖고 있는 그리고 오랜 기독교 역사를 갖고 있는 에티오피아 교회는 빌립과 에티오피아 내시가 만났던 이 사건을 자기들 교회의 기원으로 여긴다. 더구나 이 본문은 초대교회가 공식적으로 인정하기 전에 일어난 이방인 선교의 시작을 보여주는 구체적인 증거라고 주장되기도 한다. 사도행전에 따르면 예루살렘 초대교회 지도자들은 베드로와 고넬료의 이야기가 있는 뒤에야 비로소 공식적으로 "이제 하나님께서 이방 사람들에게도 회개하여 생명에 이르는 길을 열어 주셨다"(11:18)라는 결론에 이르렀다고 전해주기 때문이다.

빌립과 에티오피아 내시 간의 만남과 그때 이루어진 일에 대해 누가가 들려주는 이 모든 이야기는 아주 중요한, 아주 놀라운 메시지를 전

---

12 여기 사용된 이 문구는 사도행전 10:47과 11:17에 나오는 비슷한 문구와 평행을 이룬다. 아마도 이 문구는 세례를 받기 전에 공식적으로 사용하던 문구였을 것이다.

13 권위 있는 사본들에는 나오지 않으나 여러 사본들을 보면 사도행전 8:37("빌립이 '그대가 마음을 다하여 믿는다면 세례를 받을 수 있습니다'라고 대답했습니다. 그때 내시가 '나는 예수 그리스도가 하나님의 아들이심을 믿습니다'라고 말했습니다")이 첨가되어 있다. 이것은 빌립이 내시에게 세례를 주는 이야기를 좀 더 원만하게 소개하기 위해 후대에 첨가한 것으로 보인다.

14 서방 본문(the Western Text)을 보면 사도행전 8:39에서 "성령"과 "주님의"란 말 사이에 다음과 같은 몇 마디가 첨가되어 있다. "'성령'이 내시에게 임했고 '주님의' 천사가 빌립을 데려갔다." 일반적으로는 서방 본문이 신빙성 없는 것으로 여겨지지만 이 경우에만은 많은 학자가 서방 본문이 원본에 더 가까울 것이라고 생각한다.

한다. 무엇보다도 먼저 우리가 주목해야 할 점은 이 내시가 비록 "하나님을 경외하는 자"였지만 결코 유대교로 개종할 수는 없는 사람, 즉 유대교에서는 결코 받아들일 수 없고 받아들여서도 안 되는 사람이었다는 사실이다. 왜냐하면 이스라엘의 율법, 모세의 토라가 그것을 엄격히 금지하고 있기 때문이다. 빌립이 만난 이 에티오피아 사람은 분명히 '내시'였다고 했다. 그런데 모세의 율법인 신명기 23장 1절에 따르면 "신낭이 상한 자나 신을 베인 자는 여호와의 총회에 들어오지 못하리라"라고 분명히 규정되어 있다. 비록 그 율법 규정이 오늘날 우리에게는 좀 애매하게 보일지라도 유대교에 관심이 많아서 하나님께 예배하기 위해 예루살렘으로 온 내시라면 자기가 내시이기 때문에 하나님의 백성이 되는 것이 영원히 금지되었다는 사실을 잘 알고 있었을 것이다. 바로 그 이유 때문에 그리고 자신의 그런 상태 때문에 그는 빌립을 만났을 때 자기가 읽고 있던 이사야 53장 본문 바로 직후에, 즉 불과 3장 정도 뒤에 나오는 하나님의 약속을 잘 알고 있었을 것이다. 그 약속이란 "여호와께 연합한 이방인은 여호와께서 나를 그 백성 중에서 반드시 갈라내시리라 말하지 말며, 고자도 나는 마른 나무라 말하지 말라. 여호와께서 이같이 말씀하시기를 나의 안식일을 지키며 나를 기뻐하는 일을 선택하며 나의 언약을 굳게 잡는 고자들에게는 내가 내 집에서, 내 성안에서 자녀보다 나은 기념물과 이름을 주며 영영한 이름을 주어 끊치지 않게 할 것이며"(사 56:3-5)라는 말씀이다. 즉 이스라엘의 집에 이방인들은 물론 내시들을 위한 자리가 마련될 것이라는 놀라운 약속의 말씀이다. 빌립이 에티오피아 내시를 만났을 때 그가 많은 관심을 갖고 큰 소리로 읽던 본문은 단지 누가가 인용하여 기록한 이사야 53장만 아니라 바로 이 약속의 말씀에 관한 본문이었을 것으로 여겨진다.

그런데 사도행전 8장 35절은 빌립이 이 내시에게 "이사야 53장으로
부터 시작해서 예수에 관한 복음을 전해 주었다"라고 기록한다. 이 이
방인 내시에게 예수가 오셨고 성령의 선물이 주어졌다고 '마지막 날'이
드디어 시작되었다는, 그래서 이사야 성경의 약속의 말씀이 이루어지
기 시작했다는 이 말씀보다 더 기쁜 소식, 더 기쁜 복음이 어디 있었겠
는가? 이 마지막 날들에 대한 기쁜 소식과 예수에 관한 기쁜 소식을
들은 뒤에 이 내시는 근처에 물이 있는 것을 보고는 빌립에게 물었다.
아니 재촉했다. "보십시오. 여기 물이 있습니다. 내가 세례를 받는 데
무슨 거리낌이라도 있습니까?"(8:36). 이스라엘을 수천 년 동안 지배해
온 율법을 근거로 대답한다면 그 대답은 마땅히 "당신은 내시이기 때문
에 절대로 안 됩니다"일 것이다. 그러나 빌립이 방금 그에게 전해준 복
음, 곧 마지막 날이 임했고, 또 하나님 나라가 이미 시작되었다는 그
복음을 근거로 답한다면 대답은 완전히 달라진다. 즉 "아무런 거리낌
도 없사옵니다"일 것이다.

이방인인 에티오피아 내시에게 세례를 줌으로써 빌립은 우리가 생
각하는 것을 훨씬 초월하는 일을 하고 있었다. 빌립은 단지 새로운 이
방인 개종자 한 사람에게 세례를 베푼 것만이 아니었다. 그는 복음을
다른 백성에게 또는 다른 나라에 전하는 길을 열어주었던 것만이 아니
다. 그런 모든 일보다도 훨씬 더 중요하고 의미 있는 일을 하고 있었다.
그는 이사야 예언자의 말씀과 더불어 하나님 나라에 대한 약속이 성취
되었음을 선언했던 것이다. 그는 베드로가 이미 사도행전의 서두 부분
예루살렘 오순절 설교에서 말했던 것, 곧 "이는 곧 선지자 요엘로 말씀
하신 것이니 일렀으되 하나님이 가라사대 마지막 날에 나는 내 영을
모든 사람에게 부어주겠다"라고 한 말씀을 다시 확인하고 이 내시에게

적용해주었던 것이다. 분명히 교회는 이 '마지막 날'에 살고 있기 때문에 이사야 예언자의 약속은 완전히 성취된 셈이고, 내시와 이방인도 분명히 여호와의 집에 그 자리를 갖게 된 셈이다(사 56:3-5).

빌립이 사도행전 8장에서 이런 놀라운 일을 수행해냄으로써 그는 사도행전에서 세 장 뒤인 11장에 가서 비로소 예루살렘 교회가 복음의 이런 의미를 발견하고 "이제 하나님께서 이방 사람들에게도 회개하여 생명에 이르는 길을 열어 주셨다"(11:18)라고 선언하기도 전에, 그때 선언한 것보다 훨씬 앞서서 나가고 있었다는 점을 주목해야 한다. 빌립은 예루살렘 교회 지도자들이 나중에 깨닫게 된 것을 먼저 깨달았던 선각자였고, 깨달은 것을 먼저 실천한 선구자였던 셈이다. 그래서 스캇 스펜서Scott Spencer는 "빌립은 말하자면 이방인 영토를 찾아 들어간 개척자이고 그 후에 베드로가 따라 들어가 확장했다. 다른 말로 한다면 빌립은 베드로의 선구자 역할을 한 것이다"[15]라고 말한다. 이처럼 빌립이 예루살렘의 열두 사도보다 앞서 나갈 수 있었던 이유는 예루살렘의 열두 사도가 '히브리 말을 하는 히브리파 사람들'이었던 데 비해서, 빌립은 '헬라 말을 하는 헬라파 사람'이었기 때문이다. 빌립 자신이 이스라엘 백성들 가운데서 중심에 서지 못한 채 사회의 변두리로 밀려났던 사람이기에 그는 중심에 서지 못한 채 사회의 변두리로 밀려난 사람들이 많다는 사실을 누구보다 더 잘 볼 수 있었다. 그래서 주도권을 쥐고 있던 예루살렘 교회 지도자들이 나중에 가서 눈을 떠서 결정하기도 전에 그런 사람들, 곧 이방인이나 내시들에게 선교를 시작할 수 있었던 것이다.

---

[15] F. Scott Spencer, *The Portrait of Philip in Acts*, p. 187.

4. 에티오피아 내시와 나아만 장군 이야기의 문학적 유사성

사도행전 8장에서 에티오피아 내시가 빌립을 만나 하나님의 백성의 일원으로 받아들여지는 이야기는 구약성서 열왕기하 5장에서 수리아의 나아만 장군이 엘리사 선지자를 만나 문둥병을 고침 받는 이야기와 여러 가지 점에서 아주 비슷하다. 두 이야기 간의 유사성이 매우 두드러지기 때문에 많은 학자들은 누가가 사도행전 8장에서 에티오피아 내시의 개종 이야기를 소개할 때에 나아만 장군의 이야기를 문학적 모델로, 문학적인 자료로 사용하였을 것이라고 생각한다.[16]

우선 우리는 다음과 같은 사실에 주목해야 할 것이다. 첫째, 에티오피아 내시와 나아만 장군의 이야기에서 질문자로 등장하는 인물의 지위와 상태가 놀랍게도 비슷하다. 나아만 장군은 "아람 왕의 군대 장관이고 그의 앞에서 크고 존귀한 자"(왕하 5:1)였다. 에티오피아 내시는 "에티오피아 여왕 간다게의 모든 국고를 맡은 관리"(행 8:27)였다. 둘째, 나아만은 문둥병자이고 내시는 고자란 점에서 두 사람의 상태가 같지 않고 서로 다른 듯하지만, 실제로 두 사람은 모두 '씻음cleansing'이 필요한 사람이란 점에서 공통점을 갖는다. 문둥병자인 나아만은 외적

---

16 Cf. T. L. Brodie, "Toward Unraveling the Rhetorical Imitation of Sources in Acts: 2Kgs 5 as One Component of Acts 8:9-40", *Bib* 67(1986), pp. 41-67. 브로디는 단지 에티오피아 내시의 개종 이야기에서만 아니라 누가 문서 전체를 열왕기에 나오는 엘리야/엘리사 전승을 바탕으로 해석하려는 분명하고도 강한 의도를 갖고 있는데, 그의 그런 의도는 다음과 같은 그의 박사학위 논문 제목에서 잘 드러난다. "Luke the Literary Interpreter: Luke-Acts as a Systematic Rewriting and Updating of the Elijah-Elisha Narrative"(dissertation, Pontifical University of St. Thomas Aquinas, Rome, 1981).

으로, 내시는 내적으로 씻음이 필요했다. 그리고 나아만은 문둥병자라서, 내시는 고자라서 두 사람 모두 법적으로 이스라엘의 총회로부터 제외된 사람들이었다(레 13-14장; 신 23:1). 셋째, 하나님의 섭리적인 지도에 대한 강조가 두 이야기 모두에서 나타난다. 나아만이 문둥병을 치료 받고 싶어 할 때, 나아만은 이스라엘에 병을 고칠 만한 선지자가 있다는 메시지를 아내의 여종에게서 들었고(왕하 5:3), 나중에 엘리사가 보낸 '사자'("ἄγγελος")에게 "요단 강에서 일곱 번 씻으라. 네 살이 회복되어 깨끗하리라"(왕하 5:10)라는 메시지를 듣는다. 에티오피아 내시도 구원을 받고 싶어 할 때 '주의 사자'(행 8:26)가 빌립에게 내시를 만날 수 있는 길로 내려가도록 지시했고 또 '주의 천사'(행 8:29)가 빌립에게 내시가 타고 있는 수레로 가까이 가도록 지시했다. 넷째, 나아만은 처음에 요단 강에 들어가 씻으라는 엘리사 선지자의 명령에 부정적인 반응을 보이며 주저했다("노하였다", 왕하 5:11). 그러나 나중에 선지자가 말한 대로 따랐다. 내시의 경우는 나아만과 다르게 처음부터 적극적으로 빌립을 초청하여 말씀을 들었고, 물이 있는 것을 보고는 세례를 받고자 원하기는 했지만 내시도 처음에 주저하기는 마찬가지였다("무슨 거리낌이 있느냐?" 행 8:36). 그러나 곧 빌립을 따라 물에 내려가 세례를 받았다. 여하간 두 사람의 경우 모두 씻음 혹은 세례를 받는 데 방해가 되는 어떤 장벽이 있었는데, 결국 그 장벽이 무너져버렸다.

비록 누가가 사도행전 8장에서 에티오피아 내시의 이야기를 기록할 때 의도적으로 열왕기하 5장의 나아만 장군의 이야기를 문서 자료로 이용했고, 그 이야기를 모델로 삼았다는 주장을 액면 그대로 다 받아들이지는 못한다고 하더라도, 최소한 두 이야기 간의 분명한 유사점을 부인할 수는 없을 것이다. 또한 누가가 누가복음과 사도행전을 기록할 때 열왕기의 나아만 장군의 이야기를 잘 알고 있었다는 사실을 부인할 수는 없다. 왜냐하면 누가는 이미 사도행전에 앞서 누가복음을 기록할 때, 특히 예수의 공생애에서 첫 번째로 한 설교를 소개할 때도 이방인인 수리아 사람 나아만 장군의 이야기를 거론하면서(눅 4:27), 구약성서에서도 하나님의 도움의 손길이 이미 이방인들에게 주어졌다는 것을 강조한 바 있다. 그래서 누가는 예수의 공생애 활동 중 첫 번째 설교에서 수리아 사람 나아만 장군의 이야기와 함께 시돈 땅에 살던 사렙다 과부의 이야기를 거론하는 것이다. 누가가 볼 때 이미 구약에서 이방인인 수리아 사람 나아만 장군이 하나님의 선지자인 엘리사에 의해 은혜를 입은 것이, 신약 사도행전에서 이방인인 에티오피아 내시가 하나님의 종인 빌립에 의해 특별한 은혜를 입은 것의 선례가 되고 또 모델처럼 소개되는 점은 부인할 수 없다. 누가에게는 사마리아 지역인 북이스라엘에서 활동하던 엘리사 선지자가 나중에 사마리아 지역을 주요 활동 무대로 사역하며 엘리사가 그곳에서 한 일을 그대로 따라 행했던 빌립의 모델처럼 생각되었을 것임이 틀림없다.

교회의 역사와 선교의 역사를 살펴보면 우리는 놀랍고 위대한 일들이 교회나 선교의 중심부에서가 아니라 변두리나 주변에서 일어났다는 사실을 쉽게 발견할 수 있다. 빌립 자신도 '헬라파'였기에 초대교회에서 '히브리파'가 지배하던 공동체 안에서 중심에 서지 못했던, 그래서 주도권을 행사하지 못하고 주변 변두리에 속했던 사람이다. 그 초대 공동체 안에서 사도들이 빌립을 '일곱 사람' 가운데 하나로 선택해서 그에게 어느 정도의 권한을 주었을 때 그는 그것에 만족했을 수도 있다. 그래서 이전부터 사도들이 해오던 일, 사도들이 맡긴 일만을 그냥 계속할 수도 있었을 것이다. 그러나 빌립은 그런 일들에서 멈추지 않았다. 성령께서는 빌립이 헬라파에 속해 있던 그 상황을 이용하였고, 그가 겪었던 변두리 인생의 경험을 이용하여 다른 변두리 인생에게로 관심의 범위를 넓혀가게 하셨다. 그래서 그는 끝내 내시를 향해서도 세례를 주는 데 아무런 거리낌이 없다고 말해줄 수 있었다.

빌립은 내시에 관한 율법 규정에 대해 신학적 강의를 하면서, 그런 율법 규정 때문에 예루살렘 교회의 히브리파 지도자들은 이방인은 물론 내시에게 세례를 주는 일을 공인할 수 없을 것이라며 말을 끝내버릴 수도 있었을 것이다. 그러나 실제로 빌립의 대답은 "아무런 거리낌도 없다"라는 것이었다. 오늘날 새로운 상황에 처한 새로운 세대들은 그리고 우리가 새로운 땅에서 만나는 새로운 사람들은 계속해서 우리에게 에티오피아 내시가 던졌던 질문, 곧 "무슨 거리낌이라도 있습니까?"라는 질문을 반복해서 던질 것이다. 우리의 대답은 과연 어떠해야 할까?

5. 맺는말

우리는 스데반을 가리켜 초대교회 안에서 최초로 기독교 복음에 대한 세계적인 관점과 더불어 이방 선교에 대한 비전을 제시해준 신학자라고 말할 수 있다. 그렇다면 빌립을 가리켜서는 스펜서가 말했듯이 "선구자적이며 개척자적인 선교사"[17]라고 말할 수 있을 것이다. 스데반이 세계 선교를 위한 이론적인 신학적 근거를 제시해준 신학자였다면, 빌

---

[17] F. Scott Spencer, *The Portrait of Philip in Acts*, p. 272.

립은 그런 신학적 이론의 근거 위에서 실제로 이방 선교에 나섰던 선도
자요 선교사였다. 사도행전 8장의 기록만 보더라도 빌립이 선교 사역
과 관련해서 이룩해놓은 공적은 기독교 메시지를 온 세계에 전파하는
일에서 단순히 스데반처럼 그 선두에서 이론적인 근거를 제시하며 과
도기적이고 교량적인 노력을 했던 인물이 아니라, 막힌 장벽을 부수어
가면서 새로운 길 위에 새로운 이정표를 세워 나갔던 인물이라고 말할
수 있다. 이 점에서 전도자 빌립은 기독교 선교 역사상 '최초의 순회
설교자'였다. 그렇기에 사도행전에서 초대교회의 선교 확장 작업의 선
봉에 섰던 인물로서 마땅히 가장 밝은 조명을 받아야 한다. 빌립은 마
치 세례 요한이 예수와의 관계에서 선구자 역할을 했듯이 이방인의 사
도인 바울에 앞서서 그리고 최초로 이방인 고넬료를 개종시킨 베드로
에 앞서서 선구자 역할을 했다.[18]

---

[18] *Ibid.*, pp. 272-273.

안디옥 교회의 첫 이방인 선교사 바나바

초대교회의 이방 선교를 말할 때, 우리는 우선적으로 바울을 생각하게 된다. 초대교회에서 이방인 선교를 위해 가장 큰 공헌을 한 사람은 바울이며, 그래서 바울이 나중에 이방 기독교의 대표적인 지도자로 인정을 받고 있기 때문이다. 그러나 바나바 역시 바울에 못지않게 초대교회 안에서 이방 선교를 위해 큰 족적을 남긴 중요한 개척자란 점을 우리는 너무 쉽게 간과한다.[1] 물론 바나바에 대해 알 수 있는 문헌적 자료부터

---

[1] '바나바'란 이름이 사도행전에서 24번이나 나오는데, 그중 대부분(14번)이 '바나바와 바울' 혹은 '바울과 바나바'라고 바울과 연결되어 함께 언급되고, 나머지의 경우도 바나바는 대체로 바울과 함께 동시에 등장한다. 바나바란 이름이 바울 서신들에서도 5번(고전 9:6; 갈 2:1, 9, 13, 골 4:10)이나 나오는데, 그중에서 3번(고전 9:6; 갈 2:1, 9)은 바울이 "나와 바나바"(I and Barnabas)라고 바나바를 자기와 함께 사역하는, 자기와 같은 위치에 있는 동역자처럼 기술한다. 그리고 외경 가운데 그의 이름으로 기록된 〈바나바 서신〉이 전해지는 점을 보더라도 초대교회 안에서, 특히 이방 선교와 관련해서 그의 중요성은 간과될 수 없다.

가 바울에 비해 너무나도 빈약하기에 그가 바울만큼 잘 알려지지 못한 것도 사실이기는 하다. 신약성서에서 우리가 바나바의 인물과 활동에 대한 정보를 알아볼 수 있는 곳은 다음과 같은 몇 개의 본문에 지나지 않는다(행 4:36-37; 9:26-30; 11:19-30; 14:8-20; 15:1-41; 갈 2:11-14). 바나바의 이름으로 기록된 이른바 〈바나바 서신〉[2]이 전해지고 있기는 하지만 외경 가운데 하나라서 그 내용조차 널리 알려진 것도 아니다. 하지만 바나바가 초대교회 이방 선교의 초석을 놓은 아주 중요한 인물이란 점에서 그에 대한 연구를 가볍게 지나쳐서는 안 될 것이다.

1. 안디옥 교회의 대표적인 지도자 바나바

초대교회의 이방 선교는 스데반의 죽음으로 예루살렘 교회가 크게 박해를 받을 때, 많은 교인이 유대와 사마리아 지방으로 흩어지기 시작하면서부터(행 8:1) 시작되었다고 말해도 과언은 아니다. 물론 그 이전에 이방 선교와 관련해서 빌립이 사마리아 지방으로 내려가 복음을 전했던 일과 에티오피아 여왕 간다게의 모든 재정을 관리하는 고관 내시를 개종시켜 세례를 준 일(행 8:35-38)도 중요하기는 하다. 유대인을 넘어 사마리아 사람들과 에티오피아 사람에게까지 복음이 전파된 것이기 때문이다. 그러나 사마리아 사람들에 대한 복음 전도와 에티오피아 여왕 간다게의 내시나 로마의 백부장인 고넬료 같은 사람들에 대한 복음

---

[2] 〈바나바 서신〉이 지금은 외경 가운데 하나지만 클레멘스와 알렉산드리아누스, 오리게네스, 유세비우스 등 많은 초대교회 교부들의 문헌에서는 여러 번 인용되었다.

전도를 이방인에 대한 선교란 차원에서 생각하는 데에는 좀 문제가 있다. 왜냐하면 간다게의 내시는 "예배하러 예루살렘에 왔다가 돌아가는"(행 8:27-28) 사람이었다는 기술에서 알 수 있듯이 이미 '하나님을 경외하는 자'였고, 고넬료의 경우도 이미 "경건하여 온 집안과 더불어 하나님을 경외하는"(행 10:2) 자였기 때문이다. 당시 유대인들의 주변에는 다신 숭배politheism에 염증을 느끼면서 도리어 유대교의 유일신 숭배에 매혹되어 유대교의 하나님을 경외하며 예배하는 이방인들 혹은 이교도들이 상당히 많았다. 그러나 이방인들 혹은 이교도들 가운데서 이처럼 하나님을 경외하며 하나님을 예배하기는 이들이 있었지만 그들은 유대교의 매우 까다로운 율법 규정들—가령 안식일 법, 할례법, 음식 규정 등등—때문에 아직 완전히 유대교로 개종하지 않았거나 개종하지 못한 사람들이었다. 그럼에도 유대인들과 똑같이 계속 회당 예배에는 참석하는 자들이었기에 '하나님을 경외하는 자들'은 아마도 '절반 유대인들the half-Jews'에 해당하는 사람들이라 볼 수도 있을 것이다.[3] 따라서 이들에 대한 복음 전도를 이교도들 혹은 이방인들에 대한 전도로 생각할 수는 없어 보인다.

오히려 우리가 주목해야 할 중요한 사실은 박해 때문에 예루살렘에서 흩어진 사람들 중 일부가 이방 땅인 베니게Phoenicia와 구브로Cyprus와 안디옥Antioch까지 가서 말씀을 전했다고 언급한 사도행전의 기록이다(행 11:19). 복음이 이방 땅인 베니게와 구브로를 넘어 안디옥[4]에까

---

3 '하나님을 경외하는 자들'(God-fearers)을 가리켜 간혹 '하나님을 예배하는 자들'(the God-worshipers)이라고 말하기도 한다. 이방인들 가운데서 이처럼 할례와 안식일 준수 문제 때문에 유대교로 완전히 개종하지는 않았지만, 유대교가 믿는 유일신 하나님을 믿고 유대인들의 예배에 함께 참여하는 자들이 많았다.

지 전해지게 된 과정에 대한 최초의 공식적인 언급이기 때문이다. 물론 이 경우에도 당시 안디옥에 복음이 전해졌을 때 그 대상이 "오직 유대인들에게만"(행 11:19)이었다는 단서가 붙어 있기는 하다.[5] 여전히 선교의 대상이 '이방인들'이 아닌 '유대인들'에게 국한되었다는 의미이다. 하지만 그런 상황에서도 정말로 중요한 것 그래서 우리가 특히 주목해야 할 점은 그때 '구브로와 구레네 사람 몇 명'이 안디옥에 있는 '헬라인들'[6]에게까지 가서 "주 예수를 전파했다"(행 11:20)라는 기록이다. 우리는 여기서 안디옥에 있는 '헬라인들', 곧 '이방인들'에게 드디어 주 예수의 복음이 전파되었다는 중요한 언급을 처음 만나게 된다.

이렇게 안디옥에 있는 '헬라인들'에게까지 복음이 전파되었다는 소식이 전해지자 예루살렘 교회는 곧바로 '바나바'를 안디옥으로 파송했다(행 11:22). 왜 하필 바나바였을까? 이 질문에 대한 대답은 아마도 안디옥에 맨 처음 주 예수를 전파해준 사람이 '구브로 사람'(행 11:20)이었다는 사실에서 찾을 수 있을 것이다. 바나바 역시 구브로[7] 태생이 아닌가(행 4:36)? 더구나 예루살렘 교회 안에서 바나바가 이미 명망이 있던 인물이었기에 안디옥 교회를 지도하기에 적합하다고 판단했기 때문일 것이다. 바나바는 일찍이 예루살렘에서 믿는 사람들이 다 "물건을 서

---

4 '안디옥'은 예루살렘에서 480km 정도 떨어진 곳으로, 로마 제국의 시리아 지방 수도였고, 로마 제국 내에서는 로마와 알렉산드리아에 이어 세 번째로 큰 도시였다.

5 헬라어 원문("ei me monon Joudaiois")에서는 "오직 유대인에게만"("to none except Jews")이란 의미가 강조적으로 드러난다.

6 누가는 '헬라인들'이란 말을 유대인과 대조되는 이방인들을 가리키는 용어로 사용한다(행 14:1; 18:4; 19:10,17; 20:21).

7 '구브로'는 터키와 시리아 사이에 있는 섬으로 오늘날에는 '키푸로스' 혹은 '싸이프러스'라고 불린다. 구약에서는 '깃딤'으로 알려진 곳이다.

로 통용하고 또 재산과 소유를 팔아 각 사람의 필요를 따라 나누어주는"(행 2:44-45) 생활을 할 때, 자기가 갖고 있던 "밭을 팔아 그 값을 가지고 사도들의 발 앞에"(행 4:37) 내어놓아 사도들로 하여금 각 사람의 필요를 따라 나누어주게 했다. 또 나중에 안디옥에서 아가보라는 예언자를 통해 세계적인 대대적인 기근[8] 소식을 들었을 때, 안디옥 교인들이 유대에 있는 형제들을 돕기 위한 부조금을 모아 예루살렘 장로들에게 보낸 일을 주도적으로 실행한 인물 가운데 하나도 '위로의 아들'이란 별명을 갖고 있던 바나바였다(행 11:27-30). 누가가 증언하고 있듯이 "바나바는 착한 사람이요 성령과 믿음이 충만한 사람"(행 11:24)이었기에 예루살렘 교회로서는 바나바가 안디옥 교회를 지도하기에 충분한 자격을 갖춘 인물이라고 생각했을 것이다.

이런 바나바였기에 새로이 복음을 받아들인 안디옥 교회가 자리를 잡고 발전해나가는 데 큰 역할을 했다. 그래서 실제로 누가는 바나바가 안디옥에 와서 "하나님의 은혜를 보고 기뻐하여 모든 사람에게 굳건한 마음으로 주와 함께 머물러 있으라"라고 권했고, "이에 큰 무리가 주께 더하여지더라"(행 11:23-24)라고 전해준다. 바나바가 안디옥 교회의 실질적인 대표 지도자로 자리 잡게 되었고 또 성공적으로 활동하기 시작했다는 걸 보여주는 기록이다. 그러니까 초대교회 이방 선교의 본거지인 안디옥 교회가 비록 처음에는 이름이 알려지지 않은 '구브로 사람'의 전도에 의해서 시작되었지만(행 11:20), 곧바로 또 다른 '구브로 태생'인 바나바가 그 교회의 지도자로 와서 활동하면서 크게 발전하게 된

---

[8] 이 기근은 글라우디오 황제가 다스리던 주후 46~47년에 있었던 것으로 알려졌다. Cf. Josephus, *Antiquities* 20.51-53.

것이다. 누가가 안디옥 교회를 대표하는 '선지자들과 교사들' 다섯 사람의 이름[9]을 소개하면서도 바나바의 이름을 다른 사람들의 이름들 앞에서 제일 먼저 언급하는 점만 보더라도 안디옥 교회에서 바나바는 매우 중요한 대표적인 인물이었을 것이다.

2. 바울을 안디옥 교회로 불러들인 바나바

안디옥 교회로 파송을 받아 믿는 자들을 지도하던 바나바는 여러 중요한 일을 한다. 그중 우리가 특히 주목해야 할 일 가운데 하나는 그가 곧바로 길리기아 다소로 내려가 바울을 찾아 그를 안디옥으로 데려온 일이다. 아마도 바나바는 부활하신 예수가 바울을 두고 "이 사람은 내 이름을 이방인과 임금들과 이스라엘 자손들에게 전하기 위하여 택한 나의 그릇이라"(행 9:15)라고 했다는 말씀을 기억했고 또 바울의 잠재능력과 그의 신앙적 열정에 대해 듣고 그 점을 높이 평가했던 듯하다. 더구나 바나바가 바울을 안디옥으로 데려온 일은 여러 가지로 중요한 의미가 있었다. 예루살렘 교회가 바나바를 안디옥 교회에 파송함으로써 예루살렘 교회와 안디옥 교회 간에 공식적인 관계가 설정되었는데, 이제 바나바가 바울을 안디옥 교회로 끌어들임으로써 이제는 예루살렘 교회와 바울 간에도 공식적인 관련이 맺어질 수 있게 되었기 때문이다. 그리고 이것은 달리 교회의 박해자였던 바울, 그래서 여전히 자신

---

9 Cf. 행 13:1, "안디옥 교회에 선지자들과 교사들이 있으니 곧 바나바와 니게르라 하는 시므온과 구레네 사람 루기오와 분봉 왕 헤롯의 젖동생 마나엔과 및 사울이라."

의 개종에 대해 의심을 받고 있던 바울이 드디어 초대 기독교의 주류 속으로 합류할 수 있게 되었다는 걸 의미하는 것으로 생각할 수도 있다.[10]

이런 관점에서 볼 때 바나바의 중요성 가운데 하나는 그가 바울을 이방인의 대표적인 선교사로 우뚝 설 수 있게 이끌어주었던 장본인이라는 사실에 있을 것이다. 따라서 맨 처음 주님의 제자들을 박해하던 바울을 개종시켜 '이방인의 사도'가 되는 일에 기여한 최초의 인물이 다메섹에 살던 아나니아라고 말한다면(행 9:10-19), 바나바는 그 이후 다메섹에서 개종한 바울을 데리고 다시 예루살렘에 가서 예루살렘 교회 사도들에게 소개한 인물이다(행 9:27). 그뿐 아니라 나중에는 다시 길리기아 다소로 바울을 찾아가서 그를 안디옥 교회로 끌어들여 결국 안디옥 교회로부터 자기와 함께 이방인을 위한 선교사로 파송을 받게 만든 중요한 공로자라고 말할 수 있을 것이다(행 11:25-26). 이것은 곧 바나바 없이 바울을 생각할 수 없다는 말이기도 하다.

이렇게 바나바와 바울이 이제 안디옥 교회에서 함께 동역자가 되어 "일 년 간 모여 있어 큰 무리를 가르쳤고 제자들이 안디옥에서 비로소 그리스도인이라 일컬음을 받게 되었다"(행 11:26). 이처럼 바나바가 주도하던 안디옥 교회에서 '기독교인Christian'이라는 용어가 처음으로 사용되었고, 결국 '기독교Christianity'란 용어로까지 발전하게 되었다는 점도 초대 '기독교'의 발전과 관련하여 바나바가 상당히 중요한 인물이라는 것을 의미한다. 더구나 바나바가 바울을 자신의 동역자로 선택했다

---

10 바울이 교회를 박해하던 자였다는 전력(갈 1:13; 빌 3:6; 딤전 1:13) 때문에 그의 개종 이후에도 "사울이 예루살렘에 가서 제자들을 사귀고자 하나 다 두려워하여 그가 제자 됨을 믿지 아니하였다"(행 9:26)라는 점을 염두에 둘 필요가 있다.

는 사실도 바울을 초대 기독교의 대표적인 사도로 만드는 데 중요한 역할을 했다는 말이 아닌가? 그만큼 바나바의 역할이 초대교회 안에서 중요했다는 의미이다. 제임스 던은 이런 바나바를 가리켜 "그는 복음을 처음으로 이방 세계에 퍼뜨리는 데 중요한 역할을 한 선교팀의 최초 지도자"[11]였고 또 "바울을 발전하고 있는 (초대교회의) 주류 안으로 끌어들인"[12] 중요한 인물이라고 말했는데 이는 결코 과언이 아니다.

이처럼 초대교회의 역사적 발전 가운데서, 특히 이방 선교와 관련하여 아주 중요한 역할을 했음에도 바나바는 초대교회의 다른 인물들, 그중에서도 바울에 가려져 그다지 잘 알려지지 못한 불운(?)한 인물이라고 생각할 수도 있다. 그가 바울을 발굴하여 동역자로, 더 나아가 기독교의 대표적인 이방인 선교사로 만든 공로 이외에도, 그런 일이 있기 훨씬 이전에 이미 바나바는 특히 예루살렘 초대교회 안에서 "누구 하나 자기 소유를 자기 것이라고 말하는 사람이 없이 모든 것을 공동으로 사용할"(행 4:32) 때 "자기가 가지고 있던 밭을 팔아 그 돈을 사도들의 발 앞에 갖다 놓았던"(4:37) 사람이었고, 그래서 "착한 사람이며, 성령이 충만하고 믿음이 충실한 사람"(11:24)으로 널리 알려진 인물이었는데도 말이다. 바나바가 '구브로에서 태어난 레위족 사람'이란 점과 그의 본명이 요셉이었지만 예루살렘 초대교회 사도들이 그에게 특별히 '위로의 아들'이란 의미로 '바나바'란 별명을 지어준 것(행 4:36)만 보더

---

[11] "he was the initial leader of the mission team who undertook what became the first significant penetration of the gospel into the Gentile world(13:1-2, etc.)." James D. G. Dunn, *The Acts of the Apostles* (Narrative Commentaries, Pennsylvania: Trinity Press International, 1996), p. 60.

[12] *Ibid.*, p. 156.

라노 그는 예루살렘 초내교회 안에서부터 이미 분명히 두드러진 인물 가운데 한 사람이었음이 틀림없다.

이런 점은 나중에 안디옥 교회가 성령의 지시를 받아 드디어 "바나바와 사울(=바울)[13]을 따로 세워" 안수한 후에 이방 선교를 위해 떠나보낸 사실에서도 그리고 누가가 사도행전에서 '바나바와 바울'을 두고 '사도'라고 부른 사실(행 14:14)에서도 다시 확인할 수 있다. 바울은 이미 부활하신 주님에게서 이방 사람들에 대한 선교의 책임을 부여받은 바 있지만(행 9:15-16), 이제야 바울은 드디어 바나바로 인해서 그리고 바나바와 함께 성령의 지시(행 13:2)와 교회의 결정(행 13:3)에 따라서 공식적으로 이방인 선교를 위해 나서는 몸이 되었다. 그런데 바나바와 바울을 파송한 안디옥 교회는 예루살렘 교회와는 좀 달랐던 것으로 보인다. 예루살렘 교회의 지도자들은 처음에는 '열두 사도'가 중심이었고, 바로 이어 등장한 '일곱 지도자'가 '열두 사도'를 도우면서 함께 동역했던 듯하다. 그러나 안디옥 교회는 '예언자와 교사들'(행 13:1)이 주도하고 있었고,[14] 따라서 이런 안디옥 교회는 예루살렘 교회와는 달리 나중에 바울에 의해 세워진 교회들의 구조(롬 12:6-9; 고전 12:28)처럼 좀 더 성령에 의해 주도되는 조직 형태를 반영하고 있는 것으로 보인다.[15]

---

[13] '사울'은 유대식 이름이고 '바울'은 로마식 이름이다. 누가는 사울이 이방인의 사도로 나설 때부터 '사울'이란 이름 대신에 '바울'이란 이름을 사용한다. 헨리 캐드버리(Henry J. Cadbury)는 다음과 같이 지적한 바 있다: "when Paul's career is fairly started among the Gentiles, the author shifts to the Roman name"(cf. *The Making of Luke-Acts*, London: S.P.C.K., 1958, p. 225).

[14] 안디옥 교회는 '사도들'이나 '장로들'에 의해 주도되는 교회가 아니라, 성령에 의해 감동된 새로운 통찰력과 발전에 마음이 열려 있는 '예언자들'과 전해진 교훈을 가르치며 해석해주는 '교사들'로 균형이 잡힌 교회라는 의미로 읽힌다.

[15] James D. G. Dunn, *The Acts of the Apostles* p. 172.

바나바와 바울을 이방 선교를 위해 파송했던 안디옥 교회는 분명히 주로 '헬라파 사람들로 구성된 이방인 교회'(the Hellenistic Gentile Christian church)였을 것이다. 우리는 그런 사실을 그 교회의 지도자들로 언급된 사람들 중에 '바나바' 이외에 '니게르라고 하는 시므온'과 '구레네 사람 루기오'와 '분봉 왕 헤롯의 젖동생 마나엔'이 모두 유대인이 아닌 이방인이었고,[16] '사울' 자신도 비록 그가 유대인 출신이라고는 하지만 헬라 문화의 중심지인 길리기아 다소 출신이기에 그 역시 이방인의 문화권에서 자라난 상당히 이방적인 인물이었다고 보아야 할 것이다. 결국 초대교회 안에서 이방인에 대한 첫 선교는 이방 지역에서 살았기에 이방인에 대한 이해와 관심이 많았던 헬라파 기독교인들에 의해 시작되었다고 보는 것이 옳다.

3. 바나바와 바울 간의 신학적 차이와 갈등

바나바와 바울은 처음부터 둘이 한 팀이 되어 선교 활동에 나섰다. 그리고는 구브로(행 13:4-12), 비시디아 안디옥(13:13-52), 이고니온(14:1-7), 루스드라(14:8-18)에서 함께 복음을 전한 후에, 수리아 안디옥으로 돌아왔다가 다시 예루살렘 사도 회의에도 함께 참석했다(행 15:2). 예루살렘 사도 회의에서는 유대로부터 내려와 이방 사람들에게도 할례를 주고 모세의 율법을 지키도록 해야 한다고 주장하는 바리새파에

---

16 '시므온'을 가리켜 '니게르'라고 말한 것으로 보아 그는 '흑인'(Niger=black)이었고, '루기오'는 '구레네 사람'이며, '마나엔'이 헤롯의 젖동생이라는 말은 그가 '이두메 사람'이라는 것을 가리킨다.

속한 형제들(행 15:1, 5)이 이방 선교에 나선 바울과 바나바와 함께 "적지 아니한 다툼과 변론"(행 15:2)이 있었다. 안디옥 교회가 '바울과 바나바 및 그중의 몇 사람'을 예루살렘에 있는 사도와 장로들에게 보냈던 것도 이처럼 유대 기독교인과 이방 기독교인 간에 할례 및 모세의 율법 준수 문제 등과 관련한 신학적 견해 차이로 인한 '다툼과 변론'이 크게 노출되었기 때문이다. "많은 변론이 있은 후에"(행 15:7) 이 논쟁은 다행히 베드로가 이방인 고넬료를 개종시켰던 경험을 토대로 "하나님이 우리에게와 같이 이방인들에게도 성령을 주어… 믿음으로 그들의 마음을 깨끗이 하사 그들이나 우리나 차별하지 아니하셨는데"(15:8-9) "어찌하여 하나님을 시험하여 우리 조상과 우리도 능히 메지 못하던 멍에를 (이방인) 제자들의 목에 두려느냐"(15:10)라고 주장한 것에 이어서, 사도 회의를 주도하던 야고보가 "내 의견에는 이방인 중에서 하나님께로 돌아오는 자들을 괴롭게 하지 말고 다만 우상의 더러운 것과 음행과 목매어 죽인 것과 피를 멀리 하라[17]고 편지하는 것이 옳다"(15:19)라고 말함으로써 결론을 맺었다. 결국 이런 사도 회의의 결정은 이방인 기독교인들의 입장은 물론 이방 선교에 나서고 있는 바나바와 바울의 입지를 강화하는 계기가 되었다. 그리고 예루살렘 사도 회의에 참석할 당시까지는 바나바와 바울 사이에 이방인 선교에 대해서 별다른 신학적 차이가 노출된 바 없는 것으로 여겨진다.

예루살렘 사도 회의가 있은 이후에 바나바와 바울은 다시 함께 이방인 선교에 나섰는데, 이 두 사도는 글자 그대로 '환상의 커플'처럼 보였

---

[17] 야고보가 언급한 네 가지 예외 조항(우상의 제물, 음행, 목메어 죽인 동물의 고기를 먹는 일, 피를 먹는 일)은 구약 레위기 17-18장에서 이방인들이 이스라엘 중에 거하게 될 때에 해서는 안 될 일들로 규정된 것들이다.

다. 이 두 사람은 '바나바와 바울' 혹은 '바울과 바나바'라고 자주 함께 연결되어 언급된다. 흥미로운 점은 처음에는 '바나바와 바울'이란 언급으로 시작하더니(행 13:2, 7) 나중에는 '바울과 바나바'로 이름의 순서가 뒤바뀌는 경향을 보이는 것이다(행 13:15; 13:45-46, 50 등). 혹시 이런 이름 순서의 바뀜이 나중에 바울이 바나바보다 더 중요한 인물로 부각된 사실을 반영하는 것이 아닌가 하는 생각을 해볼 수도 있다. 그러나 꼭 그런 것 같지만은 않다. 루스드라에 복음을 전하러 간 '바울과 바나바'에 관한 이야기(행 14:8-18)를 보면, 바울이 나면서부터 앉은뱅이로 걸어본 일이 없는 사람을 고쳐주었을 때[18] 루스드라 사람들이 바울이 행한 놀라운 병 고침 이적을 보고는 "신들이 사람의 모양으로 우리에게 내려왔다"(14:11)라고 소리 지르면서도 바울을 가리켜 신들의 메신저로 알려진 '헤르메스'라고 부른 것과는 달리 바나바를 가리켜서는 오히려 가장 높은 신인 '제우스'라고 불렀다(14:12). 이것은 루스드라 사람들이 바나바를 바울보다 더 높이 평가했다는 것을 의미한다.

그러나 예루살렘 사도 회의에 관한 기록에서는 '바울과 바나바'(15:2)와 '바나바와 바울'(15:12)란 표현이 혼용되어 언급되는 것을 보면 결국 그 두 표현은 누가에게 별다른 차이 없이 사용되는 문구라고 생각하는 것이 옳을 것이다. 따라서 우리로서는 '바나바와 바울' 이 두 사람은 마치 예루살렘의 초대교회 안에서 '베드로와 요한'이 주로 히브리파 유대인들로 구성된 팔레스틴 유대 기독교를 이끌던 대표적인 두 지도자

---

[18] '베드로와 요한'이 예루살렘 성전 미문 앞에서 '나면서부터 앉은뱅이로 걸어본 일이 없는 사람'을 고쳐준 것이 그들이 유대인을 대상으로 했던 첫 번째 이적이었다면(행 3:1-10), "바울과 바나바"가 루스드라에서 "나면서부터 앉은뱅이로 걸어본 일이 없는 사람"을 고쳐준 것은 그들이 이방인을 대상으로 했던 첫 번째 이적이었다(행 14:8-10).

였고, 또한 '스데반과 빌립'이 헬라파 디아스뽀라 유대인들을 중심한 헬라적 유대 기독교를 대표하는 두 지도자였듯이, 그들의 뒤를 이어 '헬라적 이방 기독교'를 대표하는 두 지도자로 언급되는 것이라고 보아야 할 것이다. 그렇지만 베드로와 요한이 주도한 예루살렘 초대교회의 복음 전도 대상은 주로 '유대인' 혹은 '이스라엘인'[19]들이었고, 스데반과 빌립의 선교 대상이 주로 사마리아인들과 '하나님을 경외하는 자들'이었던 점[20]에 비해서 '바나바와 바울'의 선교 대상은 유대인과 사마리아인을 완전히 넘어 주로 '헬라인들' 곧 이방인들이었다는 점을 기억해야 한다.

그러나 초기 예루살렘의 유대적 기독교 안에도 스데반과 빌립의 설교와 행적에서 볼 수 있듯이 히브리파와 헬라파 간에 신학적으로 중요한 차이가 있었듯이 그리고 나중에 예루살렘 교회 안에서 '베드로의 유대 기독교'와 주의 형제 '야고보의 유대 기독교'가 신학적으로 서로 달랐듯이,[21] 바울과 바나바 사이에도 많은 공통점과 유사점에도 불구하

---

[19] 베드로가 예루살렘에서 오순절에 설교했을 때, 그 대상은 '유대인들과 예루살렘에 사는 모든 사람들'(행 2:14)이었다.

[20] 스데반이 설교 가운데 '메소포타미아'(행 7:2), '애굽'(행 7:9), '미디안 땅'(행 7:29), '시내 산 광야'(행 7:30) 등에 나타난 하나님을 언급한 이후, 빌립은 '사마리아'에 내려가 복음을 전했고(행 8:5-17), 예루살렘에서 가자로 내려가는 길에서 '에티오피아 여왕 간다게의 내시'에게 복음을 전하고 세례까지 주었다(행 8:26-40). '간다게의 내시'가 예루살렘으로 예배드리러 왔다가 돌아가는 길이었다는 언급으로 보아 그는 분명히 '하나님을 경외하는 자'였고, 그후 베드로가 가이사랴에 가서 개종시킨 고넬료도 '하나님을 경외하는 자'였다(행 10:2).

[21] 베드로가 주도하던 '유대 기독교'의 교인들을 'the Jewish Christians'이라고 말한다면, 야고보의 '유대 기독교' 교인들은 아마도 'the Christian Jews'라고 말할 수 있을 것이다. 그래서 베드로의 '유대 기독교'가 나중에 정통 유대 기독교로 인정받게 되었지만, 야고보의 '유대 기독교'는 나중에 이단적 유대 기독교, 즉 에비오니즘(Ebionism)으로 발전된

고 무시할 수 없는 중요한 신학적 차이가 있었던 것으로 드러난다. 우리는 두 사람의 그런 신학적 차이를 사도행전과 갈라디아서에 나오는 두 본문(행 15:36-41; 갈 2:11-14) 가운데서 찾아볼 수 있다.

첫 번째 본문인 사도행전 15장 36-41절을 보면 '환상의 한 팀'이 되어 선교 활동을 벌이던 두 이방인 선교사인 '바울과 바나바'가 의견의 차이를 극복하지 못한 채 결별하는 일이 벌어졌다. 두 사람을 갈라놓은 결별 원인은 다음과 같은 의견 차이 때문이었던 것으로 보인다. 먼저 바울은 바나바에게 "우리가 주의 말씀을 선포한 여러 도시로 형제들을 다시 찾아가서 그들이 어떻게 지내고 있는지 살펴보아야 하지 않겠습니까?"라고 제안했다. 바울은 선교 활동을 확대하는 것만이 중요한 게 아니라 이제는 이전에 세워놓은 교회들을 다시 방문하여 그들이 어떻게 지내고 있는지 알아보는 일도 중요하다고 생각했던 것 같다. 바울의 이 제안에 대해서 바나바도 처음에는 아무런 이의를 제기하지 않은 것으로 보인다. 그러나 의견의 차이는 자신들의 선교 여행에 '마가라는 요한'을 동행시켜야 할지에 관한 문제에서 드러났다. 즉 바나바는 바울의 생각과는 달리 마가라는 요한을 동행시키고자 했다. 그러나 바울은 더 이상 그를 자신들의 선교 여행에 동행시키고 싶어 하지 않았다. 그 이유는 전에 마가라는 요한이 밤빌리아에서 자기들을 버리고 함께 일하러 가지 않았던 일(13:13) 때문이었다. 결국 이런 '마가라는 요한'을 자신들의 선교 여행에 동행시킬지에 대한 문제로 두 사도는 "몹시 다투

것으로 보인다. 제임스 던은 이 차이를 신약성서의 유대 기독교와 후세기(2~3세기)의 정통 기독교회에 의한 이단적인 유대 기독교의 차이로 여긴다. Cf. James D. G. Dunn, *Unity and Diversity in the New Testament: An Inquiry into the Character of Earlist Christianity* (London: SCM Press, 1977), pp. 252, 262.

었다"(15:39)라고 전해진다.[22] 그리고 이런 의견 차이와 '다툼' 때문에 끝내 두 사람은 선교 여행 도중에 서로 갈라섰고, 그 이후로 바나바는 요한 마가를 데리고 구브로 쪽으로, 바울은 실라[23]를 데리고 수리아와 길리기아 쪽으로 선교 여행을 떠난다(행 15:39-40).

여기서 우리는 '마가라는 요한'을 선교 여행에 동행시키는 문제 때문에 노출된 바울과 바나바 간의 의견 차이와 결별의 원인이 '마가라는 요한'의 개인에 대한 선호도에 한정되는 것인지,[24] 아니면 두 사람 간의 또 다른 신학적 견해와도 관련이 있는 것인지에 대해 좀 더 알아볼 필요가 있다. 그런데 두 번째 본문인 갈라디아 2장 11-14절을 보면 바울과 바나바 간의 갈등 문제가 사도행전이 전해주는 이야기보다 훨씬 더 복잡했다는 것을 알게 된다. 우선 마가라는 요한[25]은 '바나바의 생질'(골 4:10)이었다는 사실에 주목할 필요가 있다. 그리고 갈라디아서 2장 13절을 보면 바울과 바나바 간에 의견 대립이 단지 요한 마가를 선교 여행에 동행시킬 것인지의 여부와 관련된 것만은 아니었던 것으로 보

---

22 NRSV와 NIV는 'sharp disagreement'라고 번역했고, JB는 'violent quarrel'이라고 번역했는데, 제임스 던은 여기 사용된 헬라어 동사가 'deeply felt irritation and anger'를 뜻한다고 말한다. Cf. James D. G. Dunn, *The Acts of the Apostles*, p. 210.

23 '실라'(또는 실바누스)는 신약성서 다른 곳에서 디모데와 함께 바울의 동역자로 여러 번 언급된다. 특히 바울이 데살로니가에 보낸 편지들에서는 바울과 함께 편지의 공동 저자로 언급되기도 한다(고후 1:19; 살전 1:1; 살후 1:1).

24 골로새서 4:10에서 바울이 골로새 교인들에게 문안 인사를 전할 때, 마가의 문안까지 함께 전한 것이나, 또 골로새 교인들에게 마가가 가거든 잘 영접하라고 지시했던 것을 보면 바울과 마가의 개인적인 관계가 그리 나쁘지만은 않았던 듯하다.

25 '마가라고 하는 요한'의 어머니 마리아의 집이 예루살렘에 있었고, 그 집이 교인들의 예배처로 이용되었던 점(행 12:12)이나 이즈음에 바나바도 예루살렘에서 활동하던 것으로 보아(행 4:36-37) 바나바와 마가라고 하는 요한의 관계는 단순한 '생질' 관계 이상으로 아주 가까웠을 것으로 생각된다.

인다. 이방인인 문제를 다룬 예루살렘 사도 회의의 결정(행 15장)과 관련해서도 바울과 바나바는 분명한 견해 차이를 드러낸다. 즉 이방인을 바라보며 그들을 받아들이는 문제와 관련하여 바울은 바나바보다는 훨씬 더 진보적이고 더 적극적이며, 더 개방적이었다. 바울은 분명히 예루살렘 회의의 결정이 이방인과 유대인이 아무런 차별 없이 함께 먹을 수 있음을 인정해주는 것이라고 여겼기 때문이다.

그런데 안디옥에서 벌어진 작은 사건 하나가 바울과 바나바 간의 신학적 견해와 처신에 의미 있는 차이가 있다는 것을 보여준다. 베드로가 안디옥을 방문했을 때 베드로는 그곳에 있는 '다른 유대인들' 그리고 '바나바'와 더불어 이방인들과 함께 음식을 먹고 있었다. 그런데 마침 그때 예루살렘에서 야고보가 보낸 사람들이 그리로 오는 것을 보고는 베드로가 할례받은 사람들의 시선을 의식해서 음식을 먹던 자리를 떠나 피해버리는 일이 생겼다. 바울이 볼 때 베드로의 이런 처신은 마땅히 "책망받을 일"(갈 2:11)이었다. 베드로는 이방인 백부장 고넬료의 집에 찾아들어가 "하나님은 외모로 사람을 가리시지 않는 분"(행 10:34)이라고 설교했던 사람이 아닌가? 그뿐만 아니라 베드로는 이방인 고넬료의 집에서 이방인의 가족들과 더불어 "며칠을 더 머물렀던"(행 10:48) 사람이기도 했다. 더구나 예루살렘 회의석상에서도 "하나님은 우리(=할례자)와 그들(=무할례자) 사이에 아무 차별을 두시지 않고 그들의 믿음을 보시어 그들의 마음을 깨끗하게 하셨다"(행 15:9)라고 발언하기도 했다. 그는 다른 사람의 시선을 의식하지 않은 채 아무런 거리낌 없이 자유롭게 이방인들과 함께 음식을 먹어야 했다. 그런 베드로는 안디옥에서 "이방인들과 함께 음식을 먹다가" 예루살렘에서 야고보가 보낸 할례자들이 그리로 오는 것을 보고는 그들의 눈을 피해 급히 "그 자리를

떠나 물러났다"(갈 2:13). 이런 베드로의 처신은 이방인의 사도인 바울
이 보기에 분명히 '외식'(위선)이었고 "복음의 진리를 따라 바르게 행하
지 않는 일"이기에 "책망받아 마땅한 일"(갈 2:11)이었다.[26] 그래서 바
울은 많은 사람 앞에서 베드로를 향해 이것은 "복음의 진리를 따라 바
르게 행하는 것이 아니"(갈 2:14)라고, "네가 유대인으로서 이방인을 따
르고 유대인답게 살지 아니하면서 어찌하여 억지로 이방인을 유대인
답게 살게 하려느냐?"(갈 2:14) 하고 공공연하게 비난하며 책망했다.

　　그런데 문제는 바나바였다. 바나바가 누구인가? 바나바는 바울과
함께 이방인들에게 보내진 이방인의 선교사가 아닌가? 바울과 똑같이
'무할례자의 복음'을 전하는 이방인의 사도가 아닌가? 그래서 바나바
가 바울과 함께 자신들을 반대하며 비방하는 유대인들을 향해 "주께서
우리에게 명하시되 내가 너를 이방의 빛으로 삼아 너로 땅 끝까지 구원
하게 하리라 하셨느니라"(행 13:47)라고 말했던 사람이 아닌가? 그런데
바울은 그런 "바나바도 (다른 유대 사람들과 함께 위선을 행한 베드로와 더불
어) 그들의 외식에 유혹되었다"(갈 2:13)라고 비판했다. 바나바가 베드
로처럼 할례받은 사람들의 시선이 두려워서 이방인들과 함께 음식을
먹던 자리를 떠나 물러나는 위선을 범함으로써 결국 "복음의 진리를
따라 바르게 행하지 아니했던" 것으로 보였다. 이 본문에서 볼 수 있는
바나바의 생각과 행동은 분명히 '할례자의 사도'인 베드로의 태도에 가

---

[26]　바울은 '바리새인'이었다. '바리새인'이란 말 자체가 본래는 '분리된 자'(the separated
one)라는 일종의 별명이었다. 따라서 바울이 갈라디아서 2:12에서 베드로가 이방인과
함께 음식을 먹다가 야고보가 보낸 사람들의 눈을 의식하고 "물러섰다"(separated
himself)고 말했을 때, 바울은 베드로가 "바리새인의 행동을 했다"는 의미의 말장난을
하고 있는 것으로 보인다. Cf. James D. G. Dunn, *The Theology of Pauls Letter to the
Galatians* (Cambridge: Cambridge University Press, 1994), p. 74, n.15.

까운 것이었지 '무할례자의 사도'인 바울의 태도에 가까운 것은 아니었
다. "바나바도 그들의 외식에 유혹되었다"라는 말에서 우리는 그 점을
잘 확인할 수 있다. 바나바가 베드로처럼 행동한 것을, 그래서 바울의
비판을 받은 이 일을 우리는 어떻게 이해해야 할까?

우리는 여기서 먼저 바나바가 유대교 안에서 제사장이 될 수 있고
예루살렘 성전 봉사를 책임지는 '레위족 사람'(행 4:36)이란 점을, 그래
서 그가 과거에 다른 지파 사람들보다 더 유대 율법을 철저하게 지켜왔
을 것이라는 점을 다시 기억할 필요가 있다. 이방 땅 길리기아 다소에
서 출생했고 개종 이후 일방적으로 '탈율법' 혹은 '탈유대교'를 강조했
던 '반유대교적'인 바울에 비한다면 바나바가 분명히 바울보다는 좀 더
유대교에 깊이 개입되었던 '친유대교적'인 사람이었다고 보아야 할 것
이다. 이런 점은 바나바가 기록한 것으로 전해지는 〈바나바 서신〉에
나오는 여섯 개나 되는 복음서 인용문이 모두 '유대적인 복음서'로 알
려진 마태복음의 것이란 점에서도 잘 드러난다.[27] 바나바는 비록 이방
인의 사도로서의 소명에 충실했고 바울과 함께 이방 선교에 앞장을 서
기는 했지만 바울과는 달리 "유대교의 율법과 예언서에 대한 깊은 존경
심"[28]을 갖고 있었다. 바로 이것이 결국 바울과의 갈등의 주요 요인이
되었을 것이다.

우리는 바울이 베드로와 함께 바나바의 위선을 비난한 이 이야기를
통해서 바울과 바나바 간에 적지 않은 신학적 차이가 있었다는 것을
분명히 엿볼 수 있다. 베드로와 바나바는 안디옥에서 이방인들과 함께

---

[27] 바나바서 4:14=마 22:14; 바나바서 5:9=마 9:13; 바나바서 5:12=마 26:31; 바나바서
6:13=마 20:16; 바나바서 12:10=마 22:44; 바나바서 12:11=마 22:45.

[28] S. G. F. Brandon, *The Fall of Jerusalem and the Christian Church*, p. 241.

식사함으로써 예루살렘 교회의 야고보와 신학적 치이를 보이는 한편, 이방인과의 격의 없는 식탁 교제를 주장하는 바울과도 신학적인 차이를 드러내고 있는 셈이다. 바울에 따르면 이방인들과의 식탁 교제는 기독교인들에게 허용될 뿐만 아니라 반드시 해야 하는 의무이다. 결코 그것이 문제시되어서는 안 되었다. 그런데 안디옥에서 베드로와 바나바가 취한 행동은 바울의 관점에서 볼 때 분명히 "복음의 진리를 따라 바르게 행하는 것이 아니었고" 따라서 '위선적인 것'이라는 비난을 받을 만한 것이었다. 이런 관점에서 볼 때 이방인과의 식탁 문제와 관련해서 바나바가 베드로와 함께 취했던 행동이 좀 더 보수적이었던 반면에 바울은 아주 진보적이었다는 것을 알 수 있다. 이 때문에 우리는 바울과 바나바 간의 신학적 차이를 게르트 타이센Gerd Theissen의 말로 정리하여 결론 내릴 수 있을 것이다: "이방 기독교에서 바울이 좌익이었다면 바나바는 우익이었다."[29] 따라서 우리는 '이방 기독교'도 결코 하나의 통일된 형태를 갖고 있지 않았다는 점과 '초대교회의 신앙'이 처음부터 이처럼 상당히 다양했다는 점을 알 수 있다.

---

[29] 타이센은 유대 기독교 안에 야고보를 중심으로 한 좌익적 유대 기독교와 베드로를 중심으로 한 우익적 유대 기독교가 있었듯이 바울의 (이방) 기독교에서도 좌익 바울주의와 우익 바울주의가 있다고 주장한다. 게르트 타이센, 박찬웅·민경식 옮김, 『기독교의 탄생: 예수 운동에서 종교로』(*Die Religion der ersten Christen: Eine Theorie des Urchristentums*)(서울: 대한기독교서회, 2009), pp. 461-463.

4. 맺는말

우리는 바나바와 바울 사이의 이런 차이를 갈등이나 분열의 관점에서
만 이해할 필요는 없다. 오히려 바울이 말했던 바와 같이 "몸은 하나인
데 많은 지체가 있고, 몸의 지체가 많으나 한 몸과 같이"(고전 12:12),
"몸 가운데 분쟁이 없고 오직 여러 지체가 서로 같이 돌보게 하셨느니
라"(고전 12:25)란 관점에서 보는 것이 더 옳을 것이다. 하나님의 교회
안에는 여러 다른 직분이 있다(고전 12:28 이하)는 사실과 이 세상 선교
를 위해서도 '심는 사람'과 '물주는 사람'이 따로 있다(고전 3:7-9)는 사
실도 기억할 필요가 있다. "우리에게 주신 은혜대로 받은 은사가 각각
다르니 혹 예언이면 믿음의 분수대로, 혹 섬기는 일이면 섬기는 일로,
혹 가르치는 자면 가르치는 일로, 혹 위로하는 자[30]면 위로하는 일로,
구제하는 자는 성실함으로, 다스리는 자는 부지런함으로, 긍휼을 베푸
는 자는 즐거움으로 할 것이니라"(롬 12:6-8)라는 말씀을 보면, 바나바
와 바울은 둘 다 각각 자신의 은사에 따라 이방인의 사도로 활동했던
그리스도의 훌륭한 종들이었다고 보아야 마땅할 것이다.

---

[30] 예루살렘 사도들이 바나바에게 붙여준 별명이 '위로의 아들'이었다(행 4:36).

20

알렉산드리아 태생의 아볼로

제임스 던James D. G. Dunn은 "바나바와 함께 아볼로는 최초 기독교 역사에서 가장 흥미 있는 인물 가운데 한 사람"이라고 말한다.[1] 그러나 실제로 아볼로는 신약성서에서 그렇게 중요한 인물로 부각되지 않았다. 그에 대한 언급이나 기록이 신약성서[2]는 물론 이외 다른 문서들에서도 드물다. 오늘날 신약성서를 연구하는 학자들도 아볼로를 그렇게 잘 알려지거나 중요한 인물로 생각하지 않는다. 신약성서에서 아볼로에 대한 최초의 언급은 바울이 기록한 고린도전서와 그 후에 누가가 기록한 사도행전에서만 찾아볼 수 있다. 이 장에서는 이 두 곳의 기록을 중심

---

[1] James D. G. Dunn, *The Acts of the Apostles, Trinity Press International*, 1996, p. 249.

[2] 신약성서에서는 '아볼로'에 대한 언급이 오직 누가와 바울에 의해서만 모두 10번 나오는데, 사도행전에서 2번(18:24; 19:1), 고린도전서에서 7번(1:12; 3:4, 5, 6, 22; 4:6; 16:12) 그리고 디도서에서 1번(3:13) 나온다.

으로 아볼로가 왜 '가장 흥미 있는 인물 가운데 한 사람'인지, 실제로 초대교회 안에서 그가 어떤 인물이었고 그의 신앙과 신학은 어떤 것이었는지에 대해 알아보자.

1. 바울이 소개하는 아볼로

초대 기독교 문서의 가장 초기의 것으로 알려진 바울 서신 중 특히 바울이 고린도 교회에 보낸 편지에서 우리는 처음으로 아볼로가 초대교회에서 중요한 지도자 가운데 한 사람이었다는 사실을 알게 된다. 예수가 부활 승천한 이후 불과 20여 년이 지나지 않은 이른 시기에 아볼로가 이미 초대교회의 지도자 가운데 한 사람으로 언급되기 때문이다. 바울은 기원후 50년대 중반경에 기록된 것으로 알려진 고린도전서에서 고린도 교회 안에 네 당파가 존재한다는 사실을 지적하면서, 그 네 당파가 '바울파', '아볼로파', '게바파' 그리고 '그리스도파'였다고 기록한다(고전 1:12). 바울의 이 언급은 고린도 교회 안에 '바울' 및 '베드로'와 더불어 '아볼로'를 신앙적 지도자로 추종하는 믿음의 형제들이 있었다는 증거로 읽을 수 있다. 따라서 브랜든이 지적한 바와 같이 "아볼로가 좋은 의미로건 나쁜 의미로건 간에 고린도 교회 안에서 한 당파의 지도자로 알려졌고, 또 그를 추종하는 사람들이 자신들은 분명히 바울을 따르는 사람들과 다르다고 생각했다는 사실이 중요"[3]하다.

---

[3] Cf. S. G. F. Brandon, *The Fall of Jerusalem and the Christian Church* (London: SPCK, 1981), p. 17.

그뿐만 아니라 바울은 고린도 교회의 네 당파에 대해 언급한 후에 또다시 "어떤 사람은 나는 바울 편이다 하고, 또 다른 사람은 나는 아볼로 편이다 한다면, 여러분은 육의 인간이 아니고 무엇이겠습니까? … 나는 심었고, 아볼로는 물을 주었을 뿐이요, 하나님이 자라게 하셨습니다"(고전 3:5-6)라고 말한다. 이 경우에 바울은 게바(=베드로)에 대한 언급은 오히려 무시하거나 아예 간과한 채 아볼로만을 거론하면서 자기와 나란히 복음의 씨를 심고 물을 준 인물이라고 기술한다. 더 나아가 바울은 아볼로나 자신이 모두 '각각 주께서 주신 직책을 따라 여러분을 믿게 한 종들(διάκονοι)'(고전 3:5)일 뿐만 아니라, '하나님의 동역자들(συνεργοί)'(고전 3:9)이라고 말한다.[4] 또한 고린도전서 4장 6절에서는 자신과 아볼로를 고린도 교인들을 위한 '배움의 본보기'로 제시한다. "형제들이여, 나는 여러분을 위하여 이 일에 나 자신과 아볼로를 본보기로 하여 말했습니다. … 우리에게서 배우게 하려는 것이었습니다." 바울이 아볼로를 얼마나 높이 평가하며 또 중요시하고 있는지 미루어 짐작할 수 있게 하는 대목이다.

더구나 고린도 교회는 바울이 세우고 양육한 교회로 알려져 있는데, 바로 그 교회 안에 바울이 아닌 아볼로를 자신들의 신앙적 지도자로 옹호하는 신도 그룹이 있었다는 사실은 고린도 교회 안에서 아볼로의 영향력이 어떠했는지 드러내준다. 분명히 아볼로는 바울의 주요 선교 지역이 아닌 남부 알렉산드리아 태생이지만, 예수가 부활 승천한 이후 불과 20여 년이 지난 뒤에 이미 초대교회 안에서, 특히 에베소와 아가야 지방, 더구나 고린도 교회 안에서 중요한 지도자 가운데 한 사람으

---

[4] 고린도전서 16:4에서는 바울이 아볼로에 대해서 '형제'란 말을 쓴다.

로 큰 역할을 하고 있었다는 사실은 정말로 주목할 만한 일이다.

그러나 아볼로가 고린도 교회에서 바울과 경쟁 혹은 대립되는 당파의 지도자였다는 사실은 그의 교훈이나 사상이 바울의 교훈이나 사상과 분명히 달랐다는 점을 근거로 설명될 수밖에 없을 것이다. 물론 고린도 교인들 가운데 바울보다 아볼로를 더 좋아한 이유에 대해서, 바울의 언변은 시원치 않았으나 아볼로는 '능변인 사람'[5]이었기 때문일 수도 있고, 실제로 그렇게 보는 시각도 있다.[6] 바울 자신이 '말이 시원치 않은' 사람임을 인정하고 있을 뿐만 아니라(고후 10:10), 그래서 자기는 "하나님의 증거를 전할 때에 말과 지혜의 아름다운 것으로 아니하였다"(고전 2:1)라고 기술하고 있기 때문이다. 그러나 이 아볼로가 누가가 소개한 바 있는 알렉산드리아 태생의 유대인이라면(행 18:24), 바울과 아볼로의 차이를 도리어 알렉산드리아 교회의 신앙이나 교리가 바울의 것과는 좀 달랐다고 생각하는 편이 더 옳을 것이다.[7] 조지프 클라우스너(Joseph Klausner)가 "아볼로는 자신이 바울의 가르침에 반대했기 때문에 바울이 애굽에 내려와 전파하는 것을 막았다"라고 주장하는 사실만 보더라도[8] 그런 점을 어느 정도 미루어 짐작할 수 있다. 그렇다면 실제로 아볼로의 교훈과 바울의 교훈 간에는 어떤 차이가 있었기에 고린

---

5 영어 성서, AV, RSV, NEB 등이 사도행전 18:24의 ἀνὴρ λόγιος를 'an eloquent man'이라고 번역했다.

6 Cf. F. F. Bruce, *Peter, Stephen, James & John: Studies in Non-Pauline Christianity* (Grand Rapids: Eerdmans, 1979), pp. 68-69. "Apollos's eloquence was contrasted with Paul's unimpressive delivery, or conceivably his more imaginative flights of exposition were preferred to Paul's deliberate eschewing of 'lofty words or wisdom' among the Corinthians(1Cor. 2:1)."

7 Brandon, *The Fall of Jerusalem and the Christian Church*, p. 18.

8 J. Klausner, *From Jesus to Paul,* p. 389, n.8.

도 교회 안에 아볼로를 따르는 '아볼로파'와 바울을 추종하는 '바울파'로 갈라져 있었던 것일까?

이 질문과 관련해서는 무엇보다도, 나중에 누가가 사도행전에서 아볼로를 높이 평가하면서도 아볼로와 관련해서 "그러나 그는 요한의 세례밖에는 알지 못했습니다"(행 18:25)라고 말한 점에 주목해야 한다. 누가 자신도 분명히 아볼로에 대해서는 "학식이 많고… 성경에 능한 사람이었습니다. 그는 이미 주의 도를 배워 알고 있었으며 열심히 예수에 대한 사실을 말하며 정확하게 가르치고 있었습니다"(행 1:24-25)라고 아주 높이 평가한다. 그럼에도 누가는 곧바로 "그러나 그는 요한의 세례밖에는 알지 못했습니다"라는 단서를 붙임으로써 마치 아볼로에게 무언가 부족한 점이 있는 듯한 암시를 준다. 더구나 누가가 이렇게 아볼로에게 무언가 부족한 점이 있는 것처럼 말하는 이 언급이 아볼로를 높이 평가하는 말을 한 직후에 나온 것이기에 더욱 누가의 진의가 무엇인지, 정말 아볼로에게 바울이나 다른 교회 지도자들에 비해서 부족한 점이나 다른 점이 있었는지 그리고 정말로 그런 것이 있었다면 그것이 과연 무엇이었는지 궁금해질 수밖에 없다. 이 같은 궁금증을 해소하기 위해서는 무엇보다도 누가가 아볼로를 어떻게 이해했고 어떻게 소개하는지에 대해 좀 더 자세히 알아볼 필요가 있다.

2. 누가가 소개하는 아볼로

누가의 사도행전 기록을 보면, 누가 자신도 아볼로가 나름 초대교회 안에서 중요한 '지도자' 가운데 한 사람이라는 사실에 대해서는 별로 부인하지 않는 듯하다. 누가는 알렉산드리아 태생의 유대인인 아볼로란 인물에 대해서 다음과 같이 소개한다. 그는 '학식이 많은 사람'(ἀνὴρ λόγιος)이었을 뿐만 아니라[9] '성경에 능한 사람'(δυνατὸς ὢν ἐν ταῖς γραφαῖς)이었으며,[10] '이미 주의 도를 배워 알고 있었고(κατηχημένος τὴν ὁδὸν τοῦ κυρίου) 열심히(ζέων τῷ πνεύματι) 예수에 대한 사실을 말하며 정확하게 가르치던(ἐδίδασκεν ἀκριβῶς τὰ περὶ τοῦ Ἰησοῦ) 사람이다'(행 18:24-25). 그리고 아볼로가 아가야로 건너가고자 했을 때 그의 형제들이 그를 후원했을 뿐만 아니라 아볼로를 영접하라고 편지를 써서 보내주기까지 했고, 아볼로는 그곳에 가서 이미 하나님의 은혜로 신도가 된 사람들에게 성서를 가지고 예수가 그리스도임을 증명하면서 힘차고 떳떳하게 유대 사람들을 논박하여 그들에게 큰 도움을 준 사람이라고 전한다(행 18:27-28). 누가의 이런 기록은 아볼로가 에베소(행 18: 24)에서만 아니라 아가야 지방에서도(행 18:27-28) 지도자로 큰 역할을 한 인물이라는 사실을 알려준다.

그러나 이상하게도 아볼로에 대해 누가가 소개하는 말 속에는 쉽게 이해하기 어려운 내용이 있다. 왜냐하면 누가는 앞에서도 이미 언급한 바와 같이 아볼로를 가리켜 "그는 이미 주의 도를 배워 알고 있었으며 정확하게 가르치고 있었다"(행 18:25)라고 말하면서도, 또한 "예수가 그리스도임을 증명하면서 힘차고 떳떳하게 유대 사람들을 논박했다"(행 18:28)라고 말하면서도, 이런 아볼로에 대해서 "그러나 그는 요한의

---

9 영어 성경에서는 "a learned man'으로 번역하기도 했고(NIV) 또는 'an eloquent man'으로 번역하기도 했다(KJV, NAU).

10 "mighty in the Scriptures"로 번역한 영어 성경이 있는가 하면(KJV, NAU), "with a thorough knowledge of the Scriptures"라고 번역한 영어 성경도 있다(NIV).

세례밖에는 알지 못했다"라는 밀을 사족처럼 덧붙이기 때문이다. 사도 행전 전반에 걸쳐서 아볼로가 "배워서 알고 있었다"는 '주의 도'는 "온전한 기독교 신앙과 실행을 가리키는 독특한 요약적 표현"이라고 볼 수 있다. 따라서 아볼로가 "주의 도를 배워 알고 있었다"라고 말한 것은 곧 그가 "온전한 교육을 받은 기독교인"이라는 의미일 것이다. 그럼에도[11] 누가는 "그가 요한의 세례밖에는 알지 못했다"라는 말을 첨가함으로써 아볼로에게 무엇인가 부족한 점이 있는 듯한 인상을 남긴다.

어떻게 "주의 도를 배워 알고 있었고, 열심히 예수에 대한 사실을 말하며 정확하게 가르치는" 사람이 아직까지 요한의 세례만 알고 있는가 말이다. 누가에게서 요한의 세례는 뒤에 오시는 이가 베풀게 될 성령과 불의 세례를 위한 예비적 세례 혹은 그것에 비교될 수 없는 부족한 세례를 의미하는 것이 아니었던가? 그렇다면 아볼로는 요한이 비록 자기가 지금 물로 세례를 주지만 자기보다 더 능력이 많으신 분이 자기 뒤에 오실 것이라고 전했던 사실(눅 3:16)조차 모르고 있단 말인가? 더구나 누가는 아볼로가 "이미 주의 도를 배워 알고 있었으며 열심히 예수에 대한 사실을 말하며 '정확하게' 가르치고 있었다"라고 말한 뒤에, 그렇지만 아볼로가 요한의 세례밖에는 알지 못하고 있었기에 브리스길라와 아굴라가 "따로 그를 데려다가 하나님의 도를 더 자세히 설명해 주었다"(행 18:26)라고 전한다. 아볼로가 '브리스길라와 아굴라'에게 "따로… 더 자세히" 설명을 들어야 할 무엇이 더 있단 말인가? 있었다면 그것은 과연 무엇인가?

이런 의문에 대한 해답을 찾아보기 위해서는 누가가 이 본문에 바로

11　S. G. F. Brandon, *The Fall of Jerusalem and the Christian Church*, p. 24.

뒤이어 소개하는 이야기, 즉 바울이 에베소에 도착해서 만난 '열두 명의 제자'에 대한 이야기(행 19:1-7)에 관심을 기울여야 한다. 누가는 그 이야기에서 바울이 고린도에서 에베소에 왔을 때 그곳에서 '열두 명의 제자'를 만났는데, 그들도 마치 아볼로처럼 세례 요한의 세례만 받은 사람들이었고 "성령이 있다는 말조차 듣지 못한" 사람들이었다고 전한다. 그래서 바울은 별도로 그들에게 "요한은 회개의 세례를 베풀었고 백성들에게 자기 뒤에 오시는 분, 곧 예수를 믿으라고 말했다"는 사실을 설명해주었고, 그들이 바울의 이런 설명을 듣고 난 이후에 "주 예수의 이름으로 세례를 받았고"(행 19:5), "성령을 받은"(행 19: 6) 것으로 기록되어 있다. 아볼로와 이 열두 제자가 모두 요한의 세례만 알고 있었다는 점에서는 비슷하다. 그러나 분명한 차이점도 있다. 에베소의 열두 제자는 오직 요한의 세례만 받았고 주 예수의 이름으로 세례를 받은 사실은 없는 것으로 보인다. 그래서 그들은 성령이 있다는 말도 듣지 못했고 성령을 받은 적도 없다. 그렇다면 그들이 혹시 세례 요한의 제자들이 아닌가 하는 생각을 하게 된다. 그러나 아볼로가 비록 요한의 세례만 알고 받았다고 하지만, 아볼로는 "주의 도를 배워 알고 있었고, 열심히 예수에 대한 사실을 말하며 정확히 가르치고 있었다"(행 18:25).

　바울이 에베소에서 만난 열두 제자에게 부족했던 것은 '주 예수의 이름으로 세례를 받는 일'과 '성령을 받는 일'이었다. 따라서 이 열두 제자는 분명히 온전한 기독교인으로 인정될 수 없는 사람들이었다. 그래서 바울이 그들에게 부족했던 두 가지를 보충해주어서 온전한 기독교인으로 만들어주었던 것으로 기록되어 있다. 그러나 아볼로는 "주의 도를 배워 알고 있었"고 "성령을 받아" 예수에 대한 사실을 정확히 가르치던 사람이다. 아볼로가 '성령을 받은 사람'이란 증거는 사도행전 18장 25절에서 찾아볼 수 있다. 물론 우리말 성서에서는 아볼로가 '열심으로' 예수에 대한 사실을 말하며 가르쳤다고 번역했지만,[12] '열심으로'라고 번역된 이 헬라어 원문은 'ζέων τῷ πνεύματι'이다. 우리말 성서 번역자들이 여기에 사용된 'πνεῦμα'를 인간적인 영을 가리키는 것으로 해석하여 〈새번역〉 성경에서는 '열심히'라고, 〈개역개정〉에서는 '열심으로'라고 번역하였지만, 제임스 던은 누가가 말하는 'πνεῦμα'가 '인간적인 영human spirit'을 가리키는 것이 아니라 '거룩한 성령Holy Spirit'을 뜻하는 것이라고 주장한 바 있다. 실제로 로마서 12장 11절에서도 똑같은 헬라어 문구(τῷ πνεύματι ζέοντες)가 사용되었는데, 거기서는 〈새번역〉 성경에서도 '성령에 뜨거워져서'라고 번역되었다. 따라서 여기서도 마땅히 '성령에 뜨거워져서'라고 번역해야 하고, 그렇게 이해해야 할 것이다.[13]

그러나 아볼로에 관한 누가의 기록을 주목해보면, 아볼로와 관련해서 '주 예수의 이름으로 세례'를 받은 사실에 대한 언급은 없다. 따라서 아볼로의 경우는 분명히 '온전한 교육을 받은 기독교인'이었지만, 누가로서는 혹시 아볼로가 아직 '주 예수의 이름으로 세례를 받지' 못한 것을 염두에 두었는지도 모른다. 1세기 초대교회에서는 아직 교회의 입교인으로 받아들이는 규정에 대해서 지역에 따라 다를 수도 있는 때였

---

12 영어 번역 성경 중에도 우리말 성경과 비슷하게 'with burning zeal'(The Twentieth Century New Testament), 'with fierly enthusiasm'(C. H. Rieu의 개인 번역 성경), 'being an enthusiastic soul'(Olaf M. Norlie의 개인 번역 성경)라고 번역된 것도 있다.

13 영어 성경인 The American Standard Version에서는 'being fervent in the Spirit'이라고 번역했는데, 이 번역이 오히려 더 정확한 번역으로 생각된다.

기에 가능한 일일 수도 있다. 아마도 이런 부족한 점 때문에 브리스길라와 아굴라가 '교회에서'가 아니라 아직까지도 '회당에서'(행 18:26) 말하고 있는 아볼로를 데려다가 "하나님의 도를 더 자세히 설명해주면서" 아마도 "주 예수의 이름으로 세례를 받는 일"에 대해 더 자세히 알려주었을 것이다.

3. 누가의 이 같은 언급의 배경

누가가 이처럼 아볼로에게 무엇인가 부족한 점이 있는 듯이 지적하는 이유는 무엇일까? 어떤 학자들은 이 의문을 풀기 위해서 다음과 같은 설명을 제시하기도 한다. 즉 고린도전서에 기록된 바울의 증언에서도 잘 드러나듯이, 누가가 사용한 자료에서는 아볼로가 너무 높이 찬양되고 있었는데, 누가 자신은 바울의 추종자이고 바울의 찬양자이기 때문에 자연히 사도행전을 기록할 때 바울의 경쟁자로 생각될 수 있는 아볼로(참조: 고전 1:12의 '바울파'와 '아볼로파')의 사역과 인품에 대해 좀 폄하하려고 했고 그래서 그에게 신학적으로 좀 부족한 점이 있는 것처럼 언급하였다는 설명이다.[14] 실제로 누가의 사도행전과는 달리 바울의 고린도전서에서는 아볼로에 대한 부정적인 언급이나 폄하적인 평가를 전혀 찾아볼 수 없다는 점이 어느 정도 이런 설명을 가능하게 해준다.

아볼로에 대해 언급하는 누가의 본문을 전체적으로 읽어보면, 비록

---

[14] Justo L. Gonzalez, *Acts: the Gospel of the Spirit* (New York: Orbis Books, 2001), p. 218; Cf. E. Haenchen, *The Acts of the Apostles: A Commentary* (Philadelphia: Westminster, 1975), pp. 554-555.

아볼로가 예수의 생애에 대해 잘 그리고 정확히 알고 있기는 했시만 분명히 요한이 외친 회개의 설교('요한의 세례') 이상을 넘어서지는 못했다는 인상을 준다. "그가 회당에서 담대하게 말했다"(행 18:26)라는 것은 단지 예수의 생애와 교훈에 관한 것뿐이었고, 아마도 그 이후에 베드로가 오순절에 설교한 '마지막 날'이 시작되어 성령이 주어진 사실 등에 대한 것은 아니었던 것으로 보인다. 누가가 아볼로에 대한 기록에 이어서 곧바로 사도행전 19장 1-7절에서 '요한의 세례'만 받았을 뿐 "성령이 계시다는 말조차 듣지 못했던" 에베소의 제자들에 대해 언급하면서, 그들이 바울에 의해서 다시 "예수의 이름으로 세례를 받고"(행 19:5) "성령을 받은"(행 19:6) 사실을 기록한 것만 보더라도, 누가로서는 아볼로가 에베소의 제자들과 마찬가지로 '요한의 세례'만을 알고 있는 무언가 좀 부족한 제자라는 점을 의도적으로 드러내려고 했던 듯하다.

어쩌면 이것이 아볼로가 팔레스틴에서, 특히 예루살렘 교회에서 멀리 떨어진 알렉산드리아에서 듣고 자란 복음의 한계였다고 생각할 수도 있다. 이것과 관련하여 우리는 제임스 던이 "아볼로에 대한 이런 누가의 설명은 아볼로가 (초대 기독교) 주류 발전의 변두리에 있는 인물이었다는 인상"[15]을 준다고 언급한 사실에 주목할 필요도 있다. 예루살렘 교회와 아주 가까운 지역에서 혹은 예루살렘 교회와 빈번하게 교류하는 가운데서 복음을 듣고 자란 사람들의 시각으로 볼 때, 예루살렘 교회에서 멀리 떨어진 지역에서 복음을 듣고 믿게 된 사람들의 경우에는 무언가 좀 부족하여 아직 올바른 신앙의 단계에 도달하지는 못했다고

---

[15] James D. G. Dunn, The Acts of the Apostles, p. 250.

생각하는 사람들이 많았던 것이다. 예수의 교훈과 말씀에 대한 정확하고도 올바른 기록이 아직 널리 알려지지 않은 때였고, 또한 불완전한 전승과 왜곡된 설교가 많이 유포되던 때이기도 했다. 실제로 나중에 외경으로 밀려난 많은 기독교 문서가 이런 시기에 기록되어 나왔다는 사실을 기억할 필요도 있다.

이런 상황에서 애굽에 자리 잡고 있던 알렉산드리아 교회처럼 예루살렘 모교회에서 지역적으로 멀리 떨어져 있는 교회에서는 권위 있는 사도들이나 믿을 만한 지도자와 직접 만날 수 있는 기회도 별로 없었고, 또 예수의 말씀에 대한 믿을 만한 기록이나 신빙성 있는 전승을 쉽게 접할 수도 없었다. 이런 때에 그런 곳에서 예수를 믿게 된 사람들의 경우 예수에 대한 정확한 정보와 관련해서나 신앙적인 면에서도 여러 가지로 미비하거나 부족한 점이 많았다는 것을 쉽게 짐작할 수 있다. 따라서 아볼로에게 부족한 것이 있는 것처럼 언급한 누가의 기록은 "아볼로가 갖고 있던 예수에 대한 지식이 예수의 죽음과 부활 이전에 있던 예수의 사역에 대한 증언('갈릴리 복음')에서, 아마도 세례 요한의 사역과 중첩되는 시기로부터 나온 것"이란 의미를 드러낸다. 또한 "누가에게는 요한의 세례가 복음의 시작 단계 그러나 오로지 복음의 시작에 지나지 않는 것뿐"이라는 의미로 보는 제임스 던의 생각에 일리가 있다.[16]

따라서 사도행전 18장에 나오는 아볼로의 이야기는 "알렉산드리아에서의 기독교의 시작 단계가 (후대의 용어를 사용할 경우) 전적으로 '정통적'이지는 않았다"[17]라는 점을 암시해주는 것이라고 생각할 수 있다.

---

[16] *Idem.*

누가가 사도행전 18장 26절에서 '브리스길라와 아굴라'가 별도로 "아볼로를 데려다가 하나님의 도를 더 자세히 설명해주었다"라고 말한 것도, 비록 그들이 더 자세히 설명해준 내용이 구체적으로 어떤 것인지 밝혀지지는 않았지만 바울과 더불어 복음 선교 활동을 했던 브리스길라와 아굴라가 아볼로에게 부족해 보이는 점들에 대해 무엇인가 "자세히 설명해"줌으로써 아볼로에게 부족하다고 생각되었던 것을 보충해준 것이라고 생각할 수 있다. 누가의 이런 기록을 고려할 때 누가로서는 아볼로가 대표하는 것으로 보이는 "알렉산드리아의 기독교가 바울로 대표되는 기독교와는 아주 다른 것으로 그리고 바울의 것과 비교할 때 좀 부족하다"는 점을 드러내려고 했던 것으로 보인다.

4. 알렉산드리아 교회와 그 신앙적 특징

알렉산드리아는 그리스-로마 세계에서 두 번째로 큰 도시였다. 또한 유대인들이 구약 시대로부터 오랫동안 문화적으로나 정치적으로 관계를 맺어왔고 국가적 재난이 있을 때마다 피난처로 자주 이용했다. 실제로 알렉산드리아에는 많은 유대인이 많은 회당을 가지고 살고 있었고, 도시의 3분의 1이 유대인들 손에 들어가 있었다고 한다. 필로Philo는 알렉산드리아와 애굽의 다른 지역에 살고 있던 유대인들의 숫자를 1만 명 정도로 추산하며, 유스터M. Juster에 따르면 알렉산드리아 전체 인구

---

17 James D. G. Dunn, *The Acts of the Apostles*, p. 249. 그는 사도행전 18장에 나오는 아볼로의 이야기와 더불어 사도행전 19장에 나오는 에베소 제자들의 이야기는 "새로운 기독교 운동의 가장자리에 있던 그룹들을 나타내는 것일 수 있다"라고 말한다(p. 248).

의 8분의 1이 넘었다고 한다.[18] 이런 점들 때문에 알렉산드리아는 처음
부터 초대 기독교의 자연스럽고 유망한 선교 대상이었을 것이다. 따라
서 아주 초기에 기독교가 애굽에 들어갔을 것으로 짐작할 수 있다. 오
순절 성령 강림 때 예루살렘에 모여든 여러 지역의 사람들 가운데 분명
히 '애굽' 지역에서 온 사람들이 있었다고 하는 언급만 보더라도(행 2:
10) 그리고 초대교회 당시 예루살렘에 "구레네 사람들과 알렉산드리아
사람들과 길리기아와 아시아에서 온 사람들로 구성된 리베르티논의
회당이란 회당이 있었다"(행 6:9)라는 기록만 보더라도, 아마도 오순절
성령 강림 사건에 참여한 '애굽 사람들'과, 스데반과 변론했던 리베르
티논 회당의 '알렉산드리아 사람들'에 의해서 기독교 복음이 아주 이른
시기에 애굽 지역으로 들어갔을 것이다.

특히 기원후 70년에 유대 나라가 로마에 의해 멸망하고 예루살렘
성전이 파괴될 당시 예루살렘에 중심을 두고 발전하던 초대교회가 주
로 펠라 지역으로 이주한 것으로 알려져 있지만,[19] 베스파시안Vespatian
장군이 이끈 로마의 원정군이 북쪽에서 팔레스틴에 들어왔기 때문에,
예루살렘 교회 교인들의 피난 방향은 북쪽, 즉 펠라 지역이 아니라 남
쪽, 즉 애굽 혹은 알렉산드리아 방향이었다고 보는 것이 자연스럽다.
이보다 훨씬 전인 기원후 42년경에 예루살렘 초대 신앙 공동체가 헤롯

---

[18] M. Juster, *Les Juifs dans l'Empire Romain*, p. 209. Brandon, *The Fall of Jerusalem and the Christian Church*, p. 221에서 재인용.

[19] 유대의 멸망과 예루살렘 성전의 파괴를 앞두고 예루살렘 교인들에게 요단강 건너편의 펠라로 도망가라는 신탁의 말씀(an oracle)이 있었다고 알려져 있다. "예루살렘에 있는 교인들은 전쟁이 시작되기 전에 계시를 통해 주어진 신탁의 말씀에 의해 예루살렘 성을 떠나 베뢰아의 어느 성읍, 이른바 펠라에 가서 살라는 명령을 받았다"(Eusebius, HE. III.5, 3).

아그립바에 의해 박해를 받아, 요한의 형제 야고보가 열두 제자 중 최초로 죽임을 당하고(행 12:1-2), 이어 베드로가 투옥되었다가 이적적으로 풀려나와 "다른 곳으로 떠나갔다"(행 12:7)라고 했을 때에도, 그 '다른 곳'이 바로 애굽 '알렉산드리아'였을 가능성이 높게 점쳐지기도 한다.[20]

브랜든은 기원후 70년경에 예루살렘 교회가 알렉산드리아로 이동했다는 것을 전제로 알렉산드리아 교회가 예루살렘 교회의 유일한 대표자로 남아 발전한 것이라고 믿는다.[21] 알렉산드리아의 기독교가 일찍부터 애굽 지역에서 큰 역할을 했다는 사실은 2세기에 이미 알렉산드리아에서는 초대 교부들 가운데 클레멘트Clement(AD 150-215)가[22]

---

20 베드로가 헤롯의 박해를 피해 떠나간 그 '다른 곳'이 안디옥일 가능성이 높다는 주장이 자주 언급되었다. 베드로가 안디옥의 첫 번째 감독이라고 말해주는 후대 전승들이 있었기 때문이다. 안디옥 이외에도 로마, 고린도, 알렉산드리아가 가능한 장소로 논의되기도 했다. 그러나 브랜든은 누가가 언급한 그 '다른 곳'(행 12:7)을 알렉산드리아로 보는 주장이 거리상으로나 적합성으로 판단할 때 "가장 강력한 가능성"이라고 주장한다. Cf. Brandon, *The Fall of Jerusalem and the Christian Church*, p. 211.

21 *Ibid.*, p. 225. 또 브랜든은 알렉산드리아 교회의 기원과 발전에 대해 다음과 같이 네 단계로 설명한다: (1) 알렉산드리아 교회는 기독교가 생긴 이후 10년 혹은 20년 동안에 팔레스틴에서 내려온 선교사들에 의해 시작되었고, 아마도 한동안 베드로에 의해 주도되었으며, 그 구성과 분위기 및 신앙적 관점에서는 본질적으로 유대적이었고, '유대 기독교 세계의 남극'(the southern pole of a kind of Jewish Christian axis)을 이루고 있었다. (2) 기원후 70년 유대 나라가 멸망한 후 팔레스틴에서 많은 유대인이 피난해옴으로써 유대적 요소와 특징이 더욱 강하게 드러나게 되었다. (3) 예루살렘의 멸망에도 알렉산드리아 교회는 유대 기독교를 위한 변증(apologia)을 목적으로 그리고 바울 교훈에 대한 논박(polemic)을 목적으로 마태복음을 기록하였다. (4) 기원후 90년경 이후로 유대교적인 자부심이 점차로 쇠퇴하는 가운데 바울 사상에 대한 반박이 점차 타협적인 권면으로 바뀌었고, 나중에는 이방인들의 견해가 강화되는 여러 단계를 겪으며 발전하였다(p. 242).

22 클레멘트(Clement)는 오리겐(Origen)과 함께 성서에 대한 알레고리적 해석을 주창하는

그리고 위대한 영지주의 이단자들로 기억되는 발렌티누스Valentinus와 바실리데스Basilides가 활발하게 활동했다는 사실에서, 또한 기원후 약 125년경에 만들어진 것으로 알려진 요한복음의 파피루스 사본(P52)이 애굽 땅에서 발견되었고,[23] 애굽 방언인 콥틱coptic 언어로 기록된 많은 번역본이 존재했다는 사실[24]과 함께 외경 가운데서 〈애굽인들의 복음서the Gospel of Egyptians〉가 전해진 사실 등을 통해서도 어느 정도 확인할 수 있다.

이처럼 일찍이 예루살렘 교회를 중심으로 한 유대 기독교가 알렉산드리아에서 확립되어 발전함으로써 바울은 어쩔 수 없이 그의 세계 전도 여행 중 애굽 지역을 생략 혹은 포기할 수밖에 없었고, 따라서 바울의 전도 여행은 남쪽이 아니라 북서쪽으로 향할 수밖에 없었을 것이다. 그리고 유대 기독교인들이 알렉산드리아로 피난한 사실에 대한 생생한 설명이 유대 기독교의 산물로 생각되는 마태복음의 서두에서 아기 예수가 애굽으로 피난한 이야기(마 2:13-15)에 구체적으로 반영되어 나타난다. 마태복음은 예수가 그의 공생애 사역 기간 동안 거룩한 땅 팔레스틴의 영역을 벗어나지 않았다는 것을 강조하는 복음서임에도,[25]

알렉산드리아 학파의 주인공으로, 문자적 해석을 주창하는 안디옥 학파와 대립하였다.

[23] 1935년경에 애굽에서 발견된 이 파피루스 사본은 요한복음 18:31-33, 37-38이 기록되어 있는 파피루스 단편이다. 이 단편이 발견됨으로써 요한복음 기록 연대가 기원후 100년경으로 거의 확정되었다. K. and D. Lake는 그들의 책 *An Introduction to the New Testament* (London, 1938)에서 요한복음의 기록 장소를 애굽 알렉산드리아로 주장하기도 했다. Cf. Brandon, *The Fall of Jerusalem and the Christian Church*, p. 222, n.3.

[24] 콥틱어 역본(the coptic version) 이외에도 사히딕 역본, 보하이릭 역본, 화이윰 역본이 있다. 무엇보다도 신약성서 대문자 사본 가운데서 아주 권위 있는 사본으로 알려진 알렉산드리아 사본(codex Alexandrianus)도 본래 알렉산드리아에서 발견되어 보존되어온 것이다.

예수가 어렸을 때 애굽으로 내려갔다는 것을 언급하면서 그것이 "내가
애굽에서 내 아들을 불러내었다"라는 호세아서 예언을 성취하는 것이
라고 주장하는 유일한 복음서이다. 이 전승이 마치 아기 예수처럼 기원
후 70년경에 로마군의 위협 때문에 애굽으로 피난 온 유대인 기독교인
들에 의해 전해지고 보전된 것은 의미 있는 일이다. 초대교회들 중 어
느 교회도 예수가 한때 자기들의 땅에 계셨음을 주장하는 교회는 없다.
그러나 알렉산드리아 교회는 바로 그 점을 주장하면서 애굽 땅을 성지
화聖地化하였던 것으로 보인다.

브랜든은 마태복음을 기록한 신앙 공동체가 알렉산드리아로 피난
와서 뿌리를 내리고 발전한 예루살렘의 유대 기독교라고 보면서, 알렉
산드리아 교회의 '유대적 특징'을 강조한다. 이런 관점에서 그는 마태
복음 및 히브리서[26]와 함께 신약 문서들 중 가장 유대적이고 가장 덜
기독교적인 문서로 생각되는 야고보서[27]가 기원후 70년 이후 알렉산
드리아에서 기록된 것으로 여긴다.[28] 그에 따르면 알렉산드리아에서

---

[25] 마가복음 7:24에서 마가는 예수가 이방인 지역인 "두로 지경으로 가서 한 집에 들어가서"
여인을 만났다고 기록했는데, 마태는 이 본문을 수정하여 마태복음 15:22에서 "가나안
여자 하나가 그 지경에서 나와서" 예수를 만난 것으로 고쳤다.

[26] 브랜든은 히브리서가 알렉산드리아에서 기록된 것으로 여기는데(Cf. Brandon, *The
Fall of Jerusalem and the Christian Church*, pp. 239-240), 브루스도 히브리서를
"Alexandrian document"라고 주장한다(Cf. F. F. Bruce, *Peter, Stephen, James &
John: Studies in Non-Pauline Christianity*, Grand Rapids: Eerdmans, 1980, p. 62).

[27] 제임스 던은 야고보서를 가리켜 "the most Jewish, the most undistinctively Christian
document"라고 말하였다. Cf. James D. G. Dunn, *Unity and Diversity in the New
Testament*, p. 251.

[28] 윈디쉬(H. Windisch)도 "야고보서가 예루살렘이 아닌, 그리고 바울의 영향력이 미치는
지역이 아닌 곳에서 기독교를 증거하고 있다"라고 말하는데, 그런 상황에 가장 잘 맞는
곳은 알렉산드리아일 것이다. Cf. Brandon, *The Fall of Jerusalem and the Christian*

기록된 것으로 생각되는 마태복음과 야고보서 모두 반바울적인 경향을 보이는 것이 특징이다. 만약 그의 이런 설명이 옳다면, 아볼로와 바울의 차이는 결국 크게 보아서 유대 기독교 신앙과 이방 기독교 신앙의 차이라고 말할 수도 있을 것이다.

그러나 아주 이상하게도 신약성서에서는 기독교 신앙이 애굽 혹은 알렉산드리아에서 아주 이른 시기에 시작되고 발전되었다는 사실에 대해서는 별다른 언급이 없다.[29] 그렇다면 신약성서에서 애굽이나 알렉산드리아의 교회 활동에 대한 언급이 전혀 나타나지 않는 이유는 무엇일까? 브랜든은 그 이유를 사도행전을 기록한 누가가 알렉산드리아 지역에 대해 일종의 적개심을 갖고[30] 있었기 때문이라고 설명한다. 누가가 베드로가 헤롯의 박해로 인해 투옥되었다가 이적적으로 풀려나온 이후 떠나갔던 '다른 곳'에 대해서 구체적으로 언급하지 않는 이유는, 또한 누가가 사도행전에서 그 뒤에도 계속해서 베드로에 대한 언급을 거의 하지 않는 이유는, 초대교회에서 그토록 중요한 사도인 베드로가 이미 알렉산드리아 지역에 갔다는 사실과 더불어 그가 알렉산드리아 교회에서 지도력을 발휘하고 있었다는 사실을 밝히려는 의도가 전혀 없었기 때문일 수도 있다.[31] 사도행전을 기록한 누가의 주요 관심과 의도는 오직 바울의 활동을 소개하면서 바울을 어떤 사도들보다도 뛰어난 '사도 중의 사도'로 부각하는 데 있었기 때문이다.

Church, p. 238.

[29] "the significance of the silence in the New Testament about the beginning of the Christian faith in Egyptian capital." Cf. Brandon, *Ibid.*, p. 224. 신약성서에서 '알렉산드리아'라는 단어 자체는 오직 2번(행 6:9; 18:24) 나온다.

[30] "Luke's hostility towards Alexandrian Christianity." Cf. Brandon, *Ibid.*, p. 210.

[31] *Ibid.*, p. 211.

다른 한편으로 고겔M. Goguel은 기독교 기원에 관한 그의 연구 저서인『기독교의 탄생』(*La Naissance du Christianisme*, Paris, 1946)에서 "교회 전승에서 볼 수 있는 애굽 기독교의 기원에 대한 침묵silence은 애굽 교회가 후대의 정통적 관점에서 볼 때 초기에 이단적heretical이었던 것으로 알려진 사실 때문"이라는 바우어W. Bauer의 주장을[32] 제시한다. 알렉산드리아 교회의 신앙이 정통의 관점에서 볼 때 너무 주류에서 벗어났기 때문에 주요 관심사가 될 수 없었을 것이란 의미이다.[33] 다른 한편 브랜든은 알렉산드리아 교회의 기독론이 예수의 메시아 되심에 대한 일종의 랍비적 해석 형태를 띠고 있었다고 주장하는데[34] 이것도 같은 관점으로 보이며, 아마도 이것이 사도행전 18장에서 누가가 아볼로에게 부족한 점이 있어 보이는 것처럼 언급한 이유로 여겨진다.

그러나 알렉산드리아 기독교와 그 신앙에 대해서는 별다른 기록이 전해지지 않는다. 즉 브랜든에 따르면 알렉산드리아 기독교인들이 누가가 사도행전을 기록한 것처럼 알렉산드리아 기독교의 기원과 발전에 대해 기록을 남기지 않은 이유는 그 당시 알렉산드리아 기독교인들이 유대적 특징과 유산에 대해 갖고 있던 자부심이 점차적으로 쇠퇴했

---

[32]　W. Bauer, *Rechtglaeubigkeit und Ketzerei im aeltesten Christentum* (Tuebingen, 1934), pp. 49. Brandon, *The Fall of Jerusalem and the Christian Church*, p. 224에서 재인용.

[33]　알렉산드리아에서 가장 잘 알려진 영지주의적 교사들 가운데 기원후 130년경에 나타난 바실리데스(Basilides)와 기원후 140년경에 로마로 이주해 간 발렌티누스(Valentinus)와 같은 초대 교부들이 있었다는 사실 때문일 것이다.

[34]　Cf. Brandon, *Ibid.*, pp. 224-225. 이 같은 저기독론(the lower Christology)이 2~3세기에 이르러 정통교회에게 이단으로 정죄되기 시작한 에비온 사상(Ebionism), 특히 유대적인 전통에 집착하면서 예수의 인성(humanity)만을 고집하던 이단적인 유대 기독교와 비슷했던 듯하다.

기 때문이다. 더구나 유대인과 이방인 간의 적개심이 심화되면서 그리고 2세기에 실제로 애굽에서 있은 유대인들의 봉기와 반란 때문에, 알렉산드리아 교회로서는 너무나도 유대적인 자신들의 기원을 강조하기보다는 오히려 잊어버리거나 침묵해버리려고 했기 때문이라는 것이다.[35] 이런 여러 가지 요인으로 인해서 유감스럽게도 알렉산드리아 교회와 그 신앙에 대해서 알 수 있는 자료가 별로 전해지지 않는다.

이런 연구들을 통해 우리는 알렉산드리아 교회의 신앙 혹은 신학의 특징을 크게 두 가지로 지적할 수 있다. 하나는 너무나도 유대적인 특징이 강했기 때문에 기독교적인 관점에서는 좀 미흡한 점이 많았던 것이고, 다른 하나는 헬라적인, 즉 영지주의적인 영향이 너무 강했기 때문에 이단적인 특징이 상당히 많았던 것으로 생각된다. 이렇게 볼 때, 아볼로가 아주 이른 시기에 알렉산드리아의 회당에서 복음을 받아들이기는 했지만, 기원후 50년경에 이미 고린도 교회에서 지도자로 활동하고 있었던 점을 고려할 때 아볼로가 유대교적인 특징을 크게 벗어나지 못했던 점이 문제가 된 듯하다. 반면에 그처럼 이른 시기에 알렉산드리아를 떠나 고린도로 이주하였기 때문에 오히려 이단적인 영지주의에는 별다른 영향을 받지 않았던 것으로 생각된다.

---

[35]　Brandon, *Ibid.*, pp. 242-243.